利通年鉴

LITONG NIANJIAN

2021

利通区人民政府办公室◎编

黄河出版传媒集团
宁夏人民出版社

图书在版编目（CIP）数据

利通年鉴.2021 / 利通区人民政府办公室编.
银川：宁夏人民出版社，2023.12--ISBN 978-7-227-07919-4

Ⅰ.Z524.34

中国国家版本馆 CIP 数据核字第 2024GQ6962 号

利通年鉴 2021　　利通区人民政府办公室　编

责任编辑　赵　亮
责任校对　闫金萍
封面设计　石　磊
责任印制　侯　俊

黄河出版传媒集团
宁夏人民出版社　出版发行

出 版 人　薛文斌
地　　址　宁夏银川市北京东路 139 号出版大厦（750001）
网　　址　http://www.yrpubm.com
网上书店　http://www.hh-book.com
电子信箱　nxrmcbs@126.com
邮购电话　0951-5052104　5052106
经　　销　全国新华书店
印刷装订　宁夏银报智能印刷科技有限公司
印刷委托书号　（宁）0030301

开本　720 mm × 980 mm　1/16
印张　21.5
字数　550 千字
版次　2023 年 12 月第 1 版
印次　2023 年 12 月第 1 次印刷
书号　ISBN 978-7-227-07919-4
定价　298.00 元

《利通年鉴2021》编辑部

主　　任　郝学忠　谭学军

副 主 任　张亚玮　王小宏

执行主编　谭学军

总　　纂　张福新

编　　审　郑彦卿

编　　辑　张福新　马若飞　王小宏　朱　丹　李　雯

　　　　　张　丹　邓亚丽　赵　超

《利通年鉴2021》撰稿人员

（按姓氏笔画排名）

丁笑盈	丁嘉惠	马　芮	马　涛	马　雪	马　超	马　薇	马小兰
马小彤	马丹妮	马玉梅	马冬梅	马衣婷	马国辉	马海峰	马银静
马雯丽	王　航	王　超	王荣成	邓树霏	古文丽	田　华	朱　丹
刘　严	刘玉萍	刘晨光	买晓波	苏　军	苏　蕾	杜思思	杜静双
李　妍	李　雯	杨　丽	杨　佳	杨玉梅	杨昌隆	杨景越	吴　霜
吴立军	吴雪妮	何　晶	汪　芳	宋慧萍	张　萍	张方权	张晓楠
陈治虎	郑　阳	郝　磊	胡志静	秦　鑫	贾　波	顾佳贝	高　伟
高慧婷	郭晓亮	雷晓虹	裴　沛	谭美玲	黎　芳	穆丹洋	

编辑说明

一、《利通年鉴2021》是根据中共利通区委、区人民政府决定，由区人民政府主办，《利通年鉴》编辑部编辑的大型综合年鉴。

二、本年鉴编纂坚持以马克思列宁主义、毛泽东思想、邓小平理论、“三个代表”重要思想、科学发展观、习近平新时代中国特色社会主义思想为指导，坚持辩证唯物主义和历史唯物主义的立场、观点和方法，实事求是地全面记载2020年利通区政治、经济、文化和社会发展新情况、新成就和新经验，体现了时代特征、地方特色和实践特点。

三、本年鉴是保存和积累地方历史文献的综合性年鉴，为认识利通、研究利通、建设振兴利通提供翔实资料，为促进利通区招商引资、旅游开发和各项经济建设服务，为科学决策、指导工作提供可靠依据和最新信息，也为利通区留下可供借鉴的宝贵历史财富。

四、本年鉴记述时限为 2020年 1 月 1 日至 2020年 12 月 31 日，个别内容适当上溯和下延，以反映事物全貌。

五、本年鉴所用资料、图片，均由相关单位撰写、提供，并经领导审核，单位盖章。有关全年主要经济指标数据经区统计局审核。个别部门数据由于统计口径不同而表述不尽相同，应以区统计局年报数为准。

六、本年鉴采用分类编辑法，分类目、分目、条目3个层次，条目使用黑体加【 】表示，个别分目下设有子目。

利通区行政区划图

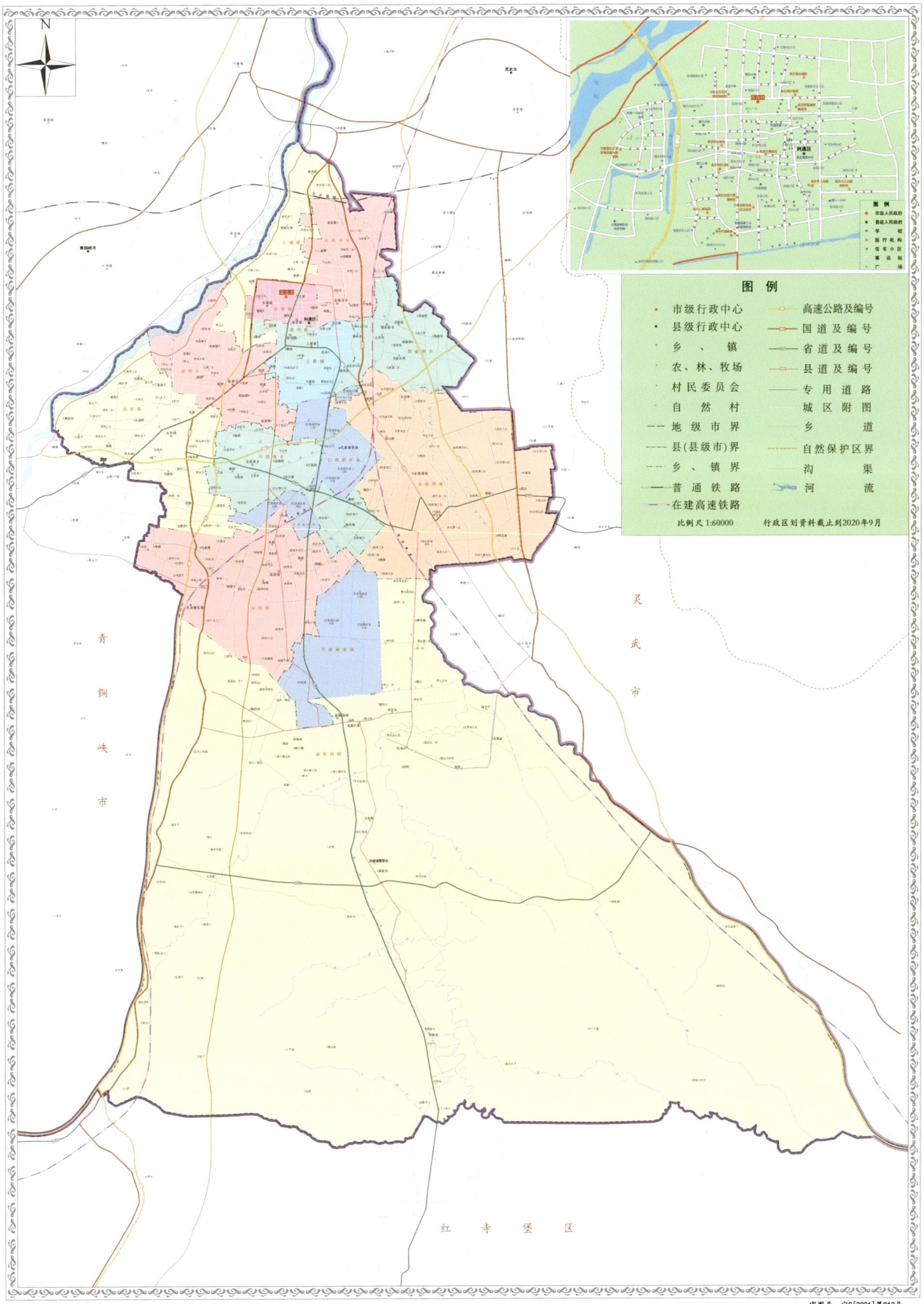

吴忠市利通区民政局
广东南方数码科技股份有限公司 编制
审图号：宁S[2021]第013号
印刷时间：2021年1月8日

2020年12月24日，中国共产党吴忠市利通区第四届委员会第十一次全体会议召开

2020年1月4日，吴忠市利通区第四届人民代表大会第四次会议召开

2020年1月3日，中国人民政治协商会议吴忠市利通区第四届委员会第四次会议召开

郭家桥乡山水沟村特色产业示范基地

金银滩少武粮油种植基地发展优质富硒粮食产业，形成“一主四特”农业发展格局

金积镇露田洼子蔬菜育苗中心

金积镇油粮村发展订单小番茄产业，助力农民增收

金银滩镇畜农牧场牧草收割现场

利通区现代纺织产业园

利通区中医药研创基地

浩普（宁夏）制药流水线

特色装备制造产业集群

吉送通小商品供应链

2020年6月28日，利通区举办党政干部、新任乡镇领导干部、扶贫干部及帮扶责任人脱贫能力提升培训班

2020年9月25日，利通区举办2020年度扶贫对象动态管理和信息采集培训班

2020年4月22日，利通区举办四查四补解决漏统漏项漏扶漏管问题培训班

2021年6月20日，石家窑村肉牛“一拖三”养殖场

2020年10月20日，五里坡奶牛生态养殖基地畜农牧场

2020年10月14日，扁担沟镇同利村满江养殖场

2020年12月，金积镇穆易电气有限公司扶贫车间工人检查配电仪器

2020年12月8日，上桥镇吴忠市碧盛纺织有限公司扶贫车间工人在加工布料

整治一新的清水沟

乡村道路建设

老旧小区改造

2020年9月22日，宁夏吴忠市2020年农民丰收节暨利通区奶产业文化节在利通区上桥镇牛家坊民俗文化村拉开帷幕

利通区的奶产品

特色农产品展销

“塞上江南　行在利通”系列活动颁奖仪式暨职工书画摄影展

主题教育演讲比赛

“服务业提升年”活动

社区邻居节

光耀美食街

高闸中心学校开展庆六一文艺汇演暨经典诵读活动

利通区2020年文化科技卫生“三下乡”暨“我们的中国梦——文化进万家集中示范活动”

2020年利通区迎新春农民春晚

利通区图书馆免费开放

利通区第七小学七彩星光大道

利通区第九小学手工制作

数字化转型学校——金积中心学校

戏曲文化走进利通区第八小学

城南生态文化公园

美丽小城镇建设

宜居宜业的东塔寺乡石佛寺村

城市新坐标——万达广场

水韵利通

利通新貌

美丽富饶的利通区

目 录

专 载

大事记

综 览

组织机构及领导人

中国共产党吴忠市利通区委员会

利通区人民代表大会

利通区人民政府

政协利通区委员会

纪委监委

民主党派

群众团体

人民武装

法　治

农牧水利

文化　旅游　体育

财政　税务　审计　金融

生态环境

城乡建设

综合管理

教育 科技

卫生　健康

民生保障

乡镇概览

企事业单位

荣　誉

附 录

专 载

在利通区委四届十一次全体会议上的报告

中共利通区区委书记　周　涛

（2020年12月23日）

2020年，是极为关键、极不平凡的一年。面对决胜全面小康、决战脱贫攻坚的艰巨任务，面对新冠疫情的严重冲击，常委会坚持以习近平新时代中国特色社会主义思想为指导，深入学习贯彻习近平总书记视察宁夏重要讲话精神，坚定执行中央和自治区党委、吴忠市委决策部署，团结带领全区广大干部群众，拼搏进取、砥砺前行，全力打赢疫情防控阻击战、脱贫攻坚决胜战、全面小康收官战，坚决守好促进民族团结、维护政治安全、改善生态环境“三条生命线”，扎实做好调转增融“四篇文章”，走好一条高质量发展的新路子，推动基层治理体系和治理能力现代化，全面建成小康社会胜利在望，全面从严治党纵深推进，为开启社会主义现代化建设新征程奠定了坚实基础。

一年来，我们紧跟核心、牢记嘱托，深入学习宣传贯彻习近平总书记视察宁夏重要讲话精神。习近平总书记时隔4年再次视察宁夏并发表重要讲话，特别是总书记亲临利通区，为宁夏和利通区各项事业发展指明了前进方向、提供了根本遵循、注入了强大动力，使全区上下倍感温暖、备受鼓舞，倍增继续前行的动力与干劲。常委会自觉把学习宣传贯彻习近平总书记视察宁夏重要讲话精神作为首要政治任务和重大政治责任，加强组织领导，周密安排部署，迅速掀起热潮，在增强“四个意识”、坚定“四个自信”、做到“两个维护”上认识更加深刻、态度更加坚定、行动更加自觉。

深入学习研讨。坚持领导带头、以上率下，召开常委会会议迅速传达学习，举办专题研讨班全面系统学习，开展中心组学习会分专题集中交流，领会精神实质，把握精髓要义，力求学深悟透。各级党组织及时跟进、精心安排，通过领导讲党课、专家作辅导、干部大讨论等方式，引导广大党员干部积极行动、全员参学，形成了学习习近平总书记视察宁夏重要讲话精神的强大声势。

广泛宣传宣讲。始终保持宣传热度不降、宣讲力度不减，确保习近平总书记的殷切嘱托、深情期望走深走实、入脑入心。注重激发思想共鸣、增进情感共融，通过融媒体、微传播等手段和活动宣传、专栏解读等形式，构建多层次、全方位、立体化的宣传机制，把总书记的亲切关怀“传”入千家万户。注重深入系统解读、凝聚发展共识，通过开设干部课堂、百姓讲堂、指尖课堂等“六大课堂”，区乡村三级宣讲团集中宣讲300余场次，持续推动总书记重要讲话精神进机关、进企业、进学校、进农村、进社区、进网络，切实打通学习宣传“最后一公里”。

坚决贯彻落实。坚持把习近平总书记视察宁夏重要讲话作为一切工作的行动指南和根本遵循，统一思想、引领发展。聚焦总书记提出的目标要求、赋予的时代重任、明确的6项重点任务，精心确定13个专项调研课题，深入基层摸清情况，针对问题剖析原因，找准贯彻落实总书记重要讲话精神的着力点。召开区委四届十次全会进行全面部署，研究提出了建设黄河流域生态保护和高质量发展先行区、完善基层治理体系提高基层治理能力的任务举措，切实把总书记重要讲话精神转化为全区上下的共同意志和共同行动。

一年来，我们慎终如始、精准施策，新冠疫情防控取得阶段性成果。常委会坚持把人民生命安全和身体健康放在第一位，按照习近平总书记提出的“坚定信心、同舟共济、科学防治、精准施策”总要求，以坚定果敢的勇气和坚韧不拔的决心，全面打响疫情防控的人民战争、总体战、阻击战，构筑起联防联控、群防群控的坚固防线。

疫情防控体系坚强有力。新冠疫情发生后，区委坚持疫情就是命令、防控就是责任，统筹调度、果断应对，分级分类全面部署。聚焦“三个绝不”的战略目标，自上而下逐级成立组织机构，派出12个指导组和10个工作组，落实领导干部包乡、抓村、驻点防控责任，迅速形成了提前预警、分区分级、精准动态的防控机制。充分发挥基层党组织战斗堡垒和党员先锋模范作用，各级各领域党组织一线作战，8000余名党员干部冲锋在前，让党旗在战“疫”一线高高飘扬。2万余名医护人员、社区干部、公安民警、志愿者日夜值守，万众一心、众志成城，凝聚起全民战“疫”的强大合力。

疫情分级防控精准高效。坚持面上找点、围点控源，设立19个交通查验点、582个村（居）检查点，开展地毯式“大起底”，实行扫描式“回头看”，落实闭环式“双向查”，切实做到不落一户、不漏一人。严格落实社区、校区、园区、厂区“四区”责任，抓好农贸市场、大型商场、文化广场、宗教场所“四场”防控，用48天时间实现了确诊病例清零、密切接触者清零、医务人员零感染、确诊病例零死亡“四个零”目标。

疫情冲击影响有效控制。统筹疫情防控和经济社会发展，毫不放松抓好常态化疫情防控，扎实做好“六稳”工作，落实“六保”任务，分区分类、有序推进复工复产。积极落实自治区“六保36条”“工业稳增长24条”和利通区34条援企纾困等政策措施，累计实现减税降费4.43亿元。成立34个工作专班，区级领导联系企业，“点对点”“门对门”帮助复工复产。做实社会思想引导、心理疏导、情绪开导工作，依法处置涉疫违法犯罪行为，确保了全区经济社会大局稳定、运行秩序良好。大力弘扬伟大抗疫精神，广泛宣传“我身边的战‘疫’模范”先进事迹，4个集体、23人受到自治区、吴忠市表彰，“青春献利通”志愿服务队被共青团中央授予“抗击疫情青年志愿服务先进集体”，丁秀琴同志被评为“抗击疫情全国三八红旗手”。

一年来，我们靶向发力、聚力攻坚，全面建成小康社会取得决定性成效。常委会坚持把打好“三大攻坚战”作为确保与全国全区全市同步全面建成小康社会的硬任务，聚焦突出短板和薄弱环节，统筹安排、精准发力、持续推进，确保全面小康质量更高、成色更足。

精准脱贫攻坚战取得决定性成就。紧盯决战决胜脱贫攻坚目标任务，深入开展脱贫攻坚“四查四补”工作，坚决落实“四个不摘”要求，推动机制衔接、政策接续、产业持续，着力促进脱贫攻坚与乡村振兴两手抓两手硬。完成危房改造122户，建档立卡贫困户住房安全信息核验率达到100%，全部完成自治区下达的目标任务。11个贫困村集体经营性收入达到109.5万元，全部“脱壳”。95户360名贫困人口脱贫退出，贫困发生率下降到0。利通区代表自治区接受了2020年脱贫攻坚成效省际交叉考核验收。

污染防治攻坚战取得阶段性成果。牢牢守住改善生态环境生命线，纵深推进生态保护和环境治理，持续推进“四尘”同治、“五水”共治、“六废”联治，全力打好蓝天、碧水、净土保卫战。实施农村清洁能源“双替代”工程，基层公共服务场所清洁能源实现全覆盖，全区空气优良天数占比达到83.7%。实施汉渠灌域现代化生态灌区项目、“两沟一河”综合治理，黄河利通段保持Ⅱ类优水质以上。统筹推进山水林田湖草系统修复，重点实施五里坡奶牛养殖园区、美丽乡村等绿化工程，完成营造林2.7万亩，生态安全屏障进一步筑牢。土壤环境质量总体保持稳定，农业面源污染防治取得明显成果。中央环保督察“回头看”反馈和转办的49件53个问题、自治区党委第二环保督察组转办的18件问题全部整改完成。

防范化解重大风险攻坚战取得明显成效。统筹发展和安全两件大事，加大重点领域风险研判、监测、预警、处置力度，严格管控处置89个风险点，牢牢守住不发生系统性风险的底线。落实“八个一批”要求，强化预算约束，优化支出结构，全面完成年度隐性债务化解任务。综合运用法治化、市场化手段，深入推进农村信用体系建设，完善财政全额贴息和保险政策，大力开展非法集资防范处置、“套路贷”整治等行动，为群众挽回损失300余万元，金融市场持续健康发展。

一年来，我们聚焦产业、培育优势，高质量发展迈出坚实步伐。常委会坚定不移贯彻落实新发展理念，坚持以供给侧结构性改革为主线，切实做好调转增融“四篇文章”，全力推动经济高质量发展。预计全年地区生产总值增长3.5%，达到200亿元以上，是“十二五”末的1.5倍，对吴忠市经济增长贡献率达40%以上。

做好“调”的文章，产业结构进一步优化。坚持把产业结构调整作为主攻方向，调优三次产业结构，调优产业内部结构。加快农业“一稳两减五优四化”产业结构调整，粮食产量保持稳定，优质菜、优质果、优质饲草市场份额、品质品牌、综合效益同步提升，建成优质饲草基地9个，奶牛、肉牛存栏分别达到17万头、9万头，全区奶牛规模养殖率达到95%以上，奶产业产值占农业总产值的48.5%，初步形成了布局区域化、经营规模化、生产标准化、发展产业化的现代农业产业新格局，预计农业增加值增长4.5%。持续优化工业结构，重点发展以装备制造、现代纺织、健康产业、绿色食品为主导的四大产业，实施银星流体高端精密零件、浙哲环保设备制造等重点工业项目17个，预计规上工业增加值增长5%。加快发展休闲旅游、健康养老等现代服务业，建成牛家坊现代服务业集聚区，石佛寺村被列为“第二批全国乡村旅游重点村”。万达金街、“夜姊巷”、光耀美食街点亮“夜市经济”，“早茶文化”、特色小吃打响“多彩利通美味之城”品牌，预计第三产业增加值增长3%。“十三五”期间，三次产业比优化为11.5∶38.5∶50，服务业增加值翻了一番。

做足“转”的文章，产业质效进一步提升。坚持绿色发展理念，加快新旧动能转换，不断提高发展质量和效益。加快转变农业发展方式，完善利益联结机制，组建农业产业联合体4家，累计培育市级以上农业产业化龙头企业48家、星级家庭农场50家、示范合作社85家，推进农超对接、农企对接、农校对接，促进农业全产业链发展。鼓励企业开展设备换芯、生产换线、机器换人、产品换代，实施绿色改造项目6个、技术改造项目7个，整治“散乱污”企业8家，新增自治区“专精特新”“技术标杆”企业23家，利通区入选“全国消费品工业‘三品’战略示范城市”，恒丰纺织创建为国家级绿色工厂，装备制造业、战略性新兴产业产值实现两位数增长。大力发展电子商务、现代物流、科技服务等现代服务业，建成利通区电子商务公共服务中心、吉送通电商快递运营中心，电子商务进农村覆盖面不断扩大，初步形成了线上线下融合、商品和服务并重、农产品进城和工业品下乡畅通的现代物流体系。

做实“增”的文章，发展动能进一步壮大。坚持以创新增动力、以改革增活力，不断增强经济发展后劲。实施高新技术产业项目17个，新增国家高新技术和科技型中小企业25家，新建自治区级重点实验室、工程技术研究中心5个，建成利通区奶牛科技服务中心，挂牌成立奶业教授工作站和草畜、瓜菜、葡萄博士工作站，全社会科技研发（R&D）投入1.7亿元，被认定为自治区现代科技示范展示区。加快推进重点领域改革，农村集体产权制度、农村产权交易、农业综合水价、经济发达镇行政管理体制、市辖区综合执法等改革取得明显成效，利通区水权改革经验在自治区推广，被评为“全国农村承包地确权登记颁证工作典型地区”。持续深化“放管服”“一窗受理、集成服务”等改革，“提升政务服务水平、全面优化营商环境”等经验被国家级媒体推介。深化与京津冀、长三角、东南部沿海地区的交流合作，超额完成招商引资目标任务。

做活“融”的文章，协调发展进一步加快。坚持产业融合、产城融合、城乡融合，统筹推进城乡规划、产业发展、公共服务、基础设施等一体化发展。围绕特色优势产业延链、补链、强链，持续打造山水沟现代农业和滨河农村产业融合发展示范园，培育李桥村、白寺滩村等7个特色产业村，因地制宜发展设施瓜菜、大青葡萄等特色产业，推动产业发展与电商、旅游、文化、康养等有机融合，一二三产业融合发展步伐不断加快。持续推进“利青一体化”建设，东线供水、医疗卫生同城化等重点项目加快实施，城市首开区东片区建设有序推进，完成老旧小区改造43个。扎实推进农村人居环境整治行动，实施“一村一年一事”项目111个，新改建农村道路37公里，完成抗震宜居农房改造2465户、改厕1.71万户，建成农村生活污水处理站24座，拆除“空心房”407户，被评为“全国村庄清洁行动先进县”“全国农村生活垃圾分类及资源化再利用示范县”，入选“2020中国乡村振兴百佳示范县市”榜单。

一年来，我们全力保障、改善民生，人民群众生活品质持续提升。常委会始终坚持以人民为中心的发展思想，量力而行、尽力而为，持续实施民生工程，积极办好民生实事，人民群众获得感、幸福感、安全感不断增强。

就业创业扎实推进。坚持把就业作为民生之本，制定促进就业“8条”措施，推出减负稳岗、困难补贴、定向招录等举措，全力保障退役军人、高校毕业生、农民工等重点群体就业，实现建档立卡户未就业家庭“动态清零”。深入实施高校毕业生就业创业促进计划和基层成长计划，大力开展“职业技能提升行动”，创建市级创业孵化基地2家，实现城镇新增就业4386人，农村劳动力转移就业2.27万人，城镇登记失业率控制在3.86%以内。预计城乡居民人均可支配收入分别增长6.5%、8%。

教育事业均衡发展。坚持教育优先发展战略，“互联网+教育”稳步推进，城乡义务教育均衡发展，新扩建中小学、幼儿园9所，普惠性幼儿园占比达到82.6%，全区“大班额”基本消除。各级文明校园创建率达到62.3%，利通二小被评为“全国文明校园”，利通三小被评为“全国家庭教育创新实践基地”。深入开展“千名教师访万家”、控辍保学、复学学生温馨关爱三大行动，顺利完成2020年国家义务教育质量检测，学前毛入学率、小学适龄儿童入学率、初中3年巩固率均完成自治区下达目标任务。

医疗卫生提标扩面。全面推进健康利通建设，大力推行“互联网+医疗健康”，乡镇卫生院、村级卫生室全面纳入区市医院远程诊疗体系，建成区域“影像、检验、心电、病理、超声”五大远程诊断中心，完成4个乡镇卫生院数字化预防接种门诊建设，分级诊疗机制不断完善，群众就医更加便捷。深入开展“医疗质量提升年”活动，村级标准化卫生室覆盖率达90%以上，金积卫生院“优质服务基层行活动”被国家卫生健康委通报表扬，国家卫生城市创建顺利通过自治区复审。

社会保障稳步提升。聚焦群众切身利益，织密社会保障网，兜住民生底线。全面完善城乡低保、临时救助、救灾救济、特困人员供养等保障体系，累计发放各类救助金8000余万元。城市职工养老、失业、工伤保险参保人数持续增加，养老、医疗保险参保人数分别达到10.42万人、40.3万人。加快推进医疗卫生和养老服务融合发展，累计建成养老机构4家，社区日间照料中心17个，老饭桌21个，养老服务质量不断提高。依法规范殡葬服务管理，加快建设沙坝沟回民公墓，清理整治尖山回民墓地，持续推进农村公益性墓地摸排整治，殡葬服务管理质效全面提升。

文化事业繁荣发展。大力弘扬社会主义核心价值观，深化公民思想道德建设，建成新时代文明实践中心1个、实践站（所）48个，创新开展“群众文明实践金银星”评比、“文明有面、文明有礼”活动，推行“345”志愿服务模式，“兰花芬芳”志愿服务队被评为全国“最佳志愿服务组织”。大力繁荣文化事业，改造提升综合文化服务中心26个，金积镇文化站被评为“第八届全国服务农民、服务基层文化建设先进集体”。成立利通区文学艺术界联合会，文联改革做法被《中国文联工作要情》刊发。围绕全国文明城市创建，深入开展“文明利通”“金色阳光·七彩家园”等主题实践活动，新华社区被评为“全国文明单位”。

一年来，我们同心同德、群策群力，社会大局保持和谐稳定。常委会深入贯彻落实党的十九届四中、五中全会和自治区党委、吴忠市委全会精神，县域治理与基层治理一体推进，民族团结进步、法治利通、平安利通建设迈上新水平。

加强民主政治建设。充分发挥人大职能作用，加强和改进法律法规实施、重大事项决定和监督工作，人大依法履职能力和水平不断提升。支持政协积极履行政治协商、民主监督、参政议政职能，召开区委政协工作会议，出台《实施意见》部署新时代加强和改进人民政协工作，以高质量协商助力全区改革发展。巩固和发展爱国统一战线，坚持区委常委联系民主党派和工商联、党外人士列席区委常委会和全委会制度，参政议政水平不断提升。严格落实党管武装责任，夯实国防动员和后备力量建设基础，圆满完成宁夏军区民兵整组试点任务。高度重视做好群团工作，纵深推进群团改革，利通区承办了自治区“兰花芬芳巾帼红”统一行动现场会，团区委在第五届全国志愿服务项目大赛中获1银1铜的成绩，城乡环卫管理中心李彦同志被评为“全国劳动模范”。

做好民族宗教工作。坚决守好促进民族团结生命线，深化民族团结进步“十进”活动和“五项特色教育”，持续开展“社区邻里节”等主题活动，民族团结进步创建取得丰硕成果。利通区成功创建为“第八批全国民族团结进步示范区”，新创建7个自治区级、25个吴忠市级民族团结进步示范单位。全面开展“五进”宗教场所活动，依法管好人员、场所、活动，坚决抵御境外宗教渗透，积极防范网络传播宗教。

扎实推进基层治理。制定出台《关于完善基层治理体系提高基层治理能力的实施方案》，理职能、建机制、强责任，扎实开展乡村、社区、宗教、校园、企业、社团6个领域专项治理，自治区乡村治理现场会在利通区召开，被列为“国家数字乡村试点地区”。深入推进依法治区，着力加强“平安利通”建设，推行网格化管理模式，实现“三官一顾问”全覆盖。纵深推进扫黑除恶专项斗争，深化“六清”行动，谋划“六建”工作，持续巩固专项斗争成果。坚持和发展“枫桥经验”，深化警司联调机制，开展信访积案“清零”行动，信访总量明显下降。严格落实安全生产责任制，有效防范和遏制了较大以上级别的安全生产事故发生。

一年来，我们把准方向、压实责任，全面从严治党向纵深推进。常委会全面贯彻落实新时代党的建设总要求和新时代党的组织路线，坚持和加强党的全面领导，坚定不移推动全面从严治党向纵深发展、向基层延伸。

加强党的政治建设。坚持旗帜鲜明讲政治，制定巩固深化“不忘初心、牢记使命”主题教育成果的具体措施，引导广大党员干部进一步增强“四个意识”、坚定“四个自信”、做到“两个维护”。持续抓好中央和自治区党委巡视、督察整改“后半篇文章”，切实做好脱贫攻坚、扫黑除恶、生态环保、民族宗教等方面反馈问题整改落实，全面梳理汇总，全程跟踪督办，推动中央和自治区党委、吴忠市委决策部署落地见效。

落实意识形态责任。坚持党管意识形态，压实党委（党组）主体责任，完善意识形态工作责任制实施细则、考核办法，牢牢掌握意识形态工作领导权、话语权、主动权。健全网络舆情研判、快速报告、快速核查、信息发布、舆论引导等机制，加强阵地建设和管理，不断提高民族、宗教、学校、网络等领域意识形态治理能力，全区意识形态领域总体稳定，富荣社区被评为“全国扫黄打非基层站点”。

推进基层组织建设。以提升组织力为重点，大力实施基层党建“六项行动”，全力提升各领域党建工作水平。深入推进“三大三强”行动和“两个带头人”工程，扎实开展“一抓两整”示范县乡创建活动，组建5个“书记带徒弟”工作室，帮带14名新选任村支部书记尽快成长，实现软弱涣散村党组织全部整顿转化。持续发展壮大村集体经济，积极构建“支部＋合作社＋农户”利益联结机制，全区村集体经营性收入达到5608万元，实现“空壳村”清零目标。深化城市党建“五联五化”机制，着力优化组织设置、延伸组织链条，20个社区党支部升格为党委。统筹抓好机关和“两新组织”党建工作，以模范机关创建和“两个覆盖”为重点，打造“红石榴”党建引领工程等9个品牌，“两新组织”覆盖面持续扩大。

强化干部队伍建设。突出政治标准，坚持实绩导向，注重在基层一线和急难险重工作中考察识别干部，向市委推荐提拔处级干部5名，区委提拔重用干部67名。严格执行公务员职务与职级并行制度，积极落实乡镇工作补贴和季度奖励资金，79名公务员晋升职级，113名优秀公务员获得嘉奖，切实发挥考核的正向激励作用。重视做好人才工作，建立六类人才队伍基础信息库，组建10个农村实用人才工作室，柔性引进4名国内农业专家、12名高层次人才，营造了爱才、聚才良好氛围。

狠抓党风廉政建设。认真落实党风廉政建设“两个责任”清单，层层制定全面从严治党“三个清单”，出台《区委落实全面从严治党主体责任清单》，规范领导班子和领导干部的决策和用权行为。严格执行中央八项规定及实施细则精神，常态化纠治“四风”问题，持续为基层减负，运用监督执纪“四种形态”处置党员干部567人次。深化纪检监察体制改革，完善纪法衔接、法法衔接相关制度，扎实做好案件查办“后半篇文章”，一体推进不敢腐、不能腐、不想腐。依法依规查处群众身边的腐败和作风问题，立案51件58人，给予党纪政务处分114人。充分发挥巡察“利剑”和审计“体检”作用，开展3轮15个部门党组织巡察，对14名党政领导干部及126个村（社区）“两委”班子进行了经济责任审计，完成四届区委巡察总任务的94.1%。

一年来，常委会始终高度重视自身建设，坚持把学习贯彻习近平新时代中国特色社会主义思想、习近平总书记视察宁夏重要讲话精神作为首要政治任务，坚决维护党中央权威和集中统一领导，坚决落实民主集中制，严格遵守请示报告制度，严格落实廉洁自律准则和廉洁从政规定，政治能力和领导水平不断提高。

在总结成绩的同时，常委会也清醒地认识到工作中存在的一些差距和不足。主要有：发展不平衡不充分的问题依然存在，产业层次低、链条短，市场竞争力不强，质量效益还有待提升；社会保障体系还不够完善，教育、医疗、就业等公共服务能力与群众期盼仍有一定差距；部分党员干部担当意识、能力素质与新形势新任务还不适应，持续激发广大干部奋斗精神的针对性措施还有待进一步探索。这些问题，我们将在今后的工作中认真加以改进。

在吴忠市利通区第四届人民代表大会第五次会议上的工作报告

吴忠市利通区人民政府区长　李玉山

2020年工作及“十三五”回顾

2020年是极不平凡、极为关键、极其特殊的一年，也是全区人民用汗水和心血共同守护的一年。习近平总书记视察宁夏并亲临利通，发出了“脱贫、全面小康、现代化，一个民族也不能少”的伟大号召，全区上下倍感温暖、备受鼓舞、倍增信心，在利通区发展史上具有里程碑意义。一年来，面对艰巨繁重的改革发展稳定任务和新冠疫情的严重冲击，全区上下坚持以习近平新时代中国特色社会主义思想为指导，深入学习贯彻党的十九大和十九届二中、三中、四中、五中全会精神，全面贯彻落实习近平总书记视察宁夏重要讲话精神，在市委、市政府和区委的坚强领导下，在区人大、政协的监督支持下，牢固树立新发展理念，坚持稳中求进工作总基调，科学有效防控疫情，扎实做好“六稳”工作，全面落实“六保”任务，坚决打好“三大攻坚战”、守好“三条生命线”，“十三五”规划圆满收官，全面建成小康社会取得决定性成就。预计地区生产总值增长3.5%，规上工业增加值增长5%，一般公共预算收入下降3%，社会消费品零售总额下降3%，固定资产投资实现恢复性增长10% 以上。城镇居民人均可支配收入34391元、增长6.5%，农村居民人均可支配收入17575元、增长8%。

一年来，我们坚持精准施策，聚民心、共克难，疫情防控持续用力。面对突如其来的新冠疫情，我们迅速响应、果断行动，坚决贯彻落实中央、自治区和吴忠市决策部署，组建疫情防控指挥部，成立工作专班16个，建立“一名领导、一个班子、一套办法、一个口径”的应急处置机制，全力做好指挥调度，全面加强联防联控，全速开展治疗，全程强化宣传引导。组织8000多名党员、干部、志愿者对42万群众开展四轮“大起底、大摸排”，用最短时间阻断疫情蔓延势头，没有发生医护人员感染，没有发生社区感染，没有发生死亡病例。我们不惜代价、全力保障，多渠道筹集医疗防控物资，多举措稳定“米袋子”“菜篮子”，第一时间保障到位防控资金1400万元，紧急调配口罩28.7万只，护目镜、防护服等5661套，消毒液、生石灰等物资10.2万吨，粮油菜肉蛋奶等生活必需品应保尽保，有效满足救治急需、防控急需、百姓急需。我们精准施策、纾困解难，率先出台促进经济社会健康发展“34条”，全面推进复工复产、复商复市、复学复课，发放援企稳岗等各类补贴424万元，减免缓返税费、电费、餐费、房租等4.32亿元。及时开辟“绿色通道”，春耕春播不误农时，务工就业畅通有序。3月底，规上企业全面复工，服务业复商复市达96.9%。我们精准管控、常态防控，坚持专班不撤、机制不变、标准不降，严格落实外防输入、内防反弹策略，优化监测预警、联动反应、精准处置等常态化闭环管控措施，紧盯“四个关口”“四场四区”，持续管控高中风险地区来利人员，全区未出现新增确诊和疑似病例。

事非经过不知难。回望这场惊心动魄的抗疫斗争，42万利通人民以坚定的信念、坚强的意志、坚忍的毅力，经受住了大战大考的淬炼，涌现出一批抗疫模范，生动诠释了伟大的抗疫精神。

一年来，我们突出提质增效，调结构、促转型，产业优势持续扩大。全年实施各类项目87个，完成投资76.6亿元。争取项目资金16.5亿元，完成全年任务的103.1%。招商引资到位资金42.5亿元，完成全年任务的104.9%。工业经济稳中向好。认真落实自治区“工业稳增长24条”等政策措施，累计发放对标提升转型发展等奖补资金2751万元，清欠民营企业中小企业账款保持动态清零。紧紧围绕特色装备制造、现代纺织、绿色食品加工、清洁能源四大板块，实施浙哲环保防腐设备、鑫浩源硫酸钙晶等工业项目 17个，中核200兆瓦光伏发电、新丝源聚酯纤维等15个项目建成投产。建成5G基站331个，市区5G网络基本实现全覆盖。实施朗盛精密制造、赛运米业节能等技改项目22个，淘汰落后产能生产线5条，工业绿色化、智能化改造投资率增长52%。扎实开展促进规下工业企业平稳发展行动，建立规上企业培育储备库，162户规下工业样本户实现主营业务收入1.96亿元，比年初回升37个百分点，新增规上工业企业10家。完成万元GDP综合能耗下降任务。利通区荣获全国消费品工业“三品”战略示范城市，恒丰纺织创建为国家级绿色工厂。现代农业增产增效。深入推进国家现代农业产业园建设，奶牛科技服务中心建成运营，五里坡奶牛养殖四期、肉牛养殖基地加快建设，新建奶牛、肉牛规模养殖场38家，奶牛、肉牛、肉羊存栏分别达到17万头、9万头、25.6万只。伊利三期建成投产，成为全球最大的液态奶加工厂。新增高效节水灌溉面积2.16万亩，治理高标准农田1.15万亩，优质粮食种植面积27.8万亩、蔬菜6.2万亩、经果林4.86万亩、饲草22.7万亩。成立奶业、草畜、瓜菜、葡萄4个教授博士工作站。完善利益联结机制，组建农业产业联合体4家，培育农业产业化龙头企业6家、示范合作社20家、星级家庭农场8家。自治区奶产业、绿色食品产业现场会在利通区召开，利通区被认定为自治区现代农业科技示范展示区，顺利通过国家农产品质量安全县复验。预计农业增加值增长4.5%。服务业发展势头强劲。落实自治区服务业发展引导资金1100万元，实施西麒麟科技研发中心、黄河精品观光带等项目27个，夜妹巷观光夜市开街运营，建成电子商务公共服务中心，牛家坊现代服务业集聚区、万达金街、光耀美食街等特色商圈辐射带动效应不断增强。开展首届电商美食节等促销活动25场次，带动消费1.12亿元，“多彩利通·美味之城”品牌影响力不断扩大。全力打造医养研学游于一体的健康产业园，引进陈氏康复医院等企业6家，创建为自治区现代服务业集聚区。积极开展“两晒一促”文旅推介活动，新增3A级景区2家、三星级农家乐3家，石佛寺村成功入选全国乡村旅游重点村名录。全年接待游客161万人次、旅游收入5800万元，分别增长15.1%、25%。预计服务业增加值增长3%。

一年来，我们深化改革创新，优环境、激活力，发展动能持续增强。科技创新能力不断提升。争取沿黄试验区科技创新项目115个，实施高新技术产业项目17个，落实奖补资金5904万元。全社会 R&D 投入强度达1.05%，每万人有效发明专利拥有量2.56件。培育国家高新技术企业12家、科技型中小企业19家，培育自治区科技型“小巨人”企业等22家、“专精特新”企业23家，打造恒丰瑞斯特等规上研发企业34家。智源农机等40家企业和四川大学等区内外科研院所、大专院校建立产学研合作基地，完成技术合同登记交易额1.48亿元，建成复合调味品等研究中心和实验室7个。战略性新兴产业占规上工业增加值的20%。重点领域改革加快推进。经济发达镇改革初见成效。市辖区综合执法改革试点顺利通过评估验收。农村土地和集体产权制度改革不断深化，成立乡镇农村产权交易服务站10个，新增股份、集体经济合作社96个，被评为全国农村承包地确权登记颁证工作典型地区。加快推进数字乡村建设，“五大服务平台”基本建成，构建“1+5+N”乡村治理服务模式，入选首批国家数字乡村试点地区。营商环境不断优化。深化“放管服”改革，实行“一枚印章管审批”。简化企业开办和注销流程，行政审批事项平均办结时限由17个工作日压缩至3个工作日。全力加强质量强区建设，加快完善社会信用体系，全面实行“互联网＋监管”，市场监管领域“双随机、一公开”实现全覆盖。鼓励民营企业规范实施股份制改制，发放创业贷款8567万元，贴息515万元，帮助企业融资3.12亿元。政务公开纵深推进，主动公开重点领域信息4134条，公共服务质量满意度位居自治区首位。

一年来，我们聚力统筹共融，提品质、增内涵，城乡面貌持续改善。美丽乡村颜值更高。全面完成油粮桥等10个村“多规合一”村庄规划编制，落实“一村一年一事”111件，精心打造刘湾等7个美丽村庄、李桥万亩蔬菜等4个特色产业村。改造老旧小区43个、抗震宜居房2465户，拆除整治农村“空心房”407户，征地拆迁162户，新建农村道路37公里，植树造林绿化2.86万亩。加快推进现代化生态灌区建设，实施苦咸水质改造项目，安装节水一体化监测计量设施236套，铺设农村供水末端管网30公里，农村供水保证率、自来水入户率分别达95%、99.6%。污染防治效果明显。全力打好蓝天、碧水、净土保卫战，实施城乡公共机构清洁能源“双替代”改造68家，安装热风机、热炕板1.2万户，建成标准化清洁煤配送中心3个，整治“散乱污”企业8家。严控秸秆、扬尘、油烟污染，全年空气优良天数307天。常态化推进“携手清四乱、保护母亲河”等四大行动，排查处置各类河湖问题70个，完成水域岸线管理范围划界，实施汉渠灌域农村水系连通工程，新建水质、水量断面监测站15个，清水沟被评为自治区示范河湖。重点入黄排水沟水质保持在Ⅳ类标准，黄河利通断面水质稳定保持在Ⅱ类优水质。综合防控农业面源污染，建成年产10万吨有机肥厂2个，主要农作物测土配方施肥技术推广覆盖率达到90%，规模养殖场畜禽粪污处理设施配套率达100%。人居环境焕发新面貌。大力实施“深度机械洗扫＋人工及时保洁”清扫模式，新增金积镇区等城市保洁面积150万平方米，城市环境卫生综合机扫率达到90%。接续打好春夏秋冬农村人居环境综合整治攻坚战，强化农村生活污水和黑臭水体治理，敷设集中收集管网147公里，新建农村公厕4座，改厕1.71万户，农村卫生厕所普及率达到90.5%，被评为全国村庄清洁行动先进县区。更换城区分类垃圾桶1500个，打造城乡垃圾分类示范点28个，生活垃圾无害化处理率保持在100%，被评为全国农村生活垃圾分类及资源化再利用示范县，入选2020中国乡村振兴百佳示范县市。

一年来，我们注重民生改善，补短板、强弱项，幸福指数持续提高。公共财政投入民生领域资金21.3亿元，占一般公共预算支出的88%。脱贫攻坚成效显著。紧盯“两不愁三保障”，精准落实“四查四补”，发放产业扶贫资金842万元、小额贷款3867万元，扁担沟扶贫肉牛养殖园入栏肉牛1407头，种植订单小番茄、红梅杏等特色经果林1.1万亩，认证消费扶贫产品10个，销售额达3544.7万元，带动851户贫困户发展致富产业。实施扶贫培训741人次，新建扶贫车间2个，新增公益性岗位237个。补助“四类”家庭学生334.4万元，贫困群众医疗兜底57.5万元。解决“十二五”劳务移民“多人多代”住房96户，“四类重点户”危房改造动态清零。剩余95户360名建档立卡贫困人口如期脱贫，代表宁夏非重点县顺利通过国家脱贫攻坚成效省际交叉考核验收。社会保障坚实有力。坚持就业优先政策，创建市级创业孵化示范基地2个，城镇新增就业4325人，农村转移就业2.27万人，实现劳务收入2.2亿元，城镇登记失业率控制在3.86%。城乡低保标准分别增长7%和20%，发放各类救助资金8000万元。城乡居民基本养老保险和基本医疗保险参保率分别达91%、95%。新增城市社区6个，建成日间照料中心、儿童之家等20个，新华社区被评为“全国文明单位”。退役军人稳定就业283人，社保接续377人。顺利完成第七次全国人口普查现场登记。公共服务优质均衡。新建改扩建幼儿园、中小学9所，大班额占比降至2.85%，公办园在园幼儿占比达到52%以上，普惠性幼儿园覆盖率达到83%。协同推进“互联网＋教育”，建立教研帮扶共同体11个，打造自治区级标杆学校3所。高标准通过国家义务教育质量监测，被评为全国首批民族地区“智能教育试验区”。文化惠民扎实推进，建成图书分馆5个，改造提升村级文化服务中心26个，举办各类文化演出300场次。新建全民健身场馆7个，成立自治区首家县级“足球青训分中心”，利通区代表队在自治区青少年锦标赛摘获9金。扎实推进分级诊疗和“互联网＋医疗健康”，县域医联体平台主体建成，116个乡村卫生院室诊疗联入市人民医院实时会诊网。金积中心卫生院“优质服务基层行”被国家卫生健康委通报表扬。

一年来，我们聚焦社会治理，稳大局、促和谐，平安利通持续发力。坚决守好促进民族团结生命线，常态化开展民族团结进步宣传教育“十进”活动，全面铸牢中华民族共同体意识。成功创建全国民族团结进步示范区，马莲渠乡等7个单位被评为自治区民族团结进步示范单位。坚持宗教事务法治化管理，“五进”宗教场所实现全覆盖，民族和睦、宗教和顺、社会和谐的局面更加巩固。纵深推进扫黑除恶专项斗争“六清”行动，严厉打击非法集资、电信诈骗等行为，八类刑事案件同比下降29.7%，挽回损失700万元。扎实开展信访“三无”县区创建，持续巩固人民调解“四张网络”，调处疑难复杂矛盾纠纷524件，成功率96.1%。成立社区矫正委员会，创建法律“八进”示范点30个，150个三级综治中心实现信息互联共享。综合执法处罚各类违法违规行为1800起，群众投诉事项办结满意率99.1%。深入推进安全发展示范城市创建和安全生产专项整治三年行动，安全生产形势总体平稳。

一年来，我们坚持以党的政治建设为统领，全面落实从严管党治党重大政治责任，严守党的政治纪律和政治规矩，严格落实重大事项请示报告制度和意识形态工作责任制，政府自身建设全面加强。自觉接受人大、政协和社会各界监督，办理人大代表议案建议32件、政协委员提案149件，办复率均达到100%。深入推进法治政府建设，坚持政府常务会议学法制度，重大事项决策法律顾问全程参与。严格落实党风廉政建设责任制，从严执行中央八项规定及其实施细则精神，持之以恒纠治"四风"，文件、会议分别减少30%和24%，一般性支出和非刚性支出压减10%。完成14名领导干部离任经济责任审计和60个政府投资项目审计，查处的扶贫、民生领域作风问题全部整改到位。

工会、共青团、妇联、供销、机关事务、气象、人民武装、残疾人、关心下一代等工作取得新成绩。

各位代表，2020年，在区委的坚强领导下，我们顶住了压力，经受了考验，干成了一批实事，解决了一批难事，标志着"十三五"规划胜利收官。

"十三五"时期，我们直面经济下行压力，坚决贯彻落实区市党委、政府和区委的决策部署不动摇，综合实力显著提升。地区生产总值突破200亿元大关，人均生产总值达到4.78万元，分别是"十二五"末的1.47倍和1.41倍，增速高于自治区平均水平；一般公共预算收入年均增长5.4%，是"十二五"末的1.2倍；完成固定资产投资691亿元，是"十二五"末的1.4倍；社会消费品零售总额63亿元，年均增长5.5%，是"十二五"末的1.3倍；城乡居民人均可支配收入分别达到34391元、17575元，较"十二五"末分别增加10810元、5986元，年均分别增长6.3%、6.9%。

"十三五"时期，我们紧扣发展第一要务，加快推进产业转型升级不懈怠，走出一条一二三产业融合发展新路子。工业实现提质扩量，现代纺织和装备制造业产值年均增速分别达到17.2%、12.2%，规模以上工业企业达到88家，轻重工业比由55：45调整为67：33，工业增加值年均增长3.4%，是"十二五"末的1.2倍。农业实现提质增效，"五大板块"产业发展成效显现，生鲜乳产量较"十二五"末翻一番，中国黄金奶源基地优势更加彰显，涝河桥牛羊肉等28个"利通品牌"走向全国，农林牧渔业实现总产值48.5亿元，年均增长6.8%，是"十二五"末的1.4倍。服务业实现提速升级，"吃在吴忠"金字招牌越擦越亮，康养医疗、现代物流、电子商务等新产业、新业态方兴未艾，"南有牛家坊、北有新华桥"一二三产业融合发展集聚效应愈加明显，服务业增加值突破100亿元，比"十二五"末翻一番。三次产业比优化为11.5：38.5：50。

"十三五"时期，我们顺应新时代发展要求，全面深化改革创新不畏难，让人民群众充分享受改革红利。政府机构改革圆满完成，综合执法、吴忠林场、供销社等改革全面完成，农业农村、经济发达镇改革有序推进，顺利承接巴浪湖农场和吴忠国家农业科技园区社会事务。成立融通城乡建设投资有限公司，下设融利融资等3个子公司，国有资本运行更加高效。深化农村土地和集体产权制度改革，率先探索开展农村“空心房”综合整治，农村承包地确权、宅基地“房地一体”使用权登记颁证全面完成。成立产权交易服务中心，村集体经营性收入平均达到53万元，“空壳村”全部清零。创新开展了现代化生态灌区、水权水价等改革。全面推进法治政府建设，行政权力清单向社会公开，简并废止税收业务597项，政务服务事项可“不见面”办理率达80.2%，办理时限压减率84.3%。荣获“全国国土资源节约集约模范县”等荣誉称号。

“十三五”时期，我们积极响应人民群众对美好生活的向往，加大民生领域投入不松劲，解决了一大批群众的操心事、烦心事、揪心事。财政全力保障民生，十项民生支出达77.8亿元，占一般公共预算支出比重始终保持在85%以上。搬迁安置劳务移民377户1656人，11个贫困村1827户7556人全部脱贫，连续四年荣获自治区脱贫攻坚非重点县考核优秀等次。城镇新增就业2.44万人，登记失业率控制在4%以内，“两个统筹”参保率均达到91%以上。建成美丽村庄36个，改造老旧小区139个、危房2986户，改厕2.52万户，建设农村公路150公里。完成营造林15.9万亩，空气优良天数年均达到82%以上，黄河利通出境断面水质保持在Ⅱ类优水质以上。顺利承接教育职能，教育优质均衡发展成效明显，医疗、文化、体育事业繁荣发展。荣获“国家慢性病综合防控示范区建设特色突出奖”“全国农村人居环境整治激励县”等荣誉称号。

“十三五”时期，我们坚持共建共治共享，完善治理体系提高治理能力不停步，群众的获得感、幸福感、安全感不断增强。深化“平安利通”建设，纵深推进扫黑除恶专项斗争，“七五”普法圆满收官，“三调联动”不断加强，“三官一顾问”、弱势群体法律援助实现全覆盖。全面贯彻落实党的民族宗教政策，依法管理宗教事务，民族团结之花常开长盛。新建、改造城乡社区服务阵地22个，智慧社区服务能力显著提升。信访维稳、安全生产等形势平稳向好。荣获“全国乡村治理体系建设首批试点县区”等荣誉称号。

各位代表，回首“十三五”期间，在利通区这片热土上，我们攻坚克难、砥砺奋进，知难而进、迎难而上，用汗水浇灌收获，以实干笃定前行，走过了极不平凡的历程，经济社会发展取得了显著成效。成绩来之不易，经验弥足珍贵，更需倍加珍惜。这是习近平新时代中国特色社会主义思想指导引领的结果，是自治区、吴忠市党委、政府坚强领导的结果，是区委统揽全局、科学决策的结果，是区人大、政协有效监督、鼎力支持的结果，是全区广大干部群众负重拼搏、团结奋斗的结果。在此，我谨代表利通区人民政府，向辛勤劳动在各条战线、各行各业的全区人民，向大力支持政府工作的人大代表、政协委员、民主党派、人民团体、离退休老同志、工商联和各界人士，向驻利部队指战员、武警官兵、政法干警、消防救援和民兵预备役人员，向参与利通建设、支持利通发展的各界朋友，特别是在抗疫斗争中挺身而出、无私奉献的干部群众，表示最崇高的敬意和最衷心的感谢！

在肯定成绩的同时，我们也清醒地认识到，利通区发展还面临一些困难和问题，主要表现在：科技创新水平还不高，传统产业比重较大，新经济新产业新业态总量偏小，有效投资后劲不足，经济发展质量还不优。生态保护和流域治理仍需加强，民生保障及社会治理还有短板弱项，融合发展任务艰巨，乡村振兴任重道远，城乡基础设施承载能力和公共服务供给水平还不能很好满足人民群众对美好生活的向往。重点领域改革任务依然艰巨，政府效能还需进一步提高。我们将正视问题、直面矛盾，采取有力措施，切实履行职责，尽心竭力不辜负群众的期待。

“十四五”工作思路及举措

“十四五”时期，是宁夏加快发展的重要战略机遇期，也是利通区奋力担当建设黄河流域生态保护和高质量发展先行区历史使命的“重要窗口期”和“黄金机遇期”。

今后5年，经济社会发展的指导思想是：坚持以习近平新时代中国特色社会主义思想为指导，深入贯彻落实党的十九大和十九届二中、三中、四中、五中全会精神，深入贯彻落实习近平总书记视察宁夏重要讲话精神，深入贯彻落实自治区、吴忠市党委、政府和区委的部署要求，统筹推进“五位一体”总体布局，协调推进“四个全面”战略布局，坚定不移贯彻新发展理念，坚持稳中求进工作总基调，以推动高质量发展为主题，以深化供给侧结构性改革为主线，以改革创新为根本动力，以建设黄河流域生态保护和高质量发展先行区为时代使命，以满足人民日益增长的美好生活需要为根本目的，主动融入新发展格局，加快建设现代化经济体系，扎实推进基层治理体系和治理能力现代化，坚决守好促进民族团结、维护政治安全、改善生态环境“三条生命线”，做好调、转、增、融“四篇文章”，走出一条高质量发展的新路子，实施“八大工程”“四大提升行动”，努力打造绿色农业示范区、低碳经济样板区、现代服务业集聚区、黄河金岸宜居区、民族团结进步示范区、社会治理创新区，为利通区如期与全国全区全市同步基本实现社会主义现代化开好局、起好步。

主要预期目标是：地区生产总值年均增长6.5%，一般公共预算收入年均增长3.5%，固定资产投资年均增长5%，社会消费品零售总额年均增长6%，城乡居民人均可支配收入年均分别增长7%、8%。

各位代表，确立上述目标，既是利通区现状与长远的通盘考虑，又是外部机遇与挑战的综合考量，更是我们未来5年矢志不渝的奋斗目标。今后5年，我们必须大力弘扬“社会主义是干出来的”奋斗精神，坚持在以下6个方面谋求新突破、取得新进展，实现更高质量的发展。

一、坚决落实高质量发展这一战略任务，在加快发展现代产业体系上实现新跨越。坚持创新在现代化建设全局中的核心地位，加快推进产业基础高级化、产业链现代化。围绕建设低碳经济样板区，以“巩固提升传统产业，培育壮大优势产业，前瞻布局未来产业”为主攻方向，强化产业协同、绿色转型、技术创新，大力实施“四大改造”，集群化发展现代纺织产业，融合化发展绿色食品产业，规模化发展清洁能源产业，智能化发展特色装备制造产业，持续在建链补链延链强链上下功夫。实施“企业上云”行动，全面推动工业数字化。到2025年，制造业增加值占规上工业增加值80%以上，规模以上工业总产值达到320亿元，增加值年均增长8%以上，建成西部地区现代纺织基地，创建国家制造业高质量发展试验区。围绕建设绿色农业示范区，坚持“一稳两减五优四化”发展方向，全面提高特色优势产业生产专业化、标准化、规模化、集约化水平，加快建立“一园引领、板块优化、一廊集聚、多点支撑”的现代农业产业体系。坚持质量兴农、绿色兴农、品牌强农，深化农业“机器换人、设施增地”，扩大“数字牧场、智慧奶业”覆盖面。大力发展新型农业经营主体和服务主体，打造农业领军企业，引导粮油加工企业向“粮食银行”转型升级，打响“利通”系列健康农业品牌。到2025年，绿色农产品基地占比达到30%以上，奶牛、肉牛存栏分别达到35万头、15万头以上，鲜奶产量达到150万吨以上，奶产业全产业链综合产值达到300亿元以上，优质粮食稳定在14万吨，瓜菜、经果林种植面积分别达到7.5万亩、6.6万亩，建成国内领先的高端奶之乡、全国高端牛羊肉加工集散中心、重要的富硒粮生产加工基地、优质蔬菜基地。围绕建设现代服务业集聚区，坚持以扩大国内需求为基点，主动融入“两个循环”，加快推动生产性服务业向专业化和价值链高端延伸、生活性服务业向高品质和多样化升级。发展“大健康”产业，医养研学游同向发力，打造“中国塞上硒都”健康产业名片。加快推进老城、滨河传统商圈数字化、智能化提升，高标准打造高铁站、金积等特色商圈，在商贸金融、5G融合应用、现代物流等方面实现新突破，形成新的经济增长点。围绕“一城两带五组团”，依托“吃在吴忠”金字招牌，探索建立餐饮业认证标准体系，培育一批文旅创意产品和“可带走”的利通礼物，形成“吃住行游购娱”一体的特色产业链。打造西北知名休闲度假目的地和宁夏特色美食消费体验地，成功创建为国家级全域旅游示范区。到2025年，旅游游客、旅游收入分别达到300万人次、2.13亿元以上，年均分别增长10%、30%，第三产业比重达52%以上。

二、坚决用好改革开放这一重要法宝，在厚植发展内生动力上迈出新步伐。坚持全面深化改革和开放合作相促进、有效市场和有为政府相结合，加快破除深层次体制机制障碍，激发各类市场主体活力。推进新一轮农业农村和以人为核心的新型城镇化改革，实施农村集体经营性建设用地入市制度，保障进城落户农民充分享受土地承包权、宅基地使用权、集体收益分配权。实施高标准市场体系建设行动，推动土地、水资源、劳动力、资本、技术、数据等要素市场化和统计现代化改革。持续深化“放管服”改革，全力优化营商环境，进一步简化办事流程，压缩办事环节，降低办事成本，打造“数字政府”。推进经济发达镇和金积工业园区融合发展改革，构建以产促城、以城兴产的良好发展格局。积极融入国家“数字丝绸之路”“一带一路”、新一轮西部大开发，借助宁夏内陆开放型经济试验区，依托银西、京兰等国家高速铁路网，积极参与西部陆海新通道建设，促进与发达地区经贸合作升级，全面推动创新人才、先进技术、高端产业“引进来”，优势品牌、特色产品“走出去”。

三、坚决做好脱贫攻坚与乡村振兴有效衔接这一重点课题，在构建新型工农城乡关系上取得新进步。坚持把解决好“三农”问题作为重中之重，全面实施乡村振兴战略，促进农业高质高效、乡村宜居宜业、农民富裕富足。巩固拓展脱贫攻坚成果，坚持“四个不摘”，完善返贫致贫动态监测预警帮扶长效机制，发展壮大扶贫产业，持续提升就业技能，确保贫困人口不返贫、边缘人口不致贫。合理布局具有集约化、宜居性、实用性的乡村发展空间，重点打造工业重镇、奶业大镇、物流强镇、旅游名镇、汽车小镇、商贸集镇、康养新镇等特色产业镇，建成一批乡村振兴示范强村，推动形成工农互促、城乡互补、协调发展、共同繁荣的新型工农城乡关系。注重保留乡土味道，整合利用黄河生态、田园康养等休闲农业资源，实施村集体经济“倍增计划”，行使“土地银行”职能，深化农村人居环境综合整治，让乡村“望得见山、看得见水、留得住乡愁”。到2025年，村集体经营性收入达到70万元以上，农村居民人均可支配收入达到2.58万元以上。

四、坚决扛起生态环保这一重大使命，在推动绿色可持续发展上得到新改善。围绕建设黄河金岸宜居区，牢固树立“两山”理念，坚持“四尘同治”“五水共治”“六废联治”，统筹山水林田湖草沙系统治理，持续建设天蓝地绿水美的美丽利通。精心呵护黄河，加快国家级现代化生态灌区建设，统筹推进堤防建设、河道整治、滩区治理、生态修复，实施水系连通综合治理工程，探索“水联网”治理新模式，推进城乡污水管网全覆盖，全面消除农村黑臭水体，加强饮用水源地保护，加快形成水清岸绿河畅的生态廊道。坚决打好污染防治攻坚战，联防联控联治细颗粒物和重污染天气，严管严控道路运输和建筑工地扬尘，加快推进重点行业超低排放改造和清洁取暖“双替代”到企到户，持续改善环境质量。深入推进农业面源污染治理，开展大规模国土绿化行动，完成造林20.5万亩，重点实施五里坡地区荒漠治理、水土保持等项目，构筑绿色生态安全屏障。健全完善废旧物资循环利用体系，推行垃圾分类和减量化、资源化，全面提高资源利用效率。到2025年，森林覆盖率达到12.12%，生产生活方式绿色转型成效显著，生态环境质量和人居环境明显改善。

五、坚决补齐民生保障这一短板弱项，在改善人民生活品质上达到新水平。牢固树立以人民为中心的发展思想，全面落实“四大提升行动”，不断健全完善公共服务体系，着力改善人民生活品质。大力实施职业技能提升工程，集中培育一批“双创”带动就业示范项目，统筹推进创业孵化基地建设，实现更加充分更高质量的就业。健全多层次社会保障体系，全面落实城乡居民基本养老、基本医疗、低保救助、特困群体等保障政策，实现参保全覆盖、待遇无遗漏、保障不断线。深化教育综合改革，提质培优基础教育，推进学前教育普及普惠安全优质发展和集团化办学，创建自治区义务教育优质均衡发展示范区。深度挖掘文化资源，融入黄河文化传承彰显区建设，全力实现公共文化精准供给。深入实施“健康利通”行动，加快紧密型医联体建设，织牢公共卫生防护网，提供全方位全周期居民健康服务。扎实推进全民健身计划，构建“5—15—30分钟”立体化全民健身服务圈。到2025年，实现城镇新增就业2万人以上，登记失业率控制在4%以内，公办园在园幼儿占比、普惠性幼儿园覆盖率、义务教育巩固率高于自治区平均水平，人均公共体育面积达到3平方米，居民健康素养率达到21%。

六、坚决抓实县域治理这一系统工程，在推动基层治理体系和治理能力现代化上得到新提升。坚持系统治理、依法治理、综合治理、源头治理，筑牢社会和谐稳定的坚实基础。围绕建设民族团结模范区，全面贯彻党的民族政策，巩固提升民族团结进步创建成果，广泛开展“社区邻居节”“塞上儿女一家亲、同心共筑中国梦”等活动，促进各民族和睦相处、和衷共济、和谐发展，形成各民族共同团结奋斗、共同繁荣发展的良好局面。全面贯彻党的宗教工作基本方针，坚持宗教中国化方向，依法加强宗教事务管理，巩固宗教领域突出问题整治成果，坚决抵制宗教极端思想的渗透与破坏，教育引导各族群众齐心协力“建设美丽新宁夏，共圆伟大中国梦”。围绕建设社会治理创新区，聚焦乡村、社区、宗教、校园、企业、社团等重点领域，完善党委领导、政府主导、社会协同、公众参与、法治保障、科技支撑的社会治理体系，推动自治、法治、德治有机融合。扎实开展“八五”普法，实施精准普法惠民工程，持续提升公共法律服务效能。坚持和发展新时代“枫桥经验”，强化信访和矛盾纠纷排查化解，完善社会矛盾综合治理机制。整合综合执法、“雪亮”工程、智慧社区等平台，高标准打造“智慧利通”指挥中心，进一步提升政府治理能力、公共服务水平和应对突发事件能力。长效推进扫黑除恶，依法严厉打击各类侵权、涉众等违法犯罪，不断净化社会治安环境，建设更高水平的“平安利通”。建立完善严密高效的食品药品安全治理体系，全域创建食品药品安全示范区。严格落实安全生产责任制，加强防灾减灾应急能力建设，坚决遏制较大及以上安全生产事故发生。

2021年主要目标和重点任务

今年是实施“十四五”规划的开局之年，是中国共产党成立100周年，做好全年工作意义重大。今年政府工作的主要预期目标是：地区生产总值增长7%左右，一般公共预算收入增长5%，固定资产投资增长6%以上，社会消费品零售总额增长7.5%，城乡居民人均可支配收入分别增长7%、8%。

实现上述目标，我们必须坚持目标导向、问题导向、结果导向，坚定信心、振奋精神，紧抓快干、埋头苦干，全力以赴抓好落实，确保完成年度目标任务。

一、以加快动能转换为主线，突出项目带动、量质并举，夯实经济社会发展硬支撑。充分发挥有效投资对稳增长的关键作用，坚持政府投资与社会投资并重，投资规模与投资质量并重，重点投资与短板投资并重，为高质量发展增添后劲。凝心聚力攻项目。牢固树立“项目为王”的理念，坚持前端抓谋划储备、中端抓快速推进、后端抓精准服务，通“堵点”、攻“难点”、补“断点”，全链条保障项目建设要素有序供应，实行“周督导、月调度、季测评”，全力跑出项目建设“加速度”。实施好“生态治理+清洁能源”全产业链等122个项目，总投资340亿元，完成投资93亿元，重点抓好40个产业转型项目、42个基础设施项目、8个生态环保项目、6个新能源项目，确保3月份计划新建的60个项目全部开工，续建项目全部复工，尽快形成投资实物量，实现固定资产投资持续稳步增长。锲而不舍跑招商。瞄准装备制造、现代纺织、绿色食品、健康医养、清洁能源等产业方向，紧盯龙头骨干企业、高新技术产业项目，坚持对内挖潜增效、对外招大引强双向发力，建立重点产业对外招商项目库，采取“云招商”、园区招商、以商招商等模式，积极承接中东部产业转移，着力引进一批建链延链补链强链产业项目。建设招商引资孵化服务中心，为招商引资企业提供政策辅导、发展预测、落地指引等定制式服务，全力“筑巢引凤”，力促更多合作项目由“纸上”落到“地上”。重点抓好68个招商引资储备项目，实现招商引资70亿元以上，到位资金50亿元以上。多措并举抓上争。紧扣黄河流域生态保护和高质量发展先行区、新一轮西部大开发、黄河生态经济带等重大发展战略，精准对标中央、自治区重大项目包、资金包、政策包，围绕特色优势产业、乡村振兴、公共卫生、生态环保等关键领域和薄弱环节，持续深度谋划一批科技含量高、支撑作用大、带动能力强的重大产业项目，实施一批补短板、强弱项的重大民生项目，力争项目储备投资突破1000亿元。提高项目编制质量，推进新增中央投资等重大项目审查论证和前期准备，跑部进京、跑厅进局、无缝衔接，最大限度争取更多项目资金支持，促成一批、建设一批、投产一批重大项目。

二、以促进产业升级为导向，突出创新驱动、调转增融，走稳高质量发展新路子。坚持把发展经济着力点放在实体经济上，构建和稳固现代产业体系。加快工业转型升级。全面落实促进工业经济发展各项政策，落实区级领导包抓重点停减产企业、重点项目制度，推动宁波德业变频、中环高科电缆制造等16个项目尽快落地，确保丰泰永晟等11个项目开工建设，支持雪泉乳业无菌灌装等5个技改项目顺利实施。全力开展企业运行监测、分析调度，推进规下工业企业样本户提质增效，新增规上企业10家，实现产值过亿元工业企业达30家。推进信息化和工业化深度融合，支持企业开展智能应用，规上工业“企业上云”比例达到20%，新增自治区智能工厂、数字化车间3家、自治区服务型制造业示范企业2家。完成能耗“双控”目标，力争规上工业增加值增长9%。深挖服务业消费潜力。持续提升“一区两街四广场”，依托“多彩利通·美味之城”品牌，打造特色餐饮、人文科技、休闲娱乐为一体的“夜间经济”品牌。实施“促销行动计划”，深入挖掘网红经济、直播带货等新业态新模式，重点建设“利通严选美食”平台，培育体验消费、智能消费等新热点，培育刘三朵八宝茶等20家商贸企业入驻。扩大金银滩等农贸市场“赶集”经济影响力，促进农村消费。建设现代物流分拣中心，形成集技术指导、人才培育、物流配送等为一体的三级电子商务服务体系。全力创建全域旅游示范区，打造自治区4A级景区2家以上。依托黄河打造水岸文化旅游线路，以“牛气冲天”为主题打造工业研学旅游线路，整合黄河安澜亭、“金花园”社区、“兰花芬芳”志愿服务中心、初心馆等资源，探索开发“红色旅游”线路，新增康养度假、营地体验等创新业态。预计旅游人数185万人次、旅游收入6300万元，服务业增加值增长7.5%。提升创新支撑能力。积极出台科技创新扶持政策，全社会R&D投入强度达1.08%，财政R&D投入增速达30%以上。支持德悦纺织等企业实施科技项目25项，争取扶持资金3000万元以上。实施高企增量提质工程，培育生辉仪表、库泰消防等国家高新技术企业2家以上，培育中科国能等科技型中小企业22家以上。大力培育企业工程技术研究中心、重点实验室及创新人才和团队，新增自治区级以上研发平台5家。积极引导企业全面开展技术合同交易，完成技术合同交易额1亿元以上。

三、以实施乡村建设行动为重点，突出产城融合、以城带乡，跑出全面乡村振兴加速度。激发农业农村发展内生动力，推动形成协调共进、共同繁荣的发展格局。提质发展现代农业。抢抓自治区千亿级和吴忠市400亿奶产业战略机遇，依托国家现代农业产业园建设，全力推进五里坡奶牛生态养殖基地四期、鸽堂沟标准化奶牛养殖示范区和肉牛养殖基地建设，新增奶牛、肉牛规模养殖场21个、12个，奶牛、肉牛存栏分别达到20万头、11万头，全面建成“牛联网”，打造“高端奶之乡”。严守28万亩粮食生产红线，新增设施瓜菜2000亩、经果林2000亩、优质饲草1.1万亩。培育自治区级农业产业化龙头企业5家、示范合作社14家，整合现代农业示范园、山水沟智慧农业等资源，打造西部绿色优质农产品供应基地，农业增加值增长4.5%。统筹推动城乡建设。巩固提升国家卫生城市成果，做好新一轮全国文明城市创建工作。重点实施“保障性安居工程”基础设施改造项目，提升板桥等8个乡镇安置区基础设施，改造塑配小区等20个老旧小区。建好“四好农村路”，重点实施赵家沟苦水河大桥建设项目，新建农村公路60公里。巩固提升人居环境治理成效，聚焦“六清两改一管护”，推广“最美庭院”等长效管理模式，拆除整治农村“空心房”300户，改厕2000户，农村卫生厕所普及率达到95%以上，完善“两次六分、四级联动”农村生活垃圾分类体系，创建人居环境综合整治示范乡2个，示范村10个。高质规划美丽乡村。按照“危房不住人、住人非危房”的要求，采取“六个一批”方式，实现农村危房全部动态清零。按照“突出点、扩展面，重品质、分梯次”的思路，推进“多规合一”实用性村庄规划编制，全力推进郭家桥等4个重点乡镇建设，精心打造白寺滩等3个高质量发展村，优化提升烽火墩等5个特色产业示范村，打造新时代美丽乡村典范。实施镇村扩绿、棚户区增绿工程，农村村庄绿化覆盖率达到20%以上。整合闲置资源，推广民宿接待、农事体验等三次产业融合发展模式。加大对薄弱村资金、技术、人才扶持，争取自治区扶持壮大村集体经济项目15个，逐步提升农村基础设施、公共服务水平。

四、以践行“两山”理念为抓手，突出生态优先、绿色发展，守好改善生态环境生命线。保持加强生态文明建设战略定力，深入打好污染防治攻坚战。保障黄河安澜。高标准实施黄河、苦水河综合治理、汉渠灌域现代化生态灌区工程，安装在线监测计量设施15套，新建水质、水量断面监测站11个，砌护重点渠道30公里。实施“互联网+农村饮水”项目，完成8个“千吨万人”饮用水源地保护区规范化建设。加强流域水污染防治，建立农村生活污水处理设施数字化监管平台，重点实施秦坝关等20个村生活污水集中处理和闸板沟等12个黑臭水体治理项目，推行“河长+检察长+警长”联合执法，严厉打击涉水违法行为，全域创建示范河湖，全面构建河畅岸绿的生态廊道。重点入黄排水沟水质稳定在Ⅳ类以上，黄河利通断面水质保持在Ⅱ类优水质以上。保护修复生态。编制黄河利通段生态保护治理、湿地保护修复等发展规划和三年行动计划，全力推进国土绿化行动，完成造林2.75万亩。大力开展“农村乱占耕地建房”专项整治行动，严守耕地保护红线。实施苦水河、清水沟、双吉沟过境段流域生态修复项目，治理荒漠化草原7500亩，提高区域植被覆盖率，增强抵御自然灾害能力。治理环境污染。突出精准治污、科学治污、依法治污，扎实推进“四尘”协同治理，实施农户、商户清洁能源改造6000户，全面禁止劣质煤销售，确保农村清洁取暖覆盖率达到45%。综合防控农业面源污染，大力实施化肥农药减量增效行动，健全农药废弃包装物回收和集中处置体系，推动养殖粪污资源化利用，规模化畜禽粪污综合处理率达到100%。坚持更高站位、更强决心、更大力度，持续巩固中央环保督察“回头看”及自治区环保督察反馈问题整改成效。

五、以优化公共服务供给为关键，突出为民惠民、普惠共享，织牢织密民生保障网。在经济发展面临困难增多的情况下，越要关注民生、改善民生、保障民生。努力使百姓享有更充分的就业。强化劳动者职业技能培训，开展百日千万网络招聘专项行动，发放创业担保贷款5000万元以上，培育“双创”示范基地2个，打造市级创业孵化基地2个，高校毕业生、退役军人、农民工等重点群体就业率达到90%以上。围绕家政、养老等领域，优化就业直通车等公共服务，实现城镇新增就业4000人以上，农村劳动力转移就业2万人，城镇登记失业率控制在4%以内。努力使百姓享有更优质的教育。深化义务教育优质均衡发展，新建、改扩建幼儿园3所、中小学4所，大班额占比控制在4%以内，公办幼儿园占比53%以上，普惠率85%以上。全面推进“互联网＋教育”示范区建设，推行“强校”带“弱校”办学模式，打造名师工作室65个，培育县级以上骨干教师105名。全面落实立德树人根本任务，争创全国中小学劳动教育实验区，文明校园创建率达到80%以上。开展新一轮校外培训机构综合整治行动，引导校外培训市场有序发展。努力使百姓享有更好的社会保障。巩固脱贫攻坚成果，继续在精准、稳定、可持续上下功夫，建立健全防止返贫致贫动态监测预警帮扶机制。发展壮大肉牛养殖、拱棚西瓜等特色扶贫产业，推动“扶贫车间”提质增效。城乡基本养老和医疗保险参保率分别稳定在92%和96%以上。新增日间照料中心和农村老饭桌9个，建成残疾人托养中心，强化低保、社会救助等动态管理。统筹推进关爱留守儿童、助残、优抚等工作，确保民生底线兜得住、守得牢、托得稳。努力使百姓享有更丰富的文化生活。加快公共文化服务体系建设，改造提升12个标准化乡村文化服务阵地。新建非遗保护传承基地，大力支持巧儿刺绣、张家枪等优秀民间文化的传承发展，推荐申报非遗项目6个，常态化开展“书香利通”等文化活动150场次。完善公共体育服务保障，新建全民健身中心、体育公园等运动场5个。积极备战自治区青少年体育锦标赛，举办第四届运动会、篮球联赛等赛事6场次。努力使百姓享有更高水平的医疗。强化突发公共卫生事件监测预警，毫不放松抓好常态化疫情防控。持续推动医疗卫生体制改革，深化“互联网＋医疗健康”示范区创建。完善公共卫生服务体系，提升乡村医疗卫生机构疾病预防、首诊、分诊能力，加强个体诊所监管。加快疾控中心项目落地，新建数字化标准预防门诊4个。

六、以提升治理能力现代化为保障，突出改革攻坚、风险防范，筑牢经济社会发展稳定基石。统筹整合政府、社会、市场等各方力量，打通社会治理“最后一公里”，推进社会和谐互助、安定有序。持续推进重点领域改革。加快“数字政府”建设进度，成立大数据运营中心。深化事业单位改革，成立招商和服务业发展中心、国家现代农业产业园服务中心，构建更专业、更高效的产业服务梯队。启动新一轮乡镇机构改革，推进基层整合审批服务执法力量改革。组建国有资产运营维护管理公司，统一行使国有资产承接、运营、处置职能。大力推广“网上办、掌上办”，推动智能终端、自助终端进乡村、进园区、进商圈。深化农村集体产权交易改革，引导农村产权规范流转和交易。加快全国乡村治理试点县区创建，全面开展数字乡村建设。实施基层水利服务体系和水价综合改革，探索成立乡镇水利服务专业合作社，提高用水节水效益。推动经济发达镇与金积工业园区“六个一体化”融合发展。深化社区警务改革，整合司法、信访办事大厅，探索“信访+人民调解+法律援助”纠纷治理模式，推动“最多访一次”改革，将矛盾纠纷化解在基层。巩固繁荣民族团结。全面贯彻党的民族政策，常态化、制度化、长效化推进民族团结进步创建，做实“细胞工程”，新增示范点6个，着力构建互嵌式社会结构和社区环境，引导各族群众牢固树立“五个认同”“两个共同”“三个离不开”思想，促进各民族交往交流交融。依法加强宗教事务管理，持续开展“五进”宗教场所活动，管好宗教人员、宗教场所、宗教活动、宗教网络，严厉打击非法宗教渗透活动，积极引导宗教与社会主义社会相适应。创新推进县域治理现代化。推动法治利通、法治政府、法治社会建设，启动“八五”普法，打造滨河法治文化阵地，民主法治示范村（社区）达到24个。深化人民调解“四张网络”建设，实施金银滩等4个司法所标准化改造，司法所诉前调解室、审务工作站实现全覆盖。深入开展信访“三无”县区创建，重复访治理、信访积案化解“清零”，打造矛盾纠纷多元化解的“塞上枫桥”工作品牌。常态化推进扫黑除恶，持续开展新一轮禁毒人民战争，严厉打击电信诈骗、非法集资等违法犯罪行为，确保八类案件破案率达100%。扎实推进社区“六增六提”行动，建立物业分级管理、考核、退出机制，实现全周期、多元化、网格化社区治理。全面开展自然灾害综合风险普查，标准化建设乡镇应急管理中心，加强应急救援队伍建设，确保应急响应及时、处置科学高效。加大食品药品监管力度，保障人民群众“舌尖上的安全”和“针尖上的安全”。

全力打造人民满意的服务型政府

各位代表，新思想引领新时代，新时代呼唤新作为。我们必须不忘初心再出发，勇担重任立潮头，知责于心、担责于身、履责于行，努力开创政府工作新局面。坚持政治引领，对党绝对忠诚。始终将党的领导贯穿政府工作各领域和全过程，以习近平新时代中国特色社会主义思想为指导，深入学习贯彻党的十九届四中、五中全会精神和习近平总书记视察宁夏重要讲话精神，持续巩固深化“不忘初心、牢记使命”主题教育成果，进一步增强“四个意识”、坚定“四个自信”、做到“两个维护”。坚持依法行政，建设法治政府。严格遵守宪法和法律法规，认真履行重大行政决策法定程序，增强公众参与实效，提高专家论证质量，切实防控决策风险。全面推行行政执法“三项制度”向乡镇延伸，严格执行统计法规，认真做好政府规范性文件备案审查。全面推进政务公开标准化规范化，积极回应社会关切。自觉接受人大和政协监督，主动接受监察和审计监督，广泛接受群众和舆论监督。坚持人民至上，提升政府效能。加快转变政府职能，把解决群众“急难愁盼”作为一切工作的出发点和落脚点，坚持“一线工作法”，科学归类行政权力事项和公共服务事项，推广民众和企业评判政务服务“好差评”机制。以规范政务督查为抓手，明责任、卡节点、看实效，让实干担当成为政府工作的主旋律。坚持底线思维，保持廉洁本色。坚决扛起政府系统全面从严治党主体责任，严格落实党风廉政建设“一岗双责”，持之以恒落实中央八项规定及其实施细则精神，力戒形式主义官僚主义，加强政府系统廉政教育、日常管理和监督约束，严查群众身边的不正之风和“微腐败”问题。牢固树立过“紧日子”思想，加强民生资金、政府采购等重点领域、关键环节廉政风险防控，永葆为民务实清廉的政治本色。

各位代表，宏伟蓝图已经绘就，砥砺奋进正当其时。让我们更加紧密地团结在以习近平同志为核心的党中央周围，深入学习贯彻习近平总书记视察宁夏重要讲话精神，在自治区、吴忠市党委、政府和区委的坚强领导下，凝心聚力、真抓实干，争当建设黄河流域生态保护和高质量发展先行区排头兵，为继续建设经济繁荣民族团结环境优美人民富裕的美丽新宁夏作出新的更大的贡献！

利通区2020年脱贫攻坚纪实

利通区地处宁夏平原中部，是宁夏引黄灌区菁华之地，素有“塞上江南、黄河金岸”之美誉。辖区总面积1415平方公里，辖8镇4乡106个行政村28个社区，总人口42.06万人，其中农业人口14.75万人，占35.1%。2014年以来，按照统一标准，通过规范的精准识别程序和方法，利通区确定贫困村11个，识别建档立卡贫困户1827户7556人，贫困发生率为3.3%。

2015年全面打响脱贫攻坚战以来，利通区坚持以习近平新时代中国特色社会主义思想为指导，深入学习贯彻习近平总书记关于扶贫工作的重要论述，全面贯彻落实习近平总书记视察宁夏重要讲话、重要指示精神，坚决执行党中央和国务院决策部署，严格按照自治区、吴忠市党委、政府具体要求，坚持精准扶贫、精准脱贫方略，紧盯“两不愁三保障”脱贫标准，坚定必胜信心、保持战略定力，聚力靶向施策、狠抓推动落实，坚决打赢打好脱贫攻坚战。特别是今年6月，习近平总书记到利通区金花园社区视察时指出，“脱贫、全面小康、现代化，一个民族也不能少”，为利通区决战决胜脱贫攻坚注入了强大精神动力，提供了科学行动指南，让大家倍感荣幸、备受鼓舞、倍增信心，更加树牢了“四个意识”，坚定了“四个自信”，坚决做到“两个维护”。始终牢记习近平总书记的深情厚望和殷切嘱托，一鼓作气、尽锐出战，集中力量、攻坚拔寨，脱贫攻坚取得显著成效。11个贫困村全部脱贫出列，1827户7556名建档立卡贫困户全部脱贫，2020年脱贫出列95户360人，贫困发生率由3.3%下降到0。2019年，生态移民人均可支配收入达到8037.62元，增长10.8%，比全国农村居民人均可支配收入增速高出1.2个百分点。在自治区非贫困县（市、区）脱贫攻坚工作考核评比中，利通区2016—2020年连续5年荣获优秀等次，2017—2020年连续4年综合评分位居第一。主要做法和成效有以下几点。

一、加强领导，落实责任

利通区委、政府始终把打赢脱贫攻坚战作为最大政治责任和第一民生工程，强化政治担当、加大攻坚力度，全面对标看齐、精准务实推进，形成脱贫攻坚工作的强大合力。一是坚持高位统筹，压实主体责任。坚持把深入学习贯彻习近平总书记关于扶贫工作的重要论述、作出的重要指示批示精神作为主题主线，通过集中研讨学、专题辅导学、分级轮训学等形式，推动区乡村三级干部在学深悟透中领会精神实质、把握核心要义，在融会贯通中身体力行实践、主动担当作为。严格落实“市县抓落实”工作责任制，成立了由区委、政府主要领导担任“双组长”，区委副书记、分管常委、政府分管副区长担任副组长的扶贫开发领导小组，与乡镇和部门每年签订脱贫攻坚责任书，人大、政协每年开展脱贫专题调研、协商议政，逐级传导压力、层层夯实责任，形成了区委、政府主要领导统筹抓、分管领导牵头抓、四套班子包村抓、行业部门分工抓、乡村两级一线抓的工作格局。区委、政府主要领导严格落实脱贫攻坚“一把手”负责制，坚持常抓常议、统筹安排，每年召开会议，专题研究脱贫攻坚年度计划、政策落实、资金使用、项目实施等工作，深入脱贫一线调研督导、现场办公、解决问题，亲自部署推动脱贫攻坚工作。落实“五级书记抓扶贫”的要求，区委书记、政府区长遍访贫困村，乡镇党委书记、驻村第一书记、村党支部书记遍访贫困户。2020年以来，区委常委会12次、政府常务会8次、脱贫攻坚领导小组会7次研究脱贫攻坚工作，扎实解决“两不愁三保障”突出问题，确保脱贫攻坚责任到位、工作到位、落实到位。二是选优配强队伍，夯实帮扶力量。牢固树立“抓党建促脱贫攻坚”理念，建强一线指挥部、打造一线战斗团、充实一线服务队。持续深入推进“三大三强”行动、“两个带头人”工程和“能人帮带”行动，全面落实村党组织书记县级备案管理制度，选优配强村党组织带头人队伍，加强后备力量储备，调整贫困村不胜任、不称职党组织书记2人，培养村级后备人才51人、致富带头人51人，打造一支“永不走的工作队”。成立12支驻村工作队，坚持精准选人、因村派人，选派39名作风实、敢担当、能力强、有办法、肯吃苦的优秀干部担任驻村第一书记和工作队员，深度参与产业发展、基础设施改善等工作，充分发挥“传帮带”作用。922名结对帮扶干部深入贫困户家中宣讲落实政策、解决困难问题、精准帮扶到户，2015年以来，各帮扶单位共投入帮扶资金606万元，帮助贫困户发展致富产业、改善生活条件。抓实扶贫干部素质能力培训，累计举办教育培训32期3200余人次，驻村干部和乡村干部轮训达到全覆盖。严格落实驻村干部工作经费和待遇保障，派出单位每年为驻村干部安排不少于1万元驻村工作经费、办理保额不低于30万元人身意外伤害保险。结合年度考核、平时督查和民主测评，提拔重用、晋升职级扶贫干部16人，激励干部在脱贫攻坚主战场砥砺初心、勇担使命。三是强化作风建设，狠抓问题整改。始终把抓好脱贫攻坚问题整改作为检验践行“两个维护”的重要标尺，对历年中央和自治区巡视、脱贫成效考核、督查检查等反馈的各类问题，坚持照单全收、举一反三，即知即改、立行立改，及时制定整改方案，细化落实整改措施，逐一跟踪对账销号，确保“条条改到位、件件有着落、事事有回音”。2016年以来，认领问题113个，已全部完成整改。2020年，对照自治区《2019年脱贫攻坚成效考核反馈问题整改方案》，认领6个方面34个具体问题，制定55条整改措施，已全部整改完成。始终坚持把全面从严治党要求贯穿脱贫攻坚全过程，扎实开展“基层减负年”活动，切实解决形式主义官僚主义问题，以“严的标准、实的作风、铁的纪律”推动工作落细落小，确保扶贫工作务实、脱贫过程扎实、脱贫结果真实。持续深入开展扶贫领域腐败和作风问题专项治理，坚决杜绝虚报冒领、挤占挪用、优亲厚友等问题发生，为打赢脱贫攻坚战提供坚强纪律保障。今年以来，查处扶贫领域问题10件，组织处理6人次，党纪政务处分2人。

二、精准施策，补齐短板

紧盯“两不愁三保障”突出问题和薄弱环节，坚持靶心不变、标准不降、力度不减，抓重点、攻难点、疏堵点，下足绣花功夫、做好精准文章，确保如期实现高质量脱贫。一是狠抓“两不愁三保障”夯基础。全面查找消除因病、因学等致贫返贫突出问题，补齐住房、饮水等基础设施短板，进一步巩固提升脱贫质量。教育扶贫全面落实，持续推进义务教育控辍保学，建立党政管、部门清、乡村找、学校保、家长防的“五位一体”工作机制，采取“三包三保”、随班就读、送教上门等措施，失学辍学实现动态清零，被教育部确定为首批民族地区“智能教育实验区”。全面落实教育扶贫政策，做到应助尽助、应补尽补，切实减轻贫困户教育负担。2015年以来，发放“雨露计划”1036人次155.29万元。2019年利通区教育局成立以来，资助家庭经济困难学生14463人次603万元，发放大学生补助资金2723人次1089.2万元，落实“两免一补”资助资金27.7万人次1.14亿元，兑现营养午餐资金702.1万元，拨付校车服务费用745.17万元。健康扶贫全面提升，严格执行健康扶贫政策，建立“基本医保＋大病保险＋补充保险＋民政救助”四重保障网，贫困村标准化卫生室实现全覆盖，建档立卡贫困户和边缘户医保参保率100%。深入推进“三个一批”分类救治，精准救治建档立卡贫困人口653人。落实“一免一降四提高一兜底”“先诊疗后付费”“一站式”结算，2019年以来，累计为贫困群众报销医疗费用1374人次1147.24万元，财政兜底救助773人次101.94万元，确保贫困人口年度住院医疗费用实际报销比例不低于90%，个人年度自付费用不超过5000元。成立98支家庭医生签约服务团队，贫困人口签约率100%，切实做到“签约一人、履约一人、做实一人”。成功创建“国家慢性病综合防控示范区”。安全住房全面保障，按照“危房不住人、住人非危房”的原则，采取“原址翻建一批、加固改造一批、移民搬迁一批、公租扩面一批、周转安置一批、补偿退出一批”的改造方式，完成“四类重点户”危房改造359户。2020年改造122户，建档立卡贫困户住房安全信息核验率达到100%，全部完成自治区下达的目标任务。统筹推进赵家沟等6个贫困村美丽村庄建设，农村硬化道路实现“村村通”“巷巷通”，动力电、4G网络、文化体育广场实现全覆盖。农村饮水全面改善，重点实施了五里坡农村饮水安全巩固提升、农村自来水入户、吴家沟及石家窑村农村饮水设施提升改造、农村苦咸水改水联通4项人饮工程，采取水源替换、互联互通、集中入户等措施，建档立卡贫困户自来水入户率、水质达标率均达到100%。实施贫困村高效节水灌溉工程，建成高效节水灌溉面积3.59万亩，渠道砌护率达到91%。先后被评为“全国水资源先进集体”、第二批节水型社会建设达标县。二是狠抓产业扶贫促发展。依托“国家现代农业产业园”资源优势，按照“区有主导产业、村有支柱产业、户有增收产业”的发展方向，出台特色产业扶持政策“13条”，实施“四个一”示范带动工程，采取“企业＋合作社＋农户”带动模式，鼓励贫困户大力发展牛羊养殖、设施瓜菜、优质饲草、经果林等脱贫主导产业，打造产业扶贫示范村2个，培育扶贫龙头企业5家、扶贫产业合作社7家，培养致富带头人110名，累计发放产业到户补助资金1859万元，851户贫困户通过发展产业实现脱贫致富。扁担沟镇产业扶贫肉牛养殖示范园建成使用，吸纳132户建档立卡贫困户养殖肉牛1047头，有效增加群众收入。持续培育壮大村集体经济，以农村产权制度改革为抓手，按照“提升富裕村、壮大一般村、扶持薄弱村、消除空壳村”的思路，探索股份合作型、资源利用型、产业带动型等多种模式，106个村实现村集体经营性收入5608万元，11个贫困村集体经营性收入达到109.5万元，全部“脱壳”。2020年，利通区入选“2020中国乡村振兴百佳示范县市”榜单，被评为全国农村承包地确权登记颁证工作典型地区。三是狠抓就业扶贫助增收。按照“县域企业吸纳就业、外出务工转移就业、公益岗位兜底就业”的思路，整合扶贫、人社、农业农村等资源，建立“企业订单、培训机构列单、培训对象选单、政府买单”机制，围绕驾驶员、挤奶工、电工、小吃烹饪等工种，精准开展“订单式”“点单式”就业创业和实用技术培训8855人次，举办扶贫专场招聘会19次，提供就业岗位2.6万个，向建档立卡贫困户发放创业担保贷款207万元、自主创业补贴14万元、务工补贴2279人683.7万元，3440名有劳动能力的贫困群众实现务工就业。紧盯“无法离乡、无业可扶”的贫困劳动力，购买绿化环卫、护路护林等公益性岗位兜底就业393人，其中建档立卡贫困人口356人，人均月增收1010元。坚持把打造扶贫车间作为贫困群众家门口的“致富工厂”，采取“政府投资＋社会帮扶＋企业自筹”模式，建成了同利巾被、碧盛纺织等扶贫车间5个、非遗工坊2家，发放担保贷款600万元，探索“厂房式、合作式、居家式”就业途径，带动就业274人，其中贫困劳动力122人，人均月增收2800元以上，妥善解决了部分赡养老人、抚养幼儿的留守妇女和身体残疾不能进厂务工人员就业问题，实现贫困群众“足不出村、就近就业、就地脱贫”。先后承办了全国纺织产业精准扶贫推进会、自治区精准脱贫技能现场会、自治区引黄灌区生态移民产业扶贫推进会。四是狠抓金融扶贫增活力。持续发挥金融“输血”功能，按照“政银户联动、风险共担、多方参与、合作共赢”模式，建立小额扶贫贷款联席会议制度，全面落实自治区扶贫小额贷款“5万元以下、3年以内、免担保免抵押、基准利率放贷、财政贴息、建立区级风险补偿金”政策，创新金融服务产品，健全风险防控体系，设立扶贫产业风险补偿金1282万元，以1：10的比例撬动金融信贷投入，累计发放扶贫小额信贷4734笔1.9亿元，贴息669.84万元，扶贫小额信贷余额1358户5757万元，贷款覆盖率74.3%。2020年，建档立卡贫困户新增贷款915户3867万元，完成3000万元任务的128.9%，为打赢打好脱贫攻坚战提供源头活水。为所有贫困户购买意外伤害保险、大病医疗补充险和特色种植养殖险等扶贫保险产品，做到建档立卡贫困户“扶贫保”全覆盖，有效抵御发展风险。五是狠抓移民搬迁优服务。坚持合理安置、优化服务、就业优先、属地管理的原则，以插花安置和集中管理并重的方式，在金积镇金丰社区、板桥乡蔡桥中心村建设安置小区，安置“十二五”劳务移民700户2748人，通过公租、廉租和移民自购房屋等方式，解决“十二五”劳务移民“多人多代”住房困难家庭96户。在上桥镇等5个乡镇回购商品房397套，安置“十三五”劳务移民377户1656人，顺利承接了吴忠国家农业科技园区6个村社会事务管理工作。所在乡镇主动到迁出地摸排核实移民生产生活状况，积极与相关部门对接，全力做好户籍、优抚、低保、伤残、医疗、入学、养老等接转服务工作。按照“扶贫车间＋产业配套＋务工就业”的模式，实行“四包一”“三色管理法”，重点解决产业、就业、社会融入三件事，强化就业技能培训，精准落实扶贫搬迁政策，实现零就业家庭动态清零。扎实做好安置区域基础设施配套和公共服务设施改善，确保移民群众搬得出、稳得住、能致富。六是狠抓政策兜底强保障。持续推进扶贫政策与民政兜底保障政策有效衔接，全面完善城乡低保、临时救助、救灾救济、特困人员供养、孤儿和残疾人保障等救助保障体系，将符合条件的1269名建档立卡贫困人口全部纳入低保范围，临时救助力度逐年加大，困难残疾人“两项补贴”全面落实。城乡困难群众救助标准全面提高，城市低保由每人每月380元提高到600元，增幅57%；农村低保标准由每人每年2400元提高到4560元，增幅90%，动态保持农村低保标准高于同期国家扶贫标准，城乡特困供养人员基本生活费月均达到780元和494元。累计为建档立卡贫困户发放临时救助3876人次138.2万元，建档立卡贫困户参加养老保险5200人，发放待遇725人，参保率、发放率、代缴率均达到100%，切实做到“应扶尽扶、应保尽保、应救尽救”。建立“三留守”人员关爱体系，通过社区日间照料中心、农村老饭桌、儿童之家等，妥善安置200名困难群众，解决衣、食、住、医等问题。

三、多措并举，夯实基础

坚决落实“四个不摘”要求，以不获全胜绝不收兵的信心和决心，持续发力防松劲，严把标准防闯关，巩固成果防返贫，实现稳定可持续脱贫。一是落实“四查四补”，克服疫情影响。统筹推进疫情防控和脱贫攻坚工作，扎实开展“四查四补”，及时制定出台应对疫情影响促进经济社会健康发展“34条”政策措施，开辟农产品运输和外出务工“绿色通道”，积极推进产业园区、龙头企业、专业合作社、扶贫车间等复工复产，深挖用工岗位1万余个，开展线上线下联动服务，向暂时无法返回外地就业的贫困劳动力推送各类惠企援岗信息，全力以赴稳岗就业。疫情期间，累计向扶贫车间发放复工复产补贴65.2万元、创业担保贷款200万元，向建档立卡贫困户发放养殖补贴58.8万元、交通补贴1.9万元，帮助436名建档立卡贫困劳动力实现就业。大力开展消费扶贫，认定消费扶贫企业5家，认证芦笋、“玉静”苹果等消费扶贫产品10个，通过企事业单位助销、龙头企业代销、冷链物流外销、电商平台直销、农超合作促销等“线上＋线下”消费扶贫模式，完成扶贫产品销售额3544.66万元。二是建立长效机制，坚决防止返贫。坚持把巩固脱贫成果、防止返贫摆在重要位置，通过农户申报、乡村排查、部门筛查等途径，建立“村组日常监测、乡镇研判预警、区级调度帮扶”的返贫致贫动态监测预警帮扶机制，强化因户因人精准扶持，有效防止返贫致贫风险。2020年，精准摸排脱贫不稳定人口11户44人、边缘易致贫人口46户162人，按照“缺什么补什么”的原则，通过产业扶贫、就业扶贫、健康扶贫、金融扶贫、综合社会保障等各项政策扶持，落实产业补贴32户17.8万元、就业困难人员公岗就业19人，纳入社会保障兜底55人，脱贫不稳定户全部消除返贫风险，45户边缘易致贫户消除致贫风险。三是强化资金整合，提升使用效益。坚持扶贫工作延伸到哪里，资金投入就保障到哪里，确保扶贫资金只增不减、足额保障到位。2016年以来，累计投入扶贫资金27123.24万元（其中，中央和自治区专项扶贫资金23229.7万元，本级配套资金3893.54万元），全部用于脱贫攻坚工作。2020年，自治区下拨利通区扶贫资金7790万元，支付率达95.91%。采取“村申报、乡审核、区审定”的程序，规范建立项目库，录入扶贫项目14类982个。严把扶贫资金审核程序关、使用验收关、绩效评价关，建立扶贫资金使用月通报制度，采取区级公告、乡村公示的方式，分阶段、分内容、分层次接受社会监督，确保财政资金安全高效运行、及时发挥效益。四是做实精神扶贫，激活内生动力。坚持扶贫与扶智相结合、“富口袋”和“富脑袋”并重，全力抓好全国新时代文明实践中心建设试点工作，出台移风易俗“利八条”，举办“三先开路话脱贫”“我脱贫我光荣”宣讲活动，开展乡风文明“十个一”活动，引导贫困群众摆脱思想贫困、精神贫困、意识贫困，切实强化文明实践的道德教化功能。注重用身边人、身边事示范带动，扁担沟镇南梁村马秀兰、金银滩镇灵白村马义脱贫案例入选《宁夏脱贫攻坚典型案例选编目录》，营造勤劳致富、脱贫光荣的浓厚氛围。以首批全国乡村治理体系建设试点示范县为抓手，扎实开展“一村一年一事”行动，大力推进农村人居环境整治，被评为“全国村庄清洁行动先进县”“全国农村生活垃圾分类及资源化再利用示范县”。

四、总结经验，持续推进

利通区脱贫攻坚工作能取得这样的显著成效和丰硕成果，是以习近平同志为核心的党中央举旗定向、把舵领航的结果，是党的创新理论照亮初心、科学指引的结果，是自治区、吴忠市党委和政府坚强领导、高位推进的结果，是上级业务厅局精心指导、大力支持的结果，也是利通区广大干部群众接续奋斗、务实苦干的结果。五年的实践，使我们深刻认识到：必须把加强党的领导贯穿始终，按照总书记“咬定目标使劲干”的要求，牢固树立“四个意识”，坚定“四个自信”，做到“两个维护”，扛起政治责任，一级一级拧紧螺丝、上紧发条，着力构建书记抓、抓书记的责任体系；必须把以人民为中心的发展思想贯穿始终，打好政策组合拳、念好产业致富经，一村一村盯着推进、一户一户盯着帮扶、一人一人盯着脱贫，着力形成共同富裕奔小康的良好局面；必须把建立长效机制贯穿始终，精准用好各类资金资源，加大政策兜底、财政投入、项目倾斜、干部帮扶、人才激励力度，着力为贫困村经济社会发展注入强劲动力；必须把脱贫攻坚与乡村振兴有效衔接贯穿始终，严格落实“四个不摘”要求，推动机制衔接、政策接续、产业持续，着力促进脱贫攻坚与乡村振兴两手抓两手硬。

脱贫不是终点，而是新生活、新奋斗的起点。虽然利通区已取得了脱贫攻坚的决定性胜利，但还存在产业基础相对薄弱、龙头企业辐射带动力不强、贫困村基本公共服务水平还不高等问题，需要我们保持定力、持续用力、精准发力，认真加以解决。深入学习贯彻党的十九届五中全会精神，全面落实习近平总书记关于脱贫攻坚的重要论述和视察宁夏重要讲话重要指示精神，始终坚持精准方略不动摇、“四个不摘”不松劲、巩固成果不懈怠，保持现有帮扶政策、资金支持、帮扶力量总体稳定，持续培育壮大扶贫产业，健全联农带农利益联结机制，加快补齐公共服务短板，完善防止返贫监测预警帮扶机制，不断激发贫困群众内生动力，推动“产业、人才、文化、生态、组织”全面振兴，让群众过上更加美好的生活，走上共同富裕的道路。

大事记

1月

1日，利通区在城南生态文化公园举行了“红红火火过大年”元旦春节活动仪式暨“多彩利通·与你前行”健身走活动。利通区委书记周涛，区四套班子部分领导及1000余名干部职工及群众代表参加活动。

6日，利通区委书记周涛主持召开区委农村工作领导小组会议。会议强调，围绕农民致富增收，理清工作思路，抢前抓早，认真谋划，科学部署，全面推动利通区农业农村工作再上新水平。

8日，中国科协党组成员、书记处书记束为带领调研组到利通区，围绕新时代文明实践中心建设试点工作情况进行调研并召开座谈会。

17日，区委副书记，政府区长李玉山带领四套班子相关领导开展节前慰问活动。

20日，召开“不忘初心、牢记使命”主题教育总结大会。利通区委书记周涛出席会议并讲话，区长李玉山主持会议。

同日，区委书记周涛，区委副书记、政府区长李玉山，区人大常委会主任陈宇，区政协主席赵峰等区领导集中到一线单位开展春节前走访慰问活动，向驻利部队官兵和春节期间在岗单位干部职工送去新春佳节的美好祝福。

21日，举行2020年新春团拜会。利通区委书记周涛，区委副书记、政府区长李玉山，区人大常委会主任陈宇，区政协主席赵峰以及区四套班子全体领导同社会各界代表欢聚一堂、共庆佳节。

23日，吴忠市委书记沈左权到利通区综合执法局慰问一线干部职工。

25日，利通区委书记、区委应对新型冠状病毒感染肺炎疫情工作领导小组组长周涛主持召开应对新型冠状病毒感染的肺炎疫情防控工作会议，通报当前全国、全区疫情防控情况，听取了相关部门疫情防控工作开展情况，并对利通区疫情防控工作进行安排部署。

29日，区委副书记、政府区长、利通区应对新型冠状病毒感染肺炎疫情工作指挥部指挥长李玉山暗访督查利通区疫情防控工作，强调要坚决贯彻落实习近平总书记重要指示精神，始终把人民群众生命安全和身体健康放在第一位，严防严控、联防联控、群防群控，坚决打赢疫情防控阻击战。

31日，区委副书记、政府区长、区应对新型冠状病毒感染肺炎疫情工作指挥部指挥长李玉山主持召开利通区应对新型冠状病毒感染肺炎疫情工作指挥部碰头会。区委、政府相关领导，各成员单位、乡镇主要负责人参加会议。李玉山指出，当前疫情形势十分严峻，各乡镇、各部门要严格按照防控要求，采取最有针对性的疫情防控措施，进一步找准差距、补齐短板，以“战时状态”开展各项疫情联防联控工作，守护好全区人民群众的生命安全。

2月

1日，区委副书记、政府区长、区应对新型冠状病毒感染肺炎疫情工作指挥部指挥长李玉山主持召开利通区应对新型冠状病毒感染肺炎疫情工作指挥部碰头会。相关区领导、成员单位及乡镇主要负责人参加会议。会议传达学习了国务院应对新型冠状病毒感染的肺炎疫情联防联控工作机制《关于进一步做好农村地区新型冠状病毒感染的肺炎疫情防控工作的通知》、吴忠市应对新型冠状病毒感染肺炎疫情防控工作电视电话会议精神；参会区领导、成员单位及乡镇主要负责人汇报了工作中存在的问题。李玉山安排部署了下一步防控工作并讲话。

4日，利通区应对新型冠状病毒感染肺炎疫情工作指挥部召开碰头会，利通区委书记、区委应对新型冠状病毒感染肺炎疫情工作领导小组组长周涛参加会议并讲话。

同日，自治区应急厅救灾和物资保障处一行6人督导检查指导利通区应急救灾物资调拨、管理、使用工作，区应急管理局、住建和交通局相关负责人一同检查。

10日，区委副书记、政府区长李玉山到辖区田间地头、部分农资经营企业进行调研，详细了解全区农业农村重点工作和春耕备耕情况，强调要坚决落实自治区、吴忠市关于疫情防控工作的各项部署要求，科学组织农业生产，维护正常生产经营秩序，为打赢疫情防控阻击战提供民生保障。

11日，利通区委书记周涛带队前往扁担沟镇同利村、利原村、利同村和赵家沟村实地调研疫情防控工作。前往同利巾被厂查看了企业疫情管控和复工准备情况。

15日，利通区委书记周涛带队前往吴忠恒和织造有限公司实地督查企业开工复产有关情况。

16日，区委副书记、政府区长李玉山前往宁夏恒丰纺织科技股份有限公司、吴忠恒和织造有限公司，调研督导疫情防控期间企业开工复产工作。李玉山详细了解企业防疫物资储备、安全复工复产预案及员工管控摸排等情况。深入生产车间，员工宿舍、食堂，仔细查看员工信息台账、疫情防控措施落实、安全生产设施准备等情况。

17日，利通区委书记周涛，区长李玉山，区人大常委会主任陈宇，区政协主席赵峰分别带队慰问各道路检查点疫情防控一线工作人员。

18日，宁夏军区司令员郑威波到利通区检查调研民兵参与疫情防控工作情况。

同日，吴忠市市长、市应对新冠疫情工作指挥部指挥长喜清江到利通区第九小学督导检查疫情防控、开学防疫准备、“空中课堂”运行等工作。

22日，区委书记周涛，区委副书记、政府区长李玉山，人大常委会主任陈宇，政协主席赵峰及区四套班子相关领导慰问防控一线工作人员。周涛、李玉山对工作人员“舍小家顾大家”的精神表示肯定，向他们致以诚挚的感谢，并为他们送去温暖和关怀，鼓励他们全力以赴做好疫情防控工作，众志成城、联防联控，坚决打赢这场疫情防控阻击战，守牢人民群众生命健康安全线。

23日，区委副书记、政府区长、区应对新型冠状病毒感染肺炎疫情工作指挥部指挥长李玉山到湖南中烟吴忠卷烟厂调研企业复工复产工作，协调解决生产方面存在的问题，助力企业尽快恢复产能，健康有序发展。

25日，利通区委书记、区委应对新型冠状病毒感染肺炎疫情工作领导小组组长周涛主持召开区委应对新型冠状病毒感染肺炎疫情工作领导小组第4次会议，并对有关工作进行安排部署。

同日，利通区委传达学习了中央农村工作会议、自治区党委农村工作暨脱贫攻坚工作会议精神。会议研究了成立利通区公务员考核委员会等事宜。

28日，利通区扶贫开发领导小组召开2020年第1次会议，利通区委书记周涛主持会议并讲话。

2月至11月，利通区教育局狠抓学科教学质量提升工程，教育教学质量成果丰硕。根据疫情防控的需要，共录制、剪辑、播放空中课堂904节，惠及吴忠市义务教育段近6万中小学生，其中44节被评为利通区空中课堂精品课，379节课推荐参加吴忠市空中课堂优秀课例评选，67节课获自治区“信息技术与教学融合创新优秀空中课堂”一、二等奖。

3月

2日，中共吴忠市利通区第四届纪律检查委员会第五次全体（扩大）会议暨全区党风廉政建设和反腐败工作会议召开。全会以习近平新时代中国特色社会主义思想为指导，深入学习贯彻习近平总书记系列重要讲话和中央、自治区、吴忠市纪委全会精神，对利通区一以贯之坚持全面从严治党、毫不动摇加强党风廉政建设、坚定不移推动“两个责任”落实进行了全面部署。会议审议通过了区委常委、纪委书记、监委主任兰林代表区纪委常委会所作的《坚守初心使命忠诚履职尽责为利通区经济社会健康发展提供坚强保障》的工作报告。利通区委书记周涛参加会议并讲话。

同日，利通区委书记周涛，区委副书记、政府区长李玉山分别带队前往吴忠卫尔康精神病医院、金乐居养老服务中心、吴忠市中心敬老院等地看望慰问老人、儿童、精神障碍患者等特殊群体及疫情期间坚守岗位的工作人员。

3日，区委副书记、政府区长李玉山调研督查2020年重点项目建设和疫情防控措施落实情况。区政府分管领导参加调研。李玉山一行先后对五里坡奶牛生态养殖基地四期建设项目、三峡新能源光伏项目、五里坡肉牛养殖基地建设项目等自治区、吴忠市级重点项目进行了实地调研督查，听取了项目建设进展情况，详细了解了各项目建设在疫情防控、用工、运输保障等方面存在的困难和问题。

6日，利通区委书记周涛到扁担沟镇利原新村开展脱贫攻坚挂牌督战工作。

8日，利通区委书记、区委应对新型冠状病毒感染肺炎疫情工作领导小组组长周涛主持召开区委应对新型冠状病毒感染肺炎疫情工作领导小组第6次会议。会议传达学习了中央政治局常委会会议、自治区疫情工作领导小组第6次会议精神，听取了利通区应对新型冠状病毒感染肺炎疫情工作指挥部关于统筹疫情防控和经济社会发展工作情况汇报，并对有关工作进行安排部署。

9日，利通区委书记周涛深入郭家桥乡山水沟村特色产业示范区，就利通区旺禾园果蔬种苗培育专业合作社在疫情防控期间西瓜育苗工作进行调研。

10日，利通区委书记周涛到金积镇油粮桥村温棚种植园区、大庙桥科技蔬菜产业基地，就金积镇在疫情防控期间农业生产工作进行调研。

11日，利通区组织召开2020年农村工作暨脱贫攻坚工作会议，利通区委书记周涛，区委副书记、政府区长李玉山，区四套班子相关领导，相关部门主要负责人，“五级人才”代表及产业联合体代表在主会场参加会议。会议全面总结了2019年利通区农业产业发展、脱贫攻坚、农村环境整治、农村改革等方面取得的成绩，并就2020年重点开展的全国乡村治理体系建设试点创建、“五级人才”服务“三农”、脱贫攻坚、“一村一年一事”实施、美丽村庄建设、农业产业结构调整、农村人居环境整治和“厕所革命”等工作进行安排部署。

13日，吴忠市采用“屏对屏”方式，召开网络招商推介暨项目签约会。利通区委书记周涛，区委副书记、政府区长李玉山，区四套班子相关领导在利通区分会场参加会议。

14日，五里坡养牛基地建设开工建设。五里坡肉牛养殖基地建设项目总占地面积12091.5亩，共四个片区，规划新建35个标准化规模肉牛养殖场，可新增肉牛存栏8万头。并配套供水、供电、道路等附属工程。

17日，利通区委书记周涛带队前往金星花园小区、工行文明小区、市医院家属楼等地实地调研老旧小区改造工作。

同日，区委副书记、政府区长李玉山调研2020年项目开工建设情况，强调要在做好疫情防控工作的同时，充分认识加快建立同疫情防控相适应的经济社会运行秩序的紧迫性、重要性，进一步细化工作措施，积极克服疫情影响，全力推进项目建设，努力实现全年经济社会发展的各项目标任务。

同日，利通区召开2020年扫黑除恶专项斗争领导小组第一次会议。利通区委书记、区扫黑除恶专项斗争领导小组组长周涛，人大、政协主要领导，小组各副组长，各成员单位主要负责人、各乡镇党委书记、政法委员、各村（社区）书记和区扫黑办全体工作人员参加了会议。会议传达学习了全国扫黑除恶专项斗争视频会议暨领导小组第8次会议精神，通报了全区扫黑除恶专项斗争进展情况，安排部署了下一阶段扫黑除恶工作。

20日，利通区委书记周涛到扁担沟镇五里坡四期项目建设现场、黄沙窝村小番茄种植基地、奶牛科技服务中心实地调研项目建设和农业产业发展工作。

25日，利通区2020年平原绿网绿化工程启动，全年完成绿化工程2.7万亩。

26日，区委副书记、政府区长、区安委会主任李玉山主持召开利通区2020年安全生产工作会议暨区安委会第一次全体（扩大）会议。会议传达学习了《国务院安委会办公室关于典型事故情况的通报》《宁夏回族自治区防灾减灾责任规定》《自治区安委会办公室关于全区新冠肺炎疫情防控和企业复工复产期间4起安全事故的通报》，通报了利通区2019年安全生产工作，并对利通区2020年安全生产重点工作进行了安排部署。

27日，利通区委召开会议，传达学习了全国、全区宣传部长会议精神，研究审定了《利通区2020年统战工作要点（送审稿）》《利通区落实全市2019年度党（工）委书记抓基层党建述职评议考核会上点评意见的整改方案（送审稿）》《利通区法治政府建设与责任落实督查工作实施细则（送审稿）》等事宜。

同日，利通区委书记、区委应对新型冠状病毒感染肺炎疫情工作领导小组组长周涛主持召开区委应对新型冠状病毒要深入学习贯彻习近平总书记在中央政治局常委会会议上的重要讲话精神，毫不放松抓紧抓实抓细各项防控工作，精准有效做好经济社会发展各项工作，决不能让来之不易的疫情防控持续向好形势发生逆转。

31日，利通区委书记周涛主持召开区委审计委员会第三次会议，传达学习了全国全区审计工作会议、自治区党委审计委员会第四次会议和吴忠市委审计委员会第二次会议精神，研究部署下一步审计工作。会议听取了《利通区内审工作情况报告》《利通区审计局应对新冠肺炎疫情防控资金和捐赠款物专项审计综合报告》，研究审定了《吴忠市利通区审计局2020年度统一组织审计项目计划》等事宜。

同日，利通区委书记周涛主持召开利通区“大棚房”整治“回头看”暨违建别墅整治专题会议。会议传达学习了陈润儿书记在自治区党委常委会（扩大）会议上关于农村乱占耕地建房问题的讲话精神，听取了“大棚房”整治“回头看”情况、违建别墅及违法占用耕地摸排情况的汇报，安排部署相关工作。

4月

1日，利通区委书记周涛到东塔寺乡石佛寺村、新接堡村调研村级发展工作。

2日，利通区委书记周涛到板桥乡蔡桥村、任桥村调研村级发展、“十二五”劳务移民脱贫攻坚挂牌作战工作。

同日，利通区委副书记、政府区长李玉山带队调研利通区农业产业结构调整工作，区委、区政府相关领导参加调研。李玉山一行先后到郭家桥乡、东塔寺乡实地察看了重点小城镇建设、马家大湾村西芹种植、白寺滩特色产业村发展、石佛寺八组国家传统村落建设等情况，并与相关负责人进行交谈，仔细询问了项目规划、产业规模、市场销路、技术提升等情况，详细了解基地建设、发展模式、农民增收等情况，现场办公协调解决有关问题。

3日，利通区委书记周涛前往金积镇、高闸镇调研村级发展各项工作。

7日，利通区2020年机关干部义务植树活动在五里坡奶牛养殖园区四期启动。利通区委书记周涛，区委副书记、政府区长李玉山，区四套班子领导及全区干部职工2400余人参加义务植树。

8日，自治区政协社会和法制委主任汪敬一行组成的调研组深入高闸镇调研乡村治理体系建设情况。

10日，区利通区委召开会议，通报了《市委办关于2019年度党（工）委书记抓基层党建述职评议考核结果的通报》，研究审定了《利通区2020年宣传思想文化工作要点（送审稿）》，2020年扶持村集体经济发展项目等事宜。

同日，利通区委书记、区委应对新型冠状病毒感染肺炎疫情工作领导小组组长周涛主持召开区委应对新冠疫情工作领导小组第8次会议，深入学习贯彻中央政治局会议、中央政治局常委会会议、自治区党委常委会（扩大）会议暨应对新冠疫情工作领导小组第9次会议精神，听取利通区疫情防控和经济社会发展工作情况汇报，并研究部署下一步工作。

同日，利通区委书记周涛主持召开2020年，区委专题议军会议并讲话。会议强调，要坚持把国防教育纳入各级党组织的重要议事日程，纳入工作职责范围，推动国防教育进机关、进学校、进农村、进社区，使关心国防、热爱国防、建设国防成为全区广大干部群众的思想共识和自觉行动。

12日，利通区委书记周涛带队前往颐高新经济产业园、第九中学项目、点石宝库智慧消防物联网监控平台研发中心续建项目等项目现场实地调研2020年重点项目建设情况。

13日，利通区委书记周涛主持召开利通区扶贫开发领导小组2020年第2次会议，区委副书记、政府区长李玉山，区委、政府相关领导，区扶贫开发领导小组成员单位主要负责同志参加会议。会议传达学习了习近平总书记在决战决胜脱贫攻坚座谈会上的重要讲话精神、自治区应对疫情工作督导检查情况反映《吴忠市支持推进扶贫车间复工复产》、自治区人力资源和社会保障厅扶贫办《关于应对新冠疫情进一步做好就业扶贫工作的通知》等文件精神。会议还研究审定了《2019年度省级党委和政府脱贫攻坚成效考核反馈问题整改方案（送审稿）》《2020年自治区督查脱贫攻坚工作反馈问题整改方案（送审稿）》《2020年利通区脱贫攻坚项目库计划》。

15日，自治区民政厅副厅长石瑞林带领社区治理专题调研组到利通区部分社区，实地调研社区治理组织建设、运行机制、制度建设、工作措施、队伍建设、综合保障等方面的工作。

同日，利通区召开2020年重点项目建设工作会。利通区委书记周涛，区委副书记、政府区长李玉山，区四套班子全体领导，区委有关部委、政府各部门、直属事业单位、各乡镇主要负责人等参加会议。会议深入分析了利通区第一季度重点项目建设进展情况，区发展和改革局、教育局、农业农村局、金银滩镇、上桥镇就谋划和推动重点项目建设进行了交流发言，并围绕做好下一步工作提出了建议措施。

16日，自治区党委宣传部副部长、自治区文化和旅游厅党组书记刘军带领第三专题调研组到利通区调研新时代文明实践中心建设运行及文化产业发展工作。

20日，利通区召开财经委员会第二次会议。利通区委书记、区委财经委员会主任周涛主持会议并讲话，政府区长、区委财经委员会副主任李玉山，区委财经委员会各委员、区直相关部门（单位）主要负责人及各乡镇党委书记列席会议。会议传达学习中央、自治区、吴忠市财经委员会相关会议精神，审议了《中共吴忠市利通区委财经委员会2020年工作要点》，研究部署2020年财经工作。

同日，利通区委书记、区委全面深化改革委员会主任周涛主持召开利通区召开全面深化改革委员会第三次会议，传达学习了中央、自治区、吴忠市全面深化改革委员会相关会议精神，审议了《利通区2020年全面深化改革工作要点》，研究部署2020年全面深化改革工作。

21日上午，利通区委副书记、政府区长李玉山带队调研利通区2020年教育项目建设情况，区政府分管领导参加调研。他要求，要加大教育基础设施投入，通过实施新建中小学、幼儿园等项目，努力改善教学软硬环境，努力让孩子们享受到更加优质的教育。要严格落实幼儿园建设标准，进一步拓展教育资源，完善办园条件，提升办学质量，着力解决学前幼儿入园难、入园贵的突出问题，积极推进学前教育事业合理有序发展。

22日，利通区召开创建全国文明城市工作推进会。利通区委书记、区创城指挥部总指挥周涛出席会议并讲话。区创城指挥部各工作组组长、督导组组长，区委各部委、政府各部门、各人民团体、直属事业单位负责人，各乡镇主要负责人、分管负责人参加会议。会议研究分析了当前利通区创建工作存在的突出问题和短板弱项，安排部署了2020年度创建全国文明城市工作。相关乡镇、部门做表态发言。

22—24日利通区出现了持续性霜冻天气过程强度强、持续时间长、影响范围广，对经济林果、露地瓜菜等作物造成了较严重危害。此次霜冻天气过程强度为有气象记录以来仅次于1977年同期（1977年4月17—19日），持续时间为有气象记录以来历史同期第2位。

23日，利通区委书记、巡察工作领导小组组长周涛主持召开区委书记办公会暨巡察工作领导小组2020年第一次会议，传达学习了中央巡视办《市县巡察工作需要重点把握的问题》、十二届自治区党委第八轮巡视工作动员部署会议精神、自治区巡视办《关于进一步强化巡视整改工作的意见》等内容。会议听取了四届区委第七轮巡察被巡察单位党组织整改落实情况汇报和区纪委监委、区委组织部关于四届区委第七轮巡察移交问题线索办理情况的报告。会议还研究通过了《四届区委第八轮巡察工作方案》《利通区委巡察乡镇（部门）党委（党组）“三个聚焦”监督重点细化清单》《利通区委巡察村（社区）党组织“三个聚焦”监督重点细化清单》《关于进一步强化巡察整改工作的实施方案》。

24日，利通区委书记、区委应对新型冠状病毒感染肺炎疫情工作领导小组组长周涛主持召开区委应对新冠疫情工作领导小组第9次会议并讲话。会议强调，要深入学习贯彻中央、自治区、吴忠市有关会议精神，抓紧抓实经济社会发展各项工作，在常态化疫情防控中加快生产生活秩序全面恢复。

25日，利通区委书记周涛带队深入金积镇、马莲渠乡、高闸镇、扁担沟镇紧急调研农业受灾情况。

26日，利通区委书记周涛带队前往上桥镇、金星镇、鑫鲜农副产品批发市场等地调研创建全国文明城市工作。

27日，利通区委网络安全和信息化委员会召开第二次会议。会议传达学习贯彻习近平总书记关于网络强国的重要思想和自治区党委、吴忠市委网络安全和信息化委员会第二次会议精神，听取2019年全区网信工作情况和2020年全区网信工作要点及分工汇报，审议有关文件。利通区委书记、区委网络安全和信息化委员会主任周涛主持会议并讲话。区委副书记、政府区长、区委网络安全和信息化委员会副主任李玉山，委员会各委员，各乡镇党委书记参加会议。

同日，利通区委书记周涛带队前往古城镇、板桥乡、金积新镇实地调研创建全国文明城市工作。

同日，利通区委副书记、政府区长李玉山深入辖区企业调研一季度工业经济运行情况，强调要牢固树立责任意识和服务意识，扎实做好“六稳”工作，全面落实“六保”任务，想企业之所想、急企业之所急、解企业之所困，精准落实各级各类优惠政策，不断优化环境、提高办事效率，及时、精准、高效提供服务，采取更强有力的举措，多渠道帮助企业解决运营过程中遇到的实际困难和问题，确保让企业切实享受到政策带来的红利，在二季度充分释放企业产能，推动全区工业经济持续稳定增长。

28日，利通区委书记周涛主持召开利通区2019年度自治区效能目标管理考核通报分析专题会议，专题通报了利通区2019年度自治区效能目标管理考核情况，总结分析了工作中存在的短板与不足，研究部署了下一步工作。

29日，利通区委书记周涛带领区四套班子在家领导，分成四组前往27名利通区各级劳动模范、先进工作者及利通工匠代表家中走访慰问。

同日 利通区“让青春绽放绚丽之花”——庆祝“五四”青年节现场交流活动拉开帷幕。利通区委书记周涛、区政协主席赵峰、区委相关领导参加活动，团吴忠市委书记马志峰应邀出席活动。

30日，利通区召开2020年扫黑除恶专项斗争领导小组第二次会议。利通区委书记、区扫黑除恶专项斗争领导小组组长周涛，各副组长，各成员单位主要负责人，各乡镇党委书记，区扫黑办全体工作人员参加会议。区委副书记、政府区长、区扫黑除恶专项斗争领导小组第一副组长李玉山主持会议。会议传达学习了全国扫黑办第9次主任会议、全国扫黑办挂牌督办案件推进会、自治区扫黑办第2次主任会议、吴忠市扫黑办2020年第2次主任会议精神；通报了全区案件线索办理核查进展情况；安排部署了下一阶段扫黑除恶专项斗争重点工作任务。

同日，利通区委书记周涛带队前往吴忠林场依林小镇、葡源农庄、吴忠汽车站等地调研利通区“五一”期间疫情防控、文化旅游及安全生产工作措施落实情况。

5月

9日，宁夏回族自治区党委副书记、自治区主席咸辉调研利通区现代化生态灌区智能节水项目实施、节水型社会建设等情况。

10日，利通区委书记周涛带队前往五里坡奶牛生态养殖基地四期、五里坡肉牛养殖基地、苦水河大桥前期施工现场等地调研重点项目建设情况。

同日，利通区委副书记、政府区长李玉山带队调研2020年春季学期初一、初二年级开学准备情况，强调要把统筹做好疫情防控和开学复课工作作为当前一项重要任务来抓，以对学生、对家长、对学校、对社会高度负责的态度，细而又细、实而又实地做好开学复课准备和疫情防控工作，努力把疫情对教育教学的影响降到最低，确保正常教学秩序和师生身体健康。

11日，利通区委书记、区委应对新型冠状病毒感染肺炎疫情工作领导小组组长周涛主持召开区委应对新冠疫情工作领导小组第10次会议，深入学习贯彻中央政治局常委会会议精神、自治区党委十二届十次全体会议精神和自治区党委常委会扩大会议暨应对新冠肺炎疫情工作领导小组第11次会议精神，通报了全区疫情防控和经济社会发展工作情况和重点项目进展情况，并研究部署下一步工作。

同日，利通区委书记周涛主动到区信访局接访室接访。

13日，利通区委书记周涛带队前往善谷幼儿园和教育园区幼儿园、开元小学等学校实地调研学前教育和“互联网+教育”工作建设情况，并召开座谈会。

同日，利通区委副书记、政府区长李玉山带队到五里坡地区调研今年春季植树造林绿化管护工作。李玉山一行先后调研了五里坡林木管护工程一期、二期和五里坡奶牛三期绿化管护工程，随后来到今年利通区春季植树造林绿化地段，实地察看了今春新植刺槐、榆树、樟子松等苗木发芽率，仔细询问苗木浇水、抚育等绿化管护工作。

14日，利通区委书记周涛带队前往东塔寺乡洼路沟村、在郭家桥乡清水沟村、利通区青年志愿者之家等地实地调研新时代文明实践工作。

19日，利通区委书记周涛带队前往板桥乡蔡桥村、金积镇金丰社区、扁担沟镇吴家沟村等地专题调研脱贫攻坚“四查四补”工作落实情况。

20日，利通区委书记周涛带队前往上桥镇牛家坊村、板桥乡波浪渠村等地调研农村厕所改造及污水处理工作。

同日，利通区委书记周涛主持召开全国两会期间信访维稳工作紧急会议。会议听取了信访维稳工作汇报，研判了当前信访维稳工作的严峻局势，并对下一步工作进行再安排、再部署。

21日，自治区党委十二届十次全会精神培训暨利通区委理论学习中心组学习（扩大）会在利通区会务中心举行。会议邀请自治区党委讲师团团长朱天奎做自治区党委十二届十次全会精神专题辅导报告。

25日，利通区委书记周涛带队前往五里坡奶牛养殖基地四期项目、肉牛养殖基地项目、金银滩镇装备制造园潞碧垦企业实地调研重点项目建设情况。

28日，利通区委书记、区委应对新型冠状病毒感染肺炎疫情工作领导小组组长周涛主持召开区委应对新冠疫情工作领导小组第11次会议并讲话。会议强调，要认真学习、坚决贯彻，切实把思想和行动统一到习近平总书记重要讲话精神上来，统一到中央和自治区党委、吴忠市委的部署要求上来，坚定信心，持续用力，统筹推进常态化疫情防控和经济社会发展各项工作。

29日，利通区委副书记、政府区长李玉山来到精准扶贫帮扶包抓点上桥镇“十三五”劳务移民居住地锦都城小区，开展精准扶贫调研，并对21户未脱贫户进行入户走访，区委分管领导参加调研。每到一户，李玉山都认真察看贫困户生活、居住情况，与贫困户面对面交谈，详细询问他们现阶段享受的扶贫政策，家庭的主要生活来源，生活上的困难等情况，同时向贫困户讲解当前国家精准扶贫的相关政策。

31日，民盟利通区支部，到扁担沟镇同利村燕宝小学开展爱心图书、文体用品捐赠活动，捐赠6000元文体用品，图书7700册，价值21万元，捐赠3000元文体用品。

5月，利通区卫生健康局。被国家中医药管理局授予“全国中医药先进县区”荣誉称号。

6月

1日，利通区委书记周涛，区委副书记、政府区长李玉山，区人大常委会主任陈宇，区政协主席赵峰带领区四套班子领导分赴辖区各小学开展“六一”国际儿童节慰问活动。

2日，自治区民委二级巡视员杨广铃率队验收组对利通区创建全国民族团结进步示范区进行初验。

4日，利通区委书记周涛带队到金积镇、高闸镇调研农业产业化发展和瓜菜种植情况。

5日，利通区召开2020年平安建设暨命案防控工作推进会。利通区委书记周涛，区委副书记、政府区长李玉山参加会议。会议通报了全区2019年命案发生数和2020年1—4月份平安建设约束性指标及主要指标控制情况，并对下一阶段全区平安建设及命案防控工作进行了安排部署。利通区公安分局、扁担沟镇、古城镇、胜利镇、马莲渠乡相关负责人就下一步做好平安建设暨命案防控工作分别作了表态发言。

11日，利通区委副书记、政府区长李玉山到区人社局调研事业单位公开招聘资格初审、就业创业及被征地农民资格认定等工作，强调要全力以赴做好连接民意、民心、民利、民生的工作，向上级、向群众交出满意的答卷。李玉山听取了利通区各项就业创业工作目标任务进展完成情况。他指出，加强就业创业工作对落实“六稳”、做好“六保”任务意义重大。虽然利通区各项就业创业工作目标任务进度逐步上升，就业形势也在日趋向好，但我们依然不能松懈。我们要齐心协力做好就业工作，为全面建成小康社会夯实基础。

11—23日，利通区人武部根据年度训练计划安排，依托吴忠市民兵训练基地，围绕共同基础训练、专业训练和任务行动训练3项内容16个课目，严密组织利通区民兵应急连、专武干部、民兵教练员进行基地化轮训，有效提升了民兵军事训练的实战化水平。

15—17日，利通区委书记周涛带队赴重庆市中农联控股有限公司、浙江省宁波德业变频技术有限公司、江苏省悦达纺织集团进行考察，双方就综合农贸市场项目、变频空调制造项目达成合作意向并顺利签约。

16—17日，自治区党委全面依法治区第四督察组，对利通区营造法治化营商环境和法治政府建设工作进行了专项督察。

18日，自治区政协副主席李彦凯一行到利通区就“新时代、新使命、新样子”“三新”学习讨论活动开展调研。

18—19日，利通区委书记周涛带队赴甘肃燎原乳业集团考察乳制品深加工系列配方奶粉项目，并进行座谈。

19日，利通区举办自治区财政林业新技术引进及推广项目—苹果乔砧密植高效栽培新技术培训班。

19日，利通区委副书记、政府区长李玉山主持召开利通区“十四五”规划编制和项目谋划储备工作推进会，区“十四五”规划编制领导小组成员单位主要负责人参加会议。会上，区发展和改革局汇报了全区“十四五”规划纲要编制、项目储备进展情况，通报了全区1—5月份上争项目资金进展情况；16个部门汇报了“十四五”期间18个重大课题报告编制情况、本单位“十四五”期间项目储备情况及今年上争项目资金进展情况。

22日，自治区文联党组书记、副主席崔晓华带队调研利通区文联工作，自治区文联组联部主任杨永圣，利通区委书记周涛，吴忠市文联主席马娟，区委相关领导参加调研。

同日 吴忠市利通区文学艺术界联合会第一次代表大会在利通区新时代文明实践中心召开，自治区文联党组书记、副主席崔晓华等出席大会。大会审议通过了《吴忠市利通区文学艺术界联合会章程》，选举产生了利通区文联第一届主席团，利通区委宣传部副部长王红苗当选为利通区文联主席。

同日，利通区文联召开了第一次代表大会选举产生了第一届委员会委员和主席团。

23日，利通区委老干部局举行学习贯彻宣传习近平总书记视察宁夏重要讲话精神和自治区党委离退休干部情况通报会精神的专题座谈会，对利通区学习贯彻“两个精神”进行安排部署，全区各离退休干部党支部书记参加。

24日，利通区召开重点项目建设推进会，利通区委书记周涛、区人大常委会主任陈宇、区政协主席赵峰，重点项目区级包抓领导，各乡镇、相关部门主要负责人参加会议。区委副书记、政府区长李玉山主持会议。会上通报了利通区2020年上半年重点项目建设进展情况，指出了存在的问题，分析了上半年经济运行情况，安排部署了重点项目建设及自治区、吴忠市重点项目观摩有关工作。

同日，利通区委书记周涛围绕“深入学习贯彻习近平总书记重要论述 不断开创民族团结进步事业新局面”主题，为全区领导干部讲了一堂生动的专题党课。

28日，自治区政协对利通区灌溉古渠水系保护和利用情况进行调研。

29—30日，利通区委书记周涛，区委副书记、政府区长李玉山，区人大常委会主任陈宇，区政协主席赵峰分别带队区四套班子在家领导对辖区部分老党员、疫情防控一线党员和生活困难党员进行了慰问，与大家共同庆祝党的99岁生日。

6月30日—7月1日，唐山海泰新能科技股份有限公司、中核汇能有限公司主要负责人到利通区实地考察装备制造业及光伏产业，并就铝制品深加工及光伏发电项目与利通区达成战略合作意向。利通区委书记周涛，区委副书记、政府区长李玉山，市工业和信息化局局长马玉祥参加了签约仪式。李玉山与唐山海泰新能科技股份有限公司、中核汇能有限公司共同签订了铝制品深加工及光伏发电项目投资协议书。

7月

7月，利通区审批服务管理局负责承接区委编办（事业单位登记管理局）、农业农村、自然资源、卫健、民政、宗教、工信和商务、文化旅游体育广电8个部门依法履行的74项行政审批事项，实行“一枚印章管审批”。推行“前台综合受理、后台分类审批、统一窗口出件”新型审批服务模式。

2日，利通区委书记、巡察工作领导小组组长周涛主持召开2020年区委书记专题会暨区委巡察工作领导小组第二次会议，会议传达学习了王鸿津同志在市县巡察工作西北片区调研座谈会议、省区市巡察指导工作研讨会和全国县级巡察办主任提级培训班上的讲话精神。会议听取了第八轮各巡察组巡察工作情况汇报和区委宣传部关于意识形态工作巡察专项汇报。会议还研究审议了《关于调整利通区委巡察工作领导小组的通知》《四届区委第八轮巡察情况综合报告》《四届区委第九轮巡察工作方案》等事项。

同日，利通区委书记、区委应对新型冠状病毒感染肺炎疫情工作领导小组组长周涛主持召开区委应对新冠疫情工作领导小组第12次会议并讲话。会议强调要认真学习、坚决贯彻自治区党委、吴忠市委有关会议精神，坚持疫情总体防控策略不动摇，持续抓紧抓实抓细外防输入、内防反弹工作，持续巩固好利通区来之不易的疫情防控成果。

3日，利通区召开创建全国文明城市冲刺暨新时代文明实践中心建设试点工作推进会，利通区委书记周涛出席会议并讲话。会议观看了创城工作暗访片，分析了创城和新时代文明实践中心建设试点工作形势，指出了主要存在的问题，并就下一步工作开展作了安排部署。

7日，自治区农业农村厅党组成员、首席兽医师罗晓瑜到利通区调研奶产业发展工作。利通区委书记周涛、区政府分管领导陪同调研。

9日，利通区扫黑除恶专项斗争领导小组召开2020年第3次会议。区委副书记、政府区长、区扫黑除恶专项斗争领导小组第一副组长李玉山主持会议并讲话。区扫黑除恶专项斗争领导小组各副组长，人大主要领导，区扫黑除恶专项斗争领导小组各成员单位主要负责人，各乡镇党委书记，区扫黑办全体工作人员参加会议。会议传达学习了全国扫黑办挂牌督办案件新闻发布会、全国扫黑除恶专项斗争领导小组会、陈一新在全国扫黑办挂牌督办案件第2次新闻发布会上的讲话、全国扫黑除恶专项斗争重点地市督办会、自治区扫黑办2020年第3次主任会议、自治区扫黑除恶专项斗争领导小组2020年第2次会议、张韵声在全区扫黑除恶专项斗争重点县（市、区）督办会上的讲话精神。

12日，利通区委书记周涛带队前往郭家桥、金银滩、上桥、板桥等地对全区宗教工作进行调研。

13日，利通区政府党组召开政府党组会议，专题学习习近平总书记视察宁夏重要讲话精神和自治区党委领导干部专题研讨班精神，部分党组成员围绕学习宣传贯彻习近平总书记视察宁夏重要讲话精神进行交流发言。区政府党组书记、政府区长李玉山主持会议，区政府党组有关领导参加学习。会议指出，习近平总书记时隔4年再次来到宁夏考察，就统筹推进常态化疫情防控和经济社会发展工作、巩固脱贫攻坚成果、加强生态环境保护、推动民族团结进步进行调研，并且亲临利通区金花园社区调研指导，发表了重要讲话。

14日，利通区2020年实施重点项目工程3个之一，总投资

5923.77万元的吴忠市利通区2020年水资源保障工程（汉渠灌域现代化生态灌区）建设项目开工，11月15日竣工并投入使用。

15日，利通区委书记周涛带队到马莲渠乡调研公开选任村党组织书记到任工作开展情况。

16日，利通举办第二届“创青春”青年创新创业大赛总决赛暨第四届“中国创翼”创业创新大赛利通区选拔赛。自治区就业与创业服务局副局长徐建成，自治区就业创业和人才服务局培训科科长雷建忠，利通区委书记周涛，区委副书记、政府区长李玉山，区政协主席赵峰出席大赛现场。

17日，利通区召开2020年党的建设领导小组第二次会议，利通区委书记、区党的建设领导小组组长周涛，区委副书记、政府区长、区党的建设领导小组副组长李玉山，相关区领导，区党的建设领导小组成员单位主要负责人，各乡镇党委书记参加会议。会议传达学习了习近平总书记视察宁夏重要讲话精神及中央办公厅《党委（党组）落实全面从严治党主体责任规定》。听取了利通区上半年基层党建工作开展情况汇报。会议还审议研究了《利通区委贯彻〈党委（党组）落实全面从严治党主体责任规定〉措施及任务分工方案》《利通区基层党建引领基层治理示范点创建工作方案》。

22日，吴忠市委书记沈左权在利通区调研防汛工作。实地察看了利通区防汛物资储备库、双吉沟、苦水河跃进桥段、黄河华三段防汛备汛、河道整治等情况。

23日，利通区妇联在马莲渠乡汉北堡村承办了“兰花芬芳巾帼红”宁夏巾帼志愿者服务统一行动启动仪式。

同日，自治区妇联“兰花芬芳巾帼红”志愿服务统一行动在利通区启动。自治区妇联党组书记、主席马文娟，吴忠市人民政府副市长徐勇，利通区委书记周涛等出席会议。

23—24日，利通区举办学习宣传贯彻习近平总书记视察宁夏重要讲话精神专题学习班。利通区委书记周涛参加学习并讲话，区委副书记、政府区长李玉山主持会议。

24日，自治区乡村振兴“一村一年一事”行动现场推进培训会在利通区召开，自治区党委农办副主任、农业农村厅副厅长罗全福农业农村厅相关处室负责同志以及利通区各乡镇主要负责同志参加会议。

25日，利通区委书记周涛带队前往秦汉渠家属院、长途汽车站家属院、文化局家属院等小区调研老旧小区改造工作。

27日，利通区委副书记、政府区长李玉山带队赴河北唐山市海泰新能科技股份有限公司、长虹塑料制品有限公司进行了回访考察，双方就新能源及铝制品深加工项目进行考察，并就年产15万吨铝制品项目尽快落地利通交换意见。李玉山表示，利通区营商环境便捷高效，区域位置交通便利，适合企业宜居宜业，装备制造园在精密仪器仪表加工、特种车辆生产、环保设备制造等项目已初具规模。双方在洽谈中达成合作共识，进一步坚定了企业投资的信心，为项目顺利落地奠定了良好基础。

28日，利通区委书记周涛带队四套班子领导集中走访慰问驻利部队官兵和退役军人。

30日，利通区委书记周涛带队前往古城镇新华桥村、东塔寺乡白寺滩村、郭家桥乡等地调研农村卫生厕所改造工作。

8月

3日，利通区委书记周涛带队前往东郊市场、吴忠市黄河电焊机有限公司、万达广场等场所调研疫情防控相关工作。

同日，自治区教育厅厅长李秋玲一行调研利通区2020年教育重点项目建设工作。吴忠市政府副市长徐勇，利通区委书记周涛等市区相关领导参加调研。

同日，自治区教育厅厅长李秋玲一行调研利通区2020年教育重点项目建设工作。

5日，吴忠市召开全市黄河流域生态保护和高质量发展先行区建设现场观摩推进会，当日对利通区负责的宁夏潞碧垦自动化灌溉设备有限公司水利测控一体化闸门制造和检测中心项目进行现场观摩。

7日，自治区科技厅调研组到利通区参观了中医药科普教育基地，察看了各中医药企业的发展情况。

10日，利通区委书记周涛带队前往金银滩镇东湾村、马莲渠乡汉北堡村、金积镇田桥村等地调研脱贫攻坚危房改造工作。

同日，利通区委副书记、政府区长李玉山带队调研创城工作，强调各部门要担负起创城工作职责，以高度负责的精神，加快工作进展，紧盯目标任务，认真履职尽责，对照测评体系涉及的问题，抓好整改落实，确保创城工作取得实实在在成效。

同日，自治区审计厅副厅长张龙带队调研市区两级审计工作开展情况。

12日，利通区委书记周涛带队前往鑫鲜农副产品批发市场、上桥镇中华C区、西湖菜市场等地调研创建全国文明城市工作。

13日，利通区召开区委审计委员会第四次会议，利通区委书记周涛主持会议并讲话。会议传达学习了习近平总书记在中央审计委员会第三次会议上的重要讲话，审议《关于2019年度利通区本级预算执行和其他财政收支情况的审计结果报告》《利通区审计整改工作联办制度》，研究部署下一步审计工作。

同日，利通区委书记、区委应对新型冠状病毒感染肺炎疫情工作领导小组组长周涛主持召开区委应对新冠疫情工作领导小组第13次会议并讲话。会议强调，要坚持疫情总体防控策略不动摇，持续抓紧抓实抓细外防输入、内防反弹工作，决不能让来之不易的防控成果前功尽弃。

同日，利通区召开机关党的建设暨创建“让党中央放心、让人民群众满意”模范机关工作会议。

13—14日，江苏和富市场集团有限公司总裁谢雨杉、董事长吴垚一行应邀到利通区实地考察农贸市场（零售）现状，并就打造智慧农贸市场项目达成战略合作意向。利通区委书记周涛，区委副书记、政府区长李玉山，区人大常委会主任陈宇出席了签约仪式，李玉山与江苏和富市场集团有限公司签订了农贸市场提升改造项目投资框架协议书。

14日，利通区委副书记、政府区长李玉山到上桥镇组织开展习近平总书记视察宁夏重要讲话精神专题宣讲，镇党委班子成员、镇村干部及部分党员代表150余人参加会议。李玉山围绕“充分认识习近平总书记视察宁夏重要讲话的重大意义、深刻领会习近平总书记视察宁夏重要讲话的丰富内涵和精神实质、切实抓好习近平总书记视察宁夏重要讲话的学习宣传和贯彻落实”3个方面的内容，用生动鲜活的语言对总书记重要讲话精神进行了全面系统、细致入微的解读。

18日，利通区委书记、区委财经委员会主任周涛主持召开财经委员会第三次会议。会议专题听取了发展和改革局对“十四五”规划编制工作开展情况、进度安排情况、项目谋划情况的汇报；与会委员对进一步谋划好利通区“十四五”规划编制工作做了交流发言。

19日，司法部普法与依法治理局局长王晓光一行先后到吴忠市利通区古城镇秦桥村、利通区金星镇王兰花热心小组调研法律进乡村和“法律明白人”培养工作、法律进社区和促进民族团结工作。

20日，甘肃燎原乳业集团董事长马鹏举一行应邀到利通区实地考察奶产业，并就建设乳制品全产业链项目达成战略合作意向。利通区委书记周涛出席签约仪式并讲话。

同日，中国科普研究所政研室主任郑念一行到利通区马莲渠中心学校调研基层农村中学科技馆科普教育工作开展情况。

24日，利通区委书记周涛前往恒昌幸福城、东郊市场、裕西小区等地调研创建全国文明城市工作并召开推进会。

同日，利通区委副书记、政府区长李玉山调研2020年五里坡地区重点项目建设和下半年新开工建设项目落实情况。区政府办、发展和改革局、工业信息和商务局、自然资源局、农业农村局、扁担沟镇主要负责人参加调研。

25日，吴忠市委书记沈左权在利通区扁担沟镇五里坡村、金银滩镇灵白村、郭家桥乡山水沟村、东塔寺乡白寺滩村调研农村基层党建、软弱涣散党组织整顿、党建引领产业发展，壮大集体经济，带动群众增收致富等情况。

同日，自治区统计局党组成员、副局长崔祝平一行4人到利通区调研第七次全国人口普查前期准备工作进展情况。

27日，中国社科院民族学与人类学研究所党委书记方勇一行到利通区金星镇金花园社区、东塔寺乡白寺滩村、板桥乡洼渠村调研利通区民族团结进步创建工作。

31日，利通区委副书记、政府区长李玉山调研创建全国文明城市工作。强调要坚持问题导向、目标导向，聚焦硬件补充、环境卫生、群众满意度提升等重点问题，紧盯社区小区、集贸市场等实地测评点位，精准发力，认真查漏补缺，逐项对标达标，以不留退路的决心和真抓实干的作风，全力以赴打好“创城”攻坚战。

8月，利通区启动了村庄规划编制工作，11月底提交村庄规划编制初步成果。

9月

1日，利通区召开禁毒工作推进会，利通区委书记、区禁毒委员会主任周涛出席会议并讲话，区禁毒委员会各副主任，各乡镇、成员单位主要负责人及各派出所所长参加会议。区委副书记、政府区长李玉山主持会议。会议深入学习贯彻习近平总书记关于禁毒工作的重要指示精神，传达落实自治区、吴忠市禁毒工作会议精神，通报了利通区2020年上半年禁毒工作情况，针对当前禁毒工作中存在的短板和薄弱环节进行了再安排、再部署。

2日，国务院参事、中国社

科院学部委员何星亮一行到利通区板桥乡洼渠村、上桥镇吴南清真寺、初心馆调研利通区坚持我国宗教中国化方向工作。

3日，利通区召开创城工作推进会，区委书记周涛出席会议并讲话，区四套班子相关领导，各乡镇、单位主要负责人参加会议。区委副书记、政府区长李玉山主持会议。会议传达学习了吴忠市创建全国文明城市推进会会议精神，安排部署了下一阶段创城重点工作。

同日，中国科协党组书记、常务副主席、书记处第一书记怀进鹏一行到利通区新时代文明实践中心、利通区第九小学、板桥乡李闸渠村和马莲渠乡汉北堡村新时代文明实践站、郭家桥乡山水沟村设施农业种植园区调研新时代文明实践中心（所、站）建设试点工作、未成年人思想道德建设工作和基层“三长”联动工作情况。

7日，自治区乡村治理暨扶持壮大村级集体经济现场观摩推进会在吴忠市召开，宁夏回族自治区党委常委、组织部部长石岱出席会议并讲话，自治区副主席王和山主持会议。会前，与会代表分组参观了利通区东塔寺乡白寺滩村乡村治理“良政善治”工作法，开创乡村治理新局面；利通区郭家桥乡山水沟村种植“无籽翠宝”“早黑宝”葡萄，实现村集体经济和农民收入“双提升”。

8日，中央组织部部委委员兼基层办主任、全国扫黑办副主任毛定之一行到利通区调研扫黑除恶专项斗争工作，调研组在利通区郭家桥乡山水沟村通过召开座谈会的形式调研了利通区扫黑除恶、整顿软弱涣散党组织、乡村治理等工作。

9日，利通区2020年实施重点项目工程3个之一，总投资1058万元利通区苦水河（赵家沟村段）防洪工程开工，11月28日竣工并投入使用。

10日，利通区委书记周涛，区委副书记、政府区长李玉山，区人大常委会主任陈宇，区政协主席赵峰带队走访慰问利通区困难教师、退休教师、优秀教师。

14日，利通区委副书记、政府区长李玉山调研利通区危房改造动态清零工作进展情况，就利通区危房改造动态清零工作进行实地查看并对下一步工作做出安排和部署。

16日，吴忠兴德棉织造有限公司与河北丰泰永晟集团合资成立公司签约仪式在宁夏恒丰纺织科技有限公司举行。利通区委书记周涛，区委副书记、政府区长李玉山出席签约仪式。

17日，区委副书记、政府区长李玉山调研秋季农田水利基本建设工作，区委分管领导，区委办、政府办、自然资源局、住建和交通局、水务局、农业农村局、城乡环卫中心和相关乡镇主要负责人参加调研。

同日，利通区2020年实施重点项目工程3个之一，总投资2291.04万元的宁夏农村苦咸水改造项目利通区水源连通工程开工，11月30日竣工并投入使用。

18日，区委副书记、政府区长李玉山现场督办自治区党委第二生态环境保护督察组反馈问题整改工作，相关区领导，区政府办、自然资源局、生态环境局利通区分局、综合执法局、城乡环境卫生管理中心主要负责人参加整改工作。

22日，自治区学雷锋志愿服务暨新时代文明实践中心建设试点工作现场推进会在吴忠市利通区召开。会议深入学习习近平总书记视察宁夏时关于志愿服务工作重要指示精神，认真贯彻自治区党委部署要求，发出了积极参与建设黄河流域生态保护和高质量发展先行区的倡议。自治区党委常委、宣传部部长李金科出席会议并讲话。自治区相关厅局、人民团体、社会团体主要负责人，各市县（区）党委常委、宣传部部长，部分新时代文明实践中心（所、站）负责人参加会议。利通区委书记周涛作交流发言。

同日，吴忠市2020年中国农民丰收节暨利通区奶产业文化节在上桥镇牛家坊民俗文化村全面启动。

23日，利通区委召开2020年区委书记专题暨第三次巡察工作领导小组会议。利通区委书记、巡察工作领导小组组长周涛主持会议并讲话。区委巡察工作领导小组各成员，第九轮巡察各巡察组组长、副组长及巡察办副主任参加了会议。

24日，利通区召开2020年党的建设领导小组第三次会议，利通区委书记、区党的建设领导小组组长周涛，相关区领导，区党的建设领导小组成员单位主要负责人，各乡镇党委书记参加会议。会议听取了相关乡镇、单位软弱涣散村党组织整顿、基层党建引领基层治理示范点创建、村（社区）“两委”换届摸排工作情况汇报、发展壮大村集体经济工作情况汇报。

26日，教育部义务教育质量监测实施专家柯李、自治区视导员杨润萍到利通区检查指导2020年国家义务教育质量监测工作。

27日，利通区委书记周涛带队前往学校、社区调研民族团结进步创建工作。

同日，利通区政府与中国电信宁夏公司举行“数字政府”项目合作签约仪式并召开座谈会。

28日，利通区第七小学和胜利镇上桥社区承接了自治区促进民族团结进步现场观摩，为吴忠市创建全国民族团结模范市增色添彩。全年接待区内外观摩民族宗教工作30余批次。8月20日，全国政协副主席郑建邦来利调研，对利通区民族团结工作给予肯定。同时，全年对24个示范单位进行复验，针对创建工作水平下滑的单位及时反馈存在问题，督促整改。对早元小学、牛家坊小学等3个单位进行摘牌，切实解决创建工作中存在“重创建、轻管理”“突击创建、后劲不足”等问题。

同日，利通区2020年“迎国庆·庆中秋”全民健身啦啦操大赛在开源广场举行，来自全区19支参赛队伍，497名队员参加了此次大赛。

同日，吴忠林场、吴忠市玉静果品产销专业合作社分别获得宁夏回族自治区林业和草原局颁发的自治区优质设施果树示范基地和自治区优质苹果示范基地称号。

29日，自治区应急管理厅督查组到利通区督导检查节前安全生产工作。

30日，利通区委理论学习中心组召开专题学习（扩大）会议，会议邀请吴忠市委党校经济和社会发展教研部主任杨红教授作专题辅导讲座。利通区委书记周涛，区委副书记、政府区长李玉山，全区副科级以上领导干部参加学习。

9月，利通区文联打造“一乡镇一特色”模式在《中国文联工作要情》专题刊发，在自治区22个县区推广。

9月，利通区文联打造“一乡镇一特色”模式在《中国文联工作要情》专题刊发，在自治区22个县区推广。10月份，自治区深化基层文联改革建设现场交流推进会在利通区召开，利通区文联现场交流了改革经验。

9月，利通区被中共宁夏回族自治区党委、自治区人民政府授予疫情防控先进集体称号。

9月，吴忠卷烟厂制丝车间

猎豹QC小组获宁夏质量检验认证协会授予的“优秀成果一等奖”，制丝车间技术维修班获宁夏质量检验认证协会授予的“质量信得过班组三等奖”。在2020第十八届国际TnPM大会上发布了27项TnPM成果，获得9个奖项。

10月

6日，利通区委副书记、政府区长李玉山带队调研督导危房改造、农村改厕、秋季农建工作，强调要采取有力措施统筹推进危房改造、农村改厕及秋季农建各项工作，严把施工质量，切实将工作落实落细落到位，确保把好事办好，着力为群众创造良好的人居环境，不断增强群众获得感和幸福感。

9日，中国少年先锋队利通区第一次代表大会在会务中心多功能厅正式召开。利通区委书记周涛，区委副书记、政府区长李玉山，区政协主席赵峰，吴忠市教育局副局长柳佳伟，团市委副书记、少工委主任周静等领导出席会议。

同日，利通区团委召开“中国少年先锋队利通区第一次代表大会”，选举产生了由51名委员组成的中国少年先锋队利通区第一届工作委员会。

10日，第二届中国节水论坛在甘肃省兰州市举行。利通区委书记周涛，人大常委会主任陈宇带队应邀参加论坛。

11—12日，利通区委书记周涛带队赴四川省成都市考察中国东方电气集团有限公司新能源项目，并与公司就氢能源市场应用、光伏发电、废弃物资源化利用项目投资规划进行座谈。

12—13日，利通区委书记周涛带队赴福建省福州市考察福州福万生物技术工程有限公司、福建掌链科技有限公司及福建省容益菌业科技研发有限公司考察，并就互联网医院和食用菌项目投资规划进行沟通了解。

14日，吴忠市玉静果品产销专业合作社获得宁夏回族自治区林业和草原局颁发的第二届宁夏苹果评比大赛富士王称号。

15日，利通区委副书记、政府区长李玉山调研融媒体中心建设和志愿服务相关工作。李玉山一行先后前往利通区新时代文明实践中心、金花园社区，每到一处，李玉山都仔细听取相关负责人工作汇报，详细了解了融媒体中心建设和志愿服务相关工作，并就部分规划设计方案提出了深化提升意见。

同日，利通区委副书记、政府区长李玉山调研利通区新能源项目建设情况。李玉山一行先后对三峡新能源200MW光伏项目、70MW风电项目，中核200MW光伏复合发电项目、国电海子井50MW光伏发电项目、风汇20MW分散式风电项目施工进度、投资完成情况、安全施工、文明施工以及疫情防控等情况进行了实地调研。

19日，中央网信办等七部委印发了《关于公布国家数字乡村试点地区名单的通知》，利通区被确定为首批国家数字乡村试点地区。

19—20日，利通区委书记周涛带队前往利通区板桥乡、金积镇、高闸镇等10个涉农乡镇调研督导农村改厕和秋季农建工作完成情况。

21日，利通区委书记周涛，区委副书记、政府区长李玉山，区人大常委会主任陈宇，区政协主席赵峰带队考察团赴中卫市沙坡头区考察观摩农村人居环境整治及危房改造工作。

同日，自治区未成年人思想道德建设工作座谈会在吴忠市利通区召开。会议深入学习贯彻习近平总书记关于未成年人思想道德建设重要论述精神和视察宁夏重要讲话精神，贯彻落实全国未成年人思想道德建设工作座谈会精神，深入分析当前未成年人思想道德建设工作形势，进一步研究部署工作。

22—23日，利通区委书记周涛，区委副书记、政府区长李玉山、区人大常委会主任陈宇，区政协主席赵峰分组看望慰问了利通区参加抗美援朝出国作战的、健在的志愿军老战士。

26日，利通区委书记周涛，区委副书记、政府区长李玉山，区政协主席赵峰带队前往金星镇利宁社区文明社区创建、上桥镇涝河桥村移民后期扶持产业发展项目、金银滩镇金川办优质牧草种植基地等项目领衔督办政协四届四次会议重点提案。

同日，利通区委书记周涛带队到银川市贺兰县考察康养项目。

10月，利通区开展集中治理重复信访、化解信访积案专项工作，中央、自治区交办利通区重复信访事项63件，其中：国家信访局交办29件，自治区信联办交办19件，截至2020年11月底分别办结27件、17件，完成重复信访、积案化解专项治理达85%以上。

11月

1日，利通区委书记周涛带队前往胜利镇富荣社区、板桥乡洼渠中心村、马莲渠乡柴桥村实地调研指导利通区第七次全国人口普查入户登记阶段工作开展情况。

3—4日，利通区委副书记、政府区长李玉山带队赴河北省石家庄市、保定市考察纺织企业，并与企业方就下一步在利通区投资纺织项目及产业链发展规划进行沟通交流。

同日，利通区委书记周涛带队实地调研中核200MW光伏复合发电项目、马莲渠乡全民健身中心项目、金积镇小微企业园建设项目等重点项目建设情况。

5日，利通区委副书记、政府区长李玉山带队赴四川省成都市考察中环高科电缆股份有限公司，并就企业电缆生产项目落户利通进行座谈。

6日，自治区政协主席崔波调研利通区政协工作。

8日，利通区委书记周涛带队前往高闸镇、金积镇、郭家桥乡等涉农乡镇实地调研农村建设工作。

9日，利通区委召开政协工作会议。会议深入学习贯彻中央、自治区党委和吴忠市委政协工作会议精神，安排部署全区新时代加强和改进人民政协工作。区委书记周涛出席会议并讲话，区委副书记、政府区长李玉山主持会议，区人大常委会主任陈宇、区政协主席赵峰出席会议。

同日，吴忠市委书记沈左权到利通区健康产业园、强家老醋文化养生园等景区建设项目调研吴忠市全域旅游项目实施情况。

12日，利通区委书记周涛主持召开2021年工作思路汇报会，区委副书记、政府区长李玉山，区人大常委会主任陈宇，区四套班子分管领导参加会议。会议听取了区委、区政府分管领导围绕2020年重点、亮点工作完成情况及2021年重点、创新工作思路谋划情况的汇报。周涛、李玉山就各项工作汇报进行了点评，并作出了进一步要求。

同日，利通区召开扶贫开发领导小组2020年第7次会议。利通区委书记周涛出席会议并讲话。会议传达学习了习近平总书记对脱贫攻坚工作做出的重要指示和李克强总理的重要批示精神，自治区党委常委会会议暨自治区扶贫开发领导小组2020年第5次会议精神，通报了全区脱贫攻坚督察反馈问题整改情况，安排部署了利通区脱贫攻坚工作。

同日，利通区委书记、总河湖长周涛主持召开了全区总河湖长第四次会议，总结利通区2020年河湖长制工作，研究部署河湖长制下一步工作。区级河湖长及各成员单位主要负责人参加会议。

同日，中国科技馆发展基金会秘书长初学基一行到利通区调研科普工作。调研组到利通区东塔第三小学，实地调研了利通区基层农村小学科技馆科普教育工作开展情况。

15日，利通区委书记周涛带队前往东塔寺乡、郭家桥乡、金银滩镇等涉农乡镇实地调研农村人居环境卫生整治工作。

18日，吴忠市委书记沈左权到古城镇清宁河社区、扁担沟镇同利村调研民族团结进步创建工作。

19日，利通区召开2020年县域社会治理现代化试点工作第1次推进会暨扫黑除恶专项斗争领导小组第5次会议。会议传达学习了全国扫黑除恶专项斗争第3次推进会议精神、全国扫黑办第10次主任会议精神、全国扫黑除恶专项斗争第10次领导小组会议精神等内容。会议通报了利通区扫黑除恶专项斗争“六清”行动进展情况，并安排部署了下一阶段扫黑除恶专项斗争“六建”工作及县域社会治理现代化试点工作。

同日，吴忠市市长喜清江到马莲渠中心学校实地调研清洁能源“双替代”工作以及清洁能源供暖情况。

同日，国务院教育督导委员会第二督导组组长、国家督学黄红武，教育部教育督导局二级巡视员、学校督导处处长唐保国一行到利通区督查政府履行教育职责情况。

20日，吴忠市玉静果品产销专业合作社获得中国农业技术推广协会中国富硒好果入围奖。

23—25日，利通区委书记周涛带队前往板桥乡、扁担沟镇、上桥镇等乡镇实地调研村级组织换届选举工作。

25日，中央统战部副部长侍俊一行到金星镇金花园社区、利通十一小、初心馆、东塔寺乡白寺滩村调研民族团结工作。

27日，自治区农村人居环境整治三年行动考核验收组组长王洪波带队到利通区考核验收农村人居环境整治三年行动工作。

同日，利通区召开村（社区）“两委”换届工作会议。利通区委书记周涛主持会议并讲话，强调要深入学习领会习近平总书记关于基层党组织建设的重要论述和重要指示精神，认真贯彻落实全国、全区村（社区）“两委”换届工作会议精神，始终把握政治要求，树立正确用人导向，坚持严格依法办事，高标准高质量完成好村（社区）“两委”换届任务，确保换出好班子、换出好风气、换出好局面。

30日，利通区委书记周涛调研退役军人服务工作并主持召开区委退役军人事务工作领导小组第二次会议。会议深入学习贯彻习近平总书记关于退役军人工作有关重要指示批示精神及自治区党委退役军人事务工作领导小组第二次会议和吴忠市退役军人事务领导小组办公室《关于利通区各乡镇创建全国示范型退役军人服务站审验情况的通报》精神，听取了利通区退役军人服务保障工作汇报，研究审议了《利通区贯彻落实〈关于做好新时代退役军人工作的实施意见〉的实施方案（送审稿）》等文件。

12月

1日，利通区委书记周涛主持召开2021年工作思路汇报会，区委副书记、政府区长李玉山，区人大常委会主任陈宇，区政协主席赵峰出席会议。会议听取了各乡镇及区发展和改革局、教育局、工业信息化和商务局、生态环境分局、住建和交通局、农业农村局2020年工作总结及2021年工作思路的汇报，区级分管领导就各项工作汇报进行了点评，并作出了进一步要求。

同日，利通区全面深化改革委员会第四次会议召开。会议传达学习了中央全面深化改革委员会第十五次和十六次会议、自治区党委全面深化改革委员会第十次会议、吴忠市委全面深化改革委员会第九次会议精神，听取了农村改革、社会保障体制改革、经济体制改革、行政审批改革四个专项小组工作以及“十四五”规划编制情况的汇报，审议了《利通区全面深化改革工作分类考核办法（试行）》。

同日，自治区宣讲团成员、自治区党委讲师团团长朱天奎到利通区新时代文明实践中心，宣讲党的十九届五中全会精神，与基层党员干部展开面对面的互动交流。

3日，利通区委书记周涛带队赴山东省济南市尊尚健康产业有限公司考察，就打造康养示范点建设及运营方案进行沟通交流。

同日，吴忠市政府副市长徐勇带队对利通区的吴忠市级文明单位进行考核检查。

9日，利通区委书记周涛前往东塔寺乡新接堡现代农业特色产业示范园、郭家桥乡杨家岔村、马莲渠乡云升家庭农场等地实地调研农业产业发展工作。

14日，区委书记办公会暨巡察工作领导小组2020年第四次会议召开。会议传达学习了党的十九届五中全会精神、自治区党委十二届十二次全会精神及自治区党委、吴忠市委巡视巡察会议精神。会议听取了区委第十轮巡察3个巡察组对7个区直部门的巡察工作报告和第十轮巡察意识形态专项检查报告以及区纪委监委、区委组织部关于第八轮巡察移交问题线索办理情况汇报。会议还研究了巡察工作有关事宜。

19日，利通区扶贫开发领导小组召开2020年第8次会议暨国家成效考核反馈问题整改专题会议。利通区委书记、区扶贫开发领导小组组长周涛主持会议并讲话，区委副书记、政府区长李玉山，区委、区政府相关领导，区扶贫开发领导小组成员单位、各乡镇主要负责同志参加会议。会议通报了脱贫攻坚成效省际交叉考核情况和考核反馈问题，安排部署了考核反馈问题整改工作。

21日，利通区委书记周涛带队前往利绒大道消防救援站实地调研建设及投入使用情况。

同日，利通区委书记、区委编委会主任周涛主持召开区委编委会第二次会议，研究审议成立利通区红十字会和部分机构编制调整意见。

23日，吴忠市扁担沟玉国果品购销专业合作社获得农业农村部2020年第三批全国名特优新农产品称号。

28日，利通区委书记周涛，区委副书记、政府区长李玉山，区人大常委会主任陈宇，区政协主席赵峰到利通区疫情防控交通卡点看望慰问一线值守工作人员。

29日，利通区召开“十四五”规划征求意见会。会议听取了各方面对“十四五”规划的意见建议，并安排部署下一步工作。利通区委书记周涛出席会议并讲话，区委副书记、政府区长李玉山主持会议，区四套班子相关领导，各乡镇、各部门主要负责人及部分“两代表一委员”参加会议。

31日，利通区召开促进民族团结进步工作会议。利通区委书记周涛参加会议并讲话。会议强调，要深入学习贯彻习近平总书记关于民族工作的重要论述和习近平总书记视察宁夏重要讲话精神，全面贯彻落实党中央决策部署和自治区、吴忠市促进民族团结进步工作会议精神，坚决守好促进民族团结生命线，努力建设民族团结进步示范区，奋力开创新时代利通区民族团结进步事业新局面。

同日，利通区委书记周涛，区委副书记、政府区长李玉山带队前往宁夏涝河桥肉食品有限公司、东星塑料制品有限公司、北京华联超市（汇金时代店）等地开展元旦节前安全生产督查检查。

综　览

地理人文

【自然地理】

利通区地处银川平原南端，西临黄河与青铜峡市毗连，南与中宁、红寺堡两县交界，东北部与灵武市接壤，距宁夏首府银川市59千米。地处宁夏平原中部，黄河中上游，介于东经104°10'～107°39'、北纬35°14'～39°23'之间，总面积1384平方千米。利通区地势南高北低，似宝瓶形，境内沟渠纵横，林带成网，平均海拔1125米。

【人口民族】

根据第七次人口普查数据，截至2020年11月1日零时，利通区常住人口为460790人。其中，城镇人口214202人，乡村人口196683人；汉族人口152250人，占总人口的37.1%，少数民族人口258635人，占总人口的62.9%。

【历史沿革】

利通区原为县级吴忠市，1998年5月11日，经国务院批准撤销银南地区和县级吴忠市，设立地级吴忠市，吴忠市新设利通区；1998年9月8日，利通区正式挂牌。2005年3月吴忠市与利通区合署办公，设立利通区党工委。2009年10月，自治区决定恢复利通区，与吴忠市分署办公。

【自然资源】

利通区土地总面积106424公顷，其中林地面积27145公顷，占利通区总面积的25.5%；非林地面积79279公顷，占利通区总面积的74.5%。

【气候特征】

利通区属温带半干旱气候区，冬无严寒，夏无酷暑。年降水量在260毫米，年蒸发量在2000毫米，平均气温11.2℃，极端气温最低为22.4℃，四季分明，日照充足，蒸发强烈，雨雪稀少，昼夜温差大，全年日照3000小时，无霜期171天，是全国太阳辐射最充足的地区之一，适宜农作物及瓜果生长。每年5—10月，利通区气候宜人，是旅游观光的黄金季节。具有春暖迟、夏热短、秋凉早、冬寒长的特点。

【行政区划】

利通区辖8镇4乡、106个行政村、3个农场（办）、28个社区，区政府驻地胜利镇。镇：上桥镇、古城镇、金星镇、胜利镇、金积镇、金银滩镇、高闸镇、扁担沟镇。乡：东塔寺乡、板桥乡、马莲渠乡、郭家桥乡。

经济建设

【总体经济情况】

2020年，利通区全年实施各类项目87个，完成投资76.6亿元，争取项目资金16.5亿元，招商引资到位资金42.5亿元。地区生产总值增长3.9%，规上工业增加值同比增长4.5%，一般公共预算收入下降3%，社会消费品零售总额下降7.6%，固定资产投资实现同比增长17.5%以上。城镇居民人均可支配收入33977.3元、同比增长5.2%，农村居民人均可支配收入17512.3元、同比增长7.6%。

【现代农业】

2020年，利通区深入推进国家现代农业产业园建设，奶牛科技服务中心建成运营，五里坡奶牛养殖四期、肉牛养殖基地加快建设，新建奶牛、肉牛规模养殖场38家，奶牛、肉牛、肉羊存栏分别达到17万头、9万头、25.6万只。伊利三期建成投产，成为全球最大的液态奶加工厂。新增高效节水灌溉面积2.16万亩，治理高标准农田1.15万亩，优质粮食种植面积27.8万亩、蔬菜6.2万亩、经果林4.86万亩、饲草22.7万亩。成立奶业、草畜、瓜菜、葡萄4个教授博士工作站。完善利益联结机制，组建农业产业联合体4家，培育农业产业化龙头企业6家、示范合作社20家、星级家庭农场8家。自治区奶产业、绿色食品产业现场会在利通区召开，利通区被认定为自治区现代农业科技示范展示区，顺利通过国家农产品质量安全县复验。

【工业经济】

2020年，利通区认真落实自治区“工业稳增长24条”等政策措施，累计发放对标提升转型发展等奖补资金2751万元，清欠民营企业中小企业账款保持动态清零。紧紧围绕特色装备制造、现代纺织、绿色食品加工、清洁能源四大板块，实施浙哲环保防腐设备、鑫浩源硫酸钙晶等工业项目17个，中核200兆瓦光伏发电、新丝源聚酯纤维等15个项目建成投产。建成5G基站331个，市区5G网络基本实现全覆盖。实施朗盛精密制造、赛运米业节能等技改项目22个，淘汰落后产能生产线5条，工业绿色化、智能化改造投资率增长52%。扎实开展促进规下工业企业平稳发展行动，建立规上企业培育储备库，162户规下工业样本户实现主营业务收入1.96亿元，比年初回升37个百分点，新增规上工业企业10家。完成万元GDP综合能耗下降任务。利通区荣获全国消费品工业“三品”战略示范城市，恒丰纺织创建为国家级绿色工厂。

【现代服务业】

2020年，利通区落实自治区服务业发展引导资金1100万元，实施西麒麟科技研发中心、黄河精品观光带等项目27个，夜妹巷观光夜市开街运营，建成电子商务公共服务中心，牛家坊现代服务业集聚区、万达金街、光耀美食街等特色商圈辐射带动效应不断增强。开展首届电商美食节等促销活动25场次，带动消费1.12亿元，“多彩利通·美味之城”品牌影响力不断扩大。全力打造医养研学游于一体的健康产业园，引进陈氏康复医院等企业6家，创建为自治区现代服务业集聚区。积极开展“两晒一促”文旅推介活动，新增3A级景区2家、三星级农家乐3家，石佛寺村成功入选全国乡村旅游重点村名录。全年接待游客161万人次、旅游收入5800万元，分别增长15.1%、25%。

【科技创新】

2020年，利通区争取沿黄试验区科技创新项目115个，实施高新技术产业项目17个，落实奖补资金5904万元。全社会R&D投入强度达1.05%，每万人有效发明专利拥有量2.56件。培育国家高新技术企业12家、科技型中小企业19家，培育自治区科技型“小巨人”企业等22家、“专精特新”企业23家，打造恒丰瑞斯特等规上研发企业34家。智源农机等40家企业与四川大学等区内外科研院所、大专院校建立产学研合作基地，完成技术合同登记交易额1.48亿元，建成复合调味品等研究中心和实验室7个。战略性新兴产业占规上工业增加值的20%。

【深化改革】

2020年，利通区经济发达镇改革初见成效。市辖区综合执法改革试点顺利通过评估验收。农村土地和集体产权制度改革不断深化，成立乡镇农村产权交易服务站10个，新增股份、集体经济合作社96个，被评为全国农村承包地确权登记颁证工作典型地区。加快推进数字乡村建设，“五大服务平台”基本建成，构建“1+5+N”乡村治理服务模式，入选首批国家数字乡村试点地区。深化“放管服”改革，实行“一枚印章管审批”。简化企业开办和注销流程，行政审批事项平均办结时限由17个工作日压缩至3个工作日。全力加强质量强区建设，加快完善社会信用体系，全面实行“互联网＋监管”，市场监管领域“双随机、一公开”实现全覆盖。鼓励民营企业规范实施股份制改制，发放创业贷款8567万元，贴息515万元，帮助企业融资3.12亿元。政务公开纵深推进，主动公开重点领域信息4134条，公共服务质量满意度位居自治区首位。

【城乡建设】

2020年，利通区全面完成油粮桥等10个村“多规合一”村庄规划编制，落实“一村一年一事”111件，精心打造刘湾等7个美丽村庄、李桥万亩蔬菜等4个特色产业村。改造老旧小区43个、抗震宜居房2465户，拆除整治农村“空心房”407户，征地拆迁162户，新建农村道路37公里，植树造林绿化2.86万亩。加快推进现代化生态灌区建设，实施苦咸水质改造项目，安装节水一体化监测计量设施236套，铺设农村供水末端管网30公里，农村供水保证率、自来水入户率分别达95%、99.6%。

政治建设

【党的建设】

2020年，中共利通区委以习近平新时代中国特色社会主义思想为指导，深入学习贯彻习近平总书记视察宁夏重要讲话精神，坚定执行中央和自治区党委、吴忠市委决策部署，全面从严治党纵深推进。自觉把学习宣传贯彻习近平总书记视察宁夏重要讲话精神作为首要政治任务和重大政治责任，加强组织领导，周密安排部署，迅速掀起热潮，在增强“四个意识”、坚定“四个自信”、做到“两个维护”上认识更加深刻、态度更加坚定、行动更加自觉。坚持党管意识形态，压实党委（党组）主体责任，完善意识形态工作责任制实施细则、考核办法，牢牢掌握意识形态工作领导权、话语权、主动权。健全网络舆情研判、快速报告、快速核查、信息发布、舆论引导等机制，加强阵地建设和管理，不断提高民族、宗教、学校、网络等领域意识形态治理能力，全区意识形态领域总体稳定，富荣社区被评为“全国扫黄打非基层站点”。认真落实党风廉政建设“两个责任”清单，层层制定全面从严治党“三个清单”，出台《区委落实全面从严治党主体责任清单》，规范领导班子和领导干部的决策和用权行为。严格执行中央八项规定及其实施细则精神，常态化纠治“四风”问题，持续为基层减负，运用监督执纪“四种形态”处置党员干部567人次。深化纪检监察体制改革，完善纪法衔接、法法衔接相关制度，扎实做好案件查办“后半篇文章”，一体推进不敢腐、不能腐、不想腐。依法依规查处群众身边的腐败和作风问题，立案51件58人，给予党纪政务处分114人。充分发挥巡察“利剑”和审计“体检”作用，开展3轮15个部门党组织巡察，对14名党政领导干部及126个村（社区）“两委”班子进行了经济责任审计，完成四届区委巡察总任务的94.1%。

【基层组织建设】

2020年，中共利通区委以提升组织力为重点，大力实施基层党建“六项行动”，全力提升各领域党建工作水平。深入推进“三大三强”行动和“两个带头人”工程，扎实开展“一抓两整”示范县乡创建活动，组建5个“书记带徒弟”工作室，帮带14名新选任村支部书记尽快成长，实现软弱涣散村党组织全部整顿转化。持续发展壮大村集体经济，积极构建“支部＋合作社＋农户”利益联结机制，全区村集体经营性收入达到5608万元，实现“空壳村”清零目标。深化城市党建“五联五化”机制，着力优化组织设置、延伸组织链条，20个社区党支部升格为党委。统筹抓好机关和“两新组织”党建工作，以模范机关创建和“两个覆盖”为重点，打造“红石榴”党建引领工程等9个品牌，“两新组织”覆盖面持续扩大。突出政治标准，坚持实绩导向，注重在基层一线和急难险重工作中考察识别干部，向市委推荐提拔处级干部5名，区委提拔重用干部67名。严格执行公务员职务与职级并行制度，积极落实乡镇工作补贴和季度奖励资金，79名公务员晋升职级，113名优秀公务员获得嘉奖，切实发挥考核的正向激励作用。重视做好人才工作，建立六类人才队伍基础信息库，组建10个农村实用人才工作室，柔性引进4名国内农业专家、12名高层次人才，营造了爱才聚才的良好氛围。

【民族团结进步】

2020年，中共利通区委坚决守好促进民族团结生命线，深化民族团结进步“十进”活动和“五项特色教育”，持续开展“社区邻里节”等主题活动，民族团结进步创建取得丰硕成果。利通区成功创建为“第八批全国民族团结进步示范区”，新创建7个自治区级、25个吴忠市级民族团结进步示范单位。全面开展“五进”宗教场所活动，依法管好人员、场所、活动，坚决抵御境外宗教渗透，积极防范网络传播宗教。

【基层治理】

利通区扎实开展乡村、社区、宗教、校园、企业、社团6个领域专项治理，自治区乡村治理现场会在利通区召开，被列为“国家数字乡村试点地区”。深入推进依法治区，着力加强“平安利通”建设，纵深推进扫黑除恶专项斗争“六清”行动，严厉打击非法集资、电信诈骗等行为，八类刑事案件同比下降29.7%，挽回损失700万元。开展信访“三无”县区创建，持续巩固人民调解“四张网络”，调处疑难复杂矛盾纠纷524件，成功率96.1%。成立社区矫正委员会，创建法律“八进”示范点30个，150个三级综治中心实现信息互联共享。综合执法处罚各类违法违规行为1800起，群众投诉事项办结满意率99.1%。深入推进安全发展示范城市创建和安全生产专项整治三年行动，安全生产形势总体平稳。

社会建设

【疫情防控】

利通区坚决贯彻落实中央、自治区和吴忠市决策部署，组建疫情防控指挥部，成立工作专班16个，建立“一名领导、一个班子、一套办法、一个口径”的应急处置机制，全力做好指挥调度，全面加强联防联控，全速开展治疗，全程强化宣传引导。组织8000多名党员、干部、志愿者对42万群众开展四轮“大起底、大摸排”，用最短时间阻断疫情蔓延势头，没有发生医护人员感染，没有发生社区感染，没有发生死亡病例。

【脱贫攻坚】

利通区紧盯“两不愁三保障”，精准落实“四查四补”，发放产业扶贫资金842万元、小额贷款3867万元，扁担沟扶贫肉牛养殖园入栏肉牛1407头，种植订单小番茄、红梅杏等特色经果林1.1万亩，认证消费扶贫产品10个，销售额达3544.7万元，带动851户贫困户发展致富产业。实施扶贫培训741人次，新建扶贫车间2个，新增公益性岗位237个。补助“四类”家庭学生334.4万元，贫困群众医疗兜底57.5万元。解决“十二五”劳务移民“多人多代”住房96户，“四类重点户”危房改造动态清零。剩余95户360名建档立卡贫困人口如期脱贫，代表宁夏非重点县顺利通过国家脱贫攻坚成效省际交叉考核验收。

【就业创业】

利通区坚持把就业作为民生之本，制定促进就业“8条”措施，推出减负稳岗、困难补贴、定向招录等举措，全力保障退役军人、高校毕业生、农民工等重点群体就业，实现建档立卡户未就业家庭“动态清零”。深入实施高校毕业生就业创业促进计划和基层成长计划，大力开展“职业技能提升行动”，创建市级创业孵化基地2家，实现城镇新增就业4386人，农村劳动力转移就业2.27万人，城镇登记失业率控制在3.86%以内。

【教育事业】

利通区坚持教育优先发展战略，“互联网＋教育”稳步推进，城乡义务教育均衡发展，新扩建中小学、幼儿园9所，普惠性幼儿园占比达到82.6%，全区“大班额”基本消除。各级文明校园创建率达到62.3%，利通二小被评为“全国文明校园”，利通三小被评为“全国家庭教育创新实践基地”。深入开展“千名教师访万家”、控辍保学、复学学生温馨关爱三大行动，顺利完成2020年国家义务教育质量检测，学前毛入学率、小学适龄儿童入学率、初中三年巩固率均完成自治区下达目标任务。

【卫生健康】

利通区全面推进健康利通建设，大力推行“互联网＋医疗健康”，乡镇卫生院、村级卫生室全面纳入区市医院远程诊疗体系，建成区域“影像、检验、心电、病理、超声”五大远程诊断中心，完成4个乡镇卫生院数字化预防接种门诊建设，分级诊疗机制不断完善，群众就医更加便捷。深入开展“医疗质量提升年”活动，村级标准化卫生室覆盖率达90%以上，金积卫生院“优质服务基层行活动”被国家卫生健康委通报表扬，国家卫生城市创建顺利通过自治区复审。

【社会保障】

利通区聚焦群众切身利益，织密社会保障网，兜住民生底线。全面完善城乡低保、临时救助、救灾救济、特困人员供养等保障体系，累计发放各类救助金8000余万元。城市职工养老、失业、工伤保险参保人数持续增加，养老、医疗保险参保人数分别达到10.42万人、40.3万人。加快推进医疗卫生和养老服务融合发展，累计建成养老机构4家，社区日间照料中心17个，老饭桌21个，养老服务质量不断提高。依法规范殡葬服务管理，加快建设沙坝沟回民公墓，清理整治尖山回民墓地，持续推进农村公益性墓地摸排整治，殡葬服务管理质效全面提升。

生态文明建设

【污染防治】

利通区全力打好蓝天、碧水、净土保卫战，实施城乡公共机构清洁能源“双替代”改造68家，安装热风机、热炕板1.2万户，建成标准化清洁煤配送中心3个，整治“散乱污”企业8家。严控秸秆、扬尘、油烟污染，全年空气优良天数307天。常态化推进“携手清四乱、保护母亲河”等四大行动，排查处置各类河湖问题70个，完成水域岸线管理范围划界，实施汉渠灌域农村水系连通工程，新建水质、水量断面监测站15个，清水沟被评为自治区示范河湖。重点入黄排水沟水质保持在Ⅳ类标准，黄河利通断面水质稳定保持在Ⅱ类优水质。综合防控农业面源污染，建成年产10万吨有机肥厂2个，主要农作物测土配方施肥技术推广覆盖率达到90%，规模养殖场畜禽粪污处理设施配套率达100%。

【人居环境】

利通区大力实施“深度机械洗扫＋人工及时保洁”清扫模式，新增金积镇区等城市保洁面积150万平方米，城市环境卫生综合机扫率达到90%。接续打好春夏秋冬农村人居环境综合整治攻坚战，强化农村生活污水和黑臭水体治理，敷设集中收集管网147千米，新建农村公厕4座，改厕1.71万户，农村卫生厕所普及率达到90.5%，被评为全国村庄清洁行动先进县区。更换城区分类垃圾桶1500个，打造城乡垃圾分类示范点28个，生活垃圾无害化处理率保持在100%，被评为全国农村生活垃圾分类及资源化再利用示范县，入选2020中国乡村振兴百佳示范县市。

组织机构及领导人

（2020年1月1日至12月31日在职）

中共吴忠市利通区委员会

书　记：周　涛

副书记：李玉山（回族）

　　　　冯茂璋（7月免）

　　　　赵彦林（7月任）

常　委：周忠德（回族）

　　　　李　宁（回族）

　　　　兰　林（回族）

　　　　卓恺浩（挂职）

　　　　钱晓明

　　　　金　淼（女，回族）

　　　　宗立冬

　　　　温丽娟（女，4月任）

　　　　马长军（回族，12月任）

区委办公室

主　任：王贻宁

副主任：刘东阳（8月免）

　　　　莫　鹏

　　　　吴伟伟（女，回族）

利通区人大常委会

主　任：陈　宇（回族）

副主任：马金鹏（女，回族）

　　　　闵　波

　　　　张志军

　　　　郭建成

办公室主任：任少平

人大民族宗教法制工作委员会主任：

　　　　马晓琴（女，回族）

人大代表联络与选举委员会主任：梁成勇

人大财经农业教科文卫工作委员会主任：李绍斌

办公室副主任：马玲红（女，回族）

利通区人民政府

区　长：李玉山（回族）

副区长：赵彦林（7月免，调整为副书记）

　　　　宗立冬（7月任）

　　　　卓恺浩（挂职）

马长军（回族）

马学平

杨有凯（回族）

赵丽亭（女）

邵　锋（挂职）

政府办公室

主任、信访局局长：徐建军

副主任、信访局副局长：唐新军

副主任：马忠吉（回族）

张建民（回族）

政协利通区委员会

主　席：赵　峰

副主席：李娟清（女）

何振贵（回族）

杨学武（回族）

办公室主任：李建宁

政协提案和委员联络委员会主任：马学军（回族）

政协教科文卫体委员会主任：沈天惠（女）

政协社会治理委员会主任：张振江

政协经济委员会主任：韩向荣（女，回族）

办公室副主任：李　洋（女）

利通区人民法院

党组书记、院　长：郭　勤

党组成员、副院长：王晓明（回族）

王学祥（回族）

张道春

利通区人民检察院

党组书记、检察长：韩　震（5月免）

郭生鹏（5月任）

党组成员、副检察长：张国栋（回族）

贾少川

陈丽春（女）

利通区人民武装部

部　长：纪　波

政治委员：钱晓明

副 部 长：陈红军

区委部门和单位

利通区纪委监委

纪委书记、监委主任：兰　林（回族）

纪委副书记、监委副主任：高敬原（3月免）

杨晓勃（3月任）

马文霞（女，回族）

纪委常委、监委委员：曹瑞瑛（女）

马学贵（回族）

纪委常委：王　晶（女，回族，8月免）

监委委员：赵玉春（回族）

区委组织部

部　长：冯茂璋（5月免）

温丽娟（女，5月任）

副部长、区直机关工委副书记：谭学军

副部长：马　雯（女，回族）

区委宣传部

部　长：李　宁（回族）

副部长、文明办主任：宁晓宇（回族）

副部长：王红苗（女）

区委统战部

部　长：周忠德（回族）

副部长、民族宗教事务局局长：马林忠（回族）

副部长：鲍文强

区委政法委

书　记：冯茂璋（8月免）

副书记：丁素红（女，回族，1月免）

马俊平（回族，1月任）

杨誉荣（回族）

区委政研室

主　任：马铁马（回族）

副主任：马伏江（回族）

区委网络安全与信息化办公室

主　任：聂俊花（女，回族）

副主任：杜晓刚

区委机构编制委员会办公室

主　任：洪　军

副主任：俞　娇（女）

区委巡察工作领导小组办公室

主　任：冯学军

副主任：康立功

区关心下一代工作委员会

主　任：马晓娟

区政府工作部门

区发展和改革局

局长、金融工作局局长、粮食和物资储备局

局　长：田　升

副局长：周保军（回族）

马　阳（女）

董乐赢（挂职，9月免）

区教育局

局　长：杜鹃（女，8月免）

周　茂（8月任）

副局长：王耀林（回族）

田学明

马婷婷（女，回族，8月任）

区科学技术局

局　长：周　茂（8月免）

马克勤（回族，8月任）

副局长：撒风兰（女，回族）

区工业信息化和商务局

局　长：马铁斌（回族）

副局长：王　春（回族）

史文丹（女）

陈　冲（挂职，9月任）

区公安分局

分局党委书记、政委：马学平

分局党委副书记、政委：马国权（回族）
分局党委副书记、副局长：王大为
分局党委委员、副局长：蔡明华（回族）
杨　健（回族）

消防救援大队

大队长：张　甲
教导员：马冬生（回族）
副大队长：李　樑

区民政局

局　长：马学军（回族）
副局长：王保忠（回族）
金晓萍（女，回族）

区司法局

局　长：马　衍（回族）
副局长：陈金瑜
吴学华（女）

区财政局

局　长：张庆华
副局长：马金良（回族）
鲍晓菲（女）

利通区税务局

局　长：马占宏（回族）
副局长：马维国（回族）
副局长：张　龙

区人力资源和社会保障局

局　长：任少军（回族）
副局长：杜小峡（女）
马　瑞（女，回族）

区自然资源局

局长、林业和草原局局长：牛旭升（回族）
副局长：马广韬
沈玉琴（女）
王　权

区生态环境分局

局　长：王宏德

区住房城乡建设和交通局

副局长：肖　飞
许晓钰（女，3月任）
叶　飞（挂职，9月任）

城乡环卫中心

党总支书记、主任：何伟民（回族）
退休党员党支部书记、副主任：马红兵
机关党支部书记、工会主席：郭红武

区水务局

局　长：杨汉清（回族）
副局长：杜彦斌
马福军（回族）

区农业农村局

局　长：卢耀伏（回族，3月免）
马英明（回，3月任）
副局长：丁剑峰（回族）

马小东（回族）

杨志瑞

区文化旅游体育广电局

局长、文物局局长：涂　娜（女，回族）

副局长：张　鑫

李　潇（女）

王孝国（挂职，9月免）

区卫生健康局

局　长：焦志敏

副局长：吴学忠（回族）

马丽华（女，回族）

区退役军人事务局

局　长：强海涛（回族）

副局长：何　勇

马伏海（回族）

区应急管理局

局　长：马利克（回族）

副局长：何俊文（回族）

赵科军

区审计局

局　长：张晓萍（女）

副局长：马林军（回族）

刘　婷（女）

区统计局

局　长：杨卫军

副局长：朱　桃

区综合执法局

局　长：王占军

副局长：周迎春（瑶族）

何志坚

区医疗保障局

局　长：马自强

副局长：金国仁

审批服务管理局

局　长：杨红梅（女，回族）

副局长：王建辉

区市场监督管理局

局　长：李　伟（7月免）

孙尚杰（8月任）

副局长：黄　毅（满族）

马洪志（回族）

区气象局

副局长：宋慧萍（女）

吴忠市利通区融通城乡建设投资有限公司

融通公司董事长兼总经理（财政局委派）：纳鹏毅

利通区供电公司

经　理：吴宝贵

党委书记：郭　宗

党委书记：强　荣（回族，2020年9月任）

副经理：杨瑞亮

副经理：陈腾飞

党派群团

中国国民党革命委员会利通区支部委员会

主　委：詹小波

中国民主同盟利通区支部委员会

主　委：张秀玲

中国民主促进会利通区总支委员会

主　委：赵丽亭

中国民主建国会利通区总支委员会

主　委：高美兰

中国农工民主党利通区总支委员会

主　委：马　阳

利通区总工会

主　席：李娟清（女）
副主席：周国鸿
　　　　艾永峰

共青团利通区委员会

书　记：王芝兰（女，回族）
副书记：张雨萌（女，8月任）

利通区妇女联合会

主　席：丁素红（女，回族，1月任）
副主席：丁丽琴（女，回族）

利通区伊斯兰教协会

会　长：何振贵

乡　镇

金积镇

党委书记：叶自力（8月免）
　　　　　马长军（回族，8月任）
党委副书记、政府镇长：周立峰（回族）
人大主席：马　晶（回族）
党委副书记：金晓荣（女，回族）
纪委书记：刘晓东（回族）
党委委员、政府副镇长：杨　冕（8月免）
　　　　　　　　　　　桂进才
　　　　　　　　　　　童晓英（女，回族）
党委委员、武装部部长：杨　林（回族）
党委委员、组织委员：何金容（女，回族）

高闸镇

党委书记：马小林（回族）
党委副书记、政府镇长：赵小林（女）
人大主席：张玉梅（回族）
党委副书记：王　琦（回族）
纪委书记：马　毓（女，回族）
党委委员、政府副镇长：金存军（回族）
　　　　　　　　　　　杨作义（回族）
党委委员、武装部部长：马学军（回族）
党委委员、组织委员：顾晓莉（女）

金银滩镇

党委书记：王　瑛（女）

党委副书记、政府镇长：王志武（回族）

人大主席：文　林

党委副书记：马　琰（女，回族，8月免）

王　晶（女，回族，8月任）

纪委书记：张建军（回族）

党委委员、政府副镇长：黎龙强

王　军

马　萍（女，回族）

党委委员、武装部部长：

何玉滨（回族，3月任，3月前空缺）

党委委员、组织委员：余海娜（女）

扁担沟镇

党委书记：刘少荣（女）

党委副书记、政府镇长：马建云（回族）

人大主席：刘　海

党委副书记：王　莹（女）

纪委书记：马天龙（回族）

党委委员、政府副镇长：张　荣

马克凤（女，回族）

政府副镇长：田学福（回族）

党委委员、武装部部长：赵宏军

党委委员、组织委员：绽　蕾（女，回族）

古城镇

党委副书记、政府镇长：丁学林（回族）

人大主席：王玉兰（女，回族）

党委副书记：王彦萍（女，回族）

陈　冲（挂职，9月任）

纪委书记：刘兰芳（女）

党委委员、政府副镇长：纪　刚（回族）

马海燕（女，回）

张　玉

党委委员、武装部部长：和艳波（女）

党委委员、组织委员：刘梦彬（女）

上桥镇

党委书记：辛建平

党委副书记、政府镇长：吴建林（回族）

人大主席：许福斌

党委副书记：官　民　王孝国（挂职）

纪委书记：赵红星

党委委员、政府副镇长：

马国云（回族）

马彩霞（女，回族）

王小宏（回族）

党委委员、武装部部长：

艾　蔼（女）

党委委员、组织委员：

王伊莎（女，回族）

胜利镇

党委书记：丁爱华（女，回族）

党委副书记、政府镇长：赵建强

人大主席：杨德云（3月任）

党委副书记：金晓菲（女，回族）

纪委书记：李　蕊（女）

党委委员、政府副镇长：黄建军（回族）

金冬至（回族）

党委委员、武装部部长：杨　文（回族）

党委委员、组织委员：马荔枝（女，回族）

金星镇

党委书记：慈小荣（女，4月提拔副处）
张广军（8月任）
党委副书记、政府镇长：张广军（8月免）
马　琰（女，回族，8月任）
人大主席：杨晓勃（3月免）
刘丽萍（女，3月任）
党委副书记：刘丽萍（女，3月免）
马淑娟（女，回族，3月任）
纪委书记：高振军
党委委员、政府副镇长：王　乐（回族）
马利军（回族）
党委委员、武装部部长：马光兵（回族）
党委委员、组织委员：牛岳琴（女，3月任）
杨　静（女，回，8月任）

东塔寺乡

党委书记：宗立冬（8月免）
尤　韬（8月任）
党委副书记、政府镇长：郝学忠（回族，8月免）
人大主席：叶自明
党委副书记：李　玲
董乐赢（挂职）
纪委书记：王　锦（女，回族）
党委委员、政府副镇长：张宝宁
刘宁芳
畦　浩
党委委员、武装部部长：武丽莉（女）
党委委员、组织委员：王　颖（女，回）

板桥乡

党委书记：马克勤（回族，8月免）
郝学忠（回族，8月任）
党委副书记、政府镇长：马学军（回族）
人大主席：韩　磊
党委副书记：万文霞（女）
纪委书记：马新民（回族）
党委委员、政府副镇长：杨兴荣（回族，3月免）
郝　健（回族，3月任）
闫丽璐（女）
马　勇（回族）
党委委员、武装部部长：杨　婷（女，回族）
党委委员、组织委员：武　桐（女，回族）

马莲渠乡

党委书记：马英明（回族，3月免）
马忠国（回族，3月任）
党委副书记、政府镇长：马忠国（回族，3月免）
刘东阳（8月任）
人大主席：杨德云（回族，3月免）
杨兴荣（回族，3月任）
党委副书记：张玉梅（女，1月免）
王　萍（女，回族，1月任）
纪委书记：马瑞峰（回族）
党委委员、政府副镇长：马天虎
景泽峰
杨静美（女）
党委委员、武装部部长：梁　栋
党委委员、组织委员：田　梦（女）

郭家桥乡

党委书记：白学军（回族）
党委副书记、政府镇长：尤　韬（8月免）
人大主席：鲁兴平

党委副书记：杨冰云（回族）

叶　飞（挂职）

纪委书记：丁广云（回族）

党委委员、政府副镇长：马希慧（回族）

景旭萍（女）

党委委员、武装部部长：黑岳峰（回族）

党委委员、组织委员：杨　丽（女，回族）

事业单位

吴忠林场

场　长：冯　骦

副场长：徐志勤（女）

机关事务管理中心

主　任：唐少梅（女）

副主任：盛立霞（女，3月聘任）

吴忠市供销社

主　任：白学军（回族，1月免职后空缺）

中国共产党吴忠市利通区委员会

综　述

【概况】

2020年，利通区把培育和践行社会主义核心价值观作为精神文明建设的根本任务，贯彻落实《新时代公民道德实施纲要》《新时代爱国主义教育实施纲要》，推动社会主义核心价值观融入村规民约、校风校训、行业规范。自治区未成年人思想道德建设暨少年宫建设推进会在利通区召开，第九小学作交流发言。坚持届期评选、动态管理，加大对各级各类文明单位推荐力度，引导各级文明单位履行社会责任。做好全国文明单位、文明村镇，自治区级文明单位、文明村镇和吴忠市级文明单位、文明村镇申报及复验工作，落实“互联网+”创建方式，分级建立文明单位创建工作信息管理平台，加强实时指导、管理和评价，胜利镇新华社区被评为“全国文明单位”。开展文明家庭、最美家庭等评选活动，促进家庭和谐，以好家风支撑起好的社会风气，全民素质和社会文明程度显著提高。

2020年，利通区委面对决胜全面小康、决战脱贫攻坚的艰巨任务，面对新冠疫情的严重冲击，常委会坚持以习近平新时代中国特色社会主义思想为指导，深入学习贯彻习近平总书记视察宁夏重要讲话精神，坚定执行中央和自治区党委、吴忠市委决策部署，团结带领全区广大干部群众，拼搏进取、砥砺前行，全力打赢疫情防控阻击战、脱贫攻坚决胜战、全面小康收官战，坚决守好促进民族团结、维护政治安全、改善生态环境“三条生命线”，扎实做好调转增融“四篇文章”，走好一条高质量发展的新路子，推动基层治理体系和治理能力现代。全年地区生产总值增长3.5%，一般公共预算收入下降3%，城镇居民人均可支配收入34391元、增长6.5%，农村居民人均可支配收入17575元、增长8%。

重要会议

【利通区委四届十次全会】

8月27日，利通区召开区委四届十次全会。全会以习近平新时代中国特色社会主义思想为指导，深入学习贯彻习近平总书记视察宁夏重要讲话精神，认真落实自治区党委十二届十次、十一次全会及吴忠市委五届十一次全会决策部署。全会审议通过了《中共吴忠市利通区委员会关于深入学习贯彻〈中共宁夏回族自治区委员会关于深入学习贯彻习近平总书记视察宁夏重要讲话精神　继续建设经济繁荣民族团结环境优美人民富裕的美丽新宁夏的决定〉的实施方案》《中共吴忠市利通区委　利通区人民政府关于完善基层治理体系提高基层治理能力的实施方案》。全会由区委常委会主持。区委书记周涛代表常委会作了讲话。区委副书记、政府区长李玉山就《中共吴忠市利通区委员会关于深入学习贯彻〈中共宁夏回族自治区委员会关于深入学习贯彻习近平总书记视察宁夏重要讲话精神　继续建设经济繁荣民族团结环境优美人民富裕的美丽新宁夏的决定〉的实施方案（讨论稿）》《中共吴忠市利通区委　利通区人民政府关于完善基层治理体系提高基层治理能力的实施方案（讨论稿）》作了说明。全会号召，全区各级党组织和广大党员干部要更加紧密地团结在以习近平同志为核心的党中央周围，深入贯彻落实习近平总书记视察宁夏重要讲话精神，牢记嘱托、勇担重任、奋力前行，为努力建设黄河流域生态保护和高质量发展先行区、继续建设经济繁荣民族团结环境优美人民富裕的美丽新宁夏作出新的更大贡献！

【利通区委四届十一次全会】

12月23—24日，利通区召开区委四届十一次全会。全会由区委常委会主持。全会听取和讨论了周涛同志受区委常委会委托所作的工作报告，审议通过了《中共吴忠市利通区委员会关于制定国民经济和社会发展第十四个五年规划和二〇三五年远景目标的建议》。周涛同志就《建议（讨论稿）》向全会作了说明。全会号召，全区各级党组织和广大党员干部要更加紧密地团结在以习近平同志为核心的党中央周围，高举习近平新时代中国特色社会主义思想伟大旗帜，不忘初心、牢记使命，拼搏进取、务实苦干，为建设黄河流域生态保护和高质量发展先行区、继续建设经济繁荣民族团结环境优美人民富裕的美丽新宁夏、夺取全面建设社会主义现代化新胜利而努力奋斗！

【四届区委2020年第一次常委会会议】

1月16日，区委书记周涛主持召开。会议传达学习了自治区党委办公厅、人民政府办公厅关于进一步做好2020年节假日期间值班工作的通知精神。会议听取了2019年度效能目标管理考核情况汇报。会议还研究审定了《利通区乡村治理体系建设试点工作方案（送审稿）》《关于2019年吴忠市三八红旗集体、三八红旗手拟推荐名单的请示》等事宜。

【四届区委2020年第二次常委会会议】

1月23日，区委书记周涛主持召开。会议传达学习了自治区、吴忠市两会精神，陈润儿、咸辉同志批示精神及自治区关于做好新型冠状病毒感染的肺炎防控工作的通知精神。会议听取了利通区疫情防控工作汇报。会议还研究审定了《利通区2020年美丽乡村建设实施方案（送审稿）》《利通区纪委四届五次全会工作报告（送审稿）》等事宜。

【四届区委2020年第三次常委（扩大）会会议】

1月27日，区委书记周涛主

持召开。会议传达学习了习近平总书记在中央政治局常委会会议研究新型冠状病毒感染的肺炎疫情防控工作时的重要讲话精神及自治区党委2020年第五次常委会（扩大）会议精神，《陈润儿、咸辉同志暗访督查新型冠状病毒感染的肺炎疫情防控工作情况的通报》及自治区《关于进一步组织做好武汉市来宁返宁人员主动搜索工作紧急督办的函》文件精神。会议还听取了利通区疫情防控工作情况汇报。

【四届区委2020年第四次常委（扩大）会会议】

2月14日，区委书记周涛主持召开。会议传达学习中央政治局常委会会议、习近平总书记在北京调研指导新型冠状病毒肺炎疫情防控工作时的重要讲话、国务院常务会议、自治区党委常委会（扩大）会议暨应对新型冠状病毒感染肺炎疫情工作领导小组第4次会议、自治区新型冠状病毒感染肺炎疫情防控工作视频会议、市委常委会（扩大）会议精神。会议听取了区应对新型冠状病毒感染肺炎疫情工作指挥部疫情防控工作情况、各乡镇疫情防控总体情况、工信和商务局关于疫情防控和企业复工复产工作情况、农业农村局关于春耕备耕工作情况汇报，并对相关工作作了安排部署。

【四届区委2020年第五次常委（扩大）会会议】

2月25日，区委书记周涛主持召开。会议传达学习了中央农村工作会议、自治区党委农村工作暨脱贫攻坚工作会议精神。会议研究了成立利通区公务员考核委员会等事宜。

【四届区委2020年第六次常委（扩大）会会议】

3月8日，区委书记周涛主持召开。传达学习了全国、全区政法工作、扫黑除恶专项斗争和吴忠市政法工作会议精神，全国、全区组织部长会议精神，传达学习全国统战部长、全国民委主任和全区统战部长会议精神。会议研究审议了《利通区公开选任村党组织书记实施方案（送审稿）》《利通区伊斯兰教“合坊并寺、团结开寺”工作方案（送审稿）》等事宜。

【四届区委2020年第七次常委会会议】

3月18日，区委书记周涛主持召开。会议传达学习了自治区党委应对新冠疫情工作领导小组第7次会议精神；听取了全区一季度经济运行情况汇报和利通区纪念第110个“三八”国际劳动妇女节活动开展情况汇报。会议研究审定了《利通区2020年组织工作要点（送审稿）》《2020年利通区全面从严治党党风廉政建设和反腐败工作主要任务分工方案（送审稿）》《利通区文联改革试点工作实施方案（送审稿）》等事宜。

【四届区委2020年第八次常委会会议】

3月27日，区委书记周涛主持召开。会议传达学习了全国、全区宣传部长会议精神，研究审定了《利通区2020年统战工作要点（送审稿）》《利通区落实全市2019年度党（工）委书记抓基层党建述职评议考核会上点评意见的整改方案（送审稿）》《利通区法治政府建设与责任落实督查工作实施细则（送审稿）》等事宜。

【四届区委2020年第九次常委会会议】

4月10日，区委书记周涛主持召开。会议通报了《市委办关于2019年度党（工）委书记抓基层党建述职评议考核结果的通报》，研究审定了《利通区2020年宣传思想文化工作要点（送审稿）》，2020年扶持村集体经济发展项目等事宜。

【四届区委2020年第十次常委会会议】

区委书记周涛主持召开。会议研究了干部事宜。

【四届区委2020年第十一次常委会会议】

区委书记周涛主持召开。会议研究了干部事宜。

【四届区委2020年第十二次常委会会议】

4月24日，区委书记周涛主持召开。会议传达学习了习近平总书记关于安全生产的重要指示和陈润儿书记有关讲话精神、十二届自治区党委第八轮巡视工作动员部署会议精神、中央巡视办《市县巡察工作需要重点把握的问题》及自治区《关于进一步强化巡视整改工作的意见》文件精神等内容。会议听取了利通区第一季度安全生产情况汇报。会议还研究审定了《利通区全面建成小康社会补短板强弱项工作方案（送审稿）》《四届区委第八轮巡察工作方案（送审稿）》，2019年度五星级、四星级基层党组织评定等事宜。

【四届区委2020年第十三次常委会会议】

5月11日，区委书记周涛主持召开。会议传达学习自治区党委十二届十次全体会议精神，自治区纪委《关于五起违反中央八项规定精神典型问题的通报》、市纪委《关于四起扶贫领域腐败和作风问题的通报》精神等内容。会议通报了利通区重点项目进展情况。

【四届区委2020年第十四次常委会会议】

5月28日，区委书记周涛主持召开。会议传达学习了中央办公厅《党委（党组）落实全面从严治党主体责任规定》精神、赵乐际同志在甘肃省调研座谈会上的讲话精神、自治区持续解决形式主义突出问题为基层减负推进会精神。《宁夏回族自治区防范和制止零散朝觐暂行规定》精神，研究贯彻意见；会议研究审定《利通区2020年平安建设命案防控实施方案》《关于进一步加强和完善城乡社区网格化管理体系的实施方案（送审稿）》、区委全面从严治党“三个清单”等事宜。

【四届区委2020年第十五次常委（扩大）会会议】

6月14日，区委书记周涛主持召开。会议传达学习了习近平总书记视察宁夏及利通区时的重要讲话和指示精神，自治区党委常委会、市委常委会会议精神；会议研究审定了《关于召开利通区文学艺术界联合会第一次代表大会的实施方案（送审稿）》《吴忠市利通区贯彻落实国家统计督察反馈意见整改方案（送审稿）》《吴忠市利通区扁担沟镇美丽村庄提升改造项目建设方案（送审稿）》。

【四届区委2020年第十六次常委会会议】

7月2日，区委书记周涛主持召开。会议传达学习了习近平总书记在中央政治局第二十次集体学习时的重要讲话精神、陈润儿书记在自治区党委领导干部学习宣传贯彻习近平总书记视察宁夏重要讲话精神专题研讨班上的讲话精神；研究审定了《四届区委第八轮巡察情况综合报告》《四届区委第九轮巡察工作方案（送审稿）》《2020年上半年全面从严治党党风廉政建设和反腐败工作报告（送审稿）》《利通区学习贯彻落实习近平总书记视察宁夏重要讲话精神促进民族团结进步工作方案（送审稿）》等事宜。

【四届区委2020年第十七次常委会会议】

7月17日，区委书记周涛主持召开。会议传达学习了习近平总书记关于防汛救灾工作重要指示精神、自治区党委办公厅关于印发《贯彻落实〈中国共产党宣传工作条例〉监督检查办法》的通知精神；会议听取了利通区上半年安全生产及应急管理工作情况汇报、《中国共产党宣传工作条例》贯彻落实情况及上半年意识形态工作责任制落实情况汇报、《中国共产党政法工作条例》贯彻落实情况汇报及利通区上半年全面依法治区工作情况汇报。会议还研究了《关于进一步深入贯彻落实习近平总书记视察宁夏重要讲话精神分工的通知（送审稿）》《全面落实最高人民检察院“一号检察建议”保障未成年人合法权益的工作方案（送审稿）》等事宜。

【四届区委2020年第十八次常委会会议】

区委书记周涛主持召开。会议研究了干部事宜。

【四届区委2020年第十九次常委会会议】

区委书记周涛主持召开。会议研究了干部事宜。

【四届区委2020年第二十次常委会会议】

7月27日，区委书记周涛主持召开。会议传达学习了自治区党委十二届十一次全会精神、陈润儿同志在自治区党委常委会会议听取派驻机构改革调研情况汇报时的讲话、艾俊涛同志在自治区党委召开全区深化纪检监察派驻机构改革工作推进会上的讲话精神；会议听取了利通区上半年公安工作、信访工作、退役军人事务管理工作、食品药品安全监管工作情况汇报。

【四届区委2020年第二十一次常委会会议】

8月13日，区委书记周涛主持召开。会议传达学习了自治区推进高质量发展重点项目建设现场观摩会精神、自治区纪委《关于四起形式主义官僚主义典型问题的通报》《关于四起扶贫领域腐败和作风问题典型案例的通报》及《吴忠市法院系统严重违纪违法案件剖析》精神；会议听取了利通区“三化”治理工作、创建全国文明城市工作、农村危房改造工作、农村厕所改造工作情况汇报；会议还研究审定了《利通区乡村振兴示范区创建实施方案（送审稿）》《关于进一步加强新时代基层民政工作的实施方案（送审稿）》《利通区应对新冠疫情影响促进经济社会健康发展的若干措施》等事宜。

【四届区委2020年第二十二次常委会会议】

8月25日，区委书记周涛主持召开。会议研究审定了召开区委四届十次全体会议、《中共吴忠市利通区委员会关于深入学习贯彻〈中共宁夏回族自治区委员会关于深入学习贯彻习近平总书记视察宁夏重要讲话精神　继续建设经济繁荣民族团结环境优美人民富裕的美丽新宁夏的决定〉的实施方案（送审稿）》《中共吴忠市利通区委　利通区人民政府关于完善基层治理体系提高基层治理能力的实施方案（送审稿）》等事宜。

【四届区委2020年第二十三次常委会会议】

8月27日，区委书记周涛主持召开。会议听取了三组召集人就《中共吴忠市利通区委员会关于深入学习贯彻〈中共宁夏回族自治区委员会关于深入学习贯彻习近平总书记视察宁夏重要讲话精神　继续建设经济繁荣民族团结环境优美人民富裕的美丽新宁夏的决定〉的实施方案（讨论稿）》《中共吴忠市利通区委　利通区人民政府关于完善基层治理体系提高基层治理能力的实施方案（讨论稿）》以及四届十次全体会议决议（讨论稿）征求意见情况的汇报。

【四届区委2020年第二十四次常委会会议】

9月10日，区委书记周涛主持召开。会议传达学习了《中共中央办公厅　国务院办公厅关于印发〈深化农村宅基地制度改革试点方案〉的通知》《中共宁夏回族自治区委员会贯彻落实〈中国共产党农村工作条例〉实施办法》《自治区党委印发〈关于加强新时代反奸防谍工作的意见〉的通知》等文件精神；会议研究审定了《利通区2020年度效能目标管理考核方案（送审稿）》《吴忠市利通区2020年上半年国民经济和社会发展计划执行情况的报告（送审稿）》《利通区落实完善社区治理体系提高治理能力“六增六提”行动措施（送审稿）》等事宜。

【四届区委2020年第二十五次常委会会议】

9月23日，区委书记周涛主持召开。会议传达学习了习近平总书记在纪念中国人民抗日战争暨世界反法西斯战争胜利75周年座谈会上的重要讲话精神、全国抗击新冠肺炎疫情表彰大会及自治区党委常委会（扩大）会议精神、自治区建设黄河流域生态保护和高质量发展先行区第一次、第二次推进会精神等内容。会议研究审定了《四届区委第九轮巡察情况综合报告》《四届区委第十轮巡察工作方案（送审稿）》等事宜。会议还听取了利通区农村危房改造和农村厕所改造进展情况汇报。

【四届区委2020年第二十六次常委会会议】

10月23日，区委书记周涛主持召开。会议传达学习习近平总书记在第三次中央新疆工作座谈会、中央政治局会议上、中央政治局第二十三次集体学习时及中央党校（国家行政学院）中青年干部培训班开班式上的重要讲话精神等内容；会议研究审定了《利通区委全面从严治党主体责任清单（送审稿）》《吴忠市利通区县域社会治理现代化试点工作实施方案（送审稿）》《关于成立吴忠市利通区社区矫正委员会的方案（送审稿）》等事宜。

【四届区委2020年第二十七次常委会会议】

10月29日，区委书记周涛主持召开。会议传达学习了自治区党风廉政建设和反腐败、法治政府建设有关文件精神等内容，通报了自治区纪委、吴忠市纪委有关案例。会议听取了利通区法治政府建设工作情况的汇报。

【四届区委2020年第二十八次常委（扩大）会会议】

11月3日，区委书记周涛主持召开。会议传达学习了党的十九届五中全会精神及自治区党委、吴忠市委常委会（扩大）会议精神，安排部署学习宣传贯彻工作。

【四届区委2020年第二十九次常委会会议】

11月10日，区委书记周涛主持召开。会议传达学习了全国、全区疫情防控工作电视电话会议精神等内容；会议听取了信访工作及领导包抓信访件办理、“六保”任务落实情况及农村危房改造、美丽村庄建设等工作情况的汇报；通报了农村人居环境整治三年行动考核情况。

【四届区委2020年第三十次常委会会议】

11月26日，区委书记周涛主持召开。会议传达学习了《国家统计局关于认真学习贯彻习近平总书记在参加第七次全国人口普查登记时重要讲话的通知》精神，全国、自治区村（社区）“两委”换届工作会议精神，会议听取了利通区第七次全国人口普查工作进展情况、村（社区）“两委”换届工作准备情况汇报；研究审定了《利通区村“两委”换届选举工作方案》《利通区社区“两委”换届选举工作方案》《利通区关于成立村（社区）“两委”换届选举工作领导小组的通知（送审稿）》等事宜。

【四届区委2020年第三十一次常委会会议】

12月11日，区委书记周涛主持召开。会议传达学习了习近平总书记在中共中央政治局常务委员会会议、政治局会议上、中央政治局第二十五次集体学习时的重要讲话精神等内容；会议听取了利通区扫黑除恶专项斗争三年工作和2020年平安建设工作开展情况汇报；会议研究审定了关于补选利通区第四届人民代表大会代表、关于购买畜牧兽医服务及五里坡地区防疫通道物业管理服务等事宜。

【四届区委2020年第三十二次常委会会议】

12月19日，区委书记周涛主持召开。会议传达学习了《中共中央组织部关于改进推动高质量发展的政绩考核的通知》精神、自治区党委《领导同志批示通报》精神；会议研究了召开区委四届十一次全体会议、区委委员请辞有关事宜，《中共利通区委常委会工作报告》《中共吴忠市利通区委员会关于制定国民经济和社会发展第十四个五年规划和二〇三五年远景目标的建议》及《建议》的说明（送审稿）等事宜。

【四届区委2020年第三十三次常委会会议】

12月24日，区委书记周涛主持召开。会议听取了各组分组对《中共利通区委常委会工作报告（讨论稿）》《中共吴忠市利通区委员会关于制定国民经济和社会发展第十四个五年规划和二〇三五年远景目标的建议（讨论稿）》《利通区委四届十一次全体会议决议（讨论稿）》讨论情况的汇报。

【四届区委2020年第三十四次常委会会议】

12月29日，区委书记周涛主持召开。会议传达学习了全国精神文明建设表彰大会精神、自治区党委贯彻新时代党的组织路线、加强领导班子建设暨培养选拔优秀年轻干部工作座谈会精神、自治区推进基层整合审批服务执法力量改革现场会精神；会议听取了人大常委会党组、政府党组、政协党组、人民法院党组、人民检察院党组2020年工作和四届区委第十轮巡察及2020年巡察等工作情况汇报；研究成立利通区推进基层整合审批服务执法力量改革领导小组、审定《政府工作报告》《利通区国民经济和社会发展第十四个五年规划纲要》《利通区2020年国民经济和社会发展计划执行情况与2021年国民经济和社会发展计划草案的报告》等事宜。

组织工作

【概况】

2020年，区委组织部坚持以深入学习贯彻习近平新时代中国特色社会主义思想和习近平总书记视察宁夏重要讲话精神为指导，坚定践行新时代党的建设总要求和党的组织路线，认真贯彻落实中央、自治区党委和吴忠市委全面从严治党部署要求，在服务大局中奋力作为，在真抓实干中抓基层、夯基础，为利通区决战脱贫攻坚、决胜全面小康，继续建设经济繁荣民族团结环境优美人民富裕的美丽新宁夏作出利通贡献提供了坚强组织保证。

【领导班子建设】

区委组织部坚持在一线考察、发现、培养、使用干部，真正把事业需要、群众公认的干部选出来。注重在全区中心工作、重大项目、重点领域、关键时刻考察、识别和选拔干部，疫情防控期间，通过“四察五看”全面识别干部的政治担当、工作作风及服务群众、破解难题的能力，利通区2名表现突出的干部被提拔为副处级干部，2名提拔为正科级干部，8名晋升职级，1名正科级干部因疫情防控工作不力被免职。畅通干部交流使用渠道，从事业单位工作人员中调任、提拔、聘任干部17人，全区科级干部中专业型干部和业务型干部占比不断提高。注重合理配备女干部、少数民族干部、党外干部。

【干部监督管理】

区委组织部严格遵守政治纪律、政治规矩和组织人事纪律，认真抓好干部日常管理监督。全年收集更新干部立案调查、违纪处理、判决结果等各类动态类信息70余条，切实筑牢齐抓共管的干部监督工作格局。日常监督常态化。充分运用个别谈话、述职述廉、参加领导班子民主生活会等多种渠道，及时了解干部的日常表现。进一步畅通“四位一体”监督举报渠道，充分发挥群众监督、舆论监督作用。受理核查各类举报件6件，给予批评教育1人。开展因私出国境专项检查，按干部管理权限对33本出国境证件进行了移交，做到应备尽备。全面开展事业单位干部人事档案专项审核工作。责任监督制度化。对选人用人巡视整改完成情况进行“回头看”，对涉及具体人、具体事的问题逐一进行复核，所有问题已全部整改到位并建立长效机制。综合运用巡察、提醒谈话、函询诫勉等手段，加大对权力集中、资金密集等重点部门和关键岗位科级领导干部的监督力度，对14名单位主要负责人开展经济责任审计，对发现的苗头性、倾向性问题及时“扯袖咬耳”，防微杜渐。

【干部教育培训】

区委组织部把贯彻落实总书记视察宁夏重要讲话精神作为重要政治任务和政治责任，围绕学习贯彻党的十九届四中、五中全会精神和总书记视察宁夏重要讲话精神对区管干部全覆盖轮训，区四套班子成员上讲台授课48人次。先后选派5名干部参加中央、自治区的主体培训班，18名干部到浙江省、自治区厅局进行跟班锻炼学习，40余名干部到脱贫攻坚、信访维稳、巡视巡察等具体实践中接受考验、砥砺品行、增长才干。

【干部选拔任用】

区委组织部突出政治标准，从严把好干部选任关口，全面履行选人用人主体责任，把党管干部原则贯穿分析研判和动议、民主推荐、考察、讨论决定各环节全过程，切实把党和群众需要的好干部合理使用起来。全年共研究调整任免干部4批210人次，其中，提拔58人（正科级9人，副科级49人），进一步重用9人，晋升职级79人，平职交流33人（正科级12人，副科级21人），免职31人。

【公务员管理】

区委组织部严格执行自治区关于乡镇干部工资待遇高于县区同职级20%以上的要求，及时做好乡镇干部乡镇补贴的审核发放工作，激励广大乡镇干部担当作为、不懈奋斗。及时选拔、树立宣传实干担当的先进典型，利通区共有1人被评为自治区疫情防控先进个人，1人被评为全区“最美组工人”。

【基层党的建设】

区委组织部强化政治引领，不断锁紧责任链条。抓严抓实学习教育。坚持把学习习近平新时代中国特色社会主义思想作为首要政治任务，深入学习贯彻习近平总书记视察宁夏重要讲话精神和党的十九届四中、五中全会精神，通过突出重点集中学、专家讲座辅导学、专题研讨交流学，让机关党员在看中学、听中悟，营造真学实做的浓厚氛围。全区机关党组织累计集中学习1584场次、专题研讨296场次、邀请专家讲座52场次。靠紧压实党建责任。从严落实机关党组织书记抓党建“四个清单”，坚持半年促评、年度考核等制度，抓好对各级巡视巡察反馈问题整改落实情况的督促检查。组织开展机关党建互观互检，对全区44个机关单位党建工作存在问题逐一进行排查，整改党建工作计划虚化、“三会一课”记录不规范等各类问题83项，下发督查通报4期。督促指导15个部门党组织做好巡察反馈问题整改工作，对4个单位党组织主要负责人集体提醒谈话，以常态化督查提升机关党建质量。三是全面落实意识形态责任制。督促指导机关党组织将意识形态工作与党建工作同部署同落实，部门党委（党组）专题研究意识形态工作，定期分析研判意识形态领域形势，确保责任落实到位。常态化开展舆情监测，管好、用好意识形态阵地。开展理论学习巡听巡查，对26个部门党委（党组）中心组学习和9个机关支部理论学习进行巡听巡查，进一步推进理论学习规范化常态化制度化。强化政治功能，不断夯实组织基础。优化党组织设置。建立换届提醒机制，从严把控换届程序和纪律，督促指导5个任届到期单位按期换届，对支部班子差额的11个机关党组织及时补选。根据党员人数变化，调整了法院、环卫中心党组织设置，新设立生态环境局利通分局、融通城乡建设投资有限公司党支部，不断强化党组织规范化建设。严肃组织生活制度。抓细“三会一课”、主题党日等基本制度，组织党员认真完成交纳党费、学党章、重温入党誓词等规定动作，开展红色教育、警示教育、先进典型教育、“党课开讲啦”等活动。全年机关党支部书记讲党课358场次，其中深入基层联系点讲党课53场次，前往初心馆、廉政警示教育基地等开展党员教育44场次。持续开展星级创建。深化星级基层党组织创建工作，常态化整顿提升软弱涣散党组织，带动各级党组织创先争优。对2019年度评定的2个五星级党组织和14个四星级党组织集中授牌，法院等5个一星级党组织进行集中整顿，确保年内实现转化提升目标。四是扎实推进模范机关创建。坚持点面结合、抓点示范，28个机关单位创建“让党中央放心、让人民群众满意”的模范机关，先后选树了“红石榴”党建引领工程等16个机关党建品牌。强化基础保障，不断凝聚奋进力量。强化队伍建设。制定党务工作者培养管理办法，明确了机关党务干部区级备案管理，防止党务干部随意调整、人员不固定等现象，进一步从源头上规范机关党务干部配备管理。针对机关党建工作整体比较薄弱的问题，采取“请进来”“走出去”“滴管式”方式，对机关党组织书记和党务干部进行全覆盖培训，不断提升党组织书记履职能力和党务干部业务素质，全年累计组织培训班4期，培训机关党员430余人。强化实践锻炼。充分发挥基层党组织在疫情防控中的组织优势，疫情防控吃紧阶段，1633名机关党员干部闻令而动、坚守一线。结合推进城市党建，真金白银为民办实事，2020年筹集共建经费217.8万元，为社区办实事239件，解决了水、电、路、绿化等一批群众关心关注的民生问题。坚持“造血式”扶贫模式，引导群众大力发展露地蔬菜、林果种植和牛羊养殖等项目，开展各类实用技术培训169期，受益群众达12820余人。深入推进在职党员“双报到双报告”，常态化开展扶贫帮困、创城、文明交通劝导等志愿服务2083场次，参与达5790余人次，进一步强化了机关党组织政治功能与服务属性。三是强化党员管理。指导各支部严格执行发展党员程序，做好党员发展工作，全年新接收预备党员33名，22名预备党员按期转正。推行党员干部教育管理考核“积分制”，将落实“三会一课”、参加组织生活、参与志愿服务活动等党员履职尽责的日常事项细化为积分，推动机关党员素质全面提升。

【党员教育管理】

区委坚持把党员教育培训与学习贯彻习近平总书记对党员教育工作的重要指示批示精神紧密结合起来，将自治区、吴忠市关于党员教育培训的部署要求作为区乡村三级干部理论学习的重要内容，区委常委会、中心组理论学习专题学习《条例》《规划》，示范带动各基层党组织利用干部例会、理论学习中心组、“三会一课”、交流研讨等掀起学习热潮，学习学《规划》、培训讲《规划》、工作用《规划》成为基层党组织的普遍共识和实际行动。紧扣中央、各级党委决策部署和脱贫攻坚、扫黑除恶专项斗争、基层治理、乡村振兴等中心大局工作，全面落实《条例》《规划》要求的党员教育7个方面基本任务。每年年初制定印发年度培训计划，采取区级示范培训、行业部门精准培训、基层党委兜底培训的形式，结合农村、社区、机关、非公和社会组织等不同领域党员以及基层党组织书记、发展对象、党务工作者等不同群体党员特点因人施策、分类施训，2019年以来先后举办各类区级示范培训班25期3260人次，带动各基层党组织培训26800余人次，为188名村“两委”成员开设大专学历提升班，建成10个农村实用人才工作室培育农村实用人才572人，广大基层党员干部在培训中党性修养不断增强、能力素质持续提升。

区委组织部全面加强党员经常性、日常性教育，各基层党组织严格落实三会一课、支部主题党日活动、民主评议党员等基本制度，深入开展“党课开讲啦”活动，21名区级领导带头到基层联系点讲党课，示范带动基层党委班子成员每季度定期到村（社区）讲党课、基层党组织书记常态化讲党课1860余次。扎实开展“学习身边榜样”和“六个先锋”示范引领行动，持续学习宣传“七一勋章”和各级“两优一先”获得者先进事迹，评选勤劳致富、遵纪守法、睦邻和谐等6类先锋示范户2420户，进一步激发广大党员、干部群众学习对标先进、争做先进的热情。建立了以财政预算资金为主体、留存党费为补充党员教育培训经费保障机制，2019年以来财政配套党员教育培训经费90万元，留存党费列支党员教育培训经费70.46万元，全额返还社区、离退休干部及非公企业、社会组织党组织党费79.29万元用于开展党员教育培训。全区106个村级阵地全部达到200平米以上，60%的社区阵地面积达到1000平方米以上，打造的19个五星级远程教育站点和21个远程教育广场成为党的声音直达基层的有效途径。

【人才工作】

区委组织部协助解决企业人才引进、政务审批、融资贷款等难题，柔性引进高层次人才21名，打造特色食品技术创新中心4个，带动培养本土人才134名。选派135名科技特派员和18名特聘农技员到生产一线开展技术指导、信息咨询等服务，培育572名“土专家”“田秀才”等致富带头人。

【档案管理】

区委组织部按照《全区国有企事业单位干部人事档案专项审核工作实施方案》的通知要求，通过制定方案、安排部署、审核登记、调查核实、组织认定等程序，认真组织、协调、指导区委组织部、区教育局、区人力资源和社会保障局管理的2892名事业干部档案开展了专项审核工作。对2020年新录用的15名选调生、31名公务员、52名事业干部、区外调入的31名干部档案进行了整理、审核、扫描、归档工作。对61名需要转出人员的档案按照程序进行了转递。配合各级纪委、各单位开展档案调阅562人次。9月份开展“干部人事档案材料收集月”活动，共集中收集材料10520份。

【村级班子和队伍建设】

区委组织部落实落细村党组织书记区级备案管理制度，2020年先后调整3名村党组织书记，面向社会公开选任14名村党组织书记，与宁夏民族职业技术学院积极对接开设57名村干部大专学历提升班，选派14名社区党组织书记赴浙江省杭州市下城区挂职锻炼，推动39个村实现村支部书记“一肩三挑”。组建3个农村2个社区“大梁带小梁”书记工作室和8个农村实用人才工作室，定向培养新选配的村（社区）党组织书记和各类农村实用人才。按照每村3~5人标准建立了10个乡镇村级后备力量人才信息库，储备村级后备力量408人、致富带头人534人，切实解决了基层党组织带动能力弱等问题。

【党员志愿队伍建设】

区委组织部充分发挥基层党组织在疫情防控中的组织优势，疫情防控吃紧阶段成立临时党委2个、临时党支部168个、党小组369个、291支党员志愿服务队，8080名党员闻令而动、坚守一线，党旗在疫情防控斗争第一线高高飘扬。

【农村基层党组织建设】

区委组织部全面落实市委关于农村基层党建5个方面16条意见，农村党建引领村治理基础不断夯实。严格落实村党组织书记区级备案管理制度，公开选拔14名村党组织书记，推动39名村支部书记实现“一肩三挑”，坚持政治标准发展农村党员79人，扁担沟镇5个连续2年以上未发展党员的村党组织12月中旬前全部销号。6个软弱涣散村党组织和3个脱贫攻坚挂牌督战村严格落实“四个一”整顿机制，已全面完成整改。

【社区基层党组织建设】

区委组织部2020年将20个社区党支部升格为社区党委，组建79个网格党支部116个楼栋党小组，设立党员楼栋长720个党员红管家1855个，推动在业委会、物业公司中成立党组织10个，86名党员当选业委会委员或者主任，党建工作网格不断织密。

【非公企业和社会组织党组织建设】

区委组织部着力优化组织设置，提升“两个覆盖”质量，新成立民办幼儿园党组织6个，42家民办幼儿园实现党组织全覆盖。全区非公企业和社会组织共选派84名党建工作指导员，同步推进工会、共青团组织建设，实现党的工作全覆盖，全区非公经济组织和社会组织党组织覆盖率分别达到88.43%和83.16%。

宣传工作

【概况】

中共吴忠市利通区委宣传部（以下简称区委宣传部）2020年6月，共有行政编制5人，事业编制4人，工勤编制1人，新闻中心劳务派遣8人，其中副科级以上（含副科级）干部3人。2020年12月，共有行政编制5人，事业编制3人，工勤编制1人，新闻中心劳务派遣8人，其中副科级以上（含副科级）干部3人，1人退休（行政编6人）。

区委宣传部是利通区委主管意识形态方面工作的职能部门，为正科级，挂区精神文明建设指导委员会办公室、区新闻出版局牌子。主要职责有16项：一是执行党中央关于宣传思想文化工作重大方针政策和事业发展总体规划，负责拟订全区宣传思想文化系统事业发展规划，统筹协调推进全区宣传思想文化领域法治建设，按照区委部署要求，协调全区宣传思想文化系统各部门之间的工作。二是贯彻执行党中央和自治区、吴忠市党委以及利通区委关于意识形态工作决策部署，统筹协调全区意识形态工作，组织开展意识形态工作责任制落实和日常监督检查，结合巡察工作开展专项检查。三是统筹指导协调全区理论学习、理论宣传、理论研究工作，组织推动理论武装工作，推进落实马克思主义理论研究和建设工程。四是负责规划组织全区思想政治工作，配合区委组织部做好党员教育工作，会同有关部门（单位）研究和改进群众思想教育工作。五是统筹分析研判和引导社会舆论，协调新闻媒体工作，组织全区突发公共事件应急新闻工作。六是负责落实新闻出版业管理政策，协调管理新闻出版行政事务等工作。组织指导协调全区“扫黄打非”工作。七是从宏观上统筹指导协调互联网宣传和信息内容管理工作。统筹协调数字新媒体建设与管理。从宏观上统筹指导协调推动全区精神文化产品的创作和生产，协调组织中华优秀传统文化传承发展有关工作，指导协调推动群众文化建设。八是协调管理全区电影行政事务，协调监管电影放映工作。九是对全区文化艺术、新闻出版、广播影视业改革发展研究提出政策性建议，统筹指导协调全区文化体制改革和文化事业、文化产业及旅游业发展，指导协调国有文化资产监管工作。十是统筹指导全区舆情信息工作，组织协调开展区内外舆情信息收集分析研判工作，跟踪了解、研究分析掌握宣传舆情动态。十一是统筹协调全区对外宣传工作，指导协调有关部门研究拟订对外宣传工作计划，会同有关部门做好来访记者采访事务方面的工作，指导对外文化交流工作。十二是统筹协调组织开展新闻发布工作，承担区委新闻发布有关组织协调工作，负责区政府新闻发布组织实施工作，指导协调区直部门新闻发布工作，推动新闻发言人制度建设，落实中央和自治区、吴忠市党委及利通区委重大问题对外宣传口径。十三是受利通区委委托，会同区委组织部管理新闻、文化、出版、网信等方面区直宣传思想文化单位的领导干部。负责宣传思想文化系统有关干部管理。负责组织开展宣传思想文化系统干部教育培训和人才工作。十四是对网络安全和信息化委员会办公室互联网宣传和信息内容管理方面的工作实施政策指导，归口领导区文化旅游体育广电局等宣传思想文化系统部门。十五是规划指导全区社会主义核心价值观建设和精神文明实践工作，组织开展群众性精神文明创建和社会主义核心价值观建设活动。负责做好全区思想道德建设工作，统筹志愿服务工作，统筹推进全区新时代文明实践中心建设工作。十六是完成区委交办的其他任务。

【区委宣传部设下列内设机构（岗位）】

区委宣传部办公室负责部机关日常运转工作和内外联系、综合协调；承担起草有关重要文件、报告和文稿。做好保密、财务、档案管理、信息报送等工作，负责机关和直属单位的党群工作；会同区委组织部有关科室负责区直宣传思想文化单位的干部管理工作，组织开展宣传思想文化系统干部教育、培训等工作。意识形态和理论工作岗负责统筹协调全区意识形态责任制落实和日常监督检查考核，对意识形态领域态势进行分析研判，指导各乡镇、各部门（单位）做好有关意识形态领域的工作，结合巡察工作开展专项检查。负责对理论研究、理论学习、理论宣传和理论宣传队伍建设的指导协调，组织协调全区重大理论学习宣传研究活动。文明创建、宣传教育工作岗负责指导社会主义核心价值观建设和社会综合宣传工作，组织全区重大先进典型的学习和推广，配合有关部门做好党员教育工作，开展全区爱国主义教育工作。协调组织开展文明城市、文明村镇、文明单位、文明家庭、文明校园等创建工作。负责推进全区农村精神文明建设工作，推动移风易俗，建设乡风文明，助力乡村振兴。负责推进全区公民道德建设工程，组织道德模范和“宁夏好人”等先进典型选树工作。负责未成年人思想道德建设工作，协调推进乡村学校少年宫建设。负责指导组织开展全区新时代文明实践中心建设工作，负责组织全区志愿服务工作，负责开展各类精神文明建设主题活动。承担区精神文明建设指导委员会办公室日常工作。新闻工作岗负责组织协调重大新闻宣传报道活动，负责新闻媒体宣传舆情和内容的分析监管，指导协调有关部门做好区内采访服务管理工作，负责重大对外宣传报道审核工作，负责全区突发公共事件应急新闻工作，负责新媒体建设管理和新闻队伍建设工作，推进媒体融合发展。文艺、出版和电影工作岗负责全区文化艺术工作宏观指导协调和文艺队伍建设工作，组织协调全区重大文艺活动及文艺创作等工作。协调监督管理农村电影放映、出版物发行等工作。组织实施全民阅读推广活动。负责全区“扫黄打非”工作组织实施，承担全区“扫黄打非”工作领导小组日常工作。承担区新闻出版局日常工作。

【理论学习】

区委宣传部充分发挥区委理论学习中心组学习的引领作

用，将《中国共产党宣传工作条例》及马克思主义民族观宗教观学习纳入理论学习中心组学习内容，列入专题培训计划，举办《中国共产党宣传工作条例》暨意识形态专题辅导讲座3次，举办学习习近平总书记视察宁夏重要讲话精神、《习近平谈治国理政》第三卷、学习宣传贯彻党的十九届五中全会精神等专题辅导讲座9次。截至2020年，区委理论学习中心组集体学习17次，专题研讨9次，对全区10个单位理论学习中心组学习开展巡听巡查。

【基层理论宣讲】

区委宣传部组建专家领导讲理论、干部职工讲政策、党员群众讲故事三级宣讲队伍，先后开展“众志成城、打赢疫情防控阻击战”“我脱贫我幸福”“习近平总书记视察宁夏重要讲话精神”“推动移风易俗 树立文明新风”等主题宣讲200余场次。

建立“干部课堂”“村级党校”“百姓讲堂”“指尖课堂”“道德讲堂”“田间课堂”六大课堂，创建178处基层“微宣讲”示范点，成立区级“兰花芬芳”理论宣讲志愿服务支队，打造出“5533”理论宣讲、“董毅说书”“葡萄架下传精神”“大庙桥村‘124’温棚宣讲”等一批富有特色的宣讲品牌，组织开展宣讲400余场次，参学群众达到6万余人次。利通区理论宣讲工作在吴忠市习近平新时代中国特色社会主义思想“七进”现场推进会上作交流发言。“学习强国”有促升。结合“主题党日”、主题宣讲等活动积极推广“学习强国”学习平台，全区注册上线党员8101人，活跃人数4266，参与率52.7%。举办线上线下“学习强国”达人挑战赛，通过“以赛促学”的方式，营造了比学赶超的浓厚学习氛围。2020，利通区在“学习强国”刊发稿件139篇，其中图文114篇，视频25部。

【对外宣传】

区委宣传部加大新闻策划力度，坚持“一月一策划，一月一统计”，先后策划实施“深入贯彻全国两会精神”“决战脱贫攻坚”“学习贯彻自治区党委十二届十次全会精神”“扫黑除恶专项斗争”“认真学习宣传贯彻习近平总书记视察宁夏重要讲话精神”“兰花芬芳·文明实践在利通”等专题报道。在疫情防控期间，先后在“多彩利通”公众号和官方抖音推出“万众一心 抗击疫情”专题专栏，拍摄宣传微视频《利通区坚定信心全力以赴打赢疫情防控阻击战》、原创公益MV《春天还会来》等，录制发布动漫表情包、评书、弹唱、歌曲翻唱等防疫宣传视频30期；制作发放各类海报、宣传单等宣传品72万余份；悬挂各类标语、LED电子屏滚动播放1.2万余条。截至2020年，“多彩利通”微信公众号共发布信息230期，发稿2070余篇，阅读次数达115万人次。围绕讲好利通故事，积极对接中央、自治区和市级主流媒体，做好“习近平总书记视察宁夏重要讲话精神”“决战决胜脱贫攻坚”“民族团结”等系列采访活动。截至2020年，利通区在中央级重点媒体发稿75篇，在自治区级重点媒体发稿511篇。按照“小规模大宣传、小现场大活动”的要求，成功举办荷花节、大青葡萄采摘节、中国农民丰收节暨奶产业文化节、红枣采摘节等节庆活动10余场，文化旅游和节庆活动宣传有声有色。

【全国文明城市创建工作】

区委宣传部坚持创建为民、创建利民、创建惠民，通过实施小区建设巩固提升工程、区容秩序专项治理提升工程、居民文明素养提升工程、未成年人思想道德建设工程、“志愿之城”建设工程、公益广告宣传提升工程、档案资料质量提升行动“七大工程”，提升薄弱环节，持续巩固创建成果。累计投入资金1411万元进行绿化美化建设，投入资金1.46亿元对33个老旧小区进行维修改造，着力整治“飞线充电”乱象，落实环卫“网格化”管理模式。持续深入开展“文明利通”“情满利通”等九大群众主题实践活动，设置文明引导员3800名，常态化开展文明出行、文明养宠等文明行为劝导工作。利用“周五志愿服务日”“志愿者之家”等载体，组织机关干部常态化开展周五志愿服务活动和包小区、包楼栋、包街道活动，全面提升居民对创城的知晓率、支持率、参与率。

【精神文明创建】

2020年，利通区把培育和践行社会主义核心价值观作为精神文明建设的根本任务，贯彻落实《新时代公民道德实施纲要》《新时代爱国主义教育实施纲要》，推动社会主义核心价值观融入村规民约、校风校训、行业规范。自治区未成年人思想道德建设暨少年宫建设推进会在利通区召开，第九小学作交流发言。坚持届期评选、动态管理，加大对各级各类文明单位推荐力度，引导各级文明单位履行社会责任。做好全国文明单位、文明村镇，自治区级文明单位、文明村镇和吴忠市级文明单位、文明村镇申报及复验工作，落实“互联网+”创建方式，分级建立文明单位创建工作信息管理平台，加强实时指导、管理和评价，胜利镇新华社区被评为“全国文明单位”。开展文明家庭、最美家庭等评选活动，促进家庭和谐，以好家风支撑起好的社会风气，全民素质和社会文明程度显著提高。

【群众文化活动】

利通区开展元旦春节“三下乡”“我们的节日”“欢乐宁夏”“迎国庆·庆中秋”等主题系列活动50多场次。举办“百姓舞台·多彩利通”广场演出100余场次，“文化惠民·送戏下乡”“戏曲进校园”演出56场，受益群众达15万人次。指导基层组织文艺演出、比赛、技能培训、全民阅读等活动100余场次。

【文艺精品创作】

2020年，利通区摄影家协会获第十届宁夏艺术摄影展优秀组织奖，摄协主席王力获中国科协2020年科普摄影大赛（平遥摄影展）二等奖，第十届宁夏艺术摄影展银奖，摄影作品《急救教育》获中国科协摄影比赛三等奖，《暮归》获农业农村部的三等奖；民间艺术家协会主席王德勤荣获自治区“塞上文化名家”称号；美术家协会主席张铁涛在杭州举办的东西部文化交流“壮美西部”油画展圆满落幕；作协主席马悦创作中篇小说《四月飞雪》，《海的那一边》发表于宁夏省级文学刊物《朔方》2020年第1期。利通区文联先后创作推出《利通门前那条河》《吴忠记忆》《一览塞上》等原创歌曲、书画、曲艺、剪纸刺绣、摄影作品2300多个。利通区文联工作得到中国文联和自治区文联的批示推广，并在自治区推进会上作交流发言。

【文艺人才培养】

2020年，利通区文联共培育发展378支业余群众文艺团队，其中星级群众文艺团队17

支，拥有剪纸、刺绣、唱歌、跳舞、编创等技能的文艺人才50多人。组建完善包含1339名志愿者的文化志愿服务队伍，作为文艺人才后备库。基本建立了一支政治强、业务精、作风正、人员稳定、一专多能、门类齐全的高素质文艺人才队伍。

【公共文化设施】

利通区对26个村综合文化服务中心进行提升改造，新建2个图书分馆和1个24小时自助图书馆，设立图书流动服务点2个。申报并实施牛家坊村国家级公共文化机构和旅游服务中心功能融合试点项目，争取自治区文旅厅示范性村综合文化服务中心、农村文艺团队扶持项目12个，"订单式"配备文化设施设备，实现文旅资源共享，阵地效能提升。

【文化遗产和文物保护】

利通区成功申报吴忠市第六批市级非遗传承人11名，利用"文化和自然遗产日"等重要节点，加大对剪纸、刺绣、武术等非物质文化遗产的宣传、弘扬和保护。成功申报巧儿刺绣、强家老醋坊2个非遗扶贫就业工坊项目，有效促进"非遗＋旅游""非遗＋扶贫"融合发展。

精神文明建设

【概况】

2020年，利通区委印发《利通区进一步加强移风易俗工作实施方案》，深入开展移风易俗活动。利通区被确定为第二批全国新时代文明实践中心建设5个试点县区之一，在全区12个乡镇36个行政村（社区）成立了新时代文明实践所（站）。新时代文明实践注册志愿者达9.1万余人，志愿总时长达到349.1万小时。按照"年有安排、月有主题、周有活动"的要求，开展各类新时代文明实践活动8100余场次。"金色阳光"理论宣讲支队开展"学习宣传贯彻习近平总书记视察宁夏重要讲话精神"等主题宣讲120余场次，开展各类"七彩"志愿服务活动300余场次。各试点站陆续开启"群众文明实践金银星"评比活动，高闸镇、马莲渠乡等已评选、挂星900余户群众。在全区1200余户居民门口张贴"四笑脸"公示牌，全区兑换奖励志愿者积分6300余分。深入开展了环境治理、矛盾纠纷调解、社会治安等重点领域的治理行动，形成了基层群防群治"一盘棋"格局，倾心打造出群众安居乐业的和谐家园。

【移风易俗行动】

利通区委印发《利通区进一步加强移风易俗工作实施方案》，结合"百村万户大走访"、新时代文明实践等活动，大力宣传移风易俗"利八条"，形成浓厚宣传氛围。同时利用微信公众号、抖音平台、微信群等线上宣传形式，广泛组织宣传推送，拓展移风易俗宣传覆盖面，增强群众知晓率和参与度。开展"推进移风易俗　树立文明乡风"巡回宣传，确保利通区高价彩礼进一步下降，运行机制进一步规范，乡村社会文明程度进一步提高。截至2020年，在微信公众号和微信群刊播移风易俗"利八条"30余期，发放移风易俗"利八条"宣传单10000余份，宣传围裙6万余个，巡回宣讲13场次，电子屏累计滚动播放移风易俗内容8万余条（次）。

【新时代文明实践中心建设】

利通区被确定为全区全国新时代文明实践中心建设试点县区以来，坚持需求导向、问题导向、效果导向相结合，持续发挥"兰花芬芳"品牌引领带动作用，把准普通百姓关切点，抓住社会发展关键点，激发思想情感共鸣点，在润物细无声中凝聚群众、引导群众，以文化人、成风化俗。2019年，利通区被确定为全区7个试点县区之一，成立了区级新时代文明实践中心，马莲渠乡及秦桥村、古城村等9个镇村文明实践所（站）完成挂牌并投入使用。2020年，利通区被确定为第二批全国新时代文明实践中心建设5个试点县区之一，在全区12个乡镇36个行政村（社区）成立了新时代文明实践所（站）。区、乡（镇）、村（社区）三级网络协同发力，合力做好新时代文明实践这篇文章。其中，新时代文明实践中心建立区级领导包抓联系制度，由区委主要领导履行“总指挥”责任，区委书记担任中心主任。中心下设办公室，负责文明实践工作的统筹协调、工作指导和督促检查。2020年7月，利通区召开了新时代文明实践中心建设试点工作推进会，对4个乡镇实践站所进行了观摩，并对下一步试点建设工作进行了安排部署。乡（镇）文明实践所做好向上对接、向下传导工作，组织辖区常态化开展文明实践活动，并统筹指导实践站的规划建设、活动开展、信息上报等工作。村（社区）新时代文明实践站结合农村群众的生产劳动和实际需要，运用本地资源优势，用群众喜闻乐见的形式开展主题多样、有特色有亮点的新时代文明实践活动。从阵地建设、人员队伍、项目活动等多个维度实施有机整合，初步构建起了上下贯通、软硬结合、集约高效的文明实践矩阵。整合阵地资源。全面统筹利用道德讲堂、四点半课堂、家风家训馆等基层阵地资源，在全区12个乡镇36个行政村（社区）构筑起“区、乡、村”三级立体式文明实践主阵地，成立了49个志愿者之家，打造新时代文明实践广场、文化长廊等实践点35个。同时，通过常态化实行“345”志愿服务工作模式（三级志愿者之家、四单服务、五项功能），建立志愿服务组织主动“亮单”和群众动态“点单”上下联动的“双向清单”，实现文明实践资源优化配置、共享共用。整合人员队伍。在全区建立起“总队＋分（支）队＋N”的文明实践志愿服务队伍体系，重点依托全区10支部门专业性志愿服务队、133支乡镇惠民性志愿服务队及村级特色志愿服务小队和14个公益社会组织下沉到基层一线，初步形成了“点站结合，立体覆盖”的志愿服务网络。

【新时代文明实践中心工作】

2020年，利通区新时代文明实践中心注册志愿者达9.1万余人，志愿总时长达到349.1万小时。整合项目活动。按照“年有安排、月有主题、周有活动”的要求，利用每月5日“文明实践日”、每月10日“主题党日”以及每周五创城志愿活动日，组织开展党的理论人人晓、文化惠民大讲堂、匡正扬善树榜样、健康讲座益身心等贴近群众生活和需求的19类志愿服务项目。截至2020年，开展各类新时代文明实践活动8100余场次，新时代文明实践成效日益凸显。紧紧围绕“新时代文明实践工作走在全区前列”的目标，着力打造一批具有利通特色、在全区有较强影响力的新时代文明实践品牌，引领带动全区文明实践工作扎实推进。“金色阳光·七彩家园”织密群众文明实践网络。以推进习近平新时代中国特色社会主义思想入脑入心、培育和践行社会主义核心价值观、认真贯彻落实党和国家各项大政方针政策“1+1+N”为主题，以村、社区为单位，大力开展红色精神家园、橙色文化家园、黄色平安家园、绿色健康家园、青色清正家园、蓝色和谐家园、紫色幸福家园七位一体的“七彩家园”主题创建活动。截至2020年底，利通区“金色阳光”理论宣讲支队开展“学习宣传贯彻习近平总书记视察宁夏重要讲话精神”等主题宣讲120余场次，开展各类“七彩”志愿服务活动300余场次，受益群众达到5万余人。“金银星”点亮群众文明实践路径。把社会主义核心价值观二十四字从群众日常践行的角度细化为勤劳致富、参与自治、言行文明、遵纪守法等十个方面的评比内容，以家庭为单位开展群众文明实践“金银星”评比活动，通过引导群众自我评价、自我管理、自我加压、自我教育，培育了文明乡风和良好家风，推动文明实践深入持久。2020年，各试点站已陆续开启“群众文明实践金银星”评比活动，高闸镇、马莲渠乡等已评选、挂星900余户群众。“文明有面，文明有礼”激发群众文明实践活力。把践行社会主义核心价值观、移风易俗、志愿服务、环境卫生四个方面作为“文明有面”公示的主要内容，以笑脸、呆脸、哭脸分别作为优秀、一般、不合格的形象标注，生动勾勒出群众文明实践的状况，让文明成为群众最光鲜的“面子”。同时，对积极参与文明实践的群众、志愿者，特别是涌现出的先进模范，通过表彰奖励、积分回馈、选树典型、产业支持等各种形式给予礼遇，切实增强群众在文明实践中的荣誉感和获得感，激发群众参与文明实践比学赶超的主动性和自觉性。截至2020年，在全区1200余户居民门口张贴“四笑脸”公示牌，全区兑换奖励志愿者积分6300余分。四是亮点纷呈，奏响文明实践大合唱。各实践站（所）立足地域乡俗文化、群众所需所盼，从“小切口”入手，探索了各具特色、富有成效的实践模式。志愿服务队伍接地气。马莲渠乡汉北堡村新时代文明实践站成立了以红立方、众犇互助养殖和“新红娘”志愿服务队为主、七彩志愿服务队为辅的志愿服务体系，开展各类志愿服务活动90场次，群众精神文明建设更富活力，乡风文明取得可喜成效；高闸镇新时代文明实践所依托现有实践阵地，组建了“彩虹爸妈”“金土地”“小喇叭”等17支志愿服务队，组织开展“爱心义剪”“感恩母亲　益路同行”“童心同乐·多彩六一”等各类主题文明实践活动，真正做到了“群众在哪里，文明实践就延伸到哪里”。志愿服务活动冒热气。朱渠村新时代文明实践站围绕文明实践、环境卫生、志愿服务、移风易俗积极探索出“四笑脸”积分兑换制，群众参与文明实践的积极性主动性更加明显；板桥乡李闸渠村新时代文明实践站以党建引领七彩家园创建为主题，以“自治、德治、法治”为载体，把调动党员、群众参与乡村振兴、社会治理作为文明实践工作基础，深入开展了环境治理、矛盾纠纷调解、社会治安等重点领域的治理行动，形成了基层群防群治“一盘棋”格局，倾心打造出群众安居乐业的和谐家园；金银滩镇团庄村新时代文明实践站根据自身资源优势及产业发展特点，积极开展技术推广、助老帮困、移风易俗、爱心助学、民族团结等特色志愿服务活动，满足了特殊群体的需求，深刻体现了文明实践的服务宗旨；团区委积极探索出共青团助力新时代文明实践“3333”工作模式，先后推出七彩假期、青春守护母亲河等志愿服务活动清单，不断发挥青年志愿服务支队的生力军和突击队作用。服务阵地建在家门口。古城镇秦桥村新时代文明实践站以村党群活动服务中心为主阵地，打造出集道德讲堂、青年之家、健身活动室、老年饭桌等功能场所为一体的新时代文明实践站，同时延伸服务阵地，打造了包括“一亭、两场、三廊”的新时代文明实践广场，形成了站与点相连接的“阵地链”，因地制宜开展了经常性、面对面、农村群众喜闻乐见的文明实践活动，活动频繁、效果明显。

【志愿队伍体系】

在全区建立起“总队＋分（支）队＋N”的文明实践志愿服务队伍体系，区级成立“兰花芬芳”志愿服务总队，由区委政府主要领导担任总队长。重点依托全区12支部门专业性志愿服务队、65支乡镇惠民性志愿服务及村级针对性志愿服务小队和38个公益社会组织，联动党政干部等各类群体，实现三级全覆盖。分层分类遴选1600余名“志愿大军”建成实践人才库，孵化“指导员”，形成燎原效应。组织联动各类志愿者服务组织、协会、队伍和个人下沉到基层一线，形成“点站结合，立体覆盖”的志愿服务网络。

统战工作

【概况】

中共吴忠市利通区委统战部共有行政编制12个，在编11人，空编1人，工勤岗1人。2020年利通区委统战部坚持以学习宣传贯彻习近平新时代中国特色社会主义思想特别是习近平视察宁夏重要讲话精神为根本遵循，全面落实全国全区统战部长会议精神和吴忠市委关于统战工作决策部署，聚焦“巩固提升年”这一主题，围绕中心、服务大局，积极发挥统一战线优势，自我加压、务实苦干，为继续建设经济繁荣民族团结环境优美人民富裕的美丽新宁夏贡献统战力量。

【宣传教育】

印发《利通区学习贯彻落实习近平总书记视察宁夏重要讲话精神促进民族团结进步工作方案》，区委主要负责同志带头讲统战理论党课，区、乡、村三级联动，累计开展学习宣讲140余场次，教育引导广大干部群众真正把总书记重要讲话精神内化于心、外化于行。邀请各级新闻媒体到利通区开展民族团结采风、在“多彩利通”微信公众平台开设专栏、运用户外媒体等方式，进一步讲好民族团结的利通故事、传播好民族团结进步的利通声音。国家级、自治区级、吴忠市各大媒体先后刊发宣传报道利通区创建工作60余篇，共征集18部“民族团结月”微视频，微信公众平台开设专栏开展宣传报道70余篇。

【民族团结进步创建】

利通区委统战部组织开展利通区“双创”互观互检活动，创新打造了35个民族团结示范点，进一步深化了“进机关，促为民务实”“进企业，促经济繁荣”“进社区，促和谐友爱”等十大类创建工作载体，切实提高利通区创建工作的含金量、关注度和吸引力。成功创建为“第八批全国民族团结进步示范区”，成功创建7个自治区级和25个吴忠市民族团结进步示范单位。召开促进民族团结工作会议，命名40个利通区级民族团结进步示范单位，推动创建实现新提升。9月28日，利通区第七小学和胜利镇上桥社区承接了自治区促进民族团结进步现场观摩，为吴忠市创建全国民族团结模范市增色添彩。全年接待区内外观摩民族宗教工作30余批次。8月20日，全国政协副主席郑建邦来利调研，对利通区民族团结工作给予肯定。同时，全年对24个示范单位进行复验，针对创建工作水平下滑的单位及时反馈存在问题，督促整改。对早元小学、牛家坊小学等3个单位进行摘牌，切实解决创建工作中存在“重创建、轻管理”“突击创建、后劲不足”等问题。

【党外人士工作】

利通区委统战部协助民革利通总支和民建利通总支完成换届工作，提升民主党派自身建设水平。指导民革、民建利通总支建立“民革之家”和“民建之家”，使之成为展示成果、学习交流、组织活动、对外宣传的窗口。成立利通区侨联，在知联会组织构架上新增设新的社会阶层人士联谊会和网络新媒体人士联谊会，进一步拓展了工作平台。有效发挥多党合作和政协协商作用，组织各党派团体参加区委常委会15人次，参与政协会议、视察调研12次，提出建设性意见建议20条，党外政协委员提交和采用提案22件，转各部门办理社情民意21件；党外组织提交提案11件，撰写调研报告6篇，形成了良好的合作共事、参政议政氛围。

【民族宗教事务管理】

强化底线思维，深入贯彻落实自治区党委十二届十次全会精神，加强教职人员资格管理，核减取消不具备教职资格人员35人。先后4次举办宗教界培训班，实现教育培训全覆盖，不断提升宗教人士综合素养。

政法工作

【概况】

中共吴忠市利通区委政法委员会（以下简称“区委政法委”）行政编制7人，其中书记1名、副书记2名。下设办公室、综治维稳室、执法监督和队伍建设室、国家安全委员会办公室四个科室。2020年，区委政法委在区委的坚强领导下，以扫黑除恶专项斗争、平安利通建设、县域社会治理现代化工作为抓手，全面推进社会治理现代化进程，确保社会大局稳定、促进社会公平正义、保障人民安居乐业。

【组织领导】

2020年，利通区委政法委先后召开政法工作会议、政法委员会2次，扫黑除恶专项斗争领导小组会议4次、2020年平安建设暨命案防控工作推进会2次及国家安全委员会第一次会议，全面安排部署政法各项工作。组织政法各成员单位充分利用党组会议、“政治讲堂”等形式，开展多层次、全覆盖学习活动，共组织《条例》学习、研讨、培训达160余场次。坚持把抓好《条例》的贯彻落实作为重要的政治任务抓紧抓实，充分发挥区委政法委牵头抓总作用，压实政法系统职能职责，健全完善了政法部门案件会商、联席会议、信息沟通、政治督察等制度。坚持把贯彻《条例》情况作为政法部门和广大干警考核评价的重要内容和依据，督促严格公正执法司法，真正做到政治清醒、思想明白、认识到位、行动自觉。

【国家安全维护】

2020年，利通区委政法委联合吴忠市国家安全局，开展全区国家安全人民防线组织培训班，切实提高国家安全人民防线工作人员业务能力。扎实开展风险隐患排查，通过实地检查及各部门自查，排查各类国家安全风险隐患78个，并逐一明确责任单位进行防范化解。

【扫黑除恶专项斗争】

2020年，利通区委政法委共召开重点案件线索推进会、案件线索会商会、线索研判会67次，办理涉黑涉恶问题线索1525条，打掉涉黑涉恶犯罪集团和团伙11个，受理涉黑涉恶腐败“保护伞”问题线索10件，立案6件17人，扎实开展行业领域突出问题专项整治，排查宾馆、娱乐场所等重点场所270余处，整治行业乱象突出问题94个。

【县域社会治理现代化】

2020年，利通区成立了利通区县域社会治理现代化试点工作领导小组，召集42个相关单位召开会议，研究部署试点工作，细化责任分工，明确责任清单、目标任务与完成时限，全面推开县域社会治理各项工作，共配备36名网格法官，24名网格检察官，12名网格警官，63名法律顾问，实现了所有乡镇“三官一顾问“全覆盖，已召开联席会议50余场（次），化解各类矛盾纠纷170余起，群众满意度达99%。进一步补齐了基层公共法律服务的短板，提升了基层社会治理能力。

【网格管理模式常态化】

2020年，利通区委政法委创新工作方式方法，建立城乡网格管理体系。在全区全面启动网格划分、网格员配备、管理体系建立、指挥平台组建等工作，共划分农村网格771个，城区网格361个。制定了《城乡社区网格员管理暂行办法》，按照“一格一专多兼”的思路，整合、选任、招聘了1132名网格员，组建了利通区网格化管理队伍，发放五件套网格员工具包1132个（小喇叭、红袖章、手电筒、工作日志、工作证），实现全区136个城乡社区、村网格服务管理全覆盖。2020年，各网格已排查化解各类矛盾纠纷7016起，有效防止了“民转刑”案件和群访、越级上访等事件的发生。自治区交办的4件重点矛盾纠纷，已全部办结。

【社会综合治理】

推进县乡村综治中心建设互联互通，整合资源，规范运行，实现三级综治中心固话联通率100%，人员覆盖率100%。通过精准巡防抓获违法犯罪人员176余人次，打掉犯罪团伙44个，破获盗窃、扒窃、诈骗等侵财类案件743余起，破获电信诈骗案件165起，抓获犯罪嫌疑人43名，为群众追回损失67.04万元。

【政法队伍建设】

2020年，利通区委政法委按照全面从严治党、从严治警要求，召开利通区2020年政法系统正风肃纪大整治活动动员会、政法各单位动员会、推进会8场次，全面安排部署大整治各项工作，先后3次对政法各部门开展专项督查，下发督查通报5份，又专门从政法各部门抽调8人组成联合督查组，对正风肃纪大整治开展情况进行了为期一个半月的督查指导。政法各部门共组织习近平总书记向中国人民警察队伍授旗时的训词精神学习30余次，《中华人民共和国民法典》《中华人民共和国保守国家秘密法》、典型案例等学习培训70余场次，开展公安队伍警务大练兵1次，切实净化了政法机关政治生态。

政策研究

【概况】

2019年2月，根据自治区党委、吴忠市委机构改革安排，成立利通区政策研究室（以下简称区政研室），核定行政编制5名。设主任1名（正科级），副主任1名（副科级），内设政策研究岗、综合管理岗、改革财经岗。2020年，区委政研室紧紧围绕利通区工作大局，积极承担区委有关重要文件、综合性文稿的起草、开展调查研究、履行改革办、区委财经委员会办公室等职责。作为区委的参谋助手，政研室努力做到思想走在前头、改革落在前线、调研深入基层，在推进改革任务、为区委提供决策、获得调研成果等方面取得了一定的成绩。

【重要文稿起草】

2020年，区政研室牵头起草了《关于完善基层治理体系提高基层治理能力的实施方案》等重要文件和利通区委主要领导各类讲话、汇报、专稿共19篇，积极参与利通区委全委会报告等重要文稿起草工作，主动为区委、区政府决策和重大工作部署服务。

【重大课题调研】

2020年，利通区政研室聚焦利通区中心工作、重点改革事项和工作推进中的节点难点问题，形成了新冠疫情对经济社会发展影响情况、全面建成小康社会存在的制约因素和意见建议等13篇高质量的调研报告，为利通区委决策提供了可靠依据。

【推进改革任务落实】

2020年，利通区政研室制定了《利通区2020年全面深化改革工作要点》，印发了《2020年区级领导领衔督查重点改革任务计划》，出台了《利通区全面深化改革工作考核办法》，在各类媒体刊发改革信息97篇，各领域重点改革任务顺利推进、成效凸显。农村承包地确权登记颁证工作被中央农村工作领导小组办公室、农业农村部通报表扬，文联改革做法被中国文联办公厅在《中国文联工作要情》专题刊发，提升政务服务水平、全面优化营商环境的做法被中国新闻网等媒体广泛推介，志愿服务工作的典型做法被中宣部专版刊发，自治区新时代文明实践工作、乡村治理等现场观摩会在利通区召开。

【财经工作】

2020年，利通区政研室认真做好区委财经办各项工作，制定了《中共吴忠市利通区委财经委员会2020年工作要点》，筹备召开了利通区委财经委员会第三次会议，对照各单位上报的财经任务推进表，加大督查力度，确保年度财经工作任务顺利推进、圆满完成。

机关党建

【概况】

2020年，区直机关工委大力实施机关党建“三强九严”工程和“让党中央放心、让人民群众满意”模范机关创建工作，按照“一机关一品牌”建设标准打造了“红石榴”党建引领工程等9个机关党建品牌，有效化解了机关党建“两张皮”“灯下黑”等问题。

【机关党员教育】

区直机关工委坚持把学习习近平新时代中国特色社会主义思想作为首要政治任务，深入学习贯彻习近平总书记视察宁夏重要讲话精神和党的十九届四中、五中全会精神，通过突出重点集中学、专家讲座辅导学、专题研讨交流学，让机关党员在看中学、听中悟，营造真学实做的浓厚氛围。全区机关党组织累计集中学习1584场次、专题研讨296场次、邀请专家讲座52场次。

【日常监督管理】

区直机关工委从严落实机关党组织书记抓党建“四个清单”，坚持半年促评、年度考核等制度，抓好对各级巡视巡察反馈问题整改落实情况的督促检查。组织开展机关党建互观互检，对全区44个机关单位党建工作存在问题逐一进行排查，整改党建工作计划虚化、“三会一课”记录不规范等各类问题83项，下发督查通报4期。督促指导15个部门党组织做好巡察反馈问题整改工作，对4个单位党组织主要负责人集体提醒谈话，以常态化督查提升机关党建质量。

【优化党组织设置】

区直机关工委建立换届提醒机制，从严把控换届程序和纪律，督促指导5个任届到期单位按期换届，对支部班子差额的11个机关党组织及时补选。

【星级党组织创建】

区直机关工委深化星级基层党组织创建工作，常态化整顿提升软弱涣散党组织，带动各级党组织创先争优。对2019年度评定的2个五星级党组织和14个四星级党组织集中授牌，法院等5个一星级党组织进行集中整顿，确保年内实现转化提升目标。

【模范机关创建】

区直机关工委坚持点面结合、抓点示范，28个机关单位创建“让党中央放心、让人民群众满意”的模范机关，先后选树了“红石榴”党建引领工程等16个机关党建品牌。

【为民办实事】

区直机关工委2020年筹集共建经费217.8万元，为社区办实事239件，解决了水、电、路、绿化等一批群众关心关注的民生问题。坚持“造血式”扶贫模式，引导群众大力发展露地蔬菜、林果种植和牛羊养殖等项目，开展各类实用技术培训169期，受益群众达12820余人。深入推进在职党员“双报到双报告”，常态化开展扶贫帮困、创城、文明交通劝导等志愿服务2083场次，参与达5790余人次，进一步强化了机关党组织政治功能与服务属性。

【机关党员管理】

区直机关工委指导各支部严格执行发展党员程序，做好党员发展工作，全年新接收预备党员33名，22名预备党员按期转正。推行党员干部教育管理考核“积分制”，将落实“三会一课”、参加组织生活、参与志愿服务活动等党员履职尽责的日常事项细化为积分，推动机关党员素质全面提升。

【规范化建设】

区直机关工委督促指导机关党组织将意识形态工作与党建工作同部署同落实，部门党委（党组）专题研究意识形态工作，定期分析研判意识形态领域形势，确保责任落实到位。常态化开展舆情监测，管好用好意识形态阵地。开展理论学习巡听巡查，对26个部门党委（党组）中心组学习和9个机关党支部理论学习进行巡听巡查，进一步推进理论学习规范化常态化制度化。

巡察工作

【概况】

2020年是决胜全面建成小康社会和“十三五”规划收官之年。区委巡察工作按照“六个围绕一加强”“四个落实”总体要求，以深化政治巡察这一主线、推进两个覆盖、完善三项制度、落实四张清单、狠抓五项工作的“12345”工作思路，以高度的政治自觉性推动巡察工作向纵深发展，向基层延伸。2020年4月29日至2020年6月17日组织开展第八轮巡察。2020年7

月21日至2020年9月9日组织开展第九轮巡察。2020年9月30日至2020年11月27日组织开展第十轮巡察。

【政治巡察】

2020年共开展了四届区委第八轮、第九轮和第十轮巡察，分别对10个部门党组织开展巡察，延伸19个村（社区）开展“点穴式”巡察。受理信访件3件，边巡边改问题47个，发现、反馈问题182个，移交问题线索6件。

【完善机制】

建立巡察与纪委监委、组织、审计、财政、信访等单位协作配合日常联络协调机制，各单位分别明确了1名分管领导负责协作联动日常事务，确保各个环节有章可循。建立巡前通报机制，每轮巡察前结合本部门掌握的情况，主动向区委巡察组通报被巡察党组织的有关工作情况，指出被巡察单位工作中存在的漏洞及风险点，为巡察组“有的放矢”开展巡察工作打下了良好基础。

【巡察整改】

统筹协调区纪委监委、区委组织部加强对巡察整改的日常监督，对区委第七轮、第八轮巡察的10个部门单位开展监督检查，从整改责任落实和整改任务完成等方面入手，对被巡察党履行整改主体责任、落实整改措施、运用巡察成果、完善制度机制、办理移交事项等方面情况进行全面督查，整改率达95%以上。

【自身建设】

区委在编制较为紧张的情况下，解决巡察专职编制7个、事业编2个（纪委监委调配），确保了区委巡察工作正常运转。优化巡察工作人才库，将优秀、专业人员纳入巡察人才库，使专业技术人才占巡察人才库的67.7%，优秀后备干部占人才库的32.3%。在巡察人员选配中，坚持保优纳新，确保每轮的巡察干部中有巡察工作经历的人员不低于40%。

党校工作

【概况】

2020年，利通区村级党校从建设规范化、内容多样化、形式创新化、管理制度化等方面着手，聚焦党员教育“在哪学”“学什么”“怎么学”“学的好”等问题，积极打造有思想、有色彩、有温度、有力量的新时代农村党员教育新阵地，做到农村党员教育培训覆盖全面、训有实效。

【村级党校】

利通区金积镇大庙桥村、古城镇古城村、胜利镇上桥社区、金星镇材机社区4所村级党校，按照“有标识、有场所、有设施、有氛围、有台账、有管理”的“六有”标准建设，实现教育阵地建到村门口、党课开到家门口。配强师资队伍，采取内外联合，柔性引进的办法，吸纳了各级宣讲团、相关部门业务骨干、优秀村党组织书记、致富能人、“土专家”“田秀才”、产业带头人及道德模范等到村级党校兼任教师，建立了一支政治意识强、有一定理论功底、实践经验丰富的师资队伍，让村级党校课程既有高度又有温度。同时，分类创建了师资课题库，切实增强了教学的针对性和实效性。2020年度，区委组织部为每所村级党校划拨4万元党员教育补助经费，鼓励支持村级党校更好地开展党员教育培训工作。2020年度4所村级党校共举办各类培训班16期，培训学员1000余人。

【党员教育】

聚焦党政理论、乡村振兴、基层治理等主题让党课在教室、温棚、田间地头开讲，让集中教学“听”、互动交流“讲”、田间课堂“看”、情景模拟“学”等丰富的教学形式融入党员教育日常。探索形成了上桥社区党校“5533”教育培训模式，极大地调动了教师和党员参与积极性，教学效果明显提升。营造仪式感。注重将党员荣誉感融入开展办学活动过程，把佩戴党员徽章作为“礼仪标准”，让学习有温度；将“谈心谈话、思想汇报”作为“问候语”，让教育有人情味；把“重温誓词、诵读党章”作为“互动体验”，让课堂更活跃。创造激发党员内心的虔诚、敬畏与专注，增强党员的身份意识和表率意识。强化体验感。利通区在现场教学中加入产业体验、“田间课堂”、思路交流等体验项目，形成集参观、学习、体验、互动于一体的教育培训模式。将兰花芬芳志愿服务中心、初心馆等作为村级党校实践基地，选取东塔寺乡白寺滩村、上桥镇牛家坊村等特色村作为乡村振兴现场教学基地，让学员“听着学”“看着学”，实现了教育培训多元化。截至2020年，现场教学点共培训区内外党员群众约24.5万人次。突出参与感。采取更多形式新颖、内容丰富、灵活多样的“特色教学”，根据培训需求、针对不同党员群体，让在相关工作领域中表现突出、经验丰富的党员走上讲台，结合自身实际工作讲故事、授经验、促提高，在思想碰撞中相互促进、共同提升，逐渐打破“一人讲”的常规模式，为“大家讲”提供平台舞台，让党员在学习过程中更有参与感、体验感，推动党员教育由单向灌输向双向交流转变，让党员教育更加生动有趣、深入人心。

网信工作

【概况】

中共吴忠市利通区委员会网络安全和信息化委员会办公室（以下简称“区委网信办”）成立于2019年，作为区委网络安全和信息化委员会的办事机构，是区委工作机关，挂利通区互联网信息化办公室牌子，下设综合办公室，行政编制5名，其中主任1名（正科），副主任1名（副科）。2020年，利通区委网信办在区委的坚强领导下，认真学习习近平新时代中国特色社会主义思想，贯彻党的十九大精神和习近平总书记关于网络强国的重要思想，扎实推进网信各项工作，为努力建设黄河流域生态保护和高质量发展先行区营造安全稳定繁荣的网络空间、提供可靠网络安全保障和有力信息化支撑。

【党建工作】

2020年，利通区委网信办始终把学习贯彻习近平新时代中国特色社会主义思想、党的十九大精神和习近平总书记视察宁夏重要讲话指示批示精神等作为强化思想理论武装的重中之重。制定《2020年度利通区委网信办党支部理论学习计划表》，利用主题党日、每周二干部理论学习日等契机，开展集中学习50余次，党员干部培训3期，交流研讨14次，撰写心得体会40余篇，引导党员学中有思考、观后有感悟、成效见行动，确保学习成果入脑入心。

【思想引领】

2020年，利通区委网信办坚持以习近平新时代中国特色社会主义思想为指引，学习贯彻习近平总书记视察宁夏重要讲话指示批示精神。筑牢网络安全屏障，进一步提升网络安全保障能力。区委网信办组织召开区委网络安全和信息化委员会会议，制定分解年度工作要点，明确目标任务，压紧压实各党组织主体责任，促进网络意识形态工作有力落实。

【主题宣传】

2020年，利通区委网信办以“两微一端”和政务网站为平台，组织推送主流思想相关学习视频和理论文章，及时推送重大会议和重大部署精神的实际行动和成效，推动习近平新时代中国特色社会主义思想成为网络空间最强音。开展“遇见宁夏”网络名人宁夏行活动、“中国梦·黄河情”网络主题活动及“吃在吴忠”等主题宣传，结合重要时间节点和重大活动开展“普法进网站”“扫黑除恶专项斗争”“创建全国文明城市”等网络宣传活动，推送相关文章30余篇，做到网上有声音，网上网下同频共振，扩大主题活动影响力。

【网络安全宣传】

2020年，利通区委网信办联合吴忠市委网信办开展以“网络安全为人民　网络安全靠人民”为主题的网络安全宣传周活动，设立启动日、金融日、电信日、校园日、法治日、青少年日、个人信息保护日等七个主题日，并开展网络安全知识答题竞赛等活动，共计33个乡镇、部门（单位）参加了宣传活动，共发放宣传手册3000份、宣传折页5000份，海报1000张。组织开展网络安全进社区、农村、企业、机关、校园、家庭等活动32次，宣传普及网络安全知识，营造健康文明的网络环境。开展2020年打击治理电信网络新型违法犯罪专项行动，积极与公安、电信运营企业等单位对接沟通，进一步健全信息共享、会商研判、协同处置等工作机制，持续保持对电信网络诈骗违法犯罪活动的高压严打态势。全网推送《致利通区广大居民防范电信网络诈骗的一封信》等稿件，引导网站和网民自觉抵制电信网络诈骗违法犯罪行为。

【舆情监测】

2020年，利通区委网信办组织协调开展舆情监测工作，指导协调网络舆情信息工作，组织开展网络舆情信息收集、分析研判和处置，跟踪了解和掌握网络舆情动态，推进网信队伍专业化，提升队伍思想政治素养和业务能力，建设政治过硬、本领高强的高素质网信队伍。做大做强网上主流舆论、弘扬正能量，积极推进网络文明建设。做好网上舆论引导，对社会舆论实施正确引导。

【空间治理】

2020年，利通区委网信办落实落细网络空间治理，明确网络意识形态工作责任制，定期开展风险点排查，完善全区新媒体、自媒体平台的管理对有害信息进行处置，构建清朗网络空间，凝聚人心民心。全区共计备案政务网站6个，微信公众号56个，微博账号18个。

【网络安全】

2020年，利通区委网络办严格落实网络安全工作责任制，切实担负起网络安全工作的主体责任，全面加强网络安全检查，对网络系统安全风险进行排查和预警处置，不断完善应急预案。着力推进数字利通建设，推动新一代信息基础设施建设升级。区委网信办联合吴忠市委网信办开展网络安全应急演练，组织区政府、纪委监委、人民法院、人民检察院，区委组织部，区教育局参加演练，以演促练，以演促学，切实提高全区网络突发事件应对处置意识和能力。

【信息化建设】

2020年，利通区委网信办统筹协调开展国家数字乡村试点工作。2020年10月19日，中央网信办等七部委印发了《关于公布国家数字乡村试点地区名单的通知》，利通区被确定为首批国家数字乡村试点地区。利通区充分利用大数据、物联网等新技术，整合利用农业农村、自然资源、民政、公安、气象和水利等部门数据资源，建成利通区数字乡村大数据中心、数字乡村治理服务平台、数字产业服务平台、数字改革服务平台、数字生产服务平台和数字政务服务平台，从乡村振兴、产业发展、农村改革、农业生产、农技服务、乡村旅游等方面健全乡村数字化治理体系。加快实施“互联网+教育”网络提升改造工程。网络带宽实现城区学校1000M、乡镇学校500M、村小200M，有线、无线网络全覆盖。更换智慧黑板286套，改建计算机教室21个，新建智慧教室24间、采购多媒体设备32套，“在线互动课堂”主讲设备129套、接收设备34套，862个教学班及功能室实现多媒体教学设备全覆盖，宽带网络“校校通”、优质教育资源“班班通”、网络学习空间“人人通”覆盖率均达到100%。扎实推进“互联网+医疗健康”工作。推进“互联网+医疗健康”示范区建设，加快建设县域医联体信息平台。依托宁夏基层医疗卫生综合服务系统，整合联通了5类系统，实现居民的全生命周期健康管理服务一站式、个性化、动态化的管理，全区乡村医保网络系统覆盖率达100%。竭力打造“互联网+政务服务”。立足“一网通办”“全程网办”，进一步提升政务服务网上可办比例，892项政务服务事项实现“不见面”办理，可不见面办理事项达80.93%。以审批智能化、服务自助化、办事移动化为重点，形成实体大厅窗口、网上办事大厅、“我的宁夏”手机APP、自助终端四位一体服务模式，20项业务可在自助服务区办理，1470个政务服务事项可在“我的宁夏”利通区站点查询和办理。

【党风廉政建设】

2020年，利通区委网信办严格落实中央八项规定及其实施细则精神，将全面从严治党、党风廉政建设和反腐败工作“主体责任”列入网信工作重要议事日程。主要领导和班子成员带头做好表率，严格执行《中国共产党廉洁自律准则》，带头遵守党纪国法和廉洁从政规定，践行“三严三实”要求，加强对班子贯彻执行民主集中制，特别是“三重一大”事项的监督检查，坚决杜绝“一言堂”问题发生。组织全体党员干部观看《知法犯法的法院院长——利通区人民法院原院长马龙受贿案警示录》等警示教育片，交流观后感，剖析反面典型，以案说法、以案明纪，营造风清气正的政治生态。

机构编制

【概况】

利通区委机构编制委员会办公室（以下简称“区委编办”）成立于2019年2月，为区委机构编制委员会的常设办事机构，归口区委组织部管理，挂事业单位登记管理局牌子，主要承担区委机构编制委员会日常工作，负责行政管理体制和机构改革以及机构编制管理等工作。2020年，区委编办认真按照自治区、吴忠市编制工作的部署和要求，在区委、政府的领导下，以实施机构改革和强化机构编制管理为主线，积极探索和创新机构编制工作思路，切实履行机构编制部门工作职责，为利通区经济社会发展提供体制机制保障。

【政治建设】

2020年，利通区委编办将学习贯彻《中国共产党机构编制工作条例》和习近平总书记关于机构编制工作的重要讲话精神相结合，强化学习宣传的力度、广度和深度，统筹抓好贯彻落实。一是领导干部带头带动学。将《条例》纳入区委理论学习中心组和干部培训学习内容，做到学深悟透、融会贯通，提高领导干部运用《条例》做好机构编制工作的能力水平；二是机构编制部门率先主动学。结合干部例会、党员大会、主题党日活动，通过集中学习、专题研讨等形式，组织机关干部认真学习、深刻领会《条例》精神，真正把学习成果转化为推进机构编制工作的强大动力；三是分层推进覆盖联动学。召开编委会传达学习，购买发放《条例》单行本500本，扩大学习宣传《条例》的覆盖面，提高社会各界对《条例》的知晓率和影响力。

【机构改革】

2020年，利通区委编办抓实改革任务，在落实践行上下功夫。一是扎实推进农业综合执法改革。为利通区综合执法局核增10名事业编制，其中吴忠市农业农村局划转3名事业空编，利通区农业农村局连人带编划转7名事业编制。调整后，利通区综合执法局核定行政编制5名、事业编制132名，原由农业农村局承担的兽医兽药、畜禽屠宰、渔业、农产品质量等169项行政执法事项，待自治区人民政府批准后，划转至综合执法局统一行使；二是推进经济发达镇行政管理体制改革。组建以利通区为主、工业园区和市直有关部门参与的改革任务推进组，建立联席会议制度，明确责任部门工作职能，统筹协调经济发达镇改革任务推进工作。在镇与园区现有内设机构框架内，创新建立金积工业园区和金积镇内设机构运行机制，促进镇与园区内设机构有序衔接、有机融合。按照“依法下放、权责一致”的原则，在2019年赋权的基础上，将环境保护、城乡建设、社会管理等方面13项区级经济社会管理权限下放至金积镇，进一步厘清区、镇两级事权划分及权责边界。三是推进审批服务体制机制建设。为深化行政审批制度改革，创新行政审批管理体制，采取原单位进驻区政务大厅、设立分厅或代办等形式集中办理，将发改、农业农村、自然资源、卫健、民政、宗教、财政、工信和商务、文化旅游体育广电、事业单位登记管理局10个部门依法履行的85项行政审批事项划转审批服务管理局统一行使，选配4名干部到区审批服务管理局集中办理审批业务，实现“一枚印章管审批”。四是动态调整部门行政权力清单。按照“三级四同”规范化管理要求，全区有关部门对照《自治区行业系统权力清单指导目录》和“三定”方案，全面梳理调整各项权力事项，经部门上报、编办审核、司法局合法性审查，及利通区政府第43常务会议、区委第7次常委会会议研究通过，已调整完成20个部门共计1124项行政职权，涉及行政许可、行政处罚、行政强制等10类行政职权，真正做到权力梳理不漏项，实施依据引用准确、全面，切实维护政府部门权力清单的权威性、规范性和准确性。五是规范综合执法权力清单。2017年，利通区被列为市辖区综合执法改革试点县区，同年6月挂牌成立综合执法局，建立起“行业领域综合执法+跨领域跨部门综合执法+乡镇综合执法”的基层执法体系，实行“一支队伍”管执法。2020年，利通区根据自治区33个系统《权力清单指导目录》，对综合执法局权力清单进行统一规范，做到行政职权名称、编码、类型、依据基本相同，实现权力清单“三级四同”。

【编制管理】

2020年，利通区委编办抓实规范管理，在强化督查上下功夫。将机构编制工作列入区委督查、巡察，对“三定”规定执行、区委编委决策事项落实等工作进行重点督查，加快部门职责和业务的有机融合。一是立足职能职责，强化源头治理，制定《关于进一步规范机构编制管理工作的通知》《利通区机关事业单位工作人员调配办法》等3个规范性文件，明确招录、调动等人员进编用编计划审核流程，建立组织、人社、编制、财政部门协作机制。二是强化对事业单位监督管理，通过现场查看、查阅资料等方式，全面摸清事业单位履职运行情况，对核查中发现有问题的单位，发放实地核查整改通知书，提出明确的整改要求，督促及时整改到位，真正做到核查公开透明、全程留痕、取得实效，2020年，对17个事业单位法人公示信息进行了抽查、注销10个已撤销事业单位。三是将机构编制工作列入区委巡察内容，重点检查各单位履职情况，是否存在违规设置内设机构，违规超职数、超规格配备干部等情况，及时发现并纠正机构编制工作中存在的薄弱环节和突出问题，坚决维护机构编制的权威性和严肃性，切实为机构编制管理和改革服务。四是扎实开展事业单位调研评估工作，通过全面摸排、系统走访、查看资料、座谈交流等方式，组织人员对全区32个事业单位开展走访调研，对事业单位的布局结构、职责履行、机构编制执行及日常运行情况进行了解，为规范事业单位机构编制管理、盘活用好机构编制资源、继续深化事业单位改革打下坚持基；五是加大编制调配力度，先后2次对75名教师编制进行划转，为56名交流轮岗教师办理控编手续，解决安置96名特岗教师转正占编问题，进一步整合教育资源，有效发挥机构编制杠杆调节作用。

【队伍建设】

2020年，利通区委编办抓实业务工作，在队伍建设上下功夫。一是提升干部素质能力，深入开展机构编制系统“三强化三提升”活动，以学习《中国共产党机构编制工作条例》为着力点，教育引导党员干部勤于学习、善于钻研、勇于创新，全面提升专业知识、业务能力、专业精神，着力培养一批机构编制工作的“政策通”“活字典”。二是结合区委巡察反馈问题整改工作，以巡察整改为目标，进一步明确整改目标、整改内容、责任人和整改时限，严格对标整改方案落实整改措施，全员参与、上下联动、立行立改，建立健全规章制度，增强巡察整改落实的成果运用和转化，切实推动和保证整改工作落实到位。三是全面压实党建主体责任，持续深化形式主义、官僚主义突出问题整治，进一步理清工作思路，改进工作作风，强化责任担当，建立内部管理制度，明确干部责任分工，切实提高机关党建工作质量和水平，努力打造一支“政治坚定、作风扎实、纪律严明、服务高效”的机构编制队伍。

老干部工作

【概况】

利通区离退休干部党工委成立于2015年6月，未单独核定人员编制，老干部局局长（党工委书记）由区委组织部副部长兼任。随着利通区退休老干部人数逐年增加，为解决党工委“空挂”问题，确保老干部工作有人抓有人管，2017年6月经吴忠市编办同意，为利通区核增1名副科级离退休干部党工委专职副书记，利通组区委组织部同时定岗1名工勤岗事业编干部负责利通区老干部活动中心日常工作，2名“4050”人员作为服务及后勤工作人员。

【政治理论学习】

利通区离退休干部党工委将学习宣传贯彻习近平总书记视察宁夏重要讲话精神作为首要政治任务和头等大事，多措并举抓好学习贯彻。一是支部书记带头学。6月23日下午，利通区委老干部局举行学习贯彻宣传习近平总书记视察宁夏重要讲话精神和自治区党委离退休干部情况通报会精神的专题座谈会，对利通区学习贯彻“两个精神”进行部署，全区各离退休干部党支部书记参加。二是多种形式全面学。利通区离退休干部党员通过个人自学、集中研讨、专题座谈会等形式，不断加深老干部对习近平新时代中国特色社会主义思想精神内涵的认识和理解。三是创新形式深入学。支持鼓励一些有特长的离退休积极加入利通区“理论宣讲轻骑兵”队伍，采取面对面、微宣讲等群众喜闻乐见的方式到基层党员、普通群众等群体中广泛开展宣讲活动。退休干部董毅在东塔寺乡白寺滩村开展“葡萄架下话新风”微宣讲，让习近平总书记视察宁夏重要讲话精神接地气、冒热气，让老百姓听得懂、喜欢听，真正让党的理论走进田间地头。

【队伍建设】

利通区离退休干部一是选优配强支部班子。选配党性好、身体好、责任心强，有奉献精神的退休干部担任党支部书记或委员。2020年，利通区17个离退休干部党支部书记中，其中2个支部书记由年龄较大的在职干部担任，其余的全部为退休干部，平均年龄为65.3岁，6人在职时曾经担任过党组织书记。同时还要求各支部为退休党支部配备党建指导员，或由党务干部担任支部副书记，有力地补充了离退休干部党建工作力量。二是加强培训教育。将离退休干部教育培训列入全区干部教育培训计划，明确每年举办1期离退休干部党支部书记培训班，每年召开1次离退休党支部书记座谈会，并积极选调优秀支部书记参加吴忠市和自治区的各类培训。对马克思主义民族宗教观等内容更是经常学习，反复培训，确保老干部入脑入心，行有所止。三是严格进行换届选举。对党支部班子到期的，由各党委（工委）提前督促谋划，及时进行换届选举。对支部书记或支部委员不称职、发挥作用不明显或因个人原因无法继续担任现职的，及时进行调整，确保支部各项工作正常开展。

【阵地建设】

在利通区委政府的大力支持下，投入资金35万元建设利通区老干部服务中心，填补了利通区无活动中心的空白。

【活动开展】

利通区离退休干部将思想政治建设放在首位，落实全面从严治党要求，突出政治学习、党性锻炼和思想交流。一是常态化开展党内活动。利通区将“支部主题党日”确定为每月10日，每月10日各支部都会组织离退休干部、职工中的党员一起开展读原文、学原著、唱红歌、看红色电影、讲授微党课、开展志愿服务等多种多样的活动，确保党内基本制度的落实。二是常态化开展文化活动。坚持每年重阳节举办一次大型文体活动，每年春节举办一次茶话会。同时鼓励和支持有条件的乡镇、部门在“七一”“春节”等节日举办专场活动，或者开展书画、舞蹈等各类文体活动，通过活动引领，让离退休干部在政治上有荣誉感、组织上有归属感、生活上有幸福感，让他们的晚年生活“更有滋味”。

【制度建设】

利通区离退休干部结合区情实际，制定完善了离退休干部党员学习、领导干部联系走访、重大信息反馈等9项制度，并严格贯彻落实。区委组织部每年年初统一为各离退休干部党支部制作“党建一本通”，确保“三会一课”等各项党内制度落实到位、记录规范。

【经费保障】

利通区离退休干部按照吴利党办发〔2017〕20号文件规定的，按照每年每人不低于50元的标准确定老干部工作预算，2020年，区财政核拨老干部工作经费5万元。加大对各支部活动的支持力度，按照60%的比例返还离退休干部党员党费，为支部开展活动提供经费保障。

利通区人民代表大会

综　述

【概况】

2020年，利通区人大常委会共有利通区级代表191人，常委会委员31人。常委会设主任1名、副主任4名，常委会下设三委一办（代表联络与选举工作委员会、财经农业科教文卫工作委员会、民族宗教法制工作委员会和办公室）。2020年，区人大常委会紧紧围绕区委工作中心，聚焦大局，依法履职，锐意创新，在实干中展现新气象，在落实中展示新作为，工作高质量发展迈出坚实步伐，圆满完成区四届人大四次会议确定的目标任务。2020年召开常委会会议7次，组织开展视察检查11次，听取和审议“一府两院”专项工作报告17项，作出决议决定8项，为推进利通区民主法治建设和经济社会持续向好贡献了人大力量。

【党的建设】

利通区人大常委会以建设让党中央放心、让人民群众满意的模范机关为总揽，扎实开展“主题党日”活动，巩固提升“三强九严”工程，积极推进志愿服务常态化，研究制定区人大常委会党组和机关党支部全面从严治党主体责任清单，有效释放和提升人大工作活力。严格执行新形势下党内政治生活若干准则，积极开展谈心谈话、提醒约谈，党内政治生活质量进一步提升。认真贯彻落实民主集中制，召开党组会议13次，集体审议重要事项58项，常委会党组领导班子谋全局、议大事、抓大事的能力不断增强。及时听取党组成员落实“一岗双责”和人大机关脱贫帮扶问题整改、法治建设、意识形态等工作情况汇报，发挥了党组在人大工作中的领导核心作用。

【人事任免】

利通区人大常委会坚持党管干部原则与人大依法任免相统一，在任免的基础上，切实加强任后监督。严格执行任前法律考试、资格审查、供职发言、审议票决、宪法宣誓的任命程序，使党组织推荐的人选顺利通过法定程序成为国家机关的领导干部。2020年，共任免国家机关工作人员47人次，人民陪审员80人，补选市人大代表5人、利通区人大代表14人，对2名区人大代表作出暂停代表职务的决定。对区住房城乡建设和交通局、退役军人事务局等7个政府工作部门开展工作评议，通过实地调查、大会述职、民主测评、会议票决等方式，全面客观地评价部门主要负责人履职情况，激励任命干部不忘初心、牢记使命，慎终如始、依法履职。

【转变工作作风】

利通区人大常委会扎实开展落实中央八项规定及其实施细则精神情况自查自纠，深入开展以案说法警示教育，认真落实领导干部个人重要事项报告制度，干部拒腐防变的思想防线进一步树牢。注重发挥正向激励作用，季度考核、评先推优强化作为意识，广泛开展节约型机关创建、全国文明城市创建等活动，推动干部担当作为。机关干部在脱贫攻坚政策落实、产业帮扶、扶危济困等方面全向用力，为利通区顺利通过脱贫攻坚成效省级交叉考核验收作出了积极努力。做好人大信访工作，及时转办信访案件，督促相关部门解决了一些事关群众切身利益的问题。加强对外交流，全年接待外省县（市、区）人大来利考察学习5批次，宣传了利通、交流了经验、拓展了友谊。

【思想政治建设】

利通区常委会把加强思想教育作为首要政治任务，严格落实常委会党组理论学习中心组集体学习、常委会组成人员会议学习、人大代表履职学习和机关干部日常学习四级联动学习制度，深入学习贯彻党的十九大、十九届二中、三中、四中、五中全会精神，习近平总书记关于坚持和完善人民代表大会制度的重要思想和视察宁夏重要讲话精神，着力在学懂、弄通、做实上下功夫，做到全面认识、深刻理解、准确把握。先后开展党组理论学习中心组学习14次、专题研讨交流10次，以扎实的理论武装，增强“四个意识”、坚定“四个自信”、做到“两个维护”，确保人大工作方向不偏，初心不移。

【重大事项监督】

利通区常委会坚持把审议决定重大事项作为履职重点，认真落实“各级政府重大决策出台前向本级人大报告”的要求，在关系高质量发展、生态保护、调整预算资金使用等方面，规范行使决定职权、作出审议意见，先后作出批准区本级财政2020年地方政府债券项目预算、2016年地方政府债券资金项目、2020年，区本级财政抗疫特别国债和地方政府债券项目预算调整的决议，总计调整预算资金3.65亿元，保障了农村供水工程、农村厕所改造及污水处理、美丽村庄建设、教育卫生信息化建设等21个项目的实施。

【财政监督】

利通区人大常委会面对艰巨繁重的改革发展任务，我们坚持聚焦重点难点，做到精准有效监督。听取和审议关于优化营商环境、产业高质量发展、重点项目建设、计划财政执行等工作情况报告，就深入贯彻新发展理念、做好“六稳”工作、落实“六保”任务、深化“放管服”改革等问题，提出有针对性的意见建议，推动了经济发展稳中有进。听取和审议财政预算、预算执行调整等报告，要求财政部门树牢过紧日子的思想，加强资金绩效管理，努力克服收支矛盾，严格控制债务风险，推动人大预算审查监督重点进一步向支出预算和政策拓展。依法听取国有资产管理情况报告，促进国有资产保值增值。听取和审议审计查出问题整改情况的报告，强调要加强问题整改，推动应改尽改，2019年审计查出问题176个，整改到位153个，依法维护审计监督的严肃性。

【民生事业监督】

利通区人大常委会坚持以人民为中心的发展思想，把人民群众普遍关注的热点问题列入监督计划，推动民生改善。区四届人大四次会议期间，代表们高度关注教育工作，常委会聚焦优质教育资源均衡发展开展调查，作出审议意见，跟踪督促落实，推动城乡教育资源配置不平衡和大班额等问题得到有效解决。习近平总书记视察宁夏时提出“要努力建设黄河流域生态保护和高质量发展先行区”，常委会牢记总书记殷切嘱托，开展生态环境建设专项检查，听取全区环境保护目标完成情况的报告，督促打好蓝天、碧水、净土保卫战，推动环保意识深入人心、生态环境持续向好。今年是脱贫攻坚决战决胜之年，常委会认真贯彻区委收官战工作部署，对脱贫攻坚情况进行专项视察，听取和审议工作情况报告，持续推进“四查四补”问题整改落实。

【普法监督】

利通区人大常委会高度关注“七五”普法收官工作，对区人民政府执行“七五”普法决议情况开展调查，提出要突出普法的针对性、提升普法的实效性等建议，督促强化法治政府建设，加强全民法治宣传，做好规范性文件备案审查工作，区人民政府及其工作部门始终坚持依法行政，人大代表主动在普法综治工作中发挥示范引领作用，广大人民群众积极学法用法、守法遵法，全社会共建共治共享的氛围日益浓厚。

【扫黑除恶监督】

利通区人大常委会2020年是实现扫黑除恶专项斗争三年为期目标的决胜之年，常委会坚持把扫黑除恶专项斗争作为一项重要任务，持续加强监督与支持，对全区扫黑除恶专项斗争进行视察，集中听取和审议区人民政府、人民法院、人民检察院、公安分局3年来扫黑除恶专项斗争工作情况报告，提出紧密结合“一十百千万”及“六清”行动，压紧压实政治责任、提升线索处置水平、保持高压震慑态势、建立长效常治机制等建议，全力助推扫黑除恶专项斗争向纵深推进、取得全面胜利。

【代表培训】

利通区人大常委会坚持集中培训和走出去培训相结合，通过组织参加区市人大培训、外出培训和委托乡镇培训等途径，分批次、多主题、多层次、多地点培训四级人大代表400多人次，让代表不断成长，厚积薄发，促进了代表履职能力和水平的稳步提升。严格落实常委会第一议题学习制度和执法检查前学法制度，引导常委会成员学在前、想在前、干在前。

【代表履职】

利通区人大常委会积极开展代表主题实践活动，搭建代表履职平台。全年共安排160多名代表参加人大常委会执法检查、专题调研、建议督办，列席区委常委会会议、全委会会议，参与“一府一委两院”相关活动。完善议案建议交办督办机制，积极开展建议办理情况督查、视察、评议及满意度测评，一批群众关心的问题得到解决。区四届人大四次会议代表提出的32件议案建议和批评意见，办理率85.7%，代表满意率100%。关于继续加大老旧小区改造力度的议案，涉及43个老旧小区，5737户群众受益；关于建设五里坡奶牛生态养殖基地供水工程的建议，解决了1800人、10万头奶牛安全饮水和3374亩生态绿化供水问题。

【完善代表履职机制】

利通区人大常委会健全常委会领导和工作委员会联系乡镇人大工作、政情通报等制度，加强乡镇“人大代表之家”规范化建设运行，常态化开展“代表接待日”活动。研究制定了《利通区人大代表活动经费管理使用的意见》，将无固定收入代表参加履职活动补助标准由每人每天100元提高到150元，代表在闭会期间参加活动的通信交通费用按照每人每年600元的标准一次性发放包干使用。

【调查研究】

利通区人大常委会坚持把调查研究作为做好人大工作的重要抓手和关键举措。2020年，常委会领导、各工作委员会，围绕学习贯彻党的十九届五中全会精神和习近平总书记视察宁夏重要讲话精神，切实落实包抓乡镇、联系贫困村、重要会议精神宣讲等工作责任，带头深入基层一线，察看真实情况，倾听群众呼声。结合检查法律法规的实施、听取和审议专项工作报告，共形成调查报告和研究成果10多篇，为区委决策部署提供有益参考。

重要会议

【第26次常委会会议】

2020年2月26日，利通区第四届人大常委会第26次会议在区人大常委会议室召开。区人大常委会主任陈宇主持会议，副主任马金鹏、闵波，张志军、郭建成出席会议。区委常委、政府副区长赵彦林，区纪委副书记、监委副主任马文霞列席会议。

会议学习了自治区十二届人大三次会议精神和《宁夏回族自治区人大常委会关于依法防控新型冠状病毒肺炎疫情坚决打赢疫情防控阻击战的决定》，向区人民政府转交了区四届人大四次会议代表议案建议，审议通过了区人大常委会2020年工作要点，表决了关于接受丁学林、马卫宁、牛旭升辞去区四届人大常委会委员职务请求的决定和关于接受刘海、王彦萍辞去区监察委员会委员职务请求的决定。表决通过了区人大常委会、区人民政府和区监察委员会提请的人事任免议案，任命马玲红为区人大常委会办公室副主任，决定任命张庆华为利通区财政局局长、牛旭升为利通区自然资源局局长、曹瑞瑛为利通区监察委员会委员；决定免去李国强的区财政局局长职务、张庆华的区自然资源局局长的职务，刘海、王彦萍的区监察委员会委员的职务。

【第27次常委会会议】

2020年4月23日，利通区第四届人大常委会第二十七次会议在区人大常委会议室召开。区人大常委会主任陈宇主持会议，副主任马金鹏、闵波、张志军、郭建成出席会议。区委常委、纪委书记、监委主任兰林，区委常委、政府副区长赵彦林，区人民法院院长郭勤，区人民检察院检察长韩震列席会议。

会议学习了《中华人民共和国宪法》和自治区扶贫开发领导小组2020年第1次会议暨全区脱贫攻坚“四查四补”工作会议精神，听取了区人民政府关于执行《宁夏回族自治区人大常务委员会关于依法防控新型冠状病毒肺炎疫情坚决打赢疫情防控阻击战的决定》和全区春季植树造林工作情况的报告，听取和审议了区人民政府关于优化营商环境工作情况的报告，通过了2016年地方政府债券资金项目调整方案和2020年地方政府债券资金项目预算调整方案，表决通过了区人民政府、区监察委员会和区人民法院提请的人事任免议案。决定任命：马英明为利通区农业农村局局长，杨晓勃为利通区监察委员会副主任；决定免去：卢耀伏的区农业农村局局长职务，高敬原的区监察委会副主任职务。决定任命：马红英、马丽琴、马国君、马忠云、马学伏、马春梅、马晓龙、王小琴、王学燕、王艳霞、王晶晶、韦建平、艾兆林、白秀琴、成飞雪、乔新波、任水静、任保玉、庄磊、刘静华、关秀玲、闫宏、芦会琴、李海兵、李翠霞、李霞、杨金跃、吴冬梅、张丽、陈学礼、金树凯、金萍、金维成、赵金学、胡建宁、贺淑芳、聂永梅、铁占明、高明举、唐美丽、梁慧华、景淑琴、曾洁、裴灵星44人为利通区人民法院人民陪审员。

【第28次常委会会议】

6月30日，利通区人大常委会主任陈宇主持召开区四届人大常委会第二十八次会议，副主任马金鹏、闵波、张志军、郭建成出席会议。区委常委、政府副区长卓恺浩，区人民法院院长郭勤，区人民检察院代理检察长郭生鹏列席会议。

会议学习了《中华人民共和国民法典》、全国两会精神和习近平总书记视察宁夏重要讲话精神，听取和审议了区人民政府关于贯彻执行《中华人民共和国传染病防治法》《突发公共卫生事件应急条例》的情况报告、关于全区优质教育资源均衡发展情况的报告、关于“七五”普法决议执行情况的报告，表决通过了《关于撤销胜利镇金星镇设街道办事处的决议（草案）》，对区住房城乡建设和交通局、退役军人事务局、审批管理服务局工作进行了工作评议，通过了区人民法院和区人民检察院提请的人事任免议案。任命：郭生鹏为利通人民检察院检察员、检察委员会委员、副检察长、代理检察长；决定任命：马俊成、马晓波、张爱玲、田林浩、李剑5名同志为利通区人民法院审判员。

【第29次常委会会议】

2020年9月15日，利通区第四届人大常委会第二十九次会议在区人大常委会议室召开。区人大常委会主任陈宇主持会议，副主任马金鹏、闵波、张志军、郭建成出席会议。区委常委、纪委书记、监委主任兰林，区委常委、政府副区长宗立冬、卓恺浩，政府副区长马长军，区人民法院院长郭勤，区人民检察院代理检察长郭生鹏，政府各工作部门主要负责人，高闸镇、扁担沟镇、金星镇、马莲渠乡人大主席列席会议。

会议学习传达了宁夏回族自治区第十二届党委第十一次会议精神，听取和审议区人民政府关于2020年重点项目建设情况的报告、利通区2020年上半年国民经济和社会发展计划执行情况的报告、利通区2019年本级决算和2020年上半年本级预算执行情况的报告、2019年度利通区本级预算执行和其他财政收支情况的审计工作报告，听取了区人民政府依法管理宗教事务的报告。审议通过了《利通区本级财政2018年和2019年地方政府债券资金项目调整方案》和《利通区本级财政2020抗疫特别国债和地方政府债券项目预算调整方案》，对农业农村局、应急管理局进行了评议，通过了区人民政府、区人民法院、检察院的人事任免事项。

【第30次常委会会议】

2020年10月30日，利通区第四届人大常委会第三十次会议在区人大常委会议室召开。区人大常委会主任陈宇主持会议，副主任马金鹏、闵波、张志军、郭建成出席会议。区人民政府副区长马学平，区人民法院院长郭勤，区人民检察院代理检察长郭生鹏，政府各工作部门主要负责人，高闸镇、金星镇、马莲渠乡人大主席列席会议。

会议学习传达了中国共产党第十九届中央委员会第五次全体会议精神和习近平总书记在决战决胜脱贫攻坚座谈会上的重要讲话精神，听取和审议了区人民政府关于全区扫黑除恶专项斗争、环境污染治理、脱贫攻坚、国有资产管理4个工作报告，书面审议了融通城乡建设投资有限公司企业国有资产管理情况的报告和区人民法院、人民检察院、公安分局近3年来扫黑除恶专项斗争工作情况的报告，对区文化旅游体育广电局、医疗保障局工作进行了评议，通过了有关人事任免事项。

【第31次常委会会议】

2020年12月22日，利通区第四届人大常委会第三十一次会议在区人大常委会议室召开。区人大常委会主任陈宇主持会议，副主任马金鹏、闵波、张志军出席会议。区人民政府副区长赵丽亭，区人民检察院代理检察长郭生鹏，区人民法院副院长张道春，区纪委副书记、监委副主任杨晓勃，区政府各工作部门主要负责人，高闸镇、金星镇人大主席列席会议。

会议学习传达了中央全面依法治国工作会议精神，听取和审议了区人民政府关于全区基层治理工作情况报告和区四届人大三次会议代表议案建议办理情况的报告，书面审议了全区产业高质量发展情况的报告。补选了杨彦炜、宗立冬、温丽娟、郭生鹏、周茂五名同志为利通区出席吴忠市第五届人民代表大会的代表。通过了区人民政府和区人民法院提请的人事任免事宜。

【第32次常委会会议】

2020年12月25日，利通区第四届人大常委会第三十二次会议在区人大常委会议室召开。区人大常委会主任陈宇主持会议，副主任马金鹏、闵波、张志军出席会议。副主任马金鹏、闵波、张志军出席会议。区人民检察院代理检察长郭生鹏，列席会议。

会议学习传达了中央经济工作会议精神，听取和审议了区审计局《关于2019年度利通区本级预算执行和其他财政财务收支审计查出问题整改落实情况的审查报告》、审议通过了《利通区本级财政2020年地方政府债券资金项目预算调整方案》，关于区四届五次人民代表大会代表资格审查报告、关于提名补选四届人大常委会委员的决定（草案），审议通过了召开区四届人大五次会议有关事宜，讨论了《吴忠市利通区人大常委会工作报告》，通过了区人民检察院提请的人事任免事宜。

利通区人民政府

综 述

【概况】

利通区人民政府共有22个政府工作部门。其中包括政府办公室、发展和改革局、教育局、科学技术局、工业信息化和商务局、民政局、司法局、财政局、人力资源和社会保障局、自然资源局、住房城乡建设和交通局、水务局、农业农村局、文化旅游体育广电局、卫生健康局、退役军人事务局、应急管理局、审计局、统计局、综合执法局、医疗保障局、审批服务管理局。利通区政府直属事业单位共有4个。其中包括吴忠林场、机关事务管理中心、城乡环境卫生管理中心、吴忠市供销社。利通区政府下属的国有企业为吴忠市利通区融通城乡建设投资有限公司。2020年习近平总书记视察宁夏并亲临利通，发出了“脱贫、全面小康、现代化，一个民族也不能少”的伟大号召，全区上下倍感温暖、备受鼓舞、倍增信心，在利通区发展史上具有里程碑意义。一年来，面对艰巨繁重的改革发展稳定任务和新冠疫情的严重冲击，全区上下坚持以习近平新时代中国特色社会主义思想为指导，深入学习贯彻党的十九大和十九届二中、三中、四中、五中全会精神，全面贯彻落实习近平总书记视察宁夏重要讲话精神，在市委、市政府和区委的坚强领导下，在区人大、政协的监督支持下，牢固树立新发展理念，坚持稳中求进工作总基调，科学有效防控疫情，扎实做好“六稳”工作，全面落实“六保”任务，坚决打好“三大攻坚战”、守好“三条生命线”，“十三五”规划圆满收官，全面建成小康社会取得决定性成就。全区实现地区生产总值200.65亿元，增长3.9%，固定资产投资同比增长17.5%；社会消费品零售总额85.4亿元，同比下降7.6%；公共财政预算收入3.2亿元，同口径下降3%；公共财政预算支出23.7亿元，同比增长16.8%；城镇居民人均可支配收入33977.3元，同比增长5.2%；农村居民人均可支配收入17512.3元，同比增长7.6%。

【项目建设】

利通区全年实施各类项目87个，完成投资76.6亿元。争取项目资金16.5亿元，完成全年任务的103.1%。招商引资到位资金42.5亿元，完成全年任务的104.9%。

【创新驱动】

利通区政府争取沿黄试验区科技创新项目115个，实施高新技术产业项目17个，落实奖补资金5904万元。全社会R&D投入强度达1.05%，每万人有效发明专利拥有量2.56件。培育国家高新技术企业12家、科技型中小企业19家，培育自治区科技型“小巨人”企业等22家、“专精特新”企业23家，打造恒丰瑞斯特等规上研发企业34家。智源农机等40家企业和四川大学等区内外科研院所、大专院校建立产学研合作基地，完成技术合同登记交易额1.48亿元，建成复合调味品等研究中心和实验室7个。战略性新兴产业占规上工业增加值的20%。

【现代农业】

利通区政府深入推进国家现代农业产业园建设，奶牛科技服务中心建成运营，五里坡奶牛养殖四期、肉牛养殖基地加快建设，新建奶牛、肉牛规模养殖场38家，奶牛、肉牛、肉羊存栏分别达到17万头、9万头、25.6万只。伊利三期建成投产，成为全球最大的液态奶加工厂。新增高效节水灌溉面积2.16万亩，治理高标准农田1.15万亩，优质粮食种植面积27.8万亩、蔬菜6.2万亩、经果林4.86万亩、饲草22.7万亩。成立奶业、草畜、瓜菜、葡萄4个教授博士工作站。完善利益联结机制，组建农业产业联合体4家，培育农业产业化龙头企业6家、示范合作社20家、星级家庭农场8家。自治区奶产业、绿色食品产业现场会在利通区召开，利通区被认定为自治区现代农业科技示范展示区，顺利通过国家农产品质量安全县复验。

【服务行业】

利通区政府落实自治区服务业发展引导资金1100万元，实施西麒麟科技研发中心、黄河精品观光带等项目27个，夜妹巷观光夜市开街运营，建成电子商务公共服务中心，牛家坊现代服务业集聚区、万达金街、光耀美食街等特色商圈辐射带动效应不断增强。开展首届电商美食节等促销活动25场次，带动消费1.12亿元，“多彩利通·美味之城”品牌影响力不断扩大。全力打造医养研学游于一体的健康产业园，引进陈氏康复医院等企业6家，创建为自治区现代服务业集聚区。积极开展“两晒一促”文旅推介活动，新增3A级景区2家、三星级农家乐3家，石佛寺村成功入选全国乡村旅游重点村名录。全年接待游客161万人次、旅游收入5800万元，分别增长15.1%、25%。

【城乡面貌】

利通区政府全面完成油粮桥等10个村“多规合一”村庄规划编制，落实“一村一年一事”111件，精心打造刘湾等7个美丽村庄、李桥万亩蔬菜等4个特色产业村。改造老旧小区43个、抗震宜居房2465户，拆除整治农村“空心房”407户，征地拆迁162户，新建农村道路37公里，植树造林绿化2.86万亩。加快推进现代化生态灌区建设，实施苦咸水质改造项目，安装节水一体化监测计量设施236套，铺设农村供水末端管网30千米，农村供水保证率、自来水入户率分别达95%、99.6%。大力实施“深度机械洗扫＋人工及时保洁”清扫模式，新增金积镇区等城市保洁面积150万平方米，城市环境卫生综合机扫率达到90%。接续打好春夏秋冬农村人居环境综合整治攻坚战，强化农村生活污水和黑臭水体治理，敷设集中收集管网147千米，新建农村公厕4座，改厕1.71万户，农村卫生厕所普及率达到90.5%，被评为全国村庄清洁行动先进县区。更换城区分类垃圾桶1500个，打造城乡垃圾分类示范点28个，生活垃圾无害化处理率保持在100%，被评为全国农村生活垃圾分类及资源化再利用示范县，入选2020中国乡村振兴百佳示范县市。

【生态建设】

利通区政府全力打好蓝天、碧水、净土保卫战，实施城乡公共机构清洁能源“双替代”改造68家，安装热风机、热炕板1.2万户，建成标准化清洁煤配送中心3个，整治“散乱污”企业8家。严控秸秆、扬尘、油烟污染，全年空气优良天数307天。常态化推进“携手清四乱、保护母亲河”等四大行动，排查处置各类河湖问题70个，完成水域岸线管理范围划界，实施汉渠灌域农村水系连通工程，新建水质、水量断面监测站15个，清水沟被评为自治区示范河湖。重点入黄排水沟水质保持在Ⅳ类标准，黄河利通断面水质稳定保持在Ⅱ类优水质。综合防控农业面源污染，建成年产10万吨有机肥厂2个，主要农作物测土配方施肥技术推广覆盖率达到90%，规模养殖场畜禽粪污处理设施配套率达100%。

【民生事业】

利通区政府公共财政投入民生领域资金21.3亿元，占一般公共预算支出的88%。坚持就业优先政策，创建市级创业孵化示范基地2个，城镇新增就业4325人，农村转移就业2.27万人，实现劳务收入2.2亿元，城镇登记失业率控制在3.86%。城乡低保标准分别增长7%和20%，发放各类救助资金8000万元。城乡居民基本养老保险和基本医疗保险参保率分别达91%、95%。新增城市社区6个，建成日间照料中心、儿童之家等20个，新华社区被评为全国文明单位。退役军人稳定就业283人，社保接续377人。顺利完成第七次全国人口普查现场登记。新建改扩建幼儿园、中小学9所，大班额占比降至2.85%，公办园在园幼儿占比达到52%以上，普惠性幼儿园覆盖率达到83%。协同推进“互联网＋教育”，建立教研帮扶共同体11个，打造自治区级标杆学校3所。高标准通过国家义务教育质量监测，被评为全国首批民族地区“智能教育试验区”。文化惠民扎实推进，建成图书分馆5个，改造提升村级文化服务中心26个，举办各类文化演出300场次。新建全民健身场馆7个，成立自治区首家县级“足球青训分中心”，利通区代表队在自治区青少年锦标赛摘获9金。扎实推进分级诊疗和“互联网＋医疗健康”，县域医联体平台主体建成，116个乡村卫生院室诊疗联入市人民医院实时会诊网。金积中心卫生院“优质服务基层行”被国家卫生健康委通报表扬。

【脱贫攻坚】

利通区政府紧盯“两不愁三保障”，精准落实“四查四补”，发放产业扶贫资金842万元、小额贷款3867万元，扁担沟扶贫肉牛养殖园入栏肉牛1407头，种植订单小番茄、红梅杏等特色经果林1.1万亩，认证消费扶贫产品10个，销售额达3544.7万元，带动851户贫困户发展致富产业。实施扶贫培训741人次，新建扶贫车间2个，新增公益性岗位237个。补助“四类”家庭学生334.4万元，贫困群众医疗兜底57.5万元。解决“十二五”劳务移民“多人多代”住房96户，“四类重点户”危房改造动态清零。剩余95户360名建档立卡贫困人口如期脱贫，代表宁夏非重点县顺利通过国家脱贫攻坚成效省际交叉考核验收。

【行政效能】

利通区政府坚决守好促进民族团结生命线，常态化开展民族团结进步宣传教育“十进”活动，全面铸牢中华民族共同体意识。成功创建全国民族团结进步示范区，马莲渠乡等7个单位被评为自治区民族团结进步示范单位。坚持宗教事务法治化管理，“五进”宗教场所实现全覆盖，民族和睦、宗教和顺、社会和谐的局面更加巩固。纵深推进扫黑除恶专项斗争“六清”行动，严厉打击非法集资、电信诈骗等行为，八类刑事案件同比下降29.7%，挽回损失700万元。扎实开展信访“三无”县区创建，持续巩固人民调解“四张网络”，调处疑难复杂矛盾纠纷524件，成功率96.1%。成立社区矫正委员会，创建法律“八进”示范点30个，150个三级综治中心实现信息互联共享。综合执法处罚各类违法违规行为1800起，群众投诉事项办结满意率99.1%。深入推进安全发展示范城市创建和安全生产专项整治三年行动，安全生产形势总体平稳。

坚持以党的政治建设为统领，全面落实从严管党治党重大政治责任，严守党的政治纪律和政治规矩，严格落实重大事项请示报告制度和意识形态工作责任制，政府自身建设全面加强。自觉接受人大、政协和社会各界监督，办理人大代表议案建议32件、政协委员提案149件，办复率均达到100%。深入推进法治政府建设，坚持政府常务会议学法制度，重大事项决策法律顾问全程参与。全面推进法治政府建设，行政权力清单向社会公开，简并废止税收业务597项，政务服务事项可“不见面”办理率达80.2%，办理时限压减率84.3%。严格落实党风廉政建设责任制，从严执行中央八项规定及其实施细则精神，持之以恒纠治“四风”，文件、会议分别减少30%和24%，一般性支出和非刚性支出压减10%。完成14名领导干部离任经济责任审计和60个政府投资项目审计，查处的扶贫、民生领域作风问题全部整改到位。工会、共青团、妇联、供销、机关事务、气象、人民武装、残疾人、关心下一代等工作取得新成绩。

重要会议

【政府全体会议】

3月4日上午，利通区政府党组书记、区长李玉山主持召开区政府第四次全体会议暨廉政工作会议，深入学习贯彻习近平总书记在统筹推进新冠疫情防控和经济社会发展工作部署会议上的重要讲话精神，紧紧围绕区政府工作报告确定的目标任务，动员全区上下以更坚定的信心、更顽强的意志、更果断的举措，迎难而上、真抓实干，把耽误的时间抢回来，把落下的进度赶上来，最大限度减少疫情对经济社会发展的影响，全面完成2020年经济社会发展各项目标任务，确保与全国全区同步全面建成小康社会。

区政府全体组成人员，政府各部门、各直属事业单位主要负责人在主会场参加会议；各乡镇政府主要负责人在分会场参加视频会议；会议以书面形式印发政府工作报告任务分工和各副区长对分管工作的具体安排，区委常委、纪委书记、监委主任兰林同志应邀围绕落实党风廉政建设责任制，加强政府系统党风廉政建设作讲话。

会议指出，2020年是全面建成小康社会实现之年，是完成“十三五”规划和全面打赢脱贫攻坚战收官之年，做好经济社会各项工作任务非常艰巨、责任特别重大。尤其是面对新冠疫情对经济社会发展造成的较大冲击，一定要用全面、辩证、长远的眼光看待当前的发展，要深刻认识到疫情的冲击是短期的、总体上是可控的。各级各部门要把心思和精力聚焦到区委、政府的决策部署上来，下定决心、坚定信心，变压力为动力、善于化危为机，坚持干字当头、实字托底，紧盯目标加油干、对标职责加油干、聚焦民生加油干，确保全年各项任务全面完成。

会议强调，要坚持要求不变、标准不降、节奏不乱，毫不放松地抓紧抓实抓细疫情防控工作。各级领导干部必须坚决克服麻痹思想、厌战情绪、侥幸心理、松劲心态，按照外防输入、阻断传播的防控要求，坚定必胜信念，保持清醒头脑，勇于担当作为，紧而又紧、实而又实、严而又严、细而又细落实各项防控工作举措，不获全胜决不轻言成功；要坚持精准施策、靶向发力、奋力赶超，努力实现全年经济社会发展目标任务。各乡镇、各部门要严格按照“六个坚定不移”的部署要求，精准分析疫情对不同行业、不同领域的影响，制定更有针对性的工作预案，出台更加有效的增补措施，强化责任，细化措施，明确节点，做到定人、定岗、定任务、定时限、定要求，以“钉钉子”“实打实”“硬碰硬”的精神抓好落实，确保各项目标任务按时、按点、保质、保量完成；要坚持党的领导、强化约束、廉洁从政，全面加强政府系统党的建设。各乡镇、各部门要切实扛起管党治党的政治责任，把深入学习贯彻习近平新时代中国特色社会主义思想作为首要的政治任务抓紧抓好，跟进学习习近平总书记最新重要讲话和重要指示批示精神，自觉在思想上政治上行动上同以习近平同志为核心的党中央保持高度一致，确保各项工作沿着正确的方向前进。要坚持依法行政，强化监督管理，牢固树立“法定职责必须为、法无授权不可为”理念，自觉把法治精神贯穿到政府工作全过程、各领域。要强化责任担当，狠抓工作落实，以“咬定青山不放松”的韧劲、“不破楼兰终不还”的拼劲，在大战大考中砥砺初心使命。要筑牢廉政防线，落实“一岗双责”，严格落实全面从严治党主体责任，带头履行“一岗双责”，坚持把党风廉政建设贯穿于政府工作全过程，与经济工作同部署、同检查、同考核、同落实，时刻把纪律规矩挺在前面，做好自己、抓好班子、带好队伍，全面加强政府系统党的建设。

会议要求，奋斗创造历史，实干成就未来。全区上下要更加紧密地团结在以习近平同志为核心的党中央周围，切实把思想和行动统一到区委、政府的决策部署上来，以时不我待的奋进姿态，万众一心加油干，越是艰险越向前，全身心地投入到今年各项工作中去，坚决打赢疫情防控的人民战争、总体战、阻击战，全面打赢脱贫攻坚战，确保与全国同步全面建成小康社会，为建设好经济繁荣民族团结环境优美人民富裕的美丽新宁夏作出新的更大贡献!

【区政府四届第41次常务会议】

1月28日召开，利通区委

副书记、政府区长李玉山主持。会议学习了习近平总书记在中央政治局常委会会议研究新型冠状病毒感染的肺炎疫情防控工作时的重要讲话精神，自治区党委2020年第五次常委会（扩大）会议精神，自治区应对新型冠状病毒感染肺炎疫情工作指挥部第一次会议精神，《陈润儿、咸辉同志暗访督查新型冠状病毒感染的肺炎疫情防控工作情况的通报》；听取了利通区疫情防控工作情况汇报；安排部署了下一步疫情防控工作。

【区政府四届第42次常务会议】

2月15日召开，政府区长李玉山主持。会议传达学习了中共中央政治局常委会会议和习近平总书记在北京调研指导新型冠状病毒感染肺炎疫情防控工作时的重要讲话精神及国务院常务会议精神，自治区党委常委会、政府常务会关于传达学习习近平总书记等中央领导同志关于安全生产工作的重要指示批示的会议精神，自治区新型冠状病毒感染肺炎疫情防控工作视频会议精神，市委2020年第6次常委会（扩大）会议精神，并研究贯彻意见；听取了防控新型冠状病毒感染肺炎疫情专项资金拨付使用工作的汇报，疫情防控和春耕备耕情况工作的汇报，疫情防控和企业复工复产工作情况的汇报及项目建设进展情况的汇报，并安排部署相关工作。

【区政府四届第43次常务会议】

3月10日召开，利通区政府区长李玉山主持。会议学习贯彻中央决战决胜脱贫攻坚座谈会精神，研究审议《利通区关于应对新型冠状病毒肺炎疫情影响促进经济社会健康发展的政策措施（送审稿）》《利通区农村人居环境长效管护实施方案》《利通区2020年老旧小区改造实施方案（送审稿）》《利通区牛家坊民俗文化村现代服务业集聚区实施方案（送审稿）》。会议还传达学习了中央、自治区农村、政法工作会议和全国扫黑除恶、发改、审计工作会议精神，并研究贯彻意见；研究审议了《关于吴忠市利通区各类应急预案修订情况的说明》《利通区“五级人才”服务“三农”工作实施方案（送审稿）》及其他事项。

【区政府四届第44次常务会议】

3月26日召开，利通区政府区长李玉山主持。会议传达学习习近平总书记在中央政治局第十九次集体学习时的重要讲话精神，自治区安委会办公室《关于切实加强涉疫场所和复工复产安全防范的通知》精神，听取全区安全生产及加强涉疫场所和复工复产安全防范情况汇报和全区一季度经济运行情况汇报，研究审议《吴忠市利通区安全生产委员会2020年工作要点（送审稿）》，安排部署有关工作。还传达学习自治区党委办公厅《关于印发宁夏回族自治区法治政府建设与责任落实督察工作实施办法的通知》精神，全区财政收支执行工作会议精神，并研究贯彻意见；听取全区脱贫攻坚“四查四补”工作情况汇报和全区第一季度生态环保工作汇报，研究审议《利通区法治政府建设与责任落实督查工作实施细则（送审稿）》《利通区关于解决“十二五”劳务移民“多代多人”家庭住房困难问题的实施案（送审稿）》《2020年利通区生态环境保护重点工作暨主要目标任务分工方案（送审稿）》及其他事项。

【区政府四届第45次常务会议】

5月6日召开，利通区政府区长李玉山主持。会议传达学习了国家统计局《关于严格依法统计切实保障统计数据质量的通知》、2020年自治区统计工作会议精神、王和山同志在全区市场监督管理暨药品监督管理工作电视电话会议上的讲话，并研究贯彻意见；听取中央环保督察“回头看”及水环境问题专项督查反馈意见整改落实情况、全区第一季度经济运行情况的汇报；会议还研究审议了《利通区2020年第二批自治区财政专项扶贫资金和地方债资金使用方案（送审稿）》相关事宜及其他事项。

【区政府四届第46次常务会议】

5月22召开，区政府区长李玉山主持。会议传达学习自治区党委常委会会议精神，研究审议《利通区2020年低温冻害农业生产救灾补助资金使用实施方案（送审稿）》、利通区扁担沟镇五里坡奶牛养殖基地四期供水管网联通工程等事项，安排部署相关工作。

【区政府四届第47次常务会议】

6月4日召开，政府区长李玉山主持。会议传达学习了全国两会精神，研究审议《吴忠市利通区贯彻落实国家统计督察反馈意见整改方案（送审稿）》《金积镇镇区纳入城市环卫作业管理体系的工作方案（送审稿）》《吴忠市利通区扁担沟镇美丽村庄提升改造项目建设方案（送审稿）》等有关事宜。

【区政府四届第48次常务会议】

6月24日召开，利通区委副书记、政府区长李玉山主持。会议传达了学习习近平总书记视察宁夏重要讲话精神，审议了《利通区全面落实“六保”任务实施方案（送审稿）》《利通区乡村治理试点项目工作方案（送审稿）》《利通区2020年农村生活污水集中收集处理项目（第二批）实施方案（送审稿）》《胜利镇、金星镇撤镇设街道办事处工作审核情况（送审稿）》等事项，研究了实施利通区苦水河（赵家沟段）防洪工程、利通区县域社会治理现代化试点工作网格员工资（补贴）拨付等有关事宜，安排部署下一步工作。

【区政府四届第49次常务会议】

8月4日召开，利通区政府区长李玉山主持。会议传达学习了习近平总书记关于防汛救灾工作的重要批示及全国防汛抗洪救灾工作专题视频会议精神和自治区党委《关于深入学习贯彻习近平总书记视察宁夏重要讲话精神继续建设经济繁荣民族团结环境优美人民富裕的美丽新宁夏的决定》，听取安全生产和应急管理工作汇报，安排部署有关工作；研究审议了《利通区乡村振兴示范区创建实施方案（送审稿）》有关事宜及其他事项。

【区政府四届第50次常务会议】

8月28日召开，利通区政府区长李玉山主持。会议传达学习了《中华人民共和国公职人员政务处分法》和咸辉同志在全区推进法治政府建设工作电视电话会议上的讲话；听取上半年退役军人事务工作情况汇报，安排部署下一步工作；审议《利通区落实完善社区治理体系高治理能力“六增六提”行动措施（送审稿）》；研究利通区2020年第一批科技发展计划项目及补助资金有关事宜及其他事项。

【区政府四届第51次常务会议】

10月13日召开，利通区政府区长李玉山主持。会议传达学习了习近平总书记在全国抗击新冠肺炎疫情表彰大会上的重要讲话精神和陈润儿同志在全区抗击新冠肺炎疫情表彰大会上的讲话、《宁夏回族自治区申请使用中央预算内投资项目管理办法（试行）》；听取了2020年上半年利通区政务公开工作汇报、利通区2020年1—9月份经济运行情况汇报，安排部署下一步工作；审议《关于成立吴忠市利通区社区矫正委员会的方案（送审稿）》《吴忠市利通区乡村振兴战略规划（2020—2035）（送审稿）》；会议还研究了利通区新增6个城市社区阵地建设及装修经费预算有关事宜。

【区政府四届第52次常务会议】

11月23日召开，利通区政府区长李玉山主持。会议传达学习了党中央第十九届五中全会精神、国务院《重大行政决策程序暂行条例》、全国冬春农田水利暨高标准农田建设电视电话会议精神、赖蛟同志在自治区全域创建“食品药品安全区”动员大会上的讲话，听取了利通区食品药品安全工作汇报，审议了《利通区本级财政2020年地方政府债券项目预算调整方案（送审稿）》，研究了实施利通区赵家沟苦水河大桥项目工程等相关事宜。

【区政府四届第53次常务会议】

12月25日召开，利通区政府区长李玉山主持。传达学习习近平总书记在中央全面依法治国工作会议上的重要讲话精神和自治区党委十二届十二次全体会议精神，听取全区扫黑除恶专项斗争三年工作汇报、2020年平安建设工作汇报和区社会治安综合治理中心建设情况汇报，研究审议《吴忠市利通区国民经济和社会发展第十四个五年规划纲要》，安排部署有关工作。会议还听取了利通区2020年安全生产情况汇报，区四届四次会议人大议案、建议和政协提案办理情况工作汇报及利通区2020年生态环境保护工作汇报；研究审议了《利通区强化公共服务质量促进公共服务满意度提升的实施方案（送审稿）》《吴忠市利通区全域旅游发展规划（2021—2030）（送审稿）》及其他事项。

行政审批

【概况】

利通区审批服务管理局成立于2019年1月15日，是利通区机构改革后设置的正科级政府组成部门。核定行政编制5名，设正、副局长各1名，实有人员5人。利通区政务服务中心为利通区审批服务管理局下属副科级参公事业单位，核定参公事业编制4名，实有人员3人。2020年，利通区审批服务管理局以习近平新时代中国特色社会主义思想为指导，深入贯彻落实中央、自治区、吴忠市有关深化“放管服”改革的决策部署，聚焦审批服务便民化。持续转作风、优环境、提效能，全力打造“审批事项少、办事效率高、服务质量优、群众获得感强”的政务服务环境。以“不见面、马上办”改革为引领，深入推进“一网、一门、一次”改革，强化资源整合、流程再造、协同联动，推动“线下跑”向“网上办”政务服务，为企业和群众提供更加快捷便利的服务。

【一枚印章管审批改革】

7月份，利通区审批服务管理局负责承接区委编办（事业单位登记管理局）、农业农村、自然资源、卫健、民政、宗教、工信和商务、文化旅游体育广电8个部门依法履行的74项行政审批事项，实行“一枚印章管审批”。推行“前台综合受理、后台分类审批、统一窗口出件”新型审批服务模式。设置了3个综合服务窗口无差别受理划转的审批事项，共办结行政审批事项2326件，其中实地勘验上门服务1429件。对74个事项精减办事流程、缩减办理时限、简化申请材料，生鲜乳准运证等近40个事项由原来的3至20个工作日办结到现在半日办结（即办件）；医疗机构注册等30多个事项由原来7至45个工作日办结到现在平均5个工作日办结。这一改革举措，实现了受理、审批、监管相互分离和相互制约，企业、群众办事由原来的“一事跑多窗”变为了“一窗办多事”。

【“三减一提升”改革】

利通区完成30个部门911项“四级四同”政务服务事项梳理录入工作，通过减材料、减时限、减环节，办结时限由18472个工作日压缩至3201个工作日，压缩84.33%；申请材料由4668份减少到3507份，压缩24.96%；办理环节由5038个减少至3573个，压缩29.08%。重点提升即办件比率，即办件达到53.88%，办理时限压减率位居全自治区第一。税务部门简并206项税收业务、清理废止80项税务行政审批事项、取消60项证明事项；市场监管部门实行“口头申报、当场领照”的免填单登记新模式，个体工商户登记注册只需提交身份证即可现场办照、当场发照；户政窗口身份证申领时间由原来的15个工作日缩短至10个工作日。

【“不见面”办理】

利通区911项政务服务事项与全国一体化政务服务平台有效对接，可不见面办理事项占80.93%。以审批智能化、服务自助化、办事移动化为重点，形成实体大厅窗口、网上办事大厅、“我的宁夏”手机APP、自助终端四位一体服务模式。设置社保、身份证申领、办税3个24小时“不打烊”自助服务区。20项业务可在自助服务区办理。

【“好差评”机制】

在区政务大厅及各分厅、各乡镇民生服务中心配备了满意度评价器，并与宁夏行政审批系统、“我的宁夏”APP联网，线下窗口办事“一次一评”，实现网上大厅办事“一事一评”，把满意度评判权交给群众，方便办事群众在办事过程中随时审批服务水平和质量进行评价，进一步规范窗口及综合审批工作人员服务行为，提升服务质量。

政府信息公开

【概况】

利通区23个区直部门、4个直属事业单位、12个乡镇政府所列政府信息公开数据统计期限 为2020年1月1日 至2020年12月31日。

【总体情况】

2020年，利通区按照《自治区2020年政务公开工作要点的通知》（宁政办发〔2020〕32号）、吴忠市人民政府办公室关于印发《吴忠市2020年政务公开工作要点》（吴政办发〔2020〕29号）文件要求，紧紧围绕区委、政府中心工作，认真落实政务公开工作各项工作要求，细化工作部署，加强平台建设，强化措施，认真做好政策解读和社会关切回应，深化重点领域信息公开，不断增强公开实效，切实保障人民的知情权、参与权、表达权、监督权，助力深化改革、经济发展、民生改善和政府建设。

【主动公开】

一是主动公开政府信息。通过政府门户网站公开文件52份，政府常务会会议纪要14次。印发《政府公报》4期1300本，在乡镇、部门、政务服务中心、民生服务中心、村（社区）代办点、卫生院、图书馆进行免费发放，方便群众查阅。二是坚持政策性文件与解读方案、解读材料同步组织、同步审签、同步部署。制作《利通区贯彻落实〈自治区关于应对新型冠状病毒肺炎疫情　影响促进中小企业健康发展的若干措施〉的任务分工方案》等政策解读9篇。三是做好重点领域信息公开，努力为群众提供“看得懂”“真有用”的信息服务，通过网站发布医疗信息37条，食品药品信息40条，财政资金信息227条，就业创业信息35条，议案建议信息8条，安全生产信息73条，社会救助信息71条，扶贫工作信息20条。通过公示栏、微信公众号等渠道公开涉及重点项目建设、农村危房改造、脱贫攻坚、公共服务、疫情防控等信息3000余条。

【公开情况】

2020年，利通区人民政府办公室收到1件政府信息公开申请，已按照相关程序进行答复。同时，做好相关信息发布工作，确保了网络舆情稳定有序，全年共发转、发布疫情防控、就业创业政策、义务教育招生入学政策等信息377条。

【信息管理】

按照自治区人民政府办公厅关于印发《自治区2020年政务公开工作要点的通知》（宁政办发〔2020〕32号）、吴忠市人民政府办公室关于印发《吴忠市2020年政务公开工作要点》（吴政办发〔2020〕29号）精神，吴忠市利通区人民政府办公室编写了《吴忠市利通区人民政府本级行政机关机构职能清单》，集中公布22个利通区人民政府本级行政机关机构职能，全面展现政府机构权力配置情况，接受社会监督。

【平台建设】

利通区人民政府办公室一是加强全区政务新媒体管理工作。深入贯彻落实《国务院办公厅关于推进政务新媒体健康有序发展的意见》《宁夏回族自治区政务新媒体管理工作细则（试行）》《全区政府网站和政务新媒体政务信息发布规程》等文件，理顺政务新媒体管理机制，提高政务新媒体信息质量、发布时效、传播效果、信息安全保障等方面保障。全面清查无人管理、长时间不发布内容、管理严重缺失的问题账号，明确政务新媒体管理责任人，要求各单位每月对本单位政务新媒体开展自查自纠，发现问题及时整改到位，按程序关停“吴忠林场”新浪微博等政务新媒体7家，利通区登记备案政务新媒体35个。二是建设“互联网＋监管”系统。梳理编制录入“互联网＋监管”系统监管事项清单和检查实施清单，共录入23个部门375条监管事项和295条检查实施事项，进一步明确各部门监管事项、监管责任主体、监管流程、监管措施和监管标准。三是积极打造政务公开专区。按照自治区人民政府办公厅《关于印发〈宁夏回族自治区政务公开专区建设指导意见〉〈宁夏回族自治区政务公开专区标识〉的通知》(宁政公开办发〔2020〕27号)规范要求，投资50余万元在利通区政务服务大厅、图书馆、法律援助大厅、综合执法局，各乡镇便民服务中心等18个场所设立标识清楚、方便实用的政务公开专区，提供政府信息查询、信息公开申请、办事咨询答复等服务。制作“利通区人民政府政务新媒体矩阵”门厅展架60个，在政府各部门、各乡镇展示，方便群众办事咨询，保障人民群众知情权。

【监督保障】

利通区人民政府办公室一是组织全区政务公开工作人员分两组先后到金凤区、兴庆区、平罗县、沙坡头区、青铜峡市进行观摩学习，举办2020年政务公开专题培训班1期，邀请青铜峡市政府办公室张雪副主任交流青铜峡市基层政务公开标准化规范化建设先进经验，对今年开展基层政务公开标准化规范化建设中各单位事项目录清单的编制工作进行讲解。二是开展政务公开工作督查。将政务公开纳入效能目标考核，赋分2分。为切实加快推进国家基层政务公开标准化规范化工作，5月底，对12个乡镇，科技局、民政局等19家单位进行了督查。针对督查发现的问题，下发督查通报1期，要求各单位针对督查反馈的问题对号入座，查漏补缺，进行整改。三是在利通区政府门户网站设置“互动交流”平台，包括“领导信箱”“网上投诉”模块，安排专人负责，共收到领导信箱137件，2020年，已得到妥善办理(其中，疫情期间共处理相关问题21件)。四是“政府开放日”活动开展情况。今年9月印发《关于组织开展“政府开放日”活动的通知》，要求各乡镇、政府各部门、各直属事业单位，服务窗口部门集中利用2个月时间组织开展“政府开放日”活动。2020年，利通区共举办政府开放日活动28场次，进一步提升政府公信力、凝聚力和执行力。严格贯彻落实《条例》规定的“工作考核、社会评议、责任追究”等要求，建立健全政务公开考核制度、社会评议制度和责任追究制度，定期进行考核、评议，确保各镇街、政府各部门(单位)政府信息公开申请登记、审核、办理、答复、归档等各项工作及时全面高质量完成。

信访工作

【概况】

2020年，利通区深入贯彻落实习近平总书记关于加强和改进人民信访工作的重要思想，全区信访工作在区委、政府的坚强领导下，在自治区、吴忠市信访局的精心指导下，在区信联办各成员单位的共同努力下，深入推进信访制度改革，扎实开展信访“三无”乡镇、村(社区)创建活动，稳妥开展重复访治理、信访积案化解专项工作，着力提升网上信访提速提质、信访问题源头治理水平，有效夯实信访基层基础，切实维护了群众合法权益和社会和谐稳定。2020年，利通区到吴忠市来访19批22人次，同比批次下降9.52%，人次上升4.76%。到自治区来访8批次8人次，同比批次下降78%，人次下降86%。到国家信访局来访3批次3人次，同比批次下降83%，人次下降86%。全区93%的乡镇(农场、林场)、99%行政村无越级访(进京访)情况，全区未发生大规模的进京赴银群体上访及因信访事项引发的极端事件，全区信访形势明显平稳向好。

【信访办理】

2020年，利通区信访局共登记、办理人民群众来信来访网上投诉90批次，105人次，同比批次下降26%，人次下降52%，其中：共接待来访26批41人次，同比批次下降60%，人次下降75%。吴忠市信访局共登记、办理问题属地为利通区的群众来信来访网上投诉96批99人次，同比批次上升21%，人次上升25%，其中：到吴忠市来访19批22人次，同比批次下降9.52%，人次上升4.76%。自治区信访局共登记问题属地为利通区的群众来信来访网上投诉108批108人次，同比批次上升12%，人次下降8%，其中：到自治区来访8批次8人次，同比批次下降78%，人次下降86%。国家信访局登记问题属地为利通区来信、来访、网上投诉总量为187批187人次，同比批次上升29%，人次上升25%，其中：到国家信访局来访3批次3人次，同比批次下降83%，人次下降86%。全区93%的乡镇（农场、林场）、99%行政村无越级访（进京访）情况，全区未发生大规模的进京赴银群体上访及因信访事项引发的极端事件，全区信访形势明显平稳向好。持续深入开展“互联网+信访”行动，推动“最多访一次”改革。制定印发《关于增加利通区2020年信访工作考核内容的通知》加快各类信访件提质提速流程，缩短办理时限，信访件平均办理时限由国家信访局规定的60天缩短至33.6天，网上信访事项及时受理率100%、按期答复率94.62%、群众满意率99.46%；全年网上信访总量90件，网上信访占比71.4%，自治区信访事项网上督查情况（周通报）共计42期，通报中利通区的问题只有13期次。对初次申诉求决、意见建议类信访事项，实行首办负责制，及时回应群众关切，提高群众满意度，有效解决群众在信访过程中重复访、多头访、走弯路等问题，真正实现“让数据多跑路，让群众少跑腿”。

【矛盾化解】

利通区信访局坚持实行领导包案督办制，对信访交办件实行“统一交、统一办、统一督、统一报”，突出重点、分类施策。建立销号台账清单，明确责任领导、责任部门和责任人，规定办结时限，确保件件有着落、事事有结果。自治区领导包抓利通区1件信访件已办结。市级领导（10月份交办）包抓利通区信访件10件，办结7件、剩余3件，区级领导包抓利通区信访件24件，办结18件，1件暂不具备办理条件、剩余5件正在办理。2020年10月份开展集中治理重复信访、化解信访积案专项工作，中央、自治区交办利通区重复信访事项63件，其中：国家信访局交办29件，自治区信联办交办19件，截至2020年11月底分别办结27件、17件，完成重复信访、积案化解专项治理达85%以上。

【创新机制】

2020年，利通区信访局以构建“阳光信访、责任信访、法治信访”为目标，在全区范围内开展信访“三无”乡镇创建活动。制定了《利通区信访“三无”乡镇创建活动实施方案》，建立奖励机制，争取区委、政府专项资金198万元，通过“以奖代补”（创建成功的村或社区分别奖励5000元，创建达标的乡镇奖励10万元）的工作措施，充分调动基层广大干部群众共同做好信访工作的积极性和首创精神，以高度的思想自觉和行动自觉来推动乡镇创建总体达标。全年全区赴银访8批8人次，只有古城镇党家河湾村有3批3人次进京访，其他11个乡镇、巴浪湖农场、吴忠林场、133个村（社区）均没有进京访情况。

机关事务

【概况】

利通区机关事务管理中心核定事业编制7名，正科级1名，副科级2名，科级以下4名。主要承担机关后勤事务管理工作和集中接待工作的有关规章、制度、规划、方案并组织实施。

【公车管理】

利通区机关事务管理中心严格按照《宁夏回族自治区公务用车管理办法》要求，按照公务车辆出行全区“一张网”信息化平台要求进行公车管理，及时巡查轨迹，实地检查车辆管理使用情况，实行定点加油、维修、保险，公车管理更加规范化。截至2020年，组织开展驾驶员交通安全警示教育学习12次，公务用车管理使用专项检查2次，累计派遣公务车辆2229车次，安全行驶186250公里，有力地保障了四套班子及相关部门的公务活动。

【公房管理】

利通区机关事务管理中心严格执行《宁夏回族自治区办公用房管理办法》要求，根据办公用房管理实际需求，科学调配调剂办公用房，提高办公用房集约节约使用。一是严格核定面积，科学调剂分配。坚持“大稳定、小调整”的原则，先后对区自然资源局、区农业技术推广服务中心办公用房进行调整，调整面积1209平方米。二是强化督促指导，确保数据准确无误。按照《自治区机关事务管理局关于做好2020年全区党政机关办公用房信息统计报告工作的通知》要求，顺利完成了全区12个乡镇、40个部门2020年度办公用房信息化管理数据审核上报工作，全区办公用房管理“一张网”信息化平台初步建成。

【餐厅管理】

利通区机关事务管理中心一是不断完善餐厅各项管理制度。始终把食品安全作为餐厅管理头等大事，严格把控食材进货关、验货关、加工关，执行严格的餐具消杀制度，坚持每天对各操作间、前厅卫生及时清理，每周五进行一次大清洁；二是合理提供膳食。按照《中国居民膳食指南》“三减三健”合理膳食要求，每周提前制定菜谱并公示，根据大家的要求及时调整菜品，努力实现“不光让大家吃得满意，更要让大家吃得健康”的服务理念。截至2020年，干部职工就餐人数达到81206人次，平均每天469人次就餐。三是认真落实习近平总书记关于制止餐饮浪费行为的指示精神。在机关餐厅开展了“培养节约习惯　制止餐饮浪费”宣讲活动和“制止餐饮浪费　我承诺　我践行”签名活动，制作“光盘行动”宣传台签200个、易拉宝6个，安排专人对干部职工就餐浪费情况进行监督；在食材的购置、加工制作等方面严格控制，通过精准算人、精准算量、精准补菜，大锅炒、小锅补，少炒勤添等方式杜绝浪费，教育引导干部职工文明用餐。

【综合服务】

利通区机关事务管理中心一是会务保障服务更加高效。建立完善会议登记相关制度，全面提高会务质量和服务水平，顺利完成了利通区两会、新春团拜会等大型会务活动5次，完成全区各类会务服务605场（次）。二是物业管理水平逐步提升。严格按照物业管理制度，先后制定下发了《利通区机关事务管理局物业保洁管理制度》《利通区机关事务管理局安保管理制度》，通过建立健全管理制度，切实加强对机关大院、图书馆等管辖区域物业服务的日常监管与检查，组织开展环境整治、爱国卫生月大扫除30余次，同时，针对机关大院3、4号办公楼物业服务不到位问题，及时整改并悬挂物业跟踪保洁表，加装饮水机2台，全面提高管辖区域物业管理能力和服务水平。三是切实加强安全生产工作。结合工作实际，分别与安保人员、会务中心管理人员、物业负责人、机关餐厅负责人签订了安全责任书，明确谁的区域谁负责，谁的岗位谁负责的安全生产责任机制；定期组织人员对机关大院、职工餐厅、会务中心的电、水、气、消防设施进行检查，确保365天无事故；严格执行来访人员登记制度，加强对机关大院的巡查力度，严控不明身份人员进入机关大院。

政协利通区委员会

综　述

【概况】

利通区政协2019年6月机构设置进行了调整，由原来的3个委员会（提案委员会、经济与教科文卫体委员会、民族宗教与社会法制）调整为4个（提案与委员联络委员会、经济委员会、教科文卫体委员会、社会治理委员会）4个，增设办公室副主任岗位。设1办4委，共有编制16个，其中主席1人，副主席3人（含不驻会副主席1人），专委会主任4人，办公室主任、副主任各1人。利通区政协第四届委员会共设置26个界别，委员规模176人，其中常委35人；2020年实有委员157人，其中常委32人。各专门委员会牵头，成立4个委员活动小组。2020年，召开全体委员会议1次，常委会会议4次，积极落实“政协工作质量提升年”主题活动。区政协在区委的坚强领导下，坚持以习近平新时代中国特色社会主义思想为指导，深入学习贯彻中共十九届四中、五中全会和中央政协工作会议精神，按照区委四届十次、十一次全会和区委政协工作会议部署和要求，坚持团结和民主两大主题，围绕中心、服务大局，充分发挥专门协商机构作用，积极落实，坚持建言资政和凝聚共识双向发力，深入协商议政，广泛凝聚共识，扎实开展民主监督，充分展现了新时代人民政协的担当和风采，圆满完成了四届四次会议确定的各项工作任务，为利通区决胜全面建成小康社会、决战脱贫攻坚和“十三五”圆满收官作出了积极贡献。2020年11月，崔波主席对利通区政协工作进行了调研，对多项特色亮点工作给予肯定，社情民意和理论研究2项工作的经验和做法被自治区政协确定为重点工作在全区推广。

【政治建设】

利通区政协学习贯彻习近平新时代中国特色社会主义思想、中共十九届四中、五中全会精神和习近平总书记视察宁夏重要讲话精神，认真贯彻落实中央、自治区党委、吴忠市委和利通区委政协工作会议精神，扎实开展“新时代新使命新样子”学习讨论活动，进一步巩固深化“不忘初心、牢记使命”主题教育成果。

【调研视察】

利通区政协坚持“不学习

就不调研、不调研就不协商”的原则和“三可三不可”调研视察工作要求，把学习和调研有机地统一起来，有针对性地组织委员学习有关法律法规和专业知识，与党政部门负责人就有关问题进行事前沟通。先后对全区现代农业产业发展和品牌建设、物流产业发展、学前教育、公共卫生和疾控工作、“三务公开”制度落实、人居环境综合整治5个专题进行了调研。对全区创建全国文明城市、老旧小区改造、种植科技应用专题进行了视察。5篇调研报告被区委和政府主要领导批示，促进了政协协商成果的落实。

【关注民生】

全委会、常委会、主席会围绕利通区经济社会发展大局和民生热点、难点、堵点问题，通过会议发言、小组讨论、党政面商，调研视察、提案办理等通过对口协商、专题协商、界别协商等形式广泛协商议政，提出意见建议，形成报告、建议案等报送区委和政府，促进社会民生事项落实落地；召开撤镇设街道重大事项专题协商会和“十四五”规划征求意见会；围绕市区“停车难”问题开展网络议政，收集意见建议66条；聚焦农村“空心房”整治、冻害应对、危房改造、地摊经济、奶产业发展等领域，积极开展微协商活动，协商解决“空心房”整治和郭家桥乡树木遮阳等问题。持续开展“关爱空巢老人、关爱贫困学生、关爱环卫工人”的“三关爱”活动，委员捐款5.2万元为利通区第十六小学捐助桌椅260套，“人民政协为人民”的理念成为区政协工作的生动实践。

【脱贫攻坚】

利通区政协扎实做好同利村的扶贫工作，由一名干部专门负责扶贫工作，把全体干部职工分解到各扶贫户开展脱贫包户，组织干部一月一次入户走访，为15户包扶户购买育种羊60只，送去玉米饲料、洗衣机、过冬煤炭等物资共计15万余元。

【民主监督】

利通区政协选派委员参加案件公开审理、执法听证和检察院、税务、教育、住建等部门的“政府开放日”活动共计164人次。1名委员担任利通区特约监察员，19名委员先后参加区委和政府的重要会议、重大活动。对区自然资源局、卫生健康局的重点工作、履行职能等进行了民主评议。

【提案工作】

利通区政协把提案工作作为一项全局性工作来部署和推进，探索推行提案提交、审查、转交、办理、答复、评价、公开等全流程“清单式”管理。确定6件重点提案由党政领导领衔督办，对30件涉及产业发展、生态治理、民生福祉的重要提案进行打包联合督办。四届四次会议以来，共收到提案249件，立案158件，提案办结率100%。召开委员评议提案办理质量、承办单位评议提案质量的“双向评议”会议，使面商过程成为与委员交流沟通的过程，办理过程成为与界别群众增进共识的过程，提案办理质量、协商质量、服务质量得到全面提高。

【社情民意】

利通区政协以社情民意工作为抓手，拓宽领导点、委员提、专委会搜、活动找、提案转、会议听“六条渠道”。主席会成员深入基层一线调研点题，各委办和委员围绕“六稳”“六保”工作任务、志愿服务队作用发挥、病害畜禽无害化处理等课题深入协商，针对发现的问题反映社情民意。全年向自治区政协报送社情民意53篇，采用10篇，《关于进一步加大农村“空心房”整治力度的建议》《强化病死畜禽无害化处理是当务之急》等社情民意，由自治区政府分管副主席阅批，转交至相关厅局进行办理；《利用信息化手段提升应急信息管理和公益捐赠管理能力》被全国政协采用。利通区政协被自治区政协评为反映社情民意信息工作先进单位。

【党派群团】

利通区政协建立了政协各专委会同民主党派联系的常态化机制。邀请党派团体和无党派人士参加政协组织的调研、视察和座谈讨论等活动，鼓励委员以界别名义撰写集体提案、报送社情民意信息，支持党派界别以集体名义提出提案、开展调研。2020年，各党派团体参加区委常委会及重要会议活动10余次，参与政协会议、调研视察25次。全年共收到以党派和界别名义提出的提案11件，社情民意4件。党派团体和党派人士在政协参政有舞台、建言有机会、协商有渠道。

【民族团结】

利通区政协积极宣传党的民族政策和宗教工作方针，围绕“如何做好新时代民族宗教工作”进行专题培训，对提升民族团结进步创建工作水平开展调研视察，为共同促进民族宗教和谐发展建言献策。开展重大节日走访慰问民族宗教界代表人士活动，积极宣传解读相关政策法规，加强团结教育和服务引导工作，为促进民族团结、宗教和顺、社会和谐作出了积极贡献。

【拓展渠道】

利通区政协开通网上议政渠道，各专门委员会建立了委员活动小组微信群，对各阶段调研视察、专题协商、对口协商进行网上意见建议征询；新型冠状病毒感染肺炎疫情防控的特殊年份，推荐、选派界别委员列席区委、政府常委会会议，参加执法案听证会和检察院、工商、税务等部门开放日活动，采取“微信群”网络通知、网络组织、网络安排的形式开展委员履职活动，委员履职信息化；组织委员积极参与自治区政协“履职通”平台，对《优化营商环境条例》落实情况、“加强健康宁夏建设、提高人民健康水平”和“健康吴忠建设”开展了网络议政，推动协商从程序性的会议协商向网上交流延伸。

【自身建设】

利通区政协扎实开展“政协工作质量提升年”活动，坚持用文化育心、用制度管人、用考核提效，完善委员履职管理等工作机制，坚持走访看望委员制度，举办政协委员培训班，用好“委员之家”阵地，大力推进“书香政协”建设，发挥专委会服务界别、服务委员履职的基础作用，提高各类活动组织水平，界别活动活跃有序，提升委员领会和践行“懂政协、会协商、善议政、守纪律、讲规矩、重品行”的水平，政协工作制度化、规范化、程序化水平全面提升。支持派驻政协机关纪检监察组履行监督责任，不折不扣地抓好巡察反馈整改落实工作。

重要会议

【四届四次会议】

2020年元月2日至4日，在利通区会务中心举行。会议应出席委员160人，实到138人。赵峰同志代表政协利通区第四届委员会常务委员会作了工作报告，李娟清同志作了提案工作情况的报告；区委书记周涛做了开幕式讲话。会议期间，委员们列席了利通区第四届人民代表大会第四次会议，听取并讨论了李玉山区长所作的《政府工作报告》以及其他重要报告；区委书记周涛、政府区长李玉山及有关区委政府党政领导分别参加了委员分组讨论；会议审议通过了《利通区政协2020年协商及民主监督工作计划》、四届四次会议提案审查情况的报告以及政协吴忠市利通区第四届委员会第四次会议决议。

【第15次常委会会议】

1月4日，在红宝宾馆北楼502会议室召开。会议应到常委31人，实到31人。区政协主席赵峰主持会议。会议听取了区政协四届四次会议各组关于各项报告、决议讨论情况的汇报；审议了政协吴忠市利通区委员会2020年度协商及民主监督工作计划（草案）；审议通过了政协吴忠市利通区第四届委员会第四次会议关于提案审查情况的报告（草案）；审议了政协吴忠市利通区第四届委员会第四次会议决议（草案）。

【第16次常委会会议】

4月21日，在会务中心第三会议室召开。会议应到常委31人，实到28人。区政协主席赵峰主持会议。会议观摩了利通区农业科技项目建设情况；学习讨论利通区政协“新时代新使命新样子”学习讨论活动专题学习内容；集中学习中共中央关于坚持和完善中国特色社会主义制度、推进国家治理体系和治理能力现代化若干重大问题的决定，中共中央关于新时代加强和改进人民政协工作的意见。

【第17次常委会会议】

8月12日，在利通区会务中心第三会议室召开。会议应到常委31人，实到27人。区政协主席赵峰主持会议。会议传达学习习近平总书记视察宁夏重要讲话精神；视察利通区重点项目建设情况；听取区政协上半年经济运行情况的通报。

【第18次常委会会议】

10月26日，在利通区会务中心第三会议室召开。会议应到常委29人，实到26人。区政协主席赵峰主持会议。会议传达学习《关于转发政协全国委员会〈关于加强和促进人民政协凝聚共识工作的意见〉的通知》，崔波主席在自治区党委政协工作会议上的讲话；视察区政协四届四次会议重点提案办理情况；听取区政府关于区政协四届四次会议提案办理情况的通报；通报委员变动情况。

【第19次常委会会议】

12月25日，在利通区会务中心第三会议室召开。会议应到常委28人，实到26人。区政协主席赵峰主持会议。会议书面传达学习了党的十九届五中全会、自治区党委十二届十二次全会和吴忠市委五届十二次全会精神，集中学习了利通区委四届十一次全体会议精神；审议通过了政协吴忠市利通区第四届委员会第五次会议有关事宜；审议通过了政协吴忠市利通区第四届委员会常务委员会工作报告（讨论稿）；审议通过了政协吴忠市利通区第四届委员会常务委员会关于四届四次会议以来提案工作情况的报告（讨论稿）；审议通过了利通区政协2021年协商工作计划（讨论稿）；区委统战部通报委员变动情况。

政协专门委员会

【提案和委员联络委员会】

四届四次会议以来，共收到提案249件，立案158件，提案办结率100%。推行了提案“清单式”管理，建立了委员提交提案、社情民意、“双向”评议及承办单位绩效考核等机制，强化了提案督办，创新了重点提案领衔督办“1+N”方式，提案自身质量、办理质量和服务质量得到全面提高。采取领导点、委员提、专委会搜、活动找、提案转、会议听等多渠道搜集社情民意信息277件，整理报送转办118件。其中，报送自治区政协53件，采用10件；报送吴忠市政协43件，采用18件；转利通区相关部门办理的21件。

【经济委员会】

对利通区现代农业产业发展和品牌建设、物流产业发展、老旧小区改造等3个题目进行了专题调研视察；接待自治区、吴忠市政协来利调研视察9批次；先后接待外县（区）兄弟政协来利学习考察5次；对区自然资源局进行了民主评议。

【教科文卫体委员会】

专题调研。对利通区种植科技应用、公共卫生疾病防控建设、学前教育发展等3个课题进行了专题调研视察；微协商民意。撰写了《关于加大农村“空心房”开发利用力度的建议》《关于解决学前教育教师编制问题的建议》等社情民意11件；信息宣传。编写《利通政协》工作简报17期，向自治区、吴忠市政协及区委办报送信息25条；向区委宣传部“多彩利通”报送信息19篇。《人民政协报》《华兴时报》累计刊登稿件达17篇；文史工作。分别形成了自治区、吴忠市、利通区3级2019年度《利通区政协工作年鉴》，完成《自治区政协志》利通区政协部分。民主评议。对区卫生健康局进行了民主评议。

【社会治理委员会】

对村级“三务公开”制度落实、农村人居环境综合整治、创建全国文明城市3个题目进行了专题调研视察，形成报告3篇；选派委员参加案件公开审理、执法听证和检察院、税务、教育、住建等部门的“政府开放日”活动共计164人次。1名委员担任利通区特约监察员，19名委员先后参加区委和政府的重要会议、重大活动。邀请党派团体和无党派人士参加政协组织的调研、视察和座谈讨论等活动，各党派团体参加区委常委会及重要会议活动10余次，参与政协会议、调研视察25次。全年共收到以党派和界别名义提出的提案11件，社情民意4件。

纪委监委

综 述

【概况】

2020年利通区纪委监委机关行政编制47名，实有人员32人，事业人员编制6名，实有人员3名。设区纪委常委8名，其中，区纪委书记1名，副书记2名（正科长级）；区监委主任1名，由区纪委书记兼任；区监委副主任2名，由区纪委副书记兼任；区监委委员4名，内设室主任职数7名，派驻纪检监察组组长职数6名。下设办公室、党风政风监督室、信访室、案件监督管理室、纪检监察室、案件审理室、宣教室和派驻第一至派驻第六纪检监察组，共7个内设机构，6个派出纪检监察组。2020年，是利通区与全国同步全面建成小康社会的决胜之年、“十三五”规划收官之年。一年来，面对决胜全面小康、决战脱贫攻坚的艰巨任务，面对新冠疫情的严重冲击，在以习近平同志为核心的党中央坚强领导下，利通区委始终以习近平新时代中国特色社会主义思想为指导，深入学习贯彻习近平总书记视察宁夏重要讲话精神，坚决执行党中央和自治区党委、吴忠市委、市纪委监委决策部署，团结带领全区广大干部群众，全力打赢疫情防控阻击战、脱贫攻坚决胜战、全面小康收官战，坚决守好“三条生命线”，扎实做好调转增融“四篇文章”，走好一条高质量发展新路子，全面从严治党向纵深推进，为开启社会主义现代化建设新征程奠定了坚实基础。在吴忠市纪委监委和区委的坚强领导下，全区纪检监察机关忠诚履行党章和宪法赋予的职责，以高度的政治责任意识，充分发挥监督保障执行、促进完善发展作用，坚持监督执纪问责、正风肃纪反腐职能，一体推进不敢腐、不能腐、不想腐，反腐败斗争压倒性胜利不断巩固拓展，纪检监察工作高质量发展取得新的更大成效。

【政治监督】

利通区纪委常委会始终坚持把学习习近平新时代中国特色社会主义思想为首要任务，把学习习近平总书记重要思想、重要讲话、重要指示精神作为第一议题。通过纪委班子带头学、班子成员交流学、专题研讨学以及干部集中学等方式，深入系统领会习近平总书记视察宁夏重要讲话精神、最新指示批示精神等党的理论成果。严格落实重要事项请示报告制度，及时全面向市纪委监委和区委请示、报告重大事项、重点工作，把思想和行动统一到党中央对纪检监察工作的新部署新要求上来。紧紧围绕习近平总书记视察宁夏重要讲话精神，聚焦习近平总书记重要指示批示精神以及上级党委、政府重大决策部署贯彻落实情况等内容进行监督检查，通过下发《监督检查通知》、专项检查、重点督查等方式，推动习近平总书记视察宁夏重要讲话精神入脑入心、落地生根，确保党中央政令畅通、令行禁止。对中央和自治区巡视反馈问题整改情况进行专项监督检查，成立联合督查组，下发督办通知3份，督促反馈问题整改落实到位，将整改成果转化为长效机制。面对突如其来的新冠疫情，全区纪检监察干部第一时间到岗，深入社区一线，入户宣传、登记排查、值守小区，用实际行动为全区疫情防控贡献力量；第一时间监督，成立疫情防控督导检查工作组，开展监督检查42次，下发联合通报13期，通报典型案例3期，共发现党员干部作风问题11个，累计追责问责党员领导干部50人，以监督问责保障疫情防控；第一时间助力复工复产复学，深入企业、学校等重点领域开展专项检查，发现问题督促整改，发现困难帮助协调，以监督检查保障经济社会恢复。

【专项治理】

利通区纪委监委紧盯决胜全面小康、决战脱贫攻坚目标任务，印发专项治理工作要点，召开专项治理工作联席会议2次，开展专项督查4次，下发督查通报4期，限期整改通知书19份，反馈问题107个，约谈乡镇党政“一把手”12人，加大督查督办力度，对扶贫领域腐败和作风问题线索进行“大起底”，对问题线索进行“清零”，全力保障脱贫攻坚决战决胜。3年来，全区共查处扶贫领域腐败和作风问题线索46件，组织处理29人，给予党纪政务处分7人（次）。印发《深化民生领域损害群众利益问题集中整治工作要点》，制定25项工作任务，聚焦教育、民政、住房建设、医疗卫生等领域重点，进行专项督查2次，下发督查通报2期，压实主责部门主体责任，落实行业监管责任。查处民生领域腐败和作风问题7件，给予党纪政务处分7人（次），组织处理8人。区纪委常委会专题研究扫黑除恶专项斗争工作17次，对重点案件进行2次复查复核，制定《利通区扫黑除恶专项斗争工作推动不力追责问责工作办法》等长效机制，下发“三书一函”41份，推动扫黑除恶标本兼治。截至2020年，我委受理涉黑涉恶腐败和“保护伞”问题线索9件，给予党纪政务处分19人，问责36人（次），查处“保护伞”1起；查办中央督导组交办和各级扫黑办移交问题线索共127件，给予党纪政务处分29人（次），问责68人（次）。

【作风建设】

利通区纪委监委在重要节日期间，印发强化监督执纪问责文件，通过“E信通”向全区广大干部发送廉洁提醒短信12000余人（次），采取明察暗访、电话督查等方式，组织开展监督检查11次，发现问题现场反馈，督促整改，推动干部压实工作作风，巩固风清气正的政治生态。制定了《监督落实中央八项规定精神深入纠治“四风”工作要点》，对违建别墅问题、农村乱占耕地建房问题以及领导干部操办婚丧事宜等进行监督检查3次，通报3期。

密切关注隐形变异、改头换面、明减暗增等“四风”问题新动向，开展“一案双查”，查处违反中央八项规定精神问题4起，给予党纪政务处分8人（次），问责5人（次）。围绕《利通区为基层减负十项措施》《利通区2020年持续整治形式主义突出问题为基层减负重点任务》，常态化开展督查检查2轮，全区发文及开会数量再次实现“双下降”，“精文减会”取得积极成效。查处形式主义、官僚主义问题2起，给予党纪处分1人，问责4人（次）。

【巡察监督】

利通区纪委监委强化领导重视，深化政治巡察。紧扣“三个聚焦”，落实政治巡察要求，将全区巡察工作与中央、自治区、吴忠市党委巡视巡察工作统一领导、同步部署、同步安排、同步要求、同步巡察。持续推动政治监督具体化常态化，完成了3轮15个党组织的巡察任务，发现、反馈问题198个，全覆盖任务完成率94.1%，延伸村（社区）巡察覆盖率94.9%。传导“严”的主基调，提升巡察水平。通过上下联动、体验式、点穴式巡察等方式，发现问题，移交问题线索，提升巡察质效。配合自治区、吴忠市对医保局和教育局开展巡察，移交边巡边改问题9件，发现问题27个。出台《巡察村（社区）党组织“三个聚焦”监督重点细化清单》，延伸巡察19个村（社区）党支部，发现部门问题88个、村级问题45个。强化协调联动，统筹监督融会贯通。出台《关于进一步强化巡察整改工作的实施方案》，建立完善纪委监委、组织、审计、财政、信访等部门协助的巡察整改监督机制，形成巡察合力。通过坚持做实巡前通报、中期汇报、“双反馈”“四张清单”“双报告”“双公开”6项工作制度，明确问题“靶向”，压实巡察整改主体责任，加强巡察反馈问题整改监督和再监督。今年共巡察15个部门（单位），整改问题381个，整改率达95%以上。

【案件查处】

利通区纪委监委做深做细做实日常监督。制定《利通区党风廉政意见回复工作办法（试行）》，下发回复相关事宜的通知，全区共回复党风廉政意见5871人（次），对新任职的86名领导干部开展任前廉政谈话，组织廉政知识测试，签订廉政承诺书，严把政治关、品行关、作风关、廉洁关。印制利通区领导干部廉政勤政分级约谈手册，及时进行提醒约谈，抓早抓小、咬耳扯袖。全年精准运用监督执纪“四种形态”处置党员干部567人（次），其中第一、第二、第三、第四种形态分别占比80.07%、14.64%、3%、2.29%。严管厚爱激励担当作为。坚持回访教育与疏导帮教、恢复党员权利、排忧解难相结合，对2019年给予的102件党纪政务处分决定执行情况，进行自查自纠，回访受处分党员83人。探索建立“1+N+1”工作机制，制定《利通区纪委监委查处诬告陷害行为为干部澄清正名办法（试行）》，以召开澄清大会、发澄清函等方式为17名干部澄清正名，严肃查处诬告陷害行为，将相关诬告线索移交公安机关，保护干部干事创业积极性。组织全区纪检监察干部开展协作区集中审查调查工作2次，通过“以老带新”和“以案代训”，在实践中提升执纪执法工作水平。开展审查调查业务培训、下发执纪执法工作情况通报，严格落实“阳光审理5+”制度，以严抓严管提升执纪执法工作质量。全区共初步核实问题线索344件，谈话函询

6件，了结312件，组织处理213人次，给予党纪政务处分114人，累计收缴违纪资金32万余元。加强申诉复查工作，受理申诉案件1件，保障党员干部申诉权。

【警示教育】

利通区组织乡镇、部门100家单位700余名领导干部到利通区初心馆接受廉政警示教育并观看警示教育片《叩问初心》。各单位通过“三会一课”、支部“主题党日”活动等形式，组织党员领导干部深入学习《习近平关于党风廉政建设和反腐败斗争论述摘编》《习近平关于严明党的纪律和规矩论述摘编》、习近平总书记在十九届中央纪委四次全会上的重要讲话等内容，通过学习深刻领会、融会贯通，切实把思想和行动统一到党中央对党风廉政建设和反腐败斗争的形势判断和任务部署上来。各单位和部门结合工作实际，通过召开警示教育大会、理论学习中心组学习会、专题组织生活会、廉政警示教育主题党课、集体提醒谈话会、观看警示教育片、旁听人民法院职务犯罪庭审、就近组织观看廉政警示教育基地或监管场所听取职务犯罪服刑人员现身说法、开展廉政风险排查、撰写心得体会等形式多样的警示教育活动，发挥身边典型案件反面教材作用，教育引导党员领导干部守住纪律和法律底线，一体推进不敢腐、不能腐、不想腐。组织党员干部观看警示教育片《知法犯法的法院院长——利通区人民法院原院长马龙受贿案警示录》。截至2020年，组织11000余名干部观看警示教育片《染黑的权力》《围猎之祸》等9部警示教育片。各乡镇、部门坚持分级分类开展警示教育，充分挖掘典型案例，用活忏悔书、检查书等“活教材”，突出警示教育的针对性，进一步推动以案示警、以案促改、以案正风、以案肃纪，深化标本兼治，巩固发展反腐败斗争压倒性胜利。利通区以廉政教育周为契机，认真落实《自治区纪委关于深化警示教育推进以案促改制度化常态化实施办法（试行）》通知的相关要求，研判利通区部门（单位）政治生态，给2家单位发以案促改通知书，用好纪律检查建议书，监察建议书、巡视巡察整改建议书，查漏补缺，完善监管机制，健全内控制度，规范权力运行，做好以案促改“后半篇文章”，确保警示教育的内容和实效。

【队伍建设】

在疫情防控期间，召开全体纪检监察干部视频会议7次，学习相关文件精神，为纪检监察干部打好疫情防控阻击战筑牢思想基础。深入创建“让党中央放心、让人民满意”的模范机关党支部，建立“145”党建工作模式，严格落实“三会一课”制度，坚持理论学习，扎实开展支部主题党日活动，组织纪检干部讲红色故事、参观盐池革命烈士纪念园、开展志愿服务等活动，锤炼纪检监察干部忠诚干净担当、敢于善于斗争的政治品格。组织开展全区纪检监察系统“制度规范建设年”活动，建立“四项机制”，重点梳理执纪执法、内控管理、自我监督相关制度63项，其中继续坚持45项，修改完善11项，新建制度16项，废止制度7项，不断提升纪检监察工作规范化、法治化水平。组织干部参加中央、自治区纪委监委统一考试，印制纪检监察干部业务培训手边书，开展业务知识大讨论以及审查调查业务培训，提升干部业务能力。按照程序，主动向区委、人大汇报工作，聘请特约监察员12名，自觉接受各方面监督。制定2020年干部监督工作计划，出台《利通区纪委监委机关工作人员之间打听干预监督检查审查调查工作和请托违规办事的报备及处理办法》，完善纪检监察干部廉政档案，开展干部家访，办理反映纪检监察干部问题线索3件，坚决防止“灯下黑”。

民主党派

中国国民党革命委员会利通区支部委员会

【概况】

2020年末，利通区总支共有民革党员87人，平均年龄52.2岁，其中本科学历及以上学历59人，自治区人大代表2人、政协委员2人，吴忠市人大代表2人、政协委员6人，利通区政协委员5人。

【思想教育】

中国国民党革命委员会利通区支部委员会深入学习习近平总书记视察宁夏重要讲话精神，继续将“不忘合作初心，继续携手前进”主题教育持续引向深入，从坚定政治信念和锤炼履职素养两个方面融合推进，强化把握时代内涵，深化构筑政治信念。推选热心民革工作、参政议政能力强的骨干党员参加培训教育活动，进一步激发全体党员对民革组织的使命感和信念意识。全面总结“不忘合作初心　继续携手前进”主题教育活动不断巩固提升了实践教育活动实效。

【组织建设】

2020年8月利通区总支召开第三届党员代表大会，詹小波当选民革吴忠市利通区总支第三届委员会主任委员，马尚荣、马力娟、马金良当选民革吴忠市利通区总支第三届委员会副主任委员。

【参政议政】

中国国民党革命委员会利通区支部委员会2020年参加区委常委会、政协会议、视察调研、提出建设性意见建议3条，完成《关于利通区奶产业高质量发展的调研报告》，获利通区统战系统理论成果一等奖。向区政协四届四次会议提交集体提案6件，委员个人提案11件，《关于加强“脱贫监测户”“边缘户”重点帮扶的建议》被确定为重点督办提案。向区委会报送社情民意32条，向吴忠市政协报送社情民意33条。《关于在商品购房合同条款中增加告知住户配套设施所在位置的建议》等6条社情民意被自治区政协和民革宁夏区委会采用，《关于促就业保稳定的几点建议》等15条社情民意被民革区委会采纳，《关于支持中小企业渡过难关的建议》等27条社情民意被市政协采用。《关于推广红寺堡村级基层治理经验的建议》获王天军副市长批示。《关于提高健康证办理效率的建议》《关于解决乡村医生身份和养老问题的建议》获徐勇副市长批示。

【社会服务】

通过壹基金净水计划项目，为吴忠市利通区12所小学装配16台价值64万元的净水设备，使6299名小学生的饮水条件和饮水习惯得到有效改善，促进了儿童健康成长。开展以“温情端午节　义诊送健康”为主题的义诊活动，义诊100余人，受到了社区居民朋友的欢迎和好评。获民革吴忠市2020年度“优秀民革党员之家”创建先进集体荣誉称号等。

中国民主同盟利通区支部委员会

【概况】

2020年，中国民主同盟利通区支部委员会以“不忘合作初心、继续携手前进”主题教育活动为载体，以习近平新时代中国特色社会主义思想为指导，深入学习贯彻落实中共十九大、十九届二中、三中、四中全会精神，围绕提升“五种能力”践行“四新三好”要求，大力开展自身建设，立足利通区建设发展主动参政履职，为推进和谐利通进程大力开展社会服务，取得了积极的成效。年末，民盟利通总支共有民盟盟员43人，平均年龄49岁，其中本科学历29人，人大代表2人，政协委员4人。

【思想建设】

中国民主同盟利通区支部委员会加强盟员学习教育，筑牢思想政治基础。重点学习习近平治国理政重要论述、全国、自治区、吴忠市两会精神、民盟宁夏十一届三次全委（扩大）会议精神等。通过学习教育活动的推进，盟员进一步明确新时期民主党派的性质、地位、作用和主要任务，统一了思想认识，凝聚了发展共识，增强“四个意识”、坚定“四个自信”、做到“两个维护”，思想政治基础进一步巩固，整体素质进一步提升。坚持逢会必学、以会代训制度，开展专题学习，盟员培训学习，选派李娜等骨干盟员参加区民盟在宁夏社会主义学院培训学习。选派盟员参加了市委统战部组织的井冈山培训学习班。全体盟员参加了市委会举办盟员培训班，张志军副主委作了《怎样做一名合格的党派成员》交流报告。

【主题活动】

中国民主同盟利通区支部委员会一是组织盟员参加“读书月”活动。在盟员中开展了“学理论、学政策、学本领”活动，推荐好书6本，“金点子”征集3条。二是召开“不忘合作初心，继续携手前进”主题教育活动动员会，发放了《习近平新时代中国特色社会主义思想学习纲要》等学习资料。参加《不忘合作初心，继续携手前进》专题培训班2期，培训盟员50余人。三是开展主题教育活动。先后召开了主题学习会、座谈会，深入学习习近平新时代中国特色社会主义思想及习近平总书记重要讲话精神，特别是在庆祝中国人民政治协商会议成立70周年大会上的重要讲话精神。四是开展庆祝中华人民共和国成立70周年、人民政协成立70周年系列活动。10名盟员结合自己学习工作经历先后作了交流发言。五是在全区中开展了“征文”“摄影”“书法”“拍微视频”“调研观摩”“红色主题教育”等系列庆祝活动，征集摄影作品2件，书法作品6件，绘画作品2件，征文3篇。选取优秀作品参加中共吴忠市委统战部庆祝中华人民共和国成立70周年比赛活动。

【组织建设】

为建立一支高质量的参政议政队伍，根据民盟宁夏区委会2019年组织发展要求和吴忠盟员界别实际，大力发展专家型人才和公务员盟员。通过基层组织推荐等程序，发展新盟员2人。

【参政议政】

中国民主同盟利通区支部委员会盟总支班子成员参加县委组织的党外代表人士座谈会，围绕利通区委、政府中心工作和社会关注的热点难点问题提出建议，提供决策参考。2020年，盟总支和盟内政协委员向区政协共提交涉及社区管理、交通安全，医疗卫生、教育发展等类别提案9件，立案7件、社情民意2件，利用政协平台，扩大影响，结合区委统战部命题调研报告要求，盟总支调研组开展调研考察活动，为利通区经济社会发展建真言、谋良策、出实招。盟总支向区委统战部上报调研报告1篇。提案主要有关于加强电动车、老年代步车的交通管理的建议；关于加强和规范旅游商品开发工作的建议；关于加强利通区中小学学生心理健康教育的建议；关于加强市区停车场建设和管理的建议；关于解决利通街第二小学南片区域拆迁扩建的建议；关于强化对小区物业管理公司监督的建议；关于强化对小区物业管理公司监督的建议。

【社会服务】

发挥民盟优势开展社会服务活动。民盟是以文化、教育、科技为主界别的参政党，社会服务主要以开展教育活动为主。5月31日，到扁担沟镇同利村燕宝小学开展爱心图书、文体用品捐赠活动，捐赠6000元文体用品，图书7700册，价值21万元，捐赠3000元文体用品。同时在扁担沟中学、同利燕宝小学开展送教下乡活动，先后有13名盟员教师参加讲课、评课等教研活动。

中国民主建国会利通区总支委员会

【概况】

2020年利通区共有民建会员63人，平均年龄50岁，其中研究生4人，本科学历27人，省级政协委员1人，市级政协委员2人，利通区政协委员13人。

【思想教育】

利通区总支积极参与“不忘合作初心，继续携手前进”主题教育，号召广大民建会员深入学习贯彻习近平新时代中国特色社会主义思想。认真学习贯彻习近平总书记6月8日—10日来宁视察重要讲话精神以及《习近平总书记在企业家座谈会上重要讲话精神》，进一步加强对民建会员的思想政治引领，牢固树立“四个意识”、坚定“四个自信”、坚决做到“两个维护”。通过各类学习培训，使会员进一步拓宽了视野、丰富了知识，凝聚了共识，理想信念进一步坚定，工作积极性进一步提高，履职能力不断加强，树立了民主党派成员的良好形象。为充分发挥民主党派参与和谐社区建设的积极作用，不断拓展活动形式和内容，我们本着“资源共享、优势互补、互惠互利、促进发展”的原则，在清宁河社区被评为2018年自治区统战部创新成果奖基础上，开展了民建基层支部和中共基层支部结对共建活动。利通区总支与清宁河社区积极对接，开展了“文化进社区送春联”活动；“2020年践行社会主义核心价值观剪纸培训活动”“文明伴我行”家庭礼仪讲座活动、“非遗剪纸小课堂”活动、企业支部马晓燕参加“百村千户关爱老人送文化送温暖”大型公益活动、司法教育支部杜建霞主办“‘十万家庭学礼仪’走进新时代文明实践站”志愿服务项目荣获金奖。及时、准确、高效地报道和反映有特色的工作动态，共计撰写并报送《利通民建信息》7期。

【组织建设】

2020年9月25日利通区总支经过积极筹备，在市委会的监督下完成了利通区总支和3个支部的换届工作。10月份利通区总支为加强支部管理，提高各支部会员参加会务工作的积极性和主动性，率先建立支部会员积分制度，通过对会员履职实行规范、动态管理，建立完善会员履职量化考核评价机制，不断提高利通区总支工作科学化、制度化、规范化水平。2020年11月，民建利通区总支获民建中央民建成立75周年“基层先进集体”荣誉称号，2020年12月，民建文卫支部丁冬梅获“民建中央抗击新冠肺炎先进个人”。

【参政议政】

在市政协五届五次会议，利通区政协四届五次会议上，利通区总支全体会员积极撰写提案30件，市政协采用提案10件，牛华平委员《关于扎实做好文明城市创建迎检后半篇文章的建议》列为买晓燕副主席督办的9号重点提案。利通区政协集体提案采用2件，个人提案采用8件。提案转化社情民意6件。

【社会服务】

面对新冠疫情，民建利通区总支积极号召广大会员通过各种途径捐资捐物共计20万余元。发挥民建“中华思源扶技工程基金会”优势，持续推进思源佑华扶贫项目，民建“思源·佑华教育移民班”第四次、“思源·佑华育才班”第四次落户吴忠市第二中学。

中国民主促进会利通区总支委员会

【概况】

2020年利通区共有民进会员72人，其中：教育界60人，党政机关7人，处级干部1人，自治区政协委员1人，利通区政协委员5人。

【思想建设】

组织广大会员深入学习习近平新时代中国特色社会主义思想、十九届四中、五中全会精神、统一战线和多党合作理论等，参加区委会学习习近平总书记对统一战线多党合作制度的新论述、新要求专题辅导，引导广大会员增强“四个意识”、坚定“四个自信”、做到“两个维护”。认真学习全国、自治区、吴忠市两会精神，及时学习自治区党委、吴忠市委重要会议和文件精神，在找准两会精神与利通实际乃至民进各项工作切入点的同时，将学习贯彻活动与实际工作相结合，与民进优良传统相结合，用学习指导实践，在实践中强化学习，切实提高“五种能力”。

【组织机构建设】

为做好总支换届工作，经市委会批准，利通总支对原有支部进行调整，新增机关支部，原有的高级中学支部和回民中学支部调整到市直机关总支，调整后民进利通总支下设5个基层支部。加强干部队伍建设。按照会员发展方案要求，各支部严格按照发展会员程序，把好会员层层审核关，全年发展会员2人。加强对年轻后备干部的培养，积极向组织推荐后备干部，组织会员参加区委会、吴忠市委会、利通区委统战部组织的各类学习培训。打造利通总支“会员之家”。按照统战部门和市委会打造“会员之家”

要求，利通总支利用会员企业宁夏永进健康产业公司办公场所，建设了“会员之家”，为会员开展教育培训、支部活动提供了固定的场所。

【完善参政议政工作机制】

利通总支充分发挥班子成员的示范带动作用，激发会员参政议政工作热情，实施“四个一”活动，即：每年参加一项社会实践活动、提交一件提案，反映一条社情民意，撰写一篇心得体会。积极培养和选派骨干会员充实到参政议政工作小组，发挥骨干会员的带头作用。认真开展专题调研。紧紧围绕区委、政府中心工作和产业转型升级的发展方向，精心确定调研课题，组织会员围绕乡村振兴、村集体经济、乡村教育发展、服务业绿色发展等工作进行调研，提交《关于科技助力乡村振兴发展的调研报告》。履行参政议政职能。紧紧围绕利通区委、政府确定的目标任务，充分发挥民进的界别优势和党派特色，发挥会员的主体作用，积极参政议政。在政协利通区四届五次会议上，提交提案12件，立案7件，转社情民意5件，在分组讨论中，民进界别5名政协委员认真听取工作报告，积极交流发言，提出意见建议。

中国农工民主党利通区总支委员会

【概况】

2020年利通区共有农工党员19人，平均年龄47岁，其中本科学历11人，市级政协委员2名，县级政协委员4名。

【思想教育】

农工党坚决把讲政治放在首位，把学习习近平总书记的系列重要讲话精神和来宁重要讲话精神，中共十九届五中全会和农工党十六大精神作为当前和今后一段时期的首要政治任务，在学懂弄通做实上下功夫。按照市委会的要求安排各支部组织学习，坚持把加强思想政治引领、广泛凝聚共识作为履职工作的中心环节。综合运用学习培训、工作例会、“互联网+”等多种形式，教育引导全体党员增强政治认同和方略认同，有力推动了农工党利通区总支履职实效和责任意识提升。二是思想建设常抓常新。召开专题会议传达学习中共十九大会议精神、全国两会会议、习近平总书记系列重要讲话精神、农工党十六大以及自治区、吴忠市、利通区两会精神；组织党员参加市委会主办的“不忘合作初心，继续携手前进”，庆祝中国农工民主党成立90周年红寺堡观摩座谈系列主题教育活动，取得良好效果。

【组织建设】

10月24日，农工党利通区总支委员会换届工作圆满完成。农工党吴忠市市委会主委杨爱琴、副主委强建新、秘书长马春梅以及农工党利通区总支党员参加了会议。会议听取和审议了三届总支工作报告，严格按照换届选举程序，表决通过了换届选举办法，经投票选举，马阳、魏旭芳、刘子斌、马建军、陈红英五位同志当选第四届支部委员。其中马阳同志为主任委员，魏旭芳、刘子斌同志为副主任委员。组织4名党员赴六盘山干部学院参加市委统战部组织的培训学习。获得2020年度农工党吴忠市委会参政议政先进集体荣誉。党员魏旭芳获得2020年度优秀公务员嘉奖。

【参政议政】

农工党充分发挥参政党作用，认真履行参政议政职能，强化党派意识，树立政治意识、大局意识和群众意识，抓“热点”盯“难点”，提提案、写建议，务实创新促实效。今年利通区总支共有5名党员参加了利通区政协四届四次会议，总支各委员提交提案13件，社情民意2件，支部党员向市委会提交提案8件，大会发言材料1件《关于紧抓乡村振兴战略机遇推动奶产业高质量发展的建议》。报送理论调研文章2篇，其中围绕服务业高质量发展进行深入调查研究，与相关业务主管部门进行了对接沟通，走访了部分商业综合体、专业市场，结合市区近年来的服务业发展现状、差距、问题进行了分析思考，报送《关于服务业高质量发展存在问题与对策建议》。党员马阳获得2020年农工党宁夏区委会参政议政先进个人、2020年利通区优秀政协委员等荣誉称号。

【社会服务】

农工党与医院支部联合到吴忠市敬老院、金积镇丁家湾子村等地开展义诊工作，送医送药活动得到了群众的一致赞同，同时专业咨询也帮助社区群众、老年人进一步掌握医疗保健、健康调养知识，为慢病防治工作贡献了力量。今年，农工党利通区总支委员会还开展了重阳节慰问老党员活动，为5名老党员们送上慰问品和节日祝福。将关心慰问老党员作为组织建设重要抓手，鼓励老党员发挥正能量，努力为农工党发展做出更多的贡献。

群众团体

利通区总工会

【概况】

2020年利通区总工会（以下简称区总工会）机关内设综合办公室（含经审办、女工部、财务部）、组织部、宣教网络部、经济技术部、权益保障部（含职工服务中心）5个部室。区总工会机关行政编制6名，社会化工会工作者29人。利通区总工会下辖12个乡镇（总）工会、1个园区工会、50个直属机关工会。全区建立工会组织456家，涵盖法人单位2032个，会员39467人，农民工会员9960人。

【模范机关创建】

2020年，利通区总工会制定“让党中央放心、让人民群众满意”模范机关5个方面11项创建台账。健全党组抓党建工作责任制，召开党组会议14次，开展主题党日12次、谈心谈话16次。开展党组理论学习中心组学习研讨11次、党员干部集中学习40余次，撰写心得体会40篇，形成调研报告8篇，4篇荣获自治区总工会理论调研成果一、二、三等奖；健全党组抓党风廉政建设责任制，开展廉政警示教育5次。制定《持续整治形式主义突出问题为基层减负重点任务》5个方面14项内容。机关干部包抓社区、路段开展文明志愿活动120次，打造创城知识示范街1个。

【基层工会建设】

2020年，利通区总工会深入实施固本强基工程，开展基层组织建设年活动，新建工会组织17家，发展会员128名；完成已缴筹备金未建会企业任务1000家，发展会员2561人，农民工会员360人，涵盖法人单位1017个；开展“八大群体”集中入会仪式3场次，实现服务平台录入会员合格率达100%。开展全区工会工作互观互检1次。聚焦党工共建，实现全区有党组织的非公经济组织和社会组织100%同步建立工会组织，建设群团服务站35个。开展“职工之家”创建活动，建设“会站家”一体化职工服务阵地9个。全区基层统计年报完成率达100%。持续深化“会员评家”“四亮一诺”活动，基层工会规范化建设覆盖率达85%。

【劳动模范评选】

2020年，利通区总工会推荐评选各级劳动模范（先进工作者）11人。利通区环卫中心机械清扫队驾驶员李彦被评为全国劳动模范。利通区委四套班子领导走访慰问各级劳动模范、工匠代表27人。创建劳模创新工作室2家、匠心工作室1家；开展“劳模聚服务”2场次。

【产业工人队伍建设】

2020年，利通区总工会推动利通区委、区政府印发《新时期利通区产业工人队伍建设改革实施方案》，细化责任落实清单20余项，牵头部门先后制定改革落实方案11项。

【劳动和技能竞赛】

2020年，利通区总工会全面优化竞赛活动，联合举办基层卫生岗位练兵、创新创业大赛、育婴员职业技能竞赛、环卫工人职业技能竞赛4场次，承办全市焊工职业技能竞赛1场次。组织辖区8家企业11项创新成果参加吴忠市职工技术创新大赛，其中荣获一等奖1家、二等奖5家。组织162家非公企业571个班组7466名职工参加“安康杯”竞赛活动。

【厂务公开民主管理】

2020年，利通区总工会深化厂务公开民主管理工作，全区非公企业厂务公开、职代会建制率达90%。扎实开展“聚合力、促发展，职工代表提案在行动”活动，上报职工提案4件，推荐2家企业申报自治区级厂务公开示范单位。联合开展厂务公开专项督查1次。

【精准帮扶】

2020年，利通区总工会年内慰问困难职工（农民工）939人，发放慰问金319万余元；联合海信集团慰问困难职工103人；慰问困难企业7家、职工202人，发放慰问金10万余元；“夏送清凉”筹措资金14.38万元，慰问一线单位39家惠及职工4000余人。收缴互助金242万余元，参与人数达48568人，补助患病职工485人，发放互助金173万余元。举办技能培训班2期。免费为150名困难女职工进行“两癌”筛查体检。包抓5户建档立卡户已全部脱贫；牵头推动58家机关单位落实建档立卡户消费扶贫资金117万余元。

【职工文化生活】

2020年，利通区总工会实施思想武装工程，把团结引导职工听党话、跟党走作为重要政治责任。邀请上级工会领导、班子成员带头开展集中宣讲20次，“企业工会三讲小课堂”开展微宣讲20次。全面落实意识形态工作责任制，微信、微博推送宣传信息1200余条，“宁工惠”APP推广下载量达1万人次；编发各类信息191期，其中市级以上媒体刊登80余篇。组织开展各类职工文体活动40余场次。举办羽毛球、台球职工公益课20场次，吸引职工400人次。征集职工书画摄影作品60余幅，其中1幅小楷书法作品荣获吴忠市职工书法美术摄影展一等奖。

【集体协商】

2020年，利通区总工会开展集体协商“四季要约”启动会14场次，建立一体化台账14个，发放提示函163份，涵盖企业234家，覆盖职工8742人。打造区域（行业）集体协商示范点8个、单独企业示范点15个。全区共有149家非公企业开展集体协商质效评估工作。利通区总工会荣获吴忠市集体协商指导员大赛二等奖。集体合同和工资专项集体合同动态签订率达95%，合同履约率达85%。

【维护职工合法权益】

2020年，利通区总工会实施维权服务工程，开展职工权益维护年活动，举办服务农民工法治行动、以案释法、《中华人民共和国民法典》专题讲座等普法宣传活动23场次。打造户外劳动者服务和法律援助站示范点、“法律进企业”示范点6个。开展职工队伍稳定风险专项排查30家。深入开展女职工维权服务工作，成功调解1起环卫女职工婚姻家庭维权庭前诉讼案例，征集上报优秀家书43篇，1篇荣获三等奖。

【工会经费审查审计】

2020年，利通区总工会完成对本级2019年度工会经费预算执行情况和48家基层工会审查审计，审计金额461万余元，回访率达93%。强化对专项资金审计力度，入户抽查困难职工82人，抽查率达36%。

共青团利通区委员会

【概况】

团区委核定机关行政编制4人，机关后勤服务编制1人。其中：书记1名（正科）、副书记1名（副科）。2020年团员新增123名，利通区共有团员16549名，新增基层团组织20个，截至2020年底，利通区共有基层团组织407个；2020年，利通区团委（以下简称区团委）紧紧围绕共青团工作目标，以开展党的群众路线教育实践活动为契机，以服务广大青少年为工作落脚点，以品牌活动的开展和能力提升为载体，扎实开展各项工作，取得新成效。先后获得抗击新冠肺炎疫情青年志愿服务先进集体、第五届宁夏志愿服务项目大赛金、银、铜奖等荣誉。

【“共青团利通区委员会三届二次全体（扩大）会议”】

2020年团区委召开“共青团利通区委员会三届二次全体（扩大）会议”。2020年4月24日，会议在利通区会务中心多功能厅召开，团利通区委班子成员、团利通区三届委员会委员、不是委员的各乡镇、区直部门团组织分管领导、团干部、各学校团委书记、大队辅导员及非公企业团组织负责人等87人参加会议。会上传达学习了共青团宁夏区委十二届三次全体（扩大）会议、共青团吴忠市委四届五次全体（扩大）会议和利通区委四届九次全会精神，全面总结2019年以后的工作，研究部署了2020年利通区共青团工作，增选了共青团利通区委员会委员、常委和书记。区团委召开利通区中长期区青年发展规划联席会议第一次全体会议：2020年7月3日，会议在利通区会务中心第一会议室召开，区委常委、联席会议副召集人金淼出席会议并讲话，利通区人社局34个成员单位参会。会上、团区委书记、联席会议办公室主任王芝兰解读了《利通区中长期青年发展规划联席会议制度》及成员单位工作职责，成员单位分别围绕各自职责，就2020年上半年落实利通区中长期青年发展规划联席会议制度情况作了汇报发言，各成员单位按照清单，形成实施《规划》的强大合力。区团委召开中国少年先锋队利通区第一次代表大会。2020年10月9日，会议在利通区会务中心多功能厅召开，吴忠市教育局副局长柳佳伟，团市委副书记、市少工委主任周静，利通区委书记周涛，区委副书记、政府区长李玉山，区政协主席赵峰，区委常委、组织部部长温丽娟，区人大常委会副主任马金鹏，区政府副区长赵丽亭，区政协副主席李娟清出席开幕式。来自全区151名少先队员、少先队辅导员、少先队工作者等社会各界代表及17名特邀列席代表参会，会议听取了共青团利通区委关于少先队工作的汇报，提出了未来3年少先队工作的总体思路，选举产生了由51名委员组成的中国少年先锋队利通区第一届工作委员会。区团委召开“利通区2020年加强团的基层建设工作推进会”，2020年12月3日，会议在利通区会务中心多功能厅召开，区委常委、组织部部长温丽娟、区政协副主席、总工会主席李娟清出席会议、各乡镇团委、部门团组织分管领导、团干部，各村（社区）团支部书记，各学校团委书记、大队辅导员及非公企业、两新组织代表等共计200余人参会。会上，团区委主要负责同志通报了2020年加强团的基层建设工作情况，梳理和检视了现存问题，并就下阶段工作进行了安排部署。

【政治建设】

2020年，区团委深入策划开展“青春心向党·建功新时代”系列主题活动，通过“四项举措”，团结、引领广大青年展现青年担当。深化“青年大学习”行动，召开专题学习会16次，开展主题团队日、“共青团与人大代表、政协委员面对面”活动等8次；开展“致敬清明”系列活动、示范性集中入团、入队仪式68场次。

【青年建功】

2020年，区团委发出青年防疫志愿者招募令8期，动员1580余青年、组建10支青年突击队集结抗疫一线，累计贡献志愿服务时长22.8万小时。以“青春献利通”志愿服务队为总抓手，聚焦“六项青春行动”，开展各类公益活动46场次。

【服务青年】

2020年，区团委在利通区委和政府的大力支持下，共筹集资金22.5万元，成功举办利通区第二届“创青春”青年创新创业大赛，发放奖金17.1万元；举办单身青年交友联谊活动2期；举办利通区“让青春绽放绚丽之花——庆祝五四青年节”现场交流活动；开展“返家乡”大学生社会实践活动2期，受到全区广大青年的普遍欢迎。

【基层建设】

2020年，区团委通过拓展建团领域、灵活建团方式等工作方式，利通区团委建立利通区团代表联络站；探索实施共青团投身新时代文明实践“3333”工作模式；成立利通区少工委，组织召开中国少年先锋队利通区第一次代表大会；推进26所中小学全部成立学校少工委。广泛开展“五四红旗团委”“优秀共青团干部”“最美志愿者”“向上向善好青年”“乡村好青年”“青年文明号”“青年安全生产示范岗”等主题评选活动48期次，涌现出金星镇团委、古城镇秦桥村团支部、金银滩镇综合服务中心等先进青年集体57个，马国良、马成林等优秀个人236名。

【阵地建设】

2020年，区团委逐步提升团属新媒体阵地内容质量，围绕疫情防控、创建全国文明城市、新时代文明实践等编辑微信229期1140余篇，组织举办“让青春绽放绚丽之花”“我的青春我的梦”“奋斗的青春最美丽”“圆梦中国人”等主题事迹分享活动38期次。

【志愿服务】

2020年，区团委以保护母亲河（黄河）生态环境为核心，定期组织志愿者对母亲河主、干流进行巡查，拾捡河床垃圾，开展河流保护倡导、文明理念传播，推行民间河长制。截至2020年，在黄河岸边安装环保指示牌100余个，组建197人志愿者队伍；联合开发“巡河宝”APP；发布线上环保倡导289条；发布巡河照片1092张；组织动员1763人次志愿者参与巡河活动；清理黄河河滩垃圾6500公斤；共发布招募令26期，招募志愿者3000余人，累计贡献志愿服务时长25.2万小时，微博发起话题#青春守护母亲河

#阅读2874。

【“希望工程”】

2020年，区团委靶向扁担沟镇开展系列困难儿童关怀慰问行动，申请自治区团委“护眼行动”5万元资金，为建档立卡户学生捐赠护眼灯400台；联合吴忠市青年企业家联谊会21家爱心企业，筹集资金20.6万元，为黄沙窝学校等8所学校捐赠课桌椅1220套；为孙家滩中心学校捐赠防疫物资5万余元；在燕宝小学圆梦建档立卡学生微心愿52个。争取、筹集“希望工程·圆梦行动”助学金58.8万余元，资助贫困生400余名。

利通区工商业联合会

【概况】

2020年，利通区工商联属社会团体性质运行，会员145名，所辖行业协会5个，设主席1名，副主席14名，均由非公经济人士担任。2020年在利通区委、政府的坚强领导下，利通区工商联围绕“两个健康”工作主题，坚持“团结、服务、引导、教育”工作方针，认真履职，充分发挥了党和政府联系非公有制经济人士的桥梁和纽带作用。

【学习教育】

坚持把巩固思想政治基础放在首位，认真贯彻落实党的十九大及十九届四中全会精神和中央《关于加强和改进新形势下工商联工作的意见》及自治区、市工商联工作会议精神，利用微信群等深入开展理想信念教育活动，进一步增强非公经济人士“四信”意识，不断筑牢非公有制经济人士健康成长的政治保障。通过研讨学习帮助广大非公经济人士准确把握大势，提振发展信心，凝聚起推动非公经济发展的信心和力量。加强宣传引导，全面提升非公人士整体素质水平。注重加强对非公经济人士特别是年轻一代的红色教育培训，引导非公经济代表人士到“利通区初心馆”参加爱国主义教育，不断加深非公经济人士对中国共产党发展历程进一步了解，重温党的革命历史，积极引导统一战线人士不忘初心、牢记使命。

【服务优化】

提请出台《利通区贯彻落实自治区关于应对新型冠状病毒肺炎疫情影响促进中小企业健康发展的若干措施任务分工方案》《吴忠市利通区应对新冠肺炎疫情影响促进经济社会健康发展的若干措施》等文件，累计发放工业对标提升转型发展奖补资金等各类资金1628.7万元，向金融局推荐16家有融资需求的工业企业，金额达3.18亿元，切实减轻企业负担。大力宣传担保平台和印发的《利通区产业基金担保运行方案》，对中小微企业贷款担保情况进行摸底；协调工信局补贴企业采购防疫物资，支持草帘子500条1250米、生石灰20吨、酒精110斤、消毒液26吨、测温枪30把、口罩25000只、热成像测温仪15套。强化引导宣传，精准施策“助企”。推送宣传援企稳岗政策、减免社保费等就业创业政策21次1000余条，认真落实自治区工业经济稳增长“24条”和应对新冠肺炎促进中小微企业健康发展“18条”等政策“大礼包”。利通区制定印发《关于切实做好应对新冠肺炎疫情影响促进经济社会稳定发展政策宣传落实工作的通知》，编发了《利通区贯彻落实统筹推进疫情防控和经济社会发展政策汇编》500本、《自治区、吴忠市、利通区惠企政策措施政策汇编》2000本、《利通区应对疫情中央及地方支持性（新型冠状病毒疫情下中小企业扶持）政策汇编》1000本、《利通区应对疫情企业复工复产用工信息汇编》1000本,《国家税务总局、宁夏回族自治区税务局发布的〈最新税收优惠政策指引〉》《口袋书》2000本、《疫情防控期间政策减免一看就懂（宣传海报）》2000张，制作了180页惠企政策电子书通过政府门户网站、“多彩利通”公众号、企业联络群、朋友圈多渠道、多载体广泛发布宣传，做到政策“广而告之”。

【参政议政】

围绕区委、政府中心工作，由统战部提请区委常委会议和政府常务会议邀请工商联主席、副主席常态化列席，积极参政议政。深入开展调查研究，上报2019年主题调研报告，确定了2020年调研课题，为全区的建设发展积极建言献策。精准助力脱贫攻坚。持续实施统一战线“助力脱贫攻坚”行动，将民族团结进步创建、民主党派社会服务、非公企业产业等因素糅合起来，通过产业扶贫、智力扶贫、捐赠扶贫等多种形式，倡导实施“百企帮百村”行动，印发助力脱贫攻坚决战决胜倡议书，拓展统一战线助力脱贫攻坚的广度和深度。全力推动复工复产。成立复工复产调研组，深入企业开展走访，详细了解防控措施和企业生产经营情况，及时向200余家非公企业提供消毒液、草帘子、生石灰、酒精等防疫物资，将利通区委、政府有关于企业复工复产扶持政策第一时间宣传到位，引导民营经济人士正确看待形势发展变化，增强发展信心，积极为企业纾困排忧。勇担重任，合力抗击疫情。第一时间发布《众志成城渡难关，齐心协力抗疫情——致全区工商联会员的倡议书》，动员全区广大非公经济人士要以强烈的政治责任感坚决贯彻落实党中央决策部署助力打赢疫情防控阻击战，自觉履行社会责任。倡议发出后，广大民营企业家积极响应，发挥表率作用，主动捐款捐物，合力抗击疫情。宁夏食名轩饭店组织7名厨师、1台商务车助力疫情期间饮食保障，无偿参与利通区机关事务中心餐食制作并免费为全区卡点送餐。吴忠市少武粮油有限公司、宁夏佰拓建设工程咨询有限公司、强阿萨生物科技有限公司等10余家企业为利通区一线疫情卡点送去生活物资11.3万元，郭同义、牛华平等19名非公经济人士代表爱心捐赠4.35万元，彰显了利通区非公经济人士的责任担当。

利通区妇女联合会

【概况】

利通区妇女联合会（以下简称利通区妇联），现内设4个工作岗位，分别为综合工作岗（办公室）、城乡工作岗、组宣工作岗、维权与儿童工作岗。现有行政编制5人，其中，主席1人（正科级），副主席1人（副科级），妇儿工委办副主任1人（副科级），机关后勤服务事业编制1人。

2020年，利通区妇联认真落实习近平总书记对宁夏及对妇联工作领域重要指示批示精神，紧抓妇女发展、家庭工作、维权关爱三大重点，破解深化改革难点，认真推进各项工作，先后获得本年度效能目标管理考核“三等奖”、金星镇阳光骄子社区被评为“全国家庭教育指导示范点”、马莲渠乡家庭教育先进集体等荣誉。

【提升政治素养】

2020年利通区妇联采取多种形式，带领广大妇女群众不断学习党的路线方针政策和政府法律法规，进一步提升了社会各族各界妇女的政治素养。一是加强宣传教育思想引领。深入学习贯彻习近平总书记重要讲话、十九届四中全会及中国妇女十二大精神等精神。动员农村妇女开展“立足岗位 争做最美巾帼奋斗者”大学习大宣传线上线下活动，引导广大妇女积极参与疫情防控，投身复工复产及脱贫攻坚工作。辖区各级妇联组织深入开展习近平总书记视察宁夏重要讲话精神宣讲150场次。二是牢固占领巾帼舆论宣传阵地。2020年，向利通巾帼微信公众平台、吴忠日报、多彩利通等媒体及时撰写工作信息稿件60余篇。

【激发妇女创业】

2020年利通区妇联加强对广大城乡妇女创业就业扶持和劳动技能培训，促进广大妇女在各领域、各行业建功立业。项目带动，持续推进妇女创业增收。积极推荐秀琴奶牛养殖合作社、郭小平家庭林场申报自治区级创业创新基地。深入落实“基层妇联领头雁行动计划”，为2名村妇联主席争取到自治区妇联“双培双带”项目创业扶持资金10万元。为利通区家政服务业协会争取“巾帼家政进社区”项目1.5万元。为289户农户向市妇联申请农村妇女创业贷款1833万元。组织41名巾帼家政人员参加了市妇联及自治区妇联举办的“巾帼家政技能大赛”，4名巾帼家政人获得吴忠市奖项，1名获得自治区级“最美家政人”奖项。开展“姐妹手拉手 巾帼脱贫快步走”刺绣、剪纸以及编织等手工培训班5期，250余名妇女参加了培训。

【巾帼脱贫行动】

2020年利通区妇联不断深化“巾帼脱贫行动”，积极协调“巾帼建功标兵”为建档立卡户杨文海捐助“扶贫牛”1头，年收入达4000元。2020年，在区政府的大力支持下，区妇联为全区建档立卡户贫困家庭妇女2264人购买“爱妮保”保险，总计22.64万元，实现了利通区建档立卡贫困户“爱妮保”保险第三年的全覆盖。

【共建和谐社会】

2020年利通区妇联发挥独特作用，以家家幸福安康共建社会和谐。推选全国“五好家庭”1户、评选抗击新冠疫情全国三八红旗手1名、自治区级“五好家庭”“最美家庭”“文明家庭”17户、吴忠市级“阻击疫情”最美家庭8户。深入开展“爱润万家 好家风好家教好家训”家庭教育宣讲活动20余场次，向群众征集并推荐吴忠市妇联好家风好家训36条。组织专业化的家庭教育指导老师开展在辖区各乡镇社区开展家庭教育讲座20余场，发放《1000条家庭教育》读本，引导家长用正确的思想和方法，给孩子讲好“人生第一课”，帮助扣好人生第一粒扣子。

【奉献爱心行动】

2020年利通区妇联积极开展爱心奉献送温暖行动。通过线上线下发动各级“巾帼建功标兵”“三八红旗手”“巾帼志愿者”开展对15名援鄂人员家属、留守儿童、孕产妇、残疾老人等弱势群体开展暖心关爱服务活动，送去牛奶、大米、苹果、面粉等物资。发动村社区妇联执委对2020年新增“两癌”妇女进行摸排，并为50名“两癌”妇女发放专项救助资金。慰问“两癌”贫困妇女24名，对38名贫困妇女和困境儿童、5户帮扶建档立卡户结合疫情防控开展走访慰问送去大米、面粉、食用油、牛奶、书包等疫情防控物资。

【妇女儿童维权】

2020年利通区妇联紧扣“两规划”目标任务，实施维权关爱帮扶。发挥职能作用，推动落实“两规划”。2020年9月，市妇儿工委对利通区“两规划”工作通过“听、查、看”进行了评估督查，听取了各扛标单位难达标问题的分析与对策，为年底终期评估迎检奠定基础。深化“建设法治利通·巾帼在行动”活动。联合区禁毒办、司法局、卫健局、法院等相关单位，邀请自治区妇联公益律师，利用“三八维权周”等节庆节日，结合“三下乡”“主题党日”“禁毒防艾”、社区共建、“七五”普法进基层、巡讲等活动，不断加强《中华人民共和国宪法》《中华人民共和国反家庭暴力法》《中华人民共和国妇女儿童权益保障法》《中华人民共和国民法典》和谐婚姻家庭、抵制高额彩礼等法制宣传、培训、案例旁听40余场次。关爱妇女儿童，开展献爱心送温暖活动。积极争取“两癌”救助关爱项目资金8万元，引进社会组织吴忠市启心社会公益服务中心对40名“两癌”妇女开展了“情系两癌妇女”“唱响我们的心灵之歌”“感党恩、庆国庆、迎中秋”关爱服务活动等。

【队伍建设】

2020年利通区妇联充分发挥党建引领作用，以创建“让党中央放心、让人民群众满意”模范机关为抓手，按照“三强九严”工程要求，严格落实“三会一课”制度，认真开展“主题党日”实践活动，注重党员教育管理和意识形态工作。丰富活动载体，凝聚巾帼力量，以“党课开讲啦”为主题，组织机关党员、基层妇联主席、执委及部分巾帼建功标兵到金花园社区参观了社区党建并聆听了社区张丽萍书记就习近平总书记视察宁夏重要讲话精神的宣讲。深化巾帼志愿者服务活动。7月23日，在马莲渠乡汉北堡村承办了“兰花芬芳巾帼红”宁夏巾帼志愿者服务统一行动启动仪式。

利通区文学艺术界联合会

【概况】

利通区文联成立于2020年6月22日，挂靠在宣传部，由副科级副部长兼任文联主席，副部长占宣传部编制，文联没有编制。（宣传部总行政编制6名，领导职数3名，干部3名），干部承担精神文明创建、移风易俗、意识形态、新闻出版，扫黄打非、文明城市创建、新时代文明实践、理论学习、新闻中心、社会宣传等多项职责，没有专职文化干部。2020年6月22日利通区文联召开了第一次代表大会选举产生了第一届委员会委员和主席团。主席王红苗，副主席李潇、马悦、王力、张铁涛，秘书长李元坤。按照吴忠市委文联改革试点方案精神，文联挂靠在区委宣传部，履行对各文艺协会的指导管理等职能。2020年，区文联认真贯彻自治区、吴忠市文联工作部署，牢固树立“文联一盘棋”的观念，抓住深化文联改革契机，推进基层文联组织建设，构建新时代文艺志愿服务体系，提高基层文联组织建设水平，进一步增强文联的组织活力、向心力、吸引力。

【作品创作】

挖掘乡土专家、草根明星，培养草根团队，定期组织业务培训和编创指导活动，不断生产贴近利通区情、群众生活的作品。发展了9支拥有固定活动场所、成员稳定、具备创作和演出能力的注册法人文艺团队，并通过政府购买文化服务的方式给予扶持。策划实施“文明相伴·情满利通”文艺作品创作“八大赛事”，形成了《老家》《利通门前那条河》《美丽乡村牛家坊》《五里坡的牛群，五里坡的河》《塞上河山》等原创歌曲、创作书画、舞蹈、曲艺、摄影、微电影等作品2100多个。

【文艺服务】

每年举办4期200人的文化专兼职人员或文艺爱好者技能培训班，并选派1~2名文化管理人才到中央文化管理干部学院学习，提升整体队伍素质水平、增强业务能力。截至2020年，共培育发展378支业余群众文艺团队，其中星级群众文艺团队17支，拥有剪纸、刺绣、唱歌、跳舞、编创等技能的文艺人才50多人。组建完善包含1339名志愿者的文化志愿服务队伍，作为文艺人才后备库。基本建立了一支政治强、业务精、作风正、人员稳定、一专多能、门类齐全的高素质文艺人才队伍。

【文化交流】

结合乡村休闲旅游活动，为民间文学、音乐、舞蹈，传统戏剧、美术、技艺、医药和民风民俗等搭建平台，开展宣传推广活动。通过“特色旅游商品评选”活动挖掘推出刺绣、烫刻、剪纸、串珠等一批文化旅游特色商品。年均举办“桃花节”“旅游嘉年华”“葡萄节”“荷花节”等旅游节会活动9场，旅游搭台、文化唱戏、产品叫座，取得了较好的宣传推介效果。

【组织建设】

以创建全国新时代文明实践试点县区为契机，整合乡镇（村、社区）文化宣传阵地，大力宣传和弘扬中华优秀传统文化，丰富群众精神文化生活。今年在12个乡镇成立新时代文明实践所，36个行政村（社区）成立新时代文明实践站，逐步实现新时代文明实践试点工作全域覆盖。打造文化团队、培育乡贤文化、开展“我们的节日”系列主题活动，让群众在多姿多彩的文化活动中，丰富精神世界。组建群众文化志愿服务队，由非遗传承人、农民文化大院负责人、广场舞教师、新文艺团队等志愿者组成，创作演出形式多样、接地气的文化活动，找准契合点，释放新活力，推动文艺与新时代文明实践无缝衔接、有效融合。2020年9月，利通区文联打造“一乡镇一特色”模式在《中国文联工作要情》专题刊发，在自治区22个县区推广。10月份，自治区深化基层文联改革建设现场交流推进会在利通区召开，利通区文联现场交流了改革经验。

利通区科学技术协会

【概况】

2020年，利通区科学技术协会（以下简称区科协）紧紧围绕全民科学素质提升和基层科普行动计划，扎实推进全民科学素质工作，累计开展“三下乡”“全国科普日”“科普七进”“科技工作者日”等各类科普活动32场，科普展览3次，科普大讲堂1场，全民科普网络竞赛2次，反邪教宣传4次，发放各类宣传品20余种4000多份。新培育企业科协2家，实施自治区农技协提升项目1个、自治区“三长”示范引领项目6个；创建实施自治区基层科普行动计划4项，其中科普示范社区2个、乡村科普信息化队伍建设项目1个，青少年科技教育活动1项；打造自治区级青少年科学工作室1个；打造本级科普示范基地5个、科普示范学校1个，配套建设科普宣传栏10个，组建4209人的科普宣传信息员队伍，分享科普中国优质资源201788次。2020年科普经费85万元，人均2元以上。

【提升科学素质】

2020年，利通区科协聚焦农民、青少年、城镇居民、干部职工等重点人群，累计开展“科技三下乡”“科技工作者日”“科技活动周”“全国科普日”“科普七进”等各类科普活动32场，科普展览3次，科普大讲堂1场，全民科普网络竞赛2次，青少年科技创新大赛1次，反邪教宣传4次，发放各类宣传品20余种4000余份，累计受益群众5000人次。2020年科普经费85万元，人均科普经费达2元以上。累计开展“三下乡”“全国科普日”“科普七进”“科技工作者日”等各类科普活动32场，科普展览3次，科普大讲堂1场，广泛参与全国、宁夏公民科学素质网络知识竞赛2次，积极配合市级科普大篷车巡展活动10次，共计发放各类宣传品20余种4000多份。成立利通区科技志愿服务分队，先后开展疫情防控、科普宣传等科技志愿服务活动31场；积极组织利通区中小学参加35届青少年科技创新大赛、机器人竞赛等比赛，上报科幻画作品415幅，入围自治区28幅，全国1幅，获自治区一等奖作品3个，二等奖2个，三等奖1个。利通区科协获吴忠市级优秀组织单位奖。积极组织辖区学校参加全区中小学校科技骨干教师培训及农村中小学校骨干教师培训等科技教育培训活动。2020年组建4209人的科普宣传信息员队伍，已达当地总人口1%，分享科普中国优质资源201788次，分享量持续上涨。结合贫困村产业和科技特派员专业技术特长，继续开展“三区”人才服务工作，助力利通区脱贫攻坚。围绕扁担沟镇五里坡村奶牛养殖、烽火墩村林果种植、同利村枸杞种植、西沟沿村芦笋、海子井村黄花菜种植等特色产业，开展科技工作者“一对一”定点精准帮扶工作，实现11个贫困村科技人才帮扶全覆盖。深入实施基层科普行动计划，获批科普示范社区2个、乡村科普信息化队伍建设项目1个，青少年科技教育活动1项。将反邪教宣传融入科普阵地建设，在今年新打造的10个科普宣传栏、长廊中均设立反邪教专栏宣传内容，积极开展反邪教宣传活动4场次，深入推进反邪教宣传常态化、警示教育制度化，不断提升广大群众的防范意识。

【培育科技人才】

积极配合做好“院士专家宁夏行”活动，农业农村部南京农业机械研究所研究员龚艳、宁夏农业机械推广站副站长周东建等院士、专家到利通区宁夏智源农业装备有限公司开展技术指导、学术交流，助推利通区企业创新发展。积极组织利通区7家企业科协30名工作人员参加知识产权战略巡讲培训；组织利通区8家科技型企业参加创新创业大赛；积极围绕本地区优势特色产业，搭建学术交流平台，协办2020年利通区农民丰收节暨奶产业文化节，利通区首届西瓜评比大赛、现代纺织产学研合作研讨会等大型学术活动。2020年按照市科协分配任务，动员组织成立立军农机、德悦纺织企业科协2家，进一步为利通区创新驱动高质量发展助力。

【助力乡村振兴】

全区科技特派员工作现场交流会在利通区举行。自治区党委、政府相关部门、高校科研院所，各市、县（区、市）政府分管同志，各市、县（区、市）科技局负责人以及科技工作者代表共70余人先后到利通区古城镇灵芝生态园、金积镇智慧农业展示区等地学习交流科技特派员工作典型经验和做法。自治区人民政府副主席吴秀章对利通区科技特派员创新创业工作表示肯定，并指出利通区以科技特派员创业协会引领广大科技工作者开展创新创业工作的经验做法值得推广与学习。按照《自治区科技扶贫助力脱贫攻坚实施方案》，利通区从科技特派员中推荐和选派科技特派员“三区”人才10名积极参与到扁担沟镇同利村等11个贫困村开展“一对一”定点精准帮扶，实现11个贫困村科技人才高密度全覆盖。同时派出单位、受援单位（贫困村）和派出科技人员签订《宁夏“三区”科技人才选派三方协议书》，各位三区人才与贫困村“一对一”结对包干，实行包抓片区责任制，做到不脱贫不脱钩。自选派以来，“三区”人才多次进村入户开展技术指导和培训，送课到村、送课到田间地头。2020年利通区“三区”人才已举办各类技术培训班12场次，参加人员800人次，推广应用果园春剪、夏剪、疏花疏果、病虫害防治、套袋、拉枝、枸杞标准化栽培技术、手工挂件制作、黄花菜种植技术、饲草料高效利用培训、奶牛疾病防治、奶牛规范化饲养、自制生物有机肥技术等农村实用技术20多项。围绕扁担沟镇五里坡村奶牛养殖、烽火墩村林果种植、同利村枸杞种植、西沟沿村芦笋、海子井村黄花菜种植等特色产业，实行多个产业相同村组团服务，分点组织实施扶贫指导，着力开展新品种、新技术、新设备，以及绿色高效、节本增效技术成果的集成示范和转化应用，开展技术培训、产业服务、产销对接，不断把成熟的农业科技成果转化应用到贫困村，提高特色农产品生产技术水平和市场竞争力，减少贫困群众不会干，不敢干带来的项目失败风险。今后，将继续鼓励和支持三区人才及聘请农业产业专家，加强贫困村产业技术指导和服务。

人民武装

【概况】

2020年，利通区人武部紧抓理论学习，严抓教育落实，深入清除纠治政治领域官僚主义，坚决肃清郭徐房张流毒影响，思想政治建设稳中有进；牢固确立备战打仗的统领地位不动摇，狠抓战备秩序正规，圆满完成民兵整组试点任务，从严落实首长机关、专武干部、民兵分队军事训练，配套保障民兵装备器材，战备训练水平显著提升；聚焦主责主业，精准发力，狠抓国防动员工作高质量落实，进一步优化民兵结构布局，顺利完成年度民兵整组工作，紧盯兵员征集质量，圆满完成年度征兵工作，认真开展潜力调查，准确核实潜力数据，国防动员工作开展正规有序；深入贯彻落实中央军委基层建设会议精神，认真学好相关法规制度，扎实抓好规范建设，从严落实督导检查，基层正规化建设进步明显；充分发挥军地之间的桥梁纽带作用，助力打赢脱贫攻坚战，倾心开展军烈属、退役军人帮扶，及时协调解决驻地部队矛盾困难，军政军民团结进一步巩固；狠抓安全稳定工作落实，扎实开展各项安全活动，深入抓好安全管理预防，全面落实疫情防控措施，确保了单位高度集中统一和安全稳定，利通区人武部被宁夏军表彰为全面建设先进人武部。

【民兵轮训】

2020年，利通区人武部积极适应军队作战体系重塑新形势、民兵结构编成改革新变化和职能使命新拓展，着眼平时服务、急时应急、战时应战需要，6月11日至23日，利通区人武部根据年度训练计划安排，依托吴忠市民兵训练基地，围绕共同基础训练、专业训练和任务行动训练3项内容16个科目，严密组织利通区民兵应急连、专武干部、民兵教练员进行基地化轮训，有效提升了民兵军事训练的实战化水平。

【整组试点】

2020年，利通区人武部以“巩固深化民兵调整改革成果、着力打造全区民兵整组样板”为牵引，以“实践探索帮、编、训、管、用‘五位一体’退役军人编组模式”为主线，围绕“一套可供借鉴的编建做法、一套严格规范的整组流程、一套务实可行的管理制度、一套目标明确的骨干培训体系、一套要素齐全的基层阵地建设标准”，探索总结了“五位一体”后备力量建设模式和“833”民兵整组流程做法。5月8日，为自治区5个军分区、22个人武部介绍了经验。

【征兵工作】

2020年6月，利通区人武部联合利通区委宣传部印发征兵工作宣传方案，在辖区人员密集场所播放大学生征兵宣传片，有针对性地做好高学历青年征兵宣传工作，提升大学生报名参军的积极性。8月中旬，专题召开征兵体格检查和政治考核培训会，严把征兵标准。坚持廉洁征兵原则，认真考察遴选廉洁征兵监督员，在利通区主要广场、路口等显著位置张贴廉洁征兵制度及举报电话，协调利通区纪委全程监督，有效筑牢廉洁征兵的纪律防线。

【双拥共建】

2020年，利通区人武部坚持做好双拥共建工作，不断推动利通区军政军民团结巩固。5、6月份，投入27万元为同利村满江养殖合作社购买了铡草机、日粮机、饲料机，建设了饲料加工厂，进一步减轻了农户养殖成本；为同利燕宝小学新建了国防教育长廊和书吧，将国防教育有机融入学校日常教育，浓厚学生爱国氛围；与同利村党支部积极开展军地互学、互帮、互促活动，加强该村党组织建设，提升党建星级创建水平。7、8月份，投入7.6万元对辖区72户军烈属、退役军人在就业、医疗、教育、养殖、住房、思想6个方面开展了重点帮扶，与宁夏伊利乳业有限责任公司签订合作协议，为5名退役军人提供了工作岗位。

法 治

公 安

【概况】

2020年，利通区公安分局在区委政府和市局党委的坚强领导下，迎难而上、砥砺奋进，全力以赴战疫情、保安全、护稳定，公安工作与队伍建设实现了“双提升”，有力维护了全区政治安全和社会稳定。执法质量考评、执法满意度测评在全区9个城市分局中排名第一，禁毒工作在全区22个分县局中排名第二、在全市“一网考”中排名第一，荣获全国“扫黄打非”先进集体荣誉，被推荐为全国扫黑除恶专项斗争工作先进集体，朝阳派出所被命名为“塞上枫桥公安派出所”。

【基层建设】

紧扣“基础牢、出事少、治安好、党和人民满意”的工作目标，全面推进社区警务改革。结合分局警力现状和辖区治安实际，在派出所推行“一室两队”警务运行模式。高标准建成26所“标准化”警务室和1个智慧警务室，与村（社区）同址办公率达到78%。坚持以党建驱动社区警务治理，调整12名派出所负责人兼职12名乡镇副书记、101名社区民警兼职村（社区）副书记或村主任助理。进一步配齐配强派出所警力，派出所警力占分局总警力60.36%，社区警力占派出所总警力46.26%。研发三色等级管理APP、流动人口管理APP，实现重点行业场所、流动人口数字化管理。深入开展“一所一品牌、一室一亮点”创建活动，培育推广的“五个三”工作法、“四心”工程、警企“六联”工作法等9项社区警务创新品牌被《人民公安报》《法治日报》等媒体宣传推广。在全市深化社区警务现场会上作经验交流发言，朝阳派出所被命名为“塞上枫桥公安派出所”。

【规范执法】

坚持以执法规范化建设为抓手，以提高办案质效为导向，修订完善了执法考评标准和积分制管理办法，严控案件审核、执法巡查等关键环节，集中整治执法突出问题。建立法制民警联系执法办案部门机制，进一步完善与检法两院的联络协调机制，出台的服务基层“十条举措”得到公安厅陈加先副厅长批示肯定并在全区推广，“3+F”执法管理模式被《人民公安报》刊发，并在全区公安机关深化执法规范化建设推进会上作交流发言。加大“一网、一门、一次”及“不见面、马上办”改革力度，积极推进“互联网＋公安政务服务”工作，共注册用户20568人，实名认证15352人，咨询497件，办理681件。

【反电诈】

扎实开展防范电信诈骗超常规宣传工作，以反电诈“十个一”宣传活动为支撑，注重线上线下相结合，发动辖区群众积极参与“反电诈宣传之星”评选活动，组建了反电信诈骗文艺宣传小分队，协调三大运营商定时推送反电诈公益短信等措施，不断提升辖区群众预防电信诈骗的意识。

【队伍建设】

围绕党建统揽全局、党建凝聚警心、党建促进业务工作的思路，严格落实《中国共产党政法工作条例》《中国共产党重大事项请示报告条例》，建立“第一议题”学习制度、包抓督导责任制，持续深化“三强九严”工程，不断提升党建工作质量和水平。将“正风肃纪”“坚持政治建警全面从严治警”教育整顿贯穿队伍管理全过程。坚持以考促练，扎实开展政治理论知识“每周一测、每月一考”及队列警械训练、体能测试等实战大练兵活动。建立常态化警示教育机制，开展廉政谈话提醒100余次、各类专项督察50余次，及时纠处队伍管理方面存在的问题，进一步筑牢全警信仰之基和忠诚警魂。全面加强先进典型选树表彰，涌现出张美霞、马慧芳等战“疫”模范，表彰疫情防控、扫黑除恶、重大安保等工作先进个人28名，队伍凝聚力和战斗力不断提升。

检　察

【概况】

2020年吴忠市利通区人民检察院2020年被最高人民检察院授予“全国先进基层检察院”荣誉称号，被中央精神文明指导办公室评定为全国文明单位。

【护航发展大局】

2020年，利通区检察院严厉惩治危害政治安全犯罪，充分发挥批捕、起诉等职能，严厉打击“法轮功”等邪教组织犯罪。全力投入“平安利通”建设，依法打击各类刑事犯罪，共批准逮捕犯罪嫌疑人256人、提起公诉493人。

【惩治刑事犯罪】

2020年，利通区检察院严惩非法集资等破坏金融秩序犯罪，共批准逮捕非法吸收公众存款、集资诈骗、传销等涉众型经济犯罪5件7人，提起公诉5件9人，大力惩治网络赌博、电信网络诈骗等新型犯罪，批捕14人、起诉20人，在“断卡”行动中批捕56人，围绕打好污染防治攻坚战，起诉破坏环境资源犯罪5件7人。

【推进扫黑除恶】

2020年，利通区检察院办理涉黑涉恶案件5件74人，依法办理了“杨红青”“普进科”“马丰鋆”等为首的一批重大涉黑涉恶案件，全面完成了“案件清结”任务。在“打伞破网”“打财断血”上持续发力，加强与纪检监察机关的协作配合，依法向相关部门移送涉黑涉恶及“保护伞”线索33条。“打财断血”成效突出，监督查封、扣押、冻结涉案资金1.57亿元。“郭金发”案财产刑执行检察建议被最高人民检察院评为全国精品案例，第一检察部被自治区人民检察院记集体二等功，1

人被推荐为全国扫黑除恶专项斗争先进个人。

【参与社会治理】

2020年，利通区检察院12309检察服务平台受理249件信访案件，7日内程序性回复、3个月内办理过程或结果答复率均为100%。组织开展矛盾纠纷排查化解工作，启动“零报告”机制，全力确保检察环节不发生影响社会稳定的重、大案（事）件。办理拒不支付农民工报酬案件6件，邀请人民监督员、律师等社会第三方参与对5件刑事申诉、司法救助、信访案件进行公开审查评议、旁听监督，主动做好释法说理、息诉罢访工作。

【刑事检察】

2020年，利通区检察院全面落实宽严相济刑事政策，对涉嫌犯罪但无逮捕必要的决定不批捕49人，对犯罪情节轻微的决定不起诉98人，确保不枉不纵。坚持“在办案中监督、在监督中办案”工作理念，依法加强刑事诉讼监督，监督立案16件26人、监督撤案17件19人，纠正漏捕30人、纠正漏诉21人；抗诉5件。依法查办司法工作人员失职渎职职务犯罪，共受理案件核查线索2条，立案1人，移送审查起诉1人。对各类刑事执行案件发出检察建议28份。

【民事检察】

2020年，利通区检察院共办理生效裁判监督案件24件；发出再审检察建议11件、提请抗诉1件；办理民事执行监督、诉讼程序违法、支持起诉等案件共计30件，办理杨红青、李平涉黑涉恶案中恶意、刻意制造走账流水、虚增债务、违约等“套路贷”民事虚假诉讼案件11件，依法提出检察建议11份。民事检察案件办案数位居全市第一。办理的1件虚假诉讼案件被自治区人民检察院评为指导性案例。

【行政检察】

2020年，区检察院办理行政诉讼监督案件12件，办理行政争议实质性化解案件2件，向审判机关和行政机关发出检察建议21份，发出督促履职类检察建议15件、社会治理类检察建议4件、纠正违法类检察建议3件。

【公益诉讼检察】

2020年，利通区检察院协助吴忠市院办理民事公益诉讼案件1件，办理行政公益诉讼54件、刑事附带民事公益诉讼案件5件。深入开展“携手清四乱·保护母亲河”专项行动，共办理案件12件，督促行政机关清理污染和非法占用的河道5.4公里，清理土地农膜未回收5355亩，清运建筑垃圾约540吨，回填湿地中非法砂石17609.6立方米，恢复湿地功能。收回、复垦被非法改变用途和占用的农用地200余亩，拆除违建540平米，监督违法相对人补种树木268棵，收取补植复绿费20700元。开展食品药品安全“四个最严”专项行动，办理销售有毒有害食品、生产销售假药等案件2件5人，公益诉讼案件2件，维护了人民群众“舌尖上的安全”和用药安全。积极与自然资源部门开展“联合治乱象、合力护资源”专项活动，共办理案件14件，助力行政机关有效治理行业乱象。督促行政机关收回土地出让金、人防工程易地建设费等国有财产189.4万余元，有效保护国有资产。探索办理公共安全领域公益诉讼案件12件。开展英烈保护工作，办理英烈保护案件2件。认真落实最高人民检察院“四号检察建议”，高度重视窨井盖安全问题，办理涉窨井盖案件3件，切实保障人民群众

“脚底下的安全”。

【未成年人检察】

2020年，利通区检察院严惩侵害未成年人犯罪，批捕39人，起诉50人。坚持教育感化挽救方针，对轻微犯罪未成年人不批捕41人，附条件不起诉35人，帮教30人，心理疏导58次，救助受侵害未成年人17人，发放司法救助金21.3万元。办理未成年人公益诉讼案件6件，制发检察建议15份。全体员额检察官担任辖区25所学校法治副校长，创建的“小白杨”工作室被自治区人民检察院作为经验在全区范围内推广。

【队伍建设】

2020年，利通区检察院加强以检察官为中心的办案团队建设，成立了11个专业化办案组，严格推进员额制管理检察官遴选工作，遴选入额检察官2人，优化检察官队伍结构，1名干警荣获自治区案件管理业务竞赛能手，1个综合理论调研课题被评为全区检察机关优秀奖。

【接受人民监督】

2020年，利通区检察院向区人大常委会专题报告工作2次，召开代表座谈会2次，邀请人大代表、政协委员列席案件公开听证会9次。坚持认真听取意见建议，主动定期向政协通报检察工作2次。坚持全面深化检务公开，开展检察开放日活动2次，邀请人民监督员监督检察工作25人次，公开案件程序性信息804件、法律文书462份，公开重要案件信息74次。

法　院

【概况】

利通区人民法院根据人民法院职责和实际工作需要，设政治部、综合办公室、立案庭、刑事审判庭、民事审判第一庭、民事审判第二庭、综合审判庭、审判管理办公室、执行局、法警队、古城法庭、金积法庭、金银滩法庭、高闸法庭。2020年，利通区人民法院在区委的坚强领导下，在上级法院的精心指导下，坚持以习近平新时代中国特色社会主义思想为指导，深入贯彻党的十九大精神以及中央、自治区政法工作会议精神，忠实履行宪法法律赋予的职责，为统筹推进疫情防控和经济社会发展提供了有力司法服务和保障，各项工作取得新成效。2020年，我院共受理各类案件13125件（含旧存2959件），审执结11049件，结案率84.18%，同比上升4.6%。未结案件2076件，同比下降29.84%。收案数位居全自治区法院第四、全市法院第一。

【刑事审判】

2020年共受理各类刑事案件419件，其中旧存30件，新收389件，审结387件，未结32件，结案率92.36%。上、抗诉案件38件，上、抗诉率为9.8%，其中检察院抗诉案件3件，抗诉率0.8%，发回重审案件3件、改判3件，发改率15.8%。

【民事案件审理】

2020年审结商事案件5464件。制定本院《服务和保障民营经济发展实施意见》10条措施，推动建立“亲”“清”法商关系，全方位营造支持企业家创新创业创造的司法环境。平等保护民营企业权益，审结涉民营企业纠纷案件1709件，解决争议标的3.7亿元，保全财产金额1.79亿元；加大办理涉民营企业执行案件力度，为55家民营企业执行到位2048.34万元。组织法官走访企业15家，准确把握企业司法需求，帮助企业预防和降低法律风险。完善服务“六稳”“六保”司法举措，疫情防控期间开通“云上法庭”，远程办理案件，保障当事人诉权。

【行政案件审理】

2020年，利通区人民法院受理行政案件31件。审结的一审行政案件数量41件（旧存20件），其中判决撤销行政行为3件、判决撤销行政行为并责令作出2件、确认行政行为违法1件、判决支付1件、驳回诉讼请求11件、撤诉6件、按撤诉处理1件、驳回起诉14件。受理非诉行政案件58件，其中裁定不予执行10件、准予执行20件、撤回申请28件。

【案件执行】

2020年，利通区人民法院共受理各类执行案件4373件（含旧存939件），执结3615件，执行到位1.9972亿元。

【司法改革】

坚持政治引领，稳妥推进内设机构改革，内设机构精减为10个。科学配置审判资源，完成了人员分流调整和中层干部任免。制定分案制度、审判执行团队工作规定、分调裁审工作机制等20余项制度，健全有序放权、科学配权、规范用权、严格限权的审判权运行机制。院庭长监督管理职责进一步明确，依托数字法院业务应用系统和信息化手段实现办案全程留痕，使院庭长对重大疑难复杂敏感案件的全程、实时监督成为现实。院庭长办案常态化进一步落实，全年共办案5090件，占办案总数的39%，使优秀审判资源回归一线。积极探索执行制度改革，制定了《执行指挥中心实体化运行工作细则（试行）》等制度，建立速执团队，探索责任到人执行制度与团队集约化执行相结合的执行改革有效途径，层级指挥，集约化办案，逐步建立起以“执行搭档”为基本组成的执行小组，法官管裁、执行员管执，重大案件分组指挥的裁执分离、指挥一体式执行警务化管理机制，基本解决执行难成果得到进一步巩固。

【“智慧法院”建设】

坚持向信息化要战斗力的理念，建成远程提讯、“云上法庭”，远程开庭审理、调解案件207件，多部门协调联动，共克时艰，智慧法院建设成果红利在疫情防控期间得到充分释放。更新立案大厅信息化装备，在全区法院率先建成24小时诉讼服务点，诉讼风险评估系统、诉讼文书智能生成系统、自助阅卷系统、智能送达云间柜等一批高科技装备投入使用，建成高清数字法庭22个，开通直播平台13路，实现所有庭审同步录音录像、自主直播。部分法庭安装了智能语音识别、智能文书编写等系统，有效提升庭审效率。

【司法救助】

2020年给予司法救助案件5件，救助人数5人，救助金额为24万元。

【社会治理】

利通区始终将扫黑除恶专项斗争作为重大政治任务，坚决扛起政治责任，实现精准打击。共审理涉黑涉恶案件3件29人，审结2件15人，判处十年以上有期徒刑2人，五年以上有期徒刑8人，涉恶罪犯全部判处实刑。判决财产刑共计745万元，判决追缴违法所得共计137.5万元，责令退赔被害人经济损失共计503.08万元，做到“黑财清底”。推动相关部门完善管理，发出司法建议9份，助推“行业清源”。梳理、调查、复核中央督导组及上级交办、各部门移送、转办线索239条并全部办结，实现“线索清仓”。定期向组织部门报送涉及村（社区）干部、党员违法犯罪案件生效判决文书及信息，助力基层组织建设。配合相关部门开展“两个一律”和“一案三查”工作，协助调取卷宗2068册，助力“伞网清除”。巩固扫黑除恶专项斗争成果，制定扫黑除恶常态化制度8项，确保综合治理、长效长治。拍摄的《扫黑除恶专项斗争以案释法专题宣传片——郭金发案审判纪实》入围全国、自治区扫黑办扫黑除恶专项斗争网上主题展览馆，努力营造扫黑除恶强大政治攻势。利通区坚决贯彻上级法院关于做好优化营商环境、服务高质量发展的意见，审结商事案件5464件。制定本院《服务和保障民营经济发展实施意见》10条措施，推动建立“亲”“清”法商关系，全方位营造支持企业家创新创业创造的司法环境。平等保护民营企业权益，审结涉民营企业纠纷案件1709件，解决争议标的3.7亿元，保全财产金额1.79亿元；加大办理涉民营企业执行案件力度，为55家民营企业执行到位2048.34万元。组织法官走访企业15家，准确把握企业司法需求，帮助企业预防和降低法律风险。完善服务“六稳”“六保”司法举措，疫情期间开通“云上法庭”，远程办理案件，保障当事人诉权；共办理涉疫刑事案件4件11人，对妨碍疫情防控的10人做出有罪判决，努力为抗疫护航。自觉服务党委政府中心工作，创新发展新时代“枫桥经验”，加强诉源治理，坚持将多元解纷机制改革融入县域社会治理现代化的“大舞台”，委派36名法官参加“三官一律”网格化基层社会治理，建立起“巡回审判＋网格法官＋人民法庭”的“点、线、面”相结合的司法服务网络，诉前化解纠纷418件，人民法庭审结案件2214件，为乡村振兴战略贯彻落实提供优质司法保障。助力重大风险防范化解，审结民间借贷、金融合同纠纷案件2087件，规范金融秩序；办理破坏市场经济秩序犯罪案件10件，审结涉案金额1190余万元的被告人宋某某等人虚开增值税专用发票案，有力维护了市场经济秩序。助力脱贫攻坚，选派干警担任驻村工作队员，抽调16名干部开展结对帮扶工作，宣传扶贫政策，落实9.8万元帮扶资金支持乡村产业发展、资助贫困学生、解决贫困户生活困难。重拳打击破坏生态环境犯罪行为，结案5件，依法守护碧水蓝天。

【自身建设】

利通区紧紧把握人民法院政治属性，始终坚持党对法院工作的绝对领导，认真学习贯彻《中国共产党政法工作条例》，不断巩固“不忘初心、牢记使命”主题教育成果，严格落实意识形态工作责任制，坚持政治引领，教育干警牢固树立“四个意识”，切实增强“四个自信”，坚决做到“两个维护”。强化机关党建工作，选举成立机关党委，选举班子成员担任各党支部书记，修订党建工作制度10项，压紧压实管党治党政治责任。利通区广泛深入开展党性党规党纪教育，严格落实“两个责任”，认真落实廉政勤政分级约谈制度，扎实开展以案促改、正风肃纪等警示教育专项活动，召开全员集中教育大会10次，党组集中学习21次，召开党组专题民主生活会3次。认真接受上级法院审务督察和司法巡查，开展常态化审务督查，查摆问题17条，对发现问题逐项整改落实。抓好正反两个方面典型，分层次、分阶段组织干警重温红色经典、接受红色教育，组织开展学英模、学先进活动，组织观看警示教育片，教育干警以案为鉴，时刻紧绷拒腐防变思想防线，确保干部讲政治守规矩。利通区注重建立以司法能力提升为根本目的的人才培养机制，着力建设学习型法院。强化业务培训，参加各类培训27期，参训干警700余人次；建立以老带新的“法官职业导师”制度，开展审判实务技能竞赛，择优评选优秀裁判文书、办案能手、调解能手、执行能手和法庭记录能手，不断提升干警庭审能力、裁判能力和做群众工作能力；开展职工运动会、“品经典好书，建书香法院”读书会等活动，为干警购买学习书籍610册，丰富干警精神文化生活，营造良好文化氛围。

【司法公开】

强化司法公开，接受社会各界和新闻媒体舆论监督，加强“一网两微四平台”建设，微信公众号发声110次，公开庭审直播312场，裁判文书上网4788篇，邀请媒体报道大要案审理、执行活动5次；积极回应人民群众诉求，受理信访案件38件，同比下降37.7%，充分满足人民群众的知情权、参与权和监督权。

司法行政

【概况】

2020年，利通区司法局在区委、区政府的坚强领导下，以习近平新时代中国特色社会主义思想为指导，深入学习贯彻党的十九大、十九届中央历次全会精神和习近平总书记视察宁夏重要讲话精神，紧紧围绕区委、区政府中心工作，坚持稳中求进工作总基调，主动作为，扎实工作，奋力开创利通区司法行政工作新局面。常态化推进扫黑除恶各项工作，积极做好全区法治政府示范创建工作。人民调解工作、普法与依法治理等工作取得新成效。全力打好“七五”普法收官战，先后迎接了吴忠市人大、自治区人大、自治区政协、自治区守法普法协调小组、司法部普法与依法治理局等上级部门的调研和考核。创新实施警司联调“1+2+N”运行模式，有效整合人民调解和公安机关治安调解资源，促进矛盾纠纷调处多元化。全力推进星级司法所标准化建设。积极推进高闸等4个星级司法所标准化建设，努力打造有特色、有影响、有实绩、有口碑的司法所品牌。司法行政各项工作得到各级领导充分肯定，为群众共享全面依法治国成果的获得感安全感幸福感提供了优质的法律服务和坚实的法治保障。

【法治政府建设】

制定了《利通区关于〈法治政府建设与责任落实督查工作实施细则〉》，印发了《2020年利通区法治政府工作要点》《关于开展2020年法治政府建设示范创建活动的实施方案》，全面推行权责清单制度，结合机构改革，已调整完成20个部门共计1124项行政职权，进一步简化公共服务流程。890项政务服务事项可通过网上全程办理、上门服务、代办、快递送、就近办等形式实现可“不见面”办理，可不见面办理率达到82.3%，开展规范性文件专项清理工作，清理区政府本级规范性（政策性）文件310件，各乡镇人民政府、区直各部门（单位）制定规范性（政策性）文件154件，加强合法性审查。制定了《关于全面推行行政规范性文件合法性审核机制的实施方案》《吴忠市利通区人民政府行政规范性文件合法性审核工作流程》《吴忠市利通区人民政府涉法事务法制审核工作流程》，审核区政府及政府办公室各类文件、协议64件，出具法制审查意见书11件，全面推行行政执法“三项制度”，共办理行政执法证件289人，开展执法证件年检112人，共收到人大代表议案、建议32件，共收到政协提案158件（合并办理重点提案6件），2020年人大议案、政协提案办复率均为100%。

【普法与依法治理】

2020年，出台了《关于全面落实普法责任制的实施意见》制度，形成了“党委统一领导、人大政协监督、政府狠抓落实、部门协调配合、社会共同参与”的普法工作大格局；将宪法法律和党内法规列为4个村（社区）党校培训的主要内容，扎实开展“法律八进”活动，先后成功创建“法律八进”示范点30个；健全了领导干部学法用法及培训机制，将宪法法律、党内法规列入党委（党组）中心组学习主题；成立青少年法治宣讲团；积极举办纳税人讲堂、“尊法守法　携手筑梦”服务农民工法治行动等各类法律宣传活动；建成宪法公园1个、法治馆1个、行业（专业）法治宣传教育基地2个、青少年法治宣传教育基地1个、法治文化广场9个、村（社区）法治文化阵地108个；成功创建东塔寺乡柴园村、金积镇东门村、胜利镇永昌社区三个全国民主法治示范村（社区），积极推动形成可复制的先进经验；全力打造“互联网＋法治宣传”模式，开通了“平安利通”微博、“多彩利通”抖音号、“利通普法”微信公众号等新媒体平台，积极向社会公众推送最新的普法知识，普法活动更加贴近群众生活。

【基层治理】

利通区司法局巩固完善人民调解“四张网络”建设，进一步拓宽专业行业性调解领域，成立利通区校园纠纷人民调解委员会，专门调处辖区内校园矛盾纠纷；与区妇联、古城镇积极协调联合，在古城镇设立婚姻家庭纠纷说和室，创新提出“五步工作法”，加大婚姻家庭领域矛盾纠纷调处力度。以星级司法所标准化建设为契机，高标准打造乡镇调委会；以公共法律服务工作室建设等为契机，进一步加大村、社区调委会规范化建设力度，实现有场地、有人员、有制度、有流程、有台账的“五有”标准，基本形成了多层次、全方位、立体化的调解网络体系。2020年，利通区各级人民调解组织共排查调处各类矛盾纠纷412件，其中调处疑难复杂以上矛盾纠纷389件，调解成功379件，成功率99.2%，结案金额2800.01万元。利通区道路交通事故纠纷人民调解委员会被司法部评为“大排查、早调解、护稳定、迎国庆”专项活动表现突出集体。

【公共法律服务建设】

利通区司法局严格贯彻落实法律援助条例，开通老未残孕等特殊群体开通维权绿色通道，简化办理流程，缩短办理时长，实现应援快援；积极完成村（居）法律顾问签约，对辖区12个司法所与8个律师事务所88名法律顾问开展了双向满意度测评工作，确保村（居）法律顾问工作走深走实；持续推进公共法律服务平台建设，发挥公共法律服务中心、工作站及工作室三级平台的作用，加快形成窗口化、综合性、一站式平台，为群众提供触手可及的法律服务；积极推动基层实体平台与网络平台无缝衔接，共享网上公共法律服务资源，贴近基层群众需求做好法律咨询和办事服务。2020年利通区公共法律服务中心共受理指派及当事人申请各类援助案件676件，其中民事案件362件，刑事案件280件（含涉黑涉恶案件8件，已进入审判程序）；法律顾问共解答群众法律咨询650余人次，为村（社区）提供法律意见共111次，起草、审核、修订合同共48份，开展各类法治专题讲座共247场次，受众人数达10500余人次，疑难复杂矛盾纠纷共30余件，切实打通群众“知法、懂法、用法”的“最后一公里”，让“群众问法，顾问解答”的法律问诊模式成为常态。

【社区矫正】

一是认真学习宣传《中华人民共和国社区矫正法》。积极制定学习宣传方案，采取“线上”媒体宣传、集体研学、座谈讨论、个人自学、送书到所等措施开展学习宣传；各司法所利用微信、“学习强国”，以及利用各种宣传活动对各辖区重点人群及群众进行讲法宣法普法，使其知法懂法守法；对所辖区的社矫对象开展网上视频学法、各司法所集中开展学法，强化社矫对象对《社区矫正法》的学习了解。二是认真开展社区矫正日常监督工作。严抓档案梳理，加强监督管理教育，严格按照社区矫正档案管理规范建立并完善“一人一档”。加强对重点人员的监督管控，调整个别矫正对象的管理等级，及时掌握重点社区矫正对象动向。对定位监管重点对象实施每日随机抽查、定期全面复查、重要时期重点检查的定位管控方式，严格掌握和记录矫正对象活动轨迹。严抓集中警示教育。加强对社区矫正对象节前警示教育学习活动，确保节日期间安全稳定。

【安置帮教】

2020年，利通区司法局认真贯彻落实上级有关文件精神，扎实开展安置帮教工作，切实做到刑释解教人员“出来有人接，接回有人管，就业有人扶，困难有人助”，努力实现无漏管、无脱管、无重新犯罪、无影响安全稳定事件的“四无”工作目标。落实由司法所、派出所、村、社区，家庭“四位一体”的帮教小组。

农牧水利

综　述

【概况】

2020年，利通区农业农村局深入实施乡村振兴战略部署，深化农业供给侧结构性改革，做好“六稳”工作，落实“六保”任务，努力克服新冠疫情影响，农业农村经济保持良好的发展态势。被中央农办、农业农村部列为“全国村庄清洁行动先进县”，被中央网信办、农业农村部等七部委列为“国家数字乡村试点地区”，被自治区党委农办列为乡村振兴示范区，先后在利通区召开了自治区优质饲草种植与加工利用现场观摩会，全年完成农林牧渔业总产值51.2亿元，同比增长3.9%。其中完成农业产值15.1亿元，同比下降5%；完成林业产值0.28亿元，同比增长9074.8%；完成牧业产值33.0亿元，同比增长8.8%；完成渔业产值0.35亿元，同比增长42.6%：完成农林牧渔服务业产值2.5亿元。同比增长1%。实现农林牧渔业增加值26.1亿元，同比增长3.6%。同比增长4.3%；全年农村居民人均可支配收入17512.3元，同比增长7.6%。

【农业发展】

积极响应自治区千亿级奶产业战略部署和吴忠市400亿奶产业总体布局，以建设国家现代农业产业园为抓手，规划建设五里坡奶牛生态养殖基地四期、五里坡肉牛养殖基地等重点项目，建设运营奶牛科技服务中心。大力发展优质饲草种植，建立青贮玉米、优质苜蓿等标准化示范基地9个，落实饲草种植面积22.7万亩，落实粮食种植面积27.78万亩（含青贮玉米）。打造茂鑫通、硒夏农业绿色标准化蔬菜生产基地2个，建成金积万亩露地蔬菜园区、高闸万亩供港蔬菜基地，落实瓜菜种植面积6.16万亩，其中供港蔬菜1.36万亩。启动建设奶牛规模养殖场24家，肉牛规模养殖场14家。创新开展“五级人才”服务“三农”工作，打造利通区数字化产业服务平台，建成运营利通区奶牛科技服务中心，积极与中国农业大学、宁夏大学、宁夏农科院等院校合作，成立奶业教授工作站1家、瓜菜、草畜、葡萄博士工作站3家，大力开展关键技术攻关。宣传打造“舞谷新”“宁福源”“世纪红双赢”“玉景乡”等富硒品牌，建设富硒粮、富硒果、富硒菜生产基地12个，面积15500亩。完成农产品各类抽检985批次，合格率为99.8%，畜禽水产品、生鲜乳抽检合格率100%，定点屠宰场官方兽医检疫监管开展面100%，屠宰检疫率100%。受理农机购置补贴资金申请507份，受益农户438户，申请补贴各类机具527台，使用中央补贴资金749.534万元，省补资金36.51万元，购机总价值3423.97万元。今年，利通区重点治理10个片区11.3万亩，巩固治理11个片区13.1万亩，灭茬任务30万亩，机械深翻深松32万亩，沟道杂草清除3000公里，秸秆清理5340公里，计划任务已全部完成。计划完成水稻秸秆机械化粉碎深翻还田作业4.23万亩，玉米秸秆机械化捡拾打捆作业1.5万吨。2020年已完成水稻秸秆灭茬深翻还田作业2.97万亩，玉米秸秆捡拾打捆3.96万亩。

【农业现代化】

坚持以供给侧结构性改革为主线，按照“一稳两减五优四化”产业发展思路，围绕绿色食品产业发展促进农业转型升级、提升农业竞争力、带动农民增收。共认证绿色食品企业10家15个产品，绿色原料基地9.8万亩，认证有机农产品企业5家6个产品，认证农产品地理标志6个，全国名特优新农产品登记保护1个。农产品抽检合格率稳定在98%以上，畜禽产品、生鲜乳等抽检合格率保持在100%。全面提高生鲜乳品质，鲜奶乳脂率达到3.7％以上，乳蛋白率达到3.1％以上，达到或超过欧盟标准，成为伊利、蒙牛等大型乳企的黄金奶源基地。建立健全农产品可追溯体系，实现对主要农产品生产基地监管无死角、可追溯。今年，利通区作为自治区推行食用农产品质量合格证试点县，以马兴西瓜等4家西瓜种植基地作为试点，通过在西瓜上喷印二维码，实现全程监管可追溯。积极开展绿色食品、有机农产品企业认证，中桦雪、君星坊、宁杨等10家企业被认定为市级以上农业产业化龙头企业，夏进被认定为国家级农业产业化龙头企业。培育“涝河桥牛羊肉”“扁担沟苹果”“马家湖西瓜”等地理标志农产品。构建了以伊利、夏进等龙头乳企为代表的奶产业加工集群，开发灭菌乳、酸奶、调制乳等多种深加工产品。培育金塞米业、少武粮油、红双赢等粮油企业，精米、长粒香米等多个品种享誉区内外。依托富硒土地资源优势，借力“中国塞上硒都”荣誉优势，用好“塞上硒都”“丝路硒谷”集体商标，重点打造利通区富硒粮、富硒菜、富硒果三大系列富硒农产品，宣传打造“舞谷新”“宁福源”“世纪红双赢”“玉景乡”等28个富硒品牌。截至2020年，利通区打造富硒基地面积2.3万亩，富硒农产品生产基地28个，富硒农产品开发经营主体21个。

【人居环境整治】

深入开展“春、夏、秋冬季三大战役”，严格落实“门前三包”责任，已实现村庄存量垃圾清零、生产生活杂物有序摆放。投入机械1960台次，发动群众投工投劳9.1万人次，清理农村生活垃圾5.7万吨，清理农村水塘138个，清理沟渠3186公里，清理畜禽粪污等农业生产废弃物1.6万吨，全区人居环境得到明显改善。大力实施“乡风文明改善行动”，充分发挥妇女“半边天”作用，积极宣传“最美庭院”“笑脸积分制”“3554管理模式”“四色动态管理”等典型经验，引导广大农村家庭成员爱护环境、清洁家园，将农村人居环境整治村庄清洁行动宣传工作和日常工作相结合，真正实现村庄净化亮化的目标。成功创建全国村庄清洁行动先进县，编发简报通报20期，开展进村入户宣传教育3850次，发放宣传资料2.9万余份，张贴宣传标语1297条。坚持按照“统筹安排、因地制宜、分类施策”的原则，结合村镇体系规划和乡镇基础条件，对农村卫生厕所改造进行了整体规划。利通区农村卫生厕所改造项目涉及10个涉农乡镇、1个吴忠林场，农村常住户51238户，截至2018年底，已完成农村改厕29390户。2019—2020年度利通区完成改厕16000户，卫生厕所普及率达到88.6%。

【脱贫攻坚】

动态精准识别建档立卡贫困户1827户7514人，11个贫困村全部脱贫出列，1732户7158人脱贫退出，剩余未脱贫的95户360人，2020年已完成县级验收，达到脱贫标准。按照“村不漏户、户不漏人、人不漏项”的要求，组织1680名乡村干部对所有农户全覆盖开展“四查四补”排查，对查出的250个问题即查即补、即知即改，实行台账式、清单式管理，解决了一批影响脱贫质量和成色的问题，巩固提升了脱贫攻坚成果。聚焦“三落实”“三精准”“三保障”，对利通区扁担沟镇利原村等4个贫困发生率较高、遗留问题较多的村（社区）实行挂牌作战，抽调骨干对307户1198人移民原迁出地进行回访，摸清了移民底数，靶向施策，多措并举推动产业发展、促进就业增收。针对挂牌作战村排查出的35个问题，定措施、抓整改，全力提升移民搬迁后幸福指数。认真对照各类反馈问题，全面查摆、逐条研究，一体制定整改措施，举一反三解决问题。查摆认领国家2019年脱贫攻坚成效考核反馈自治区的34个问题、自治区脱贫攻坚督查组反馈的26个具体问题、国务院扶贫开发领导小组2020年督查反馈13个具体问题、自治区党委脱贫攻坚专项巡视“回头看”反馈问题13个，全部整改完成。

【农村改革】

2020年共申报自治区扶持壮大村级集体经济发展项目20个，实施完毕的有15个。完成26个村集体经营性资产股份合作制改革、70个村建立经济合作社并进行注册登记赋码。指导签订流转面积8000亩，流转面积占农村土地承包总面积的34%。利通区产权交易流转中心完成挂牌土地10宗，面积7006亩，挂牌金额4436.3万元，完成交易鉴证7宗5821.8亩，交易金额3790.52万元。

【新型农业经营主体】

利通区在农业行政主管部门登记备案的各类农民专业合作社共有230家，其中新增备案合作社5家、入社社员14167户（人），带动农户约2.5万户。其中：国家级示范合作社12家，自治区级示范合作社18家，市（区）级示范合作社57家。各类家庭农场共111家，其中新增备案家庭农场5家，经营土地面积37000多亩，家庭农场劳动力数量402个。四星级家庭农场15家、三星级家庭农场8家、二星级家庭农场19家。按照自治区、吴忠市及利通区创建示范合作社、家庭农场星级示范场的通知精神，开展新型农业经营主体示范创建工作。指导创建自治区级示范社2家、吴忠市级示范社4家、三星级农场4家、利通区示范社9家、二星级农场4家。

种植业

【概况】

按照“五大板块”产业发展总体布局，全面落实“一稳二减五优四化”的发展思路，细化工作措施。全年粮食播种面积25.45万亩，与上年相比增加1.45万亩，同比增长6%。粮食总产量15.14万吨，与上年相比增加1.03万吨，同比增长7.3%。其中，小麦种植面积0.4万亩，同比下降71.4%，产量0.15万吨，同比下降70.8%；水稻种植面积5.25万亩，同比下降23.9%，产量3.1万吨，同比下降21.9%；玉米种植面积19.5万亩，同比增长29.9%，产量11.9万吨，同比增长23.8%。蔬菜种植面积9.07万亩，同比增长19.6%，蔬菜产量28.2万吨，同比增长2.6%。其中设施蔬菜面积1.65万亩（不含供港蔬菜），同比下降19.8%产量8.3万吨，同比下降13.3%；瓜果面积0.9万亩，产量3.03万吨；供港蔬菜1.8万亩，与上年持平（单茬）。

【示范推广】

完成小麦水稻粮食作物绿色高质高效技术模式示范点2个，面积810亩，水稻保墒旱直播轻简栽培技术示范点1个，面积460亩。春小麦两熟制模式示范点1个，面积310亩，水稻、小麦、玉米三大粮食作物生长系统观测按照方案要求完成测定，完成优质小麦绿色增效模式推广及引黄灌区春小麦品质提升关键技术研发项目工作。大力推广水稻全程机械化保墒旱直播技术，水稻旱直播面积33572亩，插秧面积2773亩，保墒旱直播面积2350亩；承担试验示范3项，分别是：蚯蚓生物技术套种套养对设施蔬菜生长及环境因子影响试验、蚯蚓生物技术影响因子对比试验、设施蔬菜滴灌水肥一体化灌溉制度试验，2020年各项技术试验均已按照试验技术规程圆满完成。大力开展水肥一体化应用示范0.7万亩，开展各类化肥、地膜筛选等试验4项，在马莲渠乡建设田间墒情监测站1个，建立土壤墒情与水肥一体化在线监测与管理平台。实施产业园有机肥替代化肥行动项目，在扁担沟镇建设有机肥替代化肥核心示范区2个，面积5000亩。实施有机肥应用示范推广项目，在金银滩镇优质水稻生产基地和金积镇露地蔬菜生产基地，开展有机肥替代化肥示范共计7040亩，其中在金银滩镇3190亩，金积镇3850亩。通过示范引领，在全区范围内实现化肥减量增效，化肥利用率达到40%。

【稳产保供】

对辖区涉农企业进行检查，统筹抓好复工复产和疫情防控工作，共检查农资经营门店81家，有机肥生产企业5家，供港蔬菜企业6家（含巴浪湖）。同时，积极对接辖区蔬菜生产主体和销售门店，开展线上配送服务，解决蔬菜买卖两难的实际困难，保障市民“菜篮子”平稳供应。全面完成辖区疫情期间针对日光温室和供港蔬菜基地生产补助项目数据的收集核实和上报，确保政策落实到位。

【病虫害统防统治】

全年病虫草害共发生面积150.48万亩次，防治面积134.7万亩次，防治面积占发生面积的89.5%。其中三大粮食作物病虫害发生面积112.92万亩次，防治面积91.07万亩次，挽回损失11846.85吨，实际损失4343.48吨；蔬菜发生面积10.31万亩次，防治10.31万亩次，挽回损失12270.02吨，实际损失1339.8吨。开展辖区农作物病虫害预警监测工作，测报对象11个（小麦病虫3个，水稻病虫2个，玉米病虫5个，蔬菜病虫2个）。长期预报准确率85％以上，中短期预报准确率90％以上。开展草地贪夜蛾监测工作，全区设置监测点14个，安装性诱捕器42个，全面建成建立病虫害专业化统防统治与绿色防控示范区8.55万亩，其中：小麦0.212万亩，水稻0.208万亩，玉米4.54万亩，蔬菜3.59万亩，示范带动利通区大面积统防统治，减少农药使用量及使用次数，全年统防统治面积达到14万亩次，占总面积的48%以上，农药利用率达到40%。收集处置各类农药废弃包装物达48吨。举办统防统治机手从业人员培训班3场次，参加培训168人次。据统计利通区现共有大、中、小喷雾机械装备2103台（其中：小型装备，日作业60亩、机械1947台，中型装备，日作业60—150亩、机械60台，大型装备，日作业150—200亩、机械50台。日作业300—400亩，农田植保无人机46台）。

【质量安全监管】

完成种植业农产品各级抽检985批次，合格983批次，合格率为99.8%。推行合格证与农产品质量追溯一体化运行试点工作，累计张贴合格证告知书350张，悬挂横幅22条，举办培训班3次，培训人员154人，开展巡查检查10次，检测样品数140（批次）。以拱棚西瓜种植基地作为试点单位，共开具“喷码合格证”23832张，上市“带证”西瓜1799.4吨，全年共开展农药化肥种子各类抽检等专项检查及调查行动6次。

【农业社会化综合服务】

建设规范提升三星级服务站1个，二星级服务站2个，新建农业社会化综合服务站2家（利通区占平现代农业社会化综合服务站，利通区灏农现代农业社会化综合服务站），农业社会化综合服务站累计达到12家（申请撤销1家），围绕优质粮食、饲草和瓜菜产业实现重点产区社会化服务全覆盖。

【蔬菜产业化】

推广秸秆生物反应堆技术400亩，蚯蚓生物技术200亩。配套大型水肥一体化首部设备1套或适于一家一户生产的中小型水肥一体化首部设备10套以上。建设露地蔬菜基地1个。种植业蔬菜优新技术示范推广项目：项目实施主体为吴忠市点点红草莓种植专业合作社。引进番茄水果鲜食品种“依琳”，示范推广绿色大处方、水肥一体化等综合配套技术，示范面积68.8亩，折合70米标准棚56栋。通过项目实施，亩增产1吨，亩增收6000元左右。

【高标准设施农业】

建设高标准日光温室50亩、大跨度全钢架拱棚100亩、中拱棚200亩。在金积镇、金银滩镇、高闸镇、古城镇、郭家桥乡、扁担沟镇新建设施农业面积345.52亩，涉及8个乡镇58户种植大户、合作社等新型经营主体。其中日光温室190.75亩，大跨度全钢架拱棚149.56亩，拱棚5.21亩。共计补助资金2665720元。

【农产品质量安全监测】

以辖区各农产品生产销售企业、农民专业合作社、农业龙头企业作为监测抽样重点，加大监督抽查力度，抽检种类主要有根菜类、果菜类、菌菇类和叶菜类四大类，根据例行抽检、监督抽检和日常巡查。2020年农产品农药残留定性检测任务1600批次，合格率98%及以上；定量检测任务250批次，合格率97%及以上。

【推进农机化】

共受理农机购置补贴资金申请507份，受益农户438户，申请补贴各类机具527台，使用中央补贴资金749.534万元，省补资金36.51万元，购机总价值3423.97万元，项目资金已兑付完毕；同时完成2020年未补机具登记备案434台，资金833.856万元；年度共检验拖拉机联合收割机3600台（其中联合收割机190台），审验拖拉机和联合收割机驾驶员763人，办理拖拉机和联合收割机注册登记175台（其中联合收割机26台），安全操作培训（含复训）1310人，核发驾驶证320本，核发跨区作业证56本，安全检查农业机械180余台次，重点时节农机安全巡检查拖拉机联合收割机300余台次，农机销售、修理网点及设施农业园区40余家，纠正无证、违章载人、无牌、安全警示标志及防护装置缺失等违规行为27台次，全年无农业机械死亡事故发生；共完成水稻秸秆机械化粉碎深翻还田作业29805.65亩，玉米秸秆机械化捡拾打捆作业40218.03亩、17492.02吨。

【化肥减量增效】

推广测土配方施肥技术36.2万亩，其中推广粮食作物测土配方施肥技术26.13万亩，粮食作物测土配方施肥技术覆盖率达到91.4%。推广瓜菜作物测土配方施肥技术10.07万亩。发挥化肥减量增效核心示范区引领作用，在马莲渠廖桥村，建立化肥减量增效核心示范区1个面积510亩，全区累计推广化肥减量增效技术模式5项28.1万亩，其中施用成品配方肥技术模式0.5万亩，机械化施肥技术模式23.7万亩，水肥一体化技术模式2.802万亩，新型肥料施用技术模式1.12万亩，新型经营主体减肥增效技术模式6.25万亩；加快推进秸秆还田及畜禽粪污资源化利用。推广籽粒玉米全株粉碎还田、水稻留高茬还田面积达到12.92万亩；推广有机肥应用示范推广面积22.13万亩，其中增施农家肥面积18.24万亩，商品有机肥应用面积3.89万亩；发挥新型肥料在提高肥料利用率、实现化肥减量增效方面的作用，以项目实施为抓手，推广水溶肥、控释肥、生物肥等新型肥料应用面积达到1.1万亩。采集土样101个，检测项次707次，完成肥料利用率试验、有机肥替代化肥优化组合试验、水肥一体化试验、锌肥及降解膜试验共5项。通过化肥减量增效集成技术推广，利通区实现化肥零增长及化肥利用率目标。全区化肥实物量控制在4.1036万吨，折纯量1.348万吨，纯量较上年减少0.02万吨，实物量较上年减少0.0656万吨，粮食作物化肥利用率加权平均达到40%（小麦30.0%，水稻28.6%、玉米42.0%），其中氮肥利用率加权平均达到42.2%（小麦41.4%，水稻26.0%、玉米44.8%）。

【高标准农田建设】

2020年高标准农田建设项目1.83万亩。金积镇秦坝关村实施高标准农田0.3万亩，金积镇河渠拜村实施高标准农田0.47万亩，高镇吴忠监狱农场实施高标准农田0.64万亩，板桥乡波浪渠村实施高标准农田0.42万亩，2020年秋冬季农田水利基本建设，完成重点治理10个片区11.3万亩，巩固治理11个片区13.1万亩，沟道杂草清除及清淤2356公里，渠道杂草清除及清淤5032公里，道路整修1536公里，秸秆清理14万亩。

畜牧业

【概况】

立足区位优势和资源禀赋，以国家级现代农业产业园创建为抓手，坚定不移在强基地、优结构、增饲草、提质量、育龙头、延链条、促融合上下功夫，持续推进奶牛、肉牛、滩羊产业高质量发展。积极响应自治区千亿级奶产业战略部署和吴忠市400亿奶产业总体布局，以建设国家现代农业产业园为抓手，规划建设五里坡奶牛生态养殖基地四期、五里坡肉牛养殖基地等重点项目，建设运营奶牛科技服务中心。全区牛存栏25.8万头，同比增长17.4%；出栏67万头，同比增长7.2%。奶牛存栏16.8万头同比增长16.7%：鲜奶产量达到69.9万吨同比增长15% 羊存栏21.2万只同比下降9.8%；出栏27.1万只，同比下降12.4%。家禽存笼20.1万只，同比下降74.8%：出栏131.9万只，同比下降31.1%。肉类总产量2.2万吨同比增长0.7%；禽蛋产量1098吨同比下降66.1%。水产养殖面积达6975亩与上年持平：水产养殖产量2640吨，同比增长7.1%。

【牲畜家禽养殖】

肉牛养殖品种以秦川牛、西门塔尔牛为主，养殖规模每户1到5头居多，随着需求逐渐增大，利通区肉牛养殖规模不断壮大，累计建设肉牛场95家以上，建成肉牛养殖基地一处。羊养殖品种有盐池滩羊、小尾寒羊，因广泛的流动性，辖区内养殖的羊品种已不单纯为滩羊、小尾寒羊品种，多为滩寒杂交。利通区存栏肉羊较高的养殖场有汉江肉羊养殖场，满意肉羊养殖场。生猪养殖处于弱势，多以村庄内散户1~5只的养殖规模为主，存栏100只以上的规模生猪养殖场不到5家。生猪养殖品种主要为大白猪与长白猪，大白猪又称为大约克夏，原产于英国。大白猪饲料转化率和屠宰率高以及适应性强。农村家禽养殖多以农户庭院小规模养殖为主，农户养殖的肉鸡主要用来满足自家肉食需求，商品养殖的较少，辖区内存笼数量超过500只的肉鸡、蛋鸡规模养殖场不超过10家。利通区肉鸡养殖品种较杂，蛋鸡养殖品种主要有海兰褐、罗曼褐、海赛克斯褐壳蛋鸡。利通区特畜、特禽养殖品种有肉鸽、鹌鹑。肉鸽养殖规模达到500羽的有一家企业，位于扁担沟镇。鹌鹑养殖有1家养殖场，位于东塔寺乡。利通区肉兔养殖品种主要有新西兰兔、比利时兔。

【国家现代农业产业园项目】

吴忠市利通区国家现代农业产业园重点规划建设“一轴、两中心、三片区”的空间布局，倾力打造“中国黄金奶业基地”品牌。产业园创建期为2019—2020年，概算总投资165125万元。

【园区建设】

为使奶产业向规模化、集约化、标准化、品牌化的方向发展，2011—2020年，按照“政府引导、部门协作、企业参与、共同建设”的原则，规划建设了五里坡奶牛生态养殖基地，其中：一期于2012年开工建设，规划占地面积1.2万亩，建成规模奶牛养殖场9家（富源、秀琴、乐汇、万银、万财、泽宁、小西牛、牛满坡、嘉城）；存栏奶牛2.6万头。二期于2014年开工建设，规划占地面积3.4万亩，已建成规模养殖场9个（富农、奥巴牛、鑫启源、犇腾、康胜达、鼎乐、合鑫源、五里牛园、安易薪），存栏奶牛2.5万头。三期于2018年开工建设，规划占地面积1.6万亩，已建成8家奶牛规模养殖场（尚乐、鑫乐源、昊恺一场、昊恺二场、荣跃、万利、春英、太宇鑫丰）及1家有机肥厂（瑞源）。现存栏奶牛1.7万头。四期于2020年开工建设，规划用地面积1.2万亩，规划建设奶牛规模养殖场31个，2020年已建成奶牛规模养殖场

22个。2020年末五里坡奶牛养殖基地共有奶牛规模养殖场46家，基地存栏奶牛8.8万头，鲜奶产量41.9万吨，奶业产值15.1亿元，2020年末五里坡肉牛基地建成规模化肉牛养殖场12家，肉牛存栏3000头。

【五里坡养牛基地建设】

五里坡奶牛生态养殖基地四期项目规划占地面积19445亩，规划建设奶牛规模养殖场31个，可实现新增奶牛存栏10万头，规划建设有机肥厂1个，可实现年处理牛粪10万吨。规划配套水电路等基础设施。于2020年3月14日开工建设。五里坡肉牛养殖基地建设项目总占地面积12091.5亩，共四个片区，规划新建35个标准化规模肉牛养殖场，可新增肉牛存栏8万头。并配套供水、供电、道路等附属工程。

【渔业新技术推广】

按照渔业新技术推广项目实施方案要求，池塘名优水产品养殖新技术养殖面积补助资金标准300元/亩，稻鱼生态综合种养稻田开展名优水产品养殖面积补助资金标准300元/亩。对利通区境内2020年开展池塘名优水产品养殖面积达到50亩以上和稻鱼生态综合种养开展名优水产品养殖面积达到200亩以上的4家水产养殖场（企业、合作社）进行补助。核实2020年利通区在池塘开展名优水产品养殖（福瑞鲤2号）面积240亩，完成计划任务的167%。稻鱼生态综合种养开展名优水产品养殖（中科5号、福瑞鲤2号）面积600亩，完成计划的任务的250%。共完成840亩项目目标任务，项目补助金额25万元。

【政府补贴项目】

奶牛产业性控冻精（胚胎）补贴项目：2020年，自治区农业农村厅下达优质奶牛性控冻精补贴任务39000支、性控胚胎1000枚。涉及奶牛养殖场23家，补贴性控冻精22656支，使用性控冻精每支补贴100元，每头按1支补贴。肉牛见犊补母项目：共有1935户肉牛养殖户，饲养繁殖母牛9773头，新生犊牛4956头，补贴资金247.8万元。经过项目实施，利通区肉牛基础母牛养殖取得了一定成效，肉牛基础母牛数量增加到9773头，肉牛基础母牛饲养户1935户，分别比2019年增加了15%和23%，肉牛存栏数量增加明显，达到9.6万头。肉牛养殖户饲养一头繁殖母牛每年产犊1头，饲养到18月龄出栏，售价约18000元，补贴500元，繁殖母牛和犊牛的养殖成本约12000元，每头饲养收益约6500元。羊良种补贴项目：通过政府招标采购，和宁夏盐池滩羊选育场签订了滩羊种公羊采购合同，2020年滩羊种公羊中标价1600元，农户每只种公羊自筹800元。种公羊良种补贴项目实施点在养羊比较集中的扁担沟镇，受益农户223户。利通区引进滩羊种公羊300只，利用260多只，改良肉羊7800只，新生羔羊8000多只。由于滩羊肉以买手抓肉为主，比市场价每千克高4元，仅此一项为肉羊养殖户增加养殖收入25.6万元。同时滩羊羔羊在40天左右出栏，二毛皮的价格比同类羔羊皮高2倍以上，效益明显。

【粮改饲项目】

共有189家草食家畜养殖场收贮青贮通过现场验收，其中，奶牛110家，肉牛77家，肉羊2家，种植全株青贮玉米19.4万亩，收贮加工全株玉米青贮（含苜蓿青贮）93.44万吨。拟定补助标准为17.12元/吨，粮改饲项目补助优质全株玉米青贮（含苜蓿青贮）资金共计1600万元，利通区实施“青贮玉米+

小黑麦”一年两茬种植模式合作社（公司）14家，共计种植优质越冬型一年生饲草小黑麦12678.1亩，每亩补助118.31元，补助资金150万元。

【执法监管】

2020年举办了街头咨询活动，接待群众咨询150人次，发放《渔业法》、水生野生动物保护条例等宣传材料500余份。在黄河休渔期间，对利通区黄河水生野生动物保护利通区段沿河地段进行了不定期的巡查。对病死及死因不明动物严格执行“五不一处理”制度（即不准宰杀、不准食用、不准出售、不准转运、不准抛弃、必须进行无害化处理），共无害化处理病死畜禽8864余头（只、羽）。对利通区74家规模养殖场进行登记备案，按照防疫风险级别分 为A级17家、B级34家、C级18家、D级5家。共监督检查各规模养殖场166余家（次）。检查动物诊疗机构18家（次）共出动执法人员24人次。

【动物疫病防控】

春秋两季，共完成牲畜口蹄疫、高致病性禽流感、高致病性猪蓝耳病、猪瘟、小反刍兽疫等重大动物疫病免疫工作。口蹄疫奶牛免疫32.80万头次，肉牛免疫21.91万头次，羊免疫54.10万只次，猪免疫4.90万头次，免疫率均达到100%；高致病性禽流感免疫235.57万羽次，羊小反刍兽疫免疫52.24万只次，猪瘟免疫4.90万头次，可防密度均达到100%。累计监测各类动物疫病监测样品24030头份，口蹄疫监测7069份，抗体合格率95.20%；高致病性禽流感监测3937份，抗体合格率92.86%；新城疫监测1202份，抗体合格率88.35%；高致病性猪蓝耳病监测550份，抗体合格率72.96%；小反刍兽疫监测840份，抗体合格率96.68%；猪瘟监测800份，抗体合格率89.59%，均达到国家规定的抗体水平。布病和结核病监测9632。

【检疫工作】

产地检疫：共检疫各类畜禽34.76万头（只、羽）以上，其中生猪1.47万头，牛2.82万头，羊3.14万只，禽27.33万羽。重点抓好金银滩、金积等农贸市场的活畜防疫监督，监督检查各类活畜禽20.46万头（只、羽），其中羊11.27万只、牛2.98万头、禽6.21万羽。屠宰检疫：定点屠宰场官方兽医检疫监管开展面100%，屠宰检疫率100%。“瘦肉精”监督检测企业覆盖面达到100%，抽检率达到猪牛羊屠宰量的3%，共监督抽检10962份猪、牛、羊尿样，检测结果均为阴性，监督屠宰企业按照5%的比例进行自检。

水　务

【概况】

利通区水务局是利通区水行政主管部门，于2009年底市区分属办公，根据市委编办安排，下设事业单位：扁担沟扬水站、水利管理站、农村安全饮水管理办公室、水土保持工作站、抗旱打井机电管理站5个事业单位，设板桥乡、古城镇、金银滩镇、金积镇、扁担沟镇、高闸镇6个乡镇水利工作站。2018年3月成立中共吴忠市利通区水务局党组，设党组书记1名、党组成员2名。2018年8月，撤销中共吴忠市利通区水务局委员会。

2019年，根据区委、政府《关于印发〈利通区水务局职能配置、内设机构和人员编制规定〉的通知》文件精神，核定办公室、规划建设管理岗、河湖管理与水土保持岗、法规与水资源管理岗、安全生产和质量监督岗5个内设机构（岗位），核定行政编制5名，设局长1名（正科级），副局长2名（副科级）；机关后勤服务事业编制1名。根据吴忠市利通区编制委员会《关于调整事业机构编制事项的通知》文件精神，将利通区水利管理站、安全饮水管理办公室、水土保持工作站、抗旱打井机电管理站4个事业单位合并更名为利通区水利服务和河湖管理中心，保留扁担沟扬水站。

2020年，按照区委编办《关于印发利通区机关事务管理中心等33个事业单位机构编制方案的通知》，核定水利服务和河湖管理中心事业编制61名（含副科级1名）、扁担沟扬水站事业编制69名（含副科级1名）。按照利通区推进基层整合审批服务执法力量改革试点工作要求，将区水务局派驻各乡镇的水利工作站及其人员编制全部划归乡镇。

【工程建设管理】

2020年实施重点项目工程3个，总投资9272.81万元。其中吴忠市利通区2020年水资源保障工程（汉渠灌域现代化生态灌区）建设项目，工程总投资5923.77万元，项目于2020年7月14日开工，2020年11月15日竣工并投入使用。宁夏农村苦咸水改造项目利通区2020年水源连通工程，工程总投资2291.04万元，项目于2020年9月17日开工，2020年11月30日竣工并投入使用。利通区苦水河（赵家沟村段）防洪工程，工程总投资1058万元，项目于2020年9月9日开工，2020年11月28日竣工并投入使用。

【现代化生态灌区】

2020年，改造支斗渠5条4.88公里，配套改造渠道建筑物471座；改造斗口193座，节制闸29座，改造扬水泵站出水口14处，安装测控一体化闸门239套；新建扬水泵站1座；新建调度分中心8处，并配套相关软硬件设施；治理沟道5条10.88公里，配套沟道建筑物114座。治理苦水河1公里；提升改造高效节水灌溉2600亩，项目投资8088万元。

【河湖长制】

2020年，利通区列入河湖长制体系内河湖36个，其中河流沟道28条、湖泊8个。建立健全了区、乡、村三级河湖长责任体系，现有成员单位38个，各级河湖长163人，巡河保洁员197人，公示牌82块。

【水资源管理】

将水资源作为最大的刚性约束，落实最严格水资源管理制度。一是严格控制取用水总量，强化用水计划管理，全年取水总量5.793亿立方米，灌溉用水有效利用系数达到0.53。二是加快推进农业水价综合改革，新增改革面积15.2万亩，创新基层服务体系建设，深化“投、建、管、服”一体化模式，深化基层水利服务体系改革，全面推广“乡镇级农业灌溉专业合作社”服务模式。三是实行水资源消耗总量和强度双控行动，严格地下水资源管理，对城市供水管网覆盖区域内的自备井实行取水许可限批和管控，全年共办理取水许可证3本，许可水量25.05万立方米，关闭自备井48眼，发放宣传手册1000余份。

【农村饮水安全】

2020年，通过完成投资12725.64万元，实施了宁夏农村苦咸水改水项目利通区2020年水源连通工程、利通区2020年农村供水水源连通工程、利通区2020年农村饮水工程维修养护项目、利通区扁担沟镇吴家沟、石家窑村农村饮水设施提升改造工程，主要解决了利通区东塔寺乡、扁担沟镇、高闸镇、马莲渠乡、郭家桥乡、金银滩镇、金积镇现状人口15.91万人（包括在册贫困人口921人）饮水问题，五里坡奶牛四期养殖基地1800人、10万头奶牛安全饮水及3374亩林地绿化供水问题，自来水普及率达到92%以上。完成了利通区农村供水水源连通，替换现状农村供水工程水源，完善区域城乡供水水资源配置体系，从源头上解决农村供水苦咸水问题，五里坡奶牛生态养殖基地供水保障率得到极大提升，区域生态环境进一步改善。

【水旱灾害防御】

夯实水旱灾害防御基础设施建设。投资1739万元，先后实施了双吉沟渡槽段水毁修复工程、利通区苦水河（赵家沟村段）防洪工程、吴忠市利通区南干沟（二期）治理工程和甜水河、扁担沟、黄羊沟水库设施维修养护项目，确保了重点沟道安全行洪和水库安全度汛。开展山洪灾害防御知识培训，对受山洪灾害威胁的区、乡、村3级防汛行政责任人和村级监测预警员等150余人进行集中培训，进一步提高了各级干部群众山洪灾害防御知识水平和应急处置能力。强化水旱灾害防御监测预警能力建设，投资70万元，在苦水河、黄河等重点防汛部位建设安装自动雨量视频站13处，切实提高了水旱灾害防御监测预警水平。

【水土保持】

强化水土保持监督检查力度，按照水利部、水利厅部署，开展黄河流域生产建设项目水土保持专项整治行动。将宁夏新家源集团列入水利部水土保持信用监管“重点关注名单”，实现了宁夏生产建设项目水土保持信用监管“两单”制度“零”的突破，同时也是黄河流域九省（区）实施生产建设项目水土保持信用监管“两单”制度开出的第一单，为其他省、市、县（区）水利水保部门实行“两单”管理、进一步加强水土保持监管提供了可借鉴可参考的范例。

工 业

【概况】

2020年利通区坚持以习近平新时代中国特色社会主义思想为指导，认真学习贯彻习近平总书记视察宁夏重要讲话精神，学习贯彻党的十九大和十九届二中、三中、四中、五中全会精神，紧紧围绕全局重点工作，统筹疫情防控和经济社会发展，扎实做好“六稳”工作，全面落实“六保”任务。工业经济平稳增长，实施工业项目 19个，总投资24.7亿元，完成投资13亿元，完成投资率52.6%；实施技改项目7个，完成投资4044万元，完成投资率78%；规上工业对标备案率达到100%；淘汰落后产能生产线5条，规上工业增加值能耗同比下降0.28%；累计争取并发放工业对标提升转型发展等各类资金2751.3万元，新增德悦纺织、中创自控阀等自治区“专精特新”示范企业、“技术标杆”企业23家。商贸物流逐步向好，实现社会消费品零售总额56.6亿元，实施服务业项目3个。先后开展利通区首届“味你而来·美食嗨吃”电商美食节等15场次，共计发放消费券85281张，带动消费546万元；积极争取促进消费、电子商务等项目发展扶持资金821万元，发放餐饮企业食材损失补贴74家105.34万元，减免房租和物业费1831余家2743万元；招商引资高压推进，全区招商引资开工项目51个，计划总投资73.89亿元，到位资金48.48亿元，完成目标任务的96.96%；兑现招商引资奖补资金851.8万元。

【行业发展】

2020年，利通区工业信息化和商务局贯彻落实党中央、自治区党委关于工业信息化和商务工作的方针政策和市委、区委的决策部署，在履行职责过程中坚持和加强党对工业信息化、商务和投资促进工作的集中统一领导，突如其来的新冠疫情对经济发展造成严重冲击，在接踵而至的不利因素影响下，利通区经济首次出现逆位增长，全区坚持稳中求进工作总基调，统筹疫情防控和经济社会发展工作，扎实做好“六稳”工作、全面落实“六保”任务，经济运行稳定恢复，就业民生保障有力，经济社会发展主要目标任务完成情况好于预期。经济运行“韧性强”：回稳节奏铿锵有力初步核算，2020年全区实现地区生产总值200.65亿元，总量突破200亿元大关迈上新台阶。按不变价计算，GDP同比增长3.9%，累计增速从一季度－2.7%负位开局，到上半年的转正增长2.5%、前三季度持续回升增长3.3%，全年圆满收官于3.9%，增长曲线平滑上行，经济发展韧性充分彰显。从产业发展看，第一产业实现增加值24.51亿元，同比增长3.7%，增速比上年同期加快2.9个百分点，拉动经济增长0.5个百分点；第二产业实现增加值77.72亿元，同比增长6.3%，增速比上年同期加快1.2个百分点，拉动经济增长1.7个百分点；第三产业实现增加值98.42亿元，同比增长1.9%，比一季度回升3.4个百分点，拉动经济增长1.0个百分点。三次产业的结构调整为12.2∶38.7∶49.1。超出预期的总量增速，配合结构性改善，全区经济恢复性增长态势延续，已基本回归新冠疫情前的运转常态。

依托毛纺织加工、特色装备制造、牛羊肉食品加工等，大力发展电子商务，积极争取国家级和自治区级电子商务示范项目，建立完善利通区电子商务公共服务中心，构建农产品上行与工业品下乡双向流通渠道。建设利通区电商公共服务运营中心、电商孵化园及乡村级电商服务站，印发《利通区促进区域电子商务发展实施方案》，成立以政府主要领导为组长的推动电子商务工作领导小组，计划建成区域物流快递分拣中心1个，打造区域公共品牌1个，子品牌5个，孵化区域重点电商企业20家，直播达人20人，累计培训人员不少于300人次，农村网络零售额和主要农产品网络零售额年增长30%以上。建成了以鑫鲜农副产品市场、国际汽车城、凯悦建材城等十大市场为主的现代物流园，以吴忠严选、鲜果汇、宁品优鲜等19家电子商务服务平台为主公共物流信息平台，重点发展以餐饮业、农产品批发零售、建筑装饰材料、农机和汽车交易等为主的跨区物流输送和分拨体系，建成了大、中、小配套，专业综合协调，批发零售兼有的多门类、多层次的市场格局。由陆路和民用航空共同组成立体综合交通枢纽运输网络的地位作用也逐步显现。

成立利通区5G通信网络建设发展领导小组，印发《吴忠市利通区人民政府办公室〈吴忠市利通区5G通信网络基础设施建设任务分工方案〉的通知》。截至2020年，利通区已完成建设具备交付5G基站294个，共协调解决问题站点40个，完成比例87%。支持企业引进和发展信息化产业，2020年，帮助点石宝库、智源农机、黄河焊机3家企业申报2020年工业互联网建设和应用项目。依托吴忠新经济产业发展中心，实施电商直播基地项目，建成了电商直播基地，以本地农副产品为主，通过抖音、快手等APP直播带货。

【工业建设】

工业内生动力加速释放。随着市场需求不断增加，原材料价格逐月提升，企业经营状况不断改善，工业生产持续加快。2020年，全区地区生产总值200.65亿元，同比增长5%；第二产业实现增加值77.72亿元，同比增长6.3%，对经济贡献率为63.3%；全年全部工业实现增加值60.2亿元，同比增长5.6%，相比1—9月增速加快1.8个百分点，分别拉动第二产业、GDP增长4.4、1.7个百分点，拉动力相比前三季度均加强0.8个百分点。其中规上工业增加值同比增长4.5%，比1—9月加快1.8个百分点。2020年，有规上工业企业91家（金积工业园区66家，利通区辖区25家），国家高新技术企业12家，自治区科技“小巨人”企业、科技型中小企业72家。新增自治区“专精特新”中小企业14家，示范企业4家、“技术标杆”2家、“成长标杆”2家、“配套标杆”1家。产值过亿元企业27家，重点分布在电力、卷烟、纺织、装备制造行业。战略性新兴产业分别占规上工业增加值的21%。

【服务企业】

强化企业服务保障，全面落实自治区促进中小企业健康发展18条、促进经济平稳运行财政21条、释放消费潜力支持服务业健康发展16条、吴忠市促进服务业发展政策措施10条、利通区促进经济社会健康发展34条等政策。及时梳理中央、自治区、吴忠市及利通区各级惠企政策，编发各类《政策汇编》6000余本、宣传海报2000张及惠企政策电子书通过政府门户网站、“多彩利通”等多渠道、多载体广泛发布宣传，最大限度降低疫情影响。深入国贸百货、新世纪等60家商贸企业开展“点对点”的政策宣传和“一对一”的政策帮扶，为企业复工复产提供“一条龙”式的服务。支持国贸百货、人人乐、众禾宾馆等14余家商贸流通企业享受利通区惠企政策补贴67.38万元，对74家餐饮企业补助食材损失补贴105.34万元，落实服务业小微企业经营成本财政补贴172家36.86万元；鼓励商贸服务业企业动员各大型商贸企业采取歇业免租、营业减租、减缓交租等方式，为全区2152余家商户减免房租和物业费3056万元。四是提质扩容、培育壮大发展动能。持续扎实开展服务业提升年活动，积极争取促进消费、电子商务、现代物流等项目发展扶持资金721万元，支持吉送通城乡供应链物流项目、茂鑫通冷链物流及城乡物流配送项目、天芫康冷链物流项目，夯实物流发展基础。依托“吃在吴忠”品牌优势，打造夜徕巷观光夜市，持续推进万达金街、光耀美食街数字化改造提升；实施利通区促进区域电子商务发展项目，印发《利通区促进区域电子商务发展实施方案》，明确利通区电子商务发展目标和措施，建成利通区电子商务公共服务中心，拓宽农产品“上行”通道。

着力优化营商环境，提高涉企服务能力。推进“一窗受理、集成服务”改革。落实“四级四同”政务服务事项梳理，推送466项政务服务事项到宁夏政务服务网上办事大厅实现“可不见面”办理。提高工程项目在线审批效率，实行“容缺后补”机制，政府投资项目压缩至10个工作日办结；社会投资项目备案压缩至1个工作日办结。持续优化市场准入准出服务，推行“电子营业执照”，提高办事效率。充分保障咨询服务，全力发挥“12345”便民服务热线平台作用，实现案件办结率96.62%，群众满意率98.44%。全力保障企业权益，加强司法服务，2020年，累计执结案件1334件，执行到位标的额1.17亿元。积极化解各类矛盾纠纷案件，受理民商事案件5585件，共审结3397件。取消行政管理和提供政务服务证明事项46项。加强企业诚信监管，全力抓好信用体系建设，在信息吴忠门户网站发布信息923条，在“中国·宁夏”政府门户网站录入双公示信息4004条。

2020年制定印发《吴忠市利通区应对新冠疫情影响促进

经济社会健康发展的若干措施》等文件，累计共收集奖补项目64个399.47万元，2020年已全部兑付到位。宣传贯彻落实自治区工业经济稳增长24条、自治区促进中小微企业健康发展18条、利通区促进经济社会健康发展34条等政策。截至2020年，已支持1116家企业贷款23.48亿元；累计实施减税降费、担保贷款、财政政策资金、疫情防控退餐补贴政策资金4.3亿余元。深入贯彻落实自治区“创新驱动30条”“转型升级十大行动”等政策措施，年初兑现2018年工业对标提升转型发展奖补资金424万元；兑现2019年技术改造综合奖补资金1308万元，2020年各类政策资金共计2751万元；向金融局推荐16家有融资需求的工业企业，金额达3.18亿元。降低企业用电成本，帮助涝河桥肉食品、强尔萨生物科技等7家企业申报“优势产业调结构电价政策企业”，新增优势产业电价补贴用户合力万兴汽车制造1户。对1.26万余户大宗工业企业及一般工商业用户执行防疫折扣优惠电费5%补贴政策，退补优惠电费440.7万元，延迟缴纳电费258.9万元，免收电费违约金3.9万元，执行优势产业补贴电费1387万元。

【创新驱动】

产业转型升级坚持以产业创新为基础，增强核心竞争力。在现代纺织方面，以恒丰纺织集团为龙头初步建成了与宁夏生态纺织基地相匹配的毛纺织产业聚集区，形成了宁夏恒丰纺织、恒和织造、德悦纺织、精艺裘皮等龙头企业。2020年，利通区规模以上纺织企业10户，占全部规上工业总量的11.1%，实现产值12.23亿元，同比下降19.48%。在健康食品方面，吴忠作为全国黄金奶源基地、中国塞上硒都、全国知名牛羊肉制品生产基地。乳制品领域形成了夏进、雪泉等品牌；粮油加工、健康食品领域拥有中桦雪、少武、国海、涝河桥牛羊肉等一批特色突出、竞争能力强、市场占有率高的标志性企业或知名商标，并形成了健康食品产业集群。2020年，利通区食品工业规模以上企业32户，占规上工业比重35.5%，完成工业总产值113.4亿元，同比增长22.6%。在装备制造方面，已培育形成吴忠仪表、黄河电焊机、骅泰汽车、中创自控阀等全国工业知名品牌。形成了以金积工业园区自动化仪器仪表，利通区电焊机制造为重点的高端智能制造产业集群。2020年，利通区装备制造规模以上企业9家，占全区规上工业企业数的10%，占全市规上装备制造企业数的45%，全区装备制造业实现产值28.7亿元，比去年同期增长9%。今年已陆续申报自治区各类科技项目68项，2020年已经批复落实自治区重点研发计划项目等67项，资金2729万元。同时不断优化科技支出结构，建立30%的财政支持创新投入增长机制。积极开展“院企合作服务行”和对外科技合作交流活动。先后促成吴忠市国海粮油有限公司等20多家企业和宁夏大学、江苏大学等区内外科研院所、大专院校建立产学研合作基地、“卓越工程师”实习基地、创新研发中心等。加快现代企业制度建设。建立自治区科技型企业监测系统，全程网络监测企业创新活动，不断促进企业建立和完善企业现代制度。促进民营工业企业的转型升级优化重组。围绕实施高新技术企业和科技型中小企业培育发展计划，今年梯次培育入库吴忠中创、吴忠生辉仪表等国家科技型中小企业14家、宁夏睿度信息、吴忠恒和织造等自治区科技型中小企业12家，培育恒丰瑞斯特、潞碧垦等规上有研发活动企业6家。落实研发费用加计扣除政策，2020年已有33企业享受研究开发费用后补助项目1004.82万元。深入贯彻落实自治区“创新驱动30条”“转型升级十大行动”，实现辖区规上工业企业中企业上云、智能制造、量化融合线上评估率达到100%。截至2020年底，利通区累计获得认定的自治区“专精特新”中小企业106家，示范企业36家、“技术标杆”7家、“成长标杆”3家、“配套标杆”3家。获得自治区智能工厂、数字化车间5个，自治区制造业行业领先示范企业（产品）2个，自治区服务型制造示范企业4个。

【项目建设】

2020年实施工业项目 19个（新建13个、续建6个），总投资24.7亿元，完成投资13亿元，完成投资率52.6%；实施技改项目7个，已完成投资4044万元，完成投资率78%；规上工业对标备案率达到100%。项目投资快速推进成效显著。全年全区实施项目87个，完成固定资产投资89.7亿元，同比增长17.5%，增速比上年同期提高53个百分点，比1—11月提高6.4个百分点。增速比自治区（4%）高13.5个百分点，比吴忠市（16.1%）高1.4个百分点，分别位居自治区第4位、川区第1位、市辖区第1位。

【技术改造】

2020年实施国海粮油有限公司年产1万吨浓香型葵花籽油生产线改造等技术改造项目7个，完成投资4074万元，投资率78.8%。

【绿色发展】

绿色制造情况：一是综合能源消费量保持下降。2020年，综合能源消费量102.2万吨标准煤，同比增长3.1%，同比下降17.6个百分点；单位工业增加值能耗同比下降1.4%，同比下降10.1个百分点。2020年利通区已对辖区高耗能企业进行实时监测，力争年内完成能源“双控”目标任务。二是节能降耗效果显著。充分发挥绿色制造体系建设载体引领作用，推进企业加快形成绿色化的生产方式，大幅提高工业绿色化、低碳化水平，做到环境影响最小、资源利用效率最高。伊利乳业、锦和星成功创建自治区级绿色工厂，金积工业园区被认定为国家级绿色园区。按照“总量控制、扶优劣汰、上大压小、等量置换”的原则，严控高耗能、高污染行业产能规模，倒逼落后产能退出。鼓励引导企业加快实施以工艺改造、设备升级为主的技术改造，力争在降本增效、节能降耗等方面实现新突破。三是工业节水成效明显。2020年规上工业企业重复用水量为7829.6万立方米，用水量为1497.6万立方米，工业用水重复利用率为83.9%。市区两级节水型企业共28家，节水型企业覆盖率达到32%。

【减负增效】

积极落实优惠政策，切实减轻企业负担。一是强化实干担当精神。提高政治站位，充分认识民营经济高质量发展的重要意义，积极贯彻落实各项助推民营经济发展的优惠政策，促进政策效用尽早发挥。加大政策宣传力度，提高知晓度，让党和政府促进民营经济高质量发展政策深入人心、成效倍增。二是认真梳理落实政策。健全企业家参与涉企政策制定机制，充分了解和听取企业家实际需求，让涉企政策更接“地气”。对已出台的优惠政策进行一次全面系统的梳理，有冲突的及时理顺，过期的及时废止，力度不够的及时完善，确保政策落实、落细。三是加快政策兑现速度。推动政策兑现“最多跑一次”，规定政策兑现时限，优化政策兑现流程，打通政策兑现快捷通道，充分发挥政策对民营企业的激励作用，帮助企业尽早实现减负，增强企业获得感。

【“两化”融合】

深入激发工业发展活力，推进信息化和工业化深度融合，通过农副产品深加工的快速发展带动农业融合发展，大力提高民用企业“参军能力”，力争三年内规模以上工业企业上云比例达到80%，新增自治区智能工厂（数字化车间）1家。支持企业开展“互联网＋工业”创业创新应用示范活动，培育出一批互联网与制造业融合示范企业。加快推进伊利乳业智能制造项目建设，引进奶酪等深加工项目，形成饲草种植、奶牛养殖、包装印刷、鲜乳加工、交通物流等第一、第二、第三产业深度融合、质优体壮的发展格局，打造两百亿级精品奶产业园。鼓励生辉仪表、红山河食品等企业由加工组装为主向“制造＋服务”转型，从单纯出售产品向出售“产品＋服务”转变，力争每年新增自治区服务型制造业示范企业1家。加强吴忠仪表高端控制阀与中国船舶重工集团等企业的交流合作，推动民用、军用技术和成果相互应用转化，力争每年新增自治区军民融合认定企业1家。

【人才培育】

落实集聚人才新举措。结合利通实际，创新领军人才、双创人才、青年人才等各类型、各层次的人才认定机制，为民营企业高质量发展提供坚实的人才支撑和智力保障。探索并出台蓝领技工特惠举措，支持企业稳定人才队伍。对留下的人才要制定特别扶持办法，提供住房保障、人才子女入学等便利条件，尽量减少人才流失。要大力发展利通区职业技术教育，培养适合利通经济社会发展的急需人才。

重点企业

【湖南中烟工业有限责任公司吴忠卷烟厂】

湖南中烟工业有限责任公司吴忠卷烟厂（以下简称吴忠卷烟厂）的前身为宁夏吴忠卷烟厂，起始于1970年吴忠县人民政府接管部队开办的自用卷烟加工厂。2004年8月，长沙卷烟厂对吴忠卷烟厂实施兼并重组，取消法人资格，成立长沙卷烟厂吴忠卷烟分厂。2006年10月，湖南烟草工业进行组织结构调整，吴忠卷烟厂成为湖南中烟旗下6家卷烟生产厂之一，是宁夏唯一的一家卷烟生产企业。2006年11月，湖南烟草工业合并重组，吴忠卷烟厂更名为湖南中烟工业公司吴忠卷烟厂。2007年11月，随公司改制，吴忠卷烟厂更名为湖南中烟工业有限责任公司吴忠卷烟厂。2020年，吴忠卷烟厂位于宁夏吴忠市利通南街489号，厂区占地面积6.79万平方米（101.81亩，不含青铜峡库区），建筑面积5.44万平方米。截至2020年12月31日，资产总额5.47亿元，其中，非流动资产2.64亿元，流动资产2.83亿元。拥有员工663人，其中在岗员工399人，员工平均年龄39.17岁，少数民族占比36.14%，大学以上学历为203人。2019年，吴忠卷烟厂被自治区评为“年度龙头企业”和“工业稳增长工作突出贡献企业”。2020年，其被评为吴忠市文明单位。工厂占地总面积8.95万平方米，建筑总面积6.12万平方米，经过“十一五”和“十二五”两次技术改造，建设有一座1.97万平方米联合工房，现有一条生产能力为3000千克/小时的制丝生产线，8台套卷接包装设备（其中细支设备1台套），2台套嘴棒成型设备，2台10吨/小时和1台6吨/小时燃气锅炉及配套空压、变配电动能设施，完善的辅助生产设施和仓储物流设施，年生产能力超过20万箱。工厂全面聚焦党建统领、创新引领、人才本领和生态创领，基层建设、基础管理和基本功均实现了良好的提升，工厂年产量规模一直稳定在16万箱以上，各项指标均实现了较大幅度的增长。“十三五”工业总产值和实现税利同比“十二五”分别增长81.12%和96.11%。自2013年起，工厂上缴税金一直排名吴忠市第1位、自治区前3位。

【宁夏雪泉乳业有限公司】

宁夏雪泉乳业有限公司于1995年8月注册成立（原名为宁夏吴忠市豆乳粉厂），1999年更名为宁夏吴忠市雪泉乳品厂，2004年正式更名为宁夏雪泉乳业有限公司，发展至今已形成集乳制品加工、销售、奶牛养殖、饲料加工于一体的现代化民营企业。公司拥有一座存栏3000多头的标准化奶牛养殖场自有牧场，液态奶生产线13条，其中包括5条低温酸奶和8条常温牛奶生产线，日处理鲜奶180吨。奶粉生产线2条，日处理鲜奶200吨。配备的成套数控生产线和检验检测设备，先进的生产工艺，完善的质量安全监控体系，在确保所提供的产品安全、营养的同时也扩大了产能。公司加快改造升级，建成一座日处理240吨的污水处理设施。该公司通过与天津科技大学、宁夏大学、上海康海食品研究所、吴忠市食品科学技术学会等高校与研发单位建立长期产学研合作关系，引入外援，通过物联网及电子产品编码（EPC）的相关技术的研究及应用，联合企业打造基于物联网技术的智能化奶牛精细养殖基地，提升原奶品质，把控产品源头，研发生产高质化营养酸奶，强化企业品牌辨识度，同时带动周边奶牛养殖业共同发展。

烟草专卖

【经营运行】

吴忠卷烟厂坚持以习近平新时代中国特色社会主义思想为指导，秉持新发展理念，以“高质量发展”为主题，继续聚焦精益制造和精益管理，努力推动“数字变革、平台赋能”全面落地，自信从容迎接“两场大考”，统筹规划，创造“三个高效能”，实现“三个百分之百”（疫情防控高效能，疫情管控百分之百；生产运行高效能，产品质量受控百分之百；管理服务高效能，安全运营保障百分百）。2020年，吴忠卷烟厂码段产量16万箱，全年生产卷烟80亿支，实现工业总产值22.46亿元，实现税利16.92亿元，同比分别增长4%和2.05%。其中“白沙（精品二代）”10.23万箱，比去年同期7.7万箱提升了32.86%；“白沙（精品）”5.77万箱，比去年同期8.3万箱下降了43.85%，得到了自治区、吴忠市党委政府的高度肯定。吴忠卷烟厂主要生产“白沙（精品二代）”“白沙（精品）”2个规格卷烟。其中，生产“白沙”（精品）28.85亿支（5.77万箱）；“白沙（精品二代）”51.15亿支（10.23万箱）。吴忠卷烟厂卷烟产值综合能耗10.68千克标煤/万元，同比降低7.45%；产量综合能耗2.998千克标煤/万支，同比降低3.79%。在总公司下达的19项目标指标中，该厂有10项排名六厂第一（含并列）、12项排名六厂前三；13项对标指标提升率达92.3%，创历史新高。

【企业管理】

2020年，吴忠卷烟厂继续深入探索管理“数化”，努力追求管理“智控”。企业管理部建立的“采购搜索”“管理可视化”，工会办公室建立的“数字化餐饮系统”成效明显，不仅解决了长期困扰我们的管理难点和堵点，而且实现了规范运行、透明管理、轻松便捷。动力车间从完善模块功能出发，进一步优化“能管赋能平台”建设，集成管控逐渐成为现实。制丝、卷包车间和工艺质量部积极探索“工艺质量数字化管理图谱”建设，特别是卷包车间还将其并纳入现场工控机管理，实现了零距离的“指尖上的学习”。财务管理部建立的资产管理电子地图和定额管理体系，通过管理要素“数描”，管理措施“数化”，管理活动“可视”，有效增强了财务管理的针对性和实效性。

2020年1月，吴忠卷烟厂获宁夏制造强区建设领导小组授予的“2019年度全区工业稳增长工作突出贡献企业”称号。9月，吴忠卷烟厂制丝车间猎豹QC小组获宁夏质量检验认证协会授予的“优秀成果一等奖”，制丝车间技术维修班获宁夏质量检验认证协会授予的“质量信得过班组三等奖”。同月，吴忠卷烟厂在2020第十八届国际TnPM产业联盟大会上选送了27项TnPM成果，获得9个奖项，清晰的改善思路、多项管理创新、优秀的改善成果，充分展示了企业TnPM管理体系扎实推进和设备管理水平的不断提升。其中，该厂荣获TnPM设备管理优秀企业奖，制丝车间段云鹏获TnPM设备管理卓越推进者奖，制丝车间荣获TnPM单点课组织奖三等奖，动力车间锅炉运行班荣获TnPM卓越班组奖，卷包车间荣获TnPM单点课组织奖二等奖、设备管理文宣创意奖等。11月，吴忠卷烟厂制丝车间员工李润喜获“全国劳动模范”称号。

电力供应

【概况】

2020年，利通区供电公司共运维10千伏线路110条，全长1070千米，其中架空线路76条，共计998.25千米；电缆线路34条，共计71.75千米。配变共计1632台，容量517兆伏安，电力供应保障能力显著增强。服务利通区辖区内客户29.1441万户，完成售电量22.86亿千瓦时，完成14424户业扩报装接电工作。共开展7×24小时响应低压客户用电需求8850次，10千伏供电线路不停电检修314次，供电可靠率高达99.999%，供电服务满意率100%。

【城区电力供应保障】

2020年，利通区供电公司以构建吴忠市利通区现代配电网高质量发展为目标，以保证配电网供电质量和供电可靠性为前提，围绕吴忠市政府高铁网格东片区规划，结合城市用地功能定位，综合考虑用地属性、负荷密度、供电特性等因素，打造“零停电”示范区，建设投资5197.11万元，开展利通变新配出10千伏线路（利通I、II、III线）与周闸变新配出线路（周闸I、II、III线）联络工程，新配出10千伏线路6回，重点打造吴忠城市东区配套电网建设，为区域发展提供保障。

【助力地方经济发展】

2020年，利通区供电公司全力配合政府规划，投资1353.8万元，建设10千伏线路44.94公里，接入报装用户36户，报装容量9970千伏安，确保五里坡奶牛四期、杜家窑片区以及五里坡肉牛养殖基地的养殖户顺利入园。后期为保证园区可靠、优质、安全供电，利通区供电公司积极协调储备输变电站项目1项，投资3020.25万元在五里坡四期牧场建设35千伏牧园变1座。同时计划投资1851.89万元，配套储备牧园变、绿洲变、五里坡变等配出联络线路工程5项，建设10千伏线路64.06公里，为奶牛养殖提供可靠电力保障，更为当地经济发展增添动力。

【提升供电服务能力】

2020年，利通区供电公司按照国网公司部署的“配电网三年攻坚”任务认真开展工作，积极争取各类电网投资项目和资金，优化网架结构，改善农村农业配电网设施老旧、用电容量不足等问题，下达各类项目共计42项，下达电网基建投资金额1.04亿元，新配出10千伏线路5条，对73个配电台区进行新增布点及增容改造工程，有效解决金积镇、扁担沟镇、金银滩镇等4个乡镇、61个自然村的农业生产、灌溉和畜牧养殖等项目的用电需求，不断提升供电服务水平。

【优化营商环境】

2020年，利通区供电公司积极打造“阳光业扩”品牌，全面推行“三零”“三省”办电服务，完成1900余户业扩报装“零投资”接电任务。该公司全力配合地方政府解决重点建设项目电源接入问题，开展银川东部城市圈供水工程、火箭军及陆航旅等重要项目电源接入工作。该公司积极配合地方政府开展创建全国文明城市配电设施维修美化工作，对城区箱式变电站、分支箱、开关箱180余台进行美化除污。全面落实清洁供暖优惠电价政策，完成460余户农村居民、78户乡镇卫生室村部煤改电工作，完成1850余户清洁供暖客户本地费控转远程工作，全力保障人民群众温暖过冬。

【助推企业复工复产】

2020年，利通区供电公司于疫情期间积极落实“不见面、马上办”“先办理、后补资料”等工作要求，开辟“线上办电”绿色通道，以最简手续为企业办理用电业务，全力帮助企业复工复产。认真落实公司供电服务30条举措，为38家优势企业补贴电费2693.15万元，对2.86万户企业执行95折优惠政策，优惠电费1122.56万元，对10户暂停时间小于15天的大工业客户减免基本电费11.91万元，对2.08万户“餐饮和住宿”“批发和零售”“公共服务及管理组织——居民服务、修理和其他服务业”行业用电给予0.05元/千瓦时的用电补贴，共计金额338.23万元。对吴忠市人民医院等2家企业执行抗灾救灾电价，每度电降低2分钱，共计优惠12.23万元。延迟企业缴纳电费154.68万元，免收电费违约金2.65万元。

【夯实服务基础】

2020年，利通区供电公司完成2.41万低压客户“网上国网”手机APP绑定注册，推广应用远程费控电能表3369余户。完成17个小区供电资产无偿移交工作，配合政府住建部门投资2597.15万元，推进35个老旧小区供电设施维修改造。完成473台小区变、14.33万客户营配调贯通优化提升工作，确保“站—线—变—户—箱—表”挂接关系一致性。完成电能替代电量2.6亿千瓦时，达到计划值的123.81%。

经济管理

商贸服务

【概况】

新冠疫情暴发后，在抓好新冠疫情防控的同时，紧抓商贸流通企业复工复市和惠企政策落地，着力促进消费市场回暖。随着消费结构持续升级，扩大内需战略以及各项促进消费政策显效发力，市场销售逐季改善，商业模式创新发展，线上、线下共同发力推动消费结构升级，全年全区累计实现社会消费品零售总额85.4亿元，同比下降7.6%，消费复苏态势逐季稳固。与居民生活密切相关的商品增长态势明显好转，随着企业复工复产回归正轨，餐饮消费需求加快增长，粮油食品类、饮料类、烟酒类产品，分别增长3.5%、4.2%、1.5%。商贸服务先后开展利通区首届“味你而来，美食嗨吃”电商美食节等15场次，共计发放消费券85281张，带动消费546万元；积极争取促进消费、电子商务等项目发展扶持资金821万元，发放餐饮企业食材损失补贴74家，共计105.34万元，减免房租和物业费1831余家，共计2743万元。社零消费复苏压力较大。随着疫情的有效防控，商贸流通企业有序复工营业，但受整体经济震荡下行，居民收入低于同期，消费市场还无法在短期内恢复到正常经营水平，面临压力巨大。2020年，全区 CPI 累计上涨1.6%，教育文化和娱乐、其他用品和服务等弹性消费支出的商品零售价格分别累计上涨1.1% 和3.3%。全区餐饮业营业额同比下降10.3%，住宿业营业额同比下降12.1% 左右。

【扩大消费】

2020年积极举办各类促消费活动，激发消费市场活力，全力深挖潜在消费需求。鼓励餐饮企业与“吴忠严选”“光耀美食街”小程序等本土线上平台合作，先后开展利通区首届“味你而来，美食嗨吃”电商美食节、“全民消费季”、光耀美食街“双品美食节”等餐饮促消费活动7场次，持续将“吃在吴忠”品牌效应转化为经济效益；举办2020年宁夏（吴忠）房·车博览会、“惠聚利通畅享乐购”汽车下乡等促销活动8场次，共计发放消费券85281张，金额205.6万元，带动消费546万元；打造假日消费，“十一”黄金周期间利通区重点监测的17家百货商场、超市、汽车销售共实现销售额2860万元，同比增长20.09%，全区消费市场火爆，呈现强劲回升态势，消费对经济增长的基础作用不断增强。

【招商引资】

2020年，利通区精准聚焦装备制造、现代纺织、健康医养、农副产品精深加工等特色优势产业强链、补链、延链，大力开展园区招商、以商招商、产业链招商，先后赴京津冀、长三角、珠三角等地外出考察9批次，开展“云招商”7批次，接待客商30批次，对接企业50余家，成功签约唐山海泰新能科技股份有限公司年产15万吨铝制品深加工项目、甘肃燎原乳业集团乳制品全产业链项目等8个项目，签约金额32.1亿元。1—11月份，全区招商引资开工项目42个，计划总投资62.3亿元，到位资金56.5亿元，其中区外项目34个，计划总投资54.3亿元，到位资金48.59亿元，完成自治区确定40.5亿目标的139.5%。建立健全工作机制，严格落实工作任务。一是强化组织领导，印发《吴忠市利通区人民政府办公室关于成立招商引资优惠政策及奖励办法落实领导小组的通知》（吴利政办发〔2019〕93号）、《吴忠市利通区人民政府办公室关于成立吴忠东郊农贸市场提升改造项目工作专班的通知》（吴利政办发〔2020〕61号）、《关于做好〈优化营商环境条例〉宣传贯彻实施工作的通知》（吴利优化营商办〔2020〕1号）、《关于参加2020年宁夏优化营商环境评价培训辅导会议的通知》（吴利优化营商办〔2020〕3号）等文件，不断完善招商引资工作机制，优化营商环境，定期或不定期由区委、政府主要领导带队外出招商，成效显著。召开区级招商引资工作会议研究问题4次，招商引资主管部门研究招商引资问题3次。二是建立目标责任制，印发《利通区招商引资三年行动计划（2019—2021）》《关于下达2020年全区上争资金和招商引资目标任务的通知》（吴利党办综〔2020〕30号）、《〈关于印发利通区2020年招商引资工作目标任务考核方案〉的通知》等文件，建立一月一统计、一季度一通报、年终考核的工作推进机制，压实责任，层层传导压力，常态化推进招商引资工作，对本年度签约的8个重大项目建立台账，成立工作专班，明确任务，制定措施，分析问题，力促项目开工建设。三是设立招商引资专项资金，拨付宁夏万邦包装材料有限公司、吴忠恒利民族服饰有限公司等招商引资企业厂房租赁、固定资产贴息、基础设施建设补助经费506.24万元，严格落实自治区招商引资专项资金管理办法，制定资金使用计划，其中开展招商引资活动支出50万元，其他按照计划进行使用。组织招商干部加入聪招网参加线上招商培训或并参加国家和自治区组织的招商引资业务培训，成效显著。加强项目谋划储备，提升项目实施率。一是围绕清洁能源、奶产业等主导产业，谋划、储备和评估三峡新能源宁夏吴忠利通区一期200兆瓦光伏、利通区中核200兆瓦光伏复合发电、三峡新能源利通区五里坡70兆瓦风电、五里坡奶牛生态养殖基地四期（15个子项目）、年产14万吨乳制品深加工等19个项目，其中已实施18个，年产14万吨乳制品深加工项目计划于2021年开工建设。二是围绕本辖区已落地中国三峡新能源（集团）股份有限公司、吴忠东郊市场、宁夏恒丰纺织科技股份有限公司、五里坡奶牛养殖基地等重点企业谋划储备了低温空气源热泵制造、市场提升改造、养殖业+智能数字化光伏电站基地、新能源环保铝合金电缆制造、医用防护手套生产加工、年产60万套服装加工等7个延链、补链、强链项目。编制了以现代特色农业、特种装备制造、现代纺织产业、医药健康产业、现代商贸服务业为主的产业链招商地图，围绕自治区和吴忠市确定的重大产业谋划储备并编制了54个产业项目册，并通过网络、第三方对外宣传发布若干次。三是开展市场化产业研究和项目策划、包装、储备、评估等工作，策划了金积镇科普文化公园、金积镇养老托管中心二期建设项目、古城镇新华侨第一、第二、第三产业融合特色产业村、利通区蔬菜冷链物流加工园建设等一批项目，考察评估了冷链物流园、高科农业、农业产业化龙头企业种植等一批项目。着力优化营商环境，提升招商引资实效。一是汇编印发小微企业扶持政策，制定了印发《吴忠市利通区促进旅游业发展政策措施》《关于促进服务业加快发展的实施方案》《利通区2018年科技创新驱动发展扶持政策》《利通区关于进一步做好就业创业工作的实施意见》《利通区关于做好结合新型城镇化开展支持农民工等人员返乡创业试工作的实施方案》《利通区推进创新驱动战略实施方案》《利通区2018—2020年农业特色优势产业发展扶持政策》《吴忠市利通区健康产业园入园优惠政策（试行）》《利通区工业对标提升转型发展实施方案》《促进工业对标提升转型发展的政策措施（试行）》《促进工业对标提升转型发展措施（试行）的政策指南》等一系列招商引资优惠政策文件。二是成立融资担保公司，出台《关于印发〈深化利通区融资担保类政府投资基金管理改革实施方案〉的通知》（吴利党办发〔2020〕18号）文件。三是建立以商招商、协会招商等市场化招商引资工作机制，与通过上海东方龙、山东商会等第三方对接项目8个，成功签约1个。四是建立人才引进和用工服务保障机制，制定印发《关于组织申报2020年人才项目及人才奖励补助资金的通知》《关于印发〈利通区人才盘点工作实施方案〉的通知》《关于印发〈利通区高技能人才盘点工作实施方案〉的通知》《关于印发〈利通区2020年人才工作要点〉的通知》《关于做好利通区籍在外人才引资引智工作方案》等文件。五是按照《中共吴忠市利通区委员会常委会会议纪要》〔2019〕20号）、《关于2020年财政部门预算的批复》（吴利财发〔2020〕1号）等文件精神，建立专业化招商工作人员聘用机制，聘用招商干部4名。六是当年引进三峡新能源宁夏吴忠利通区一期200兆瓦光伏项目、利通区中核200兆瓦光伏复合发电项目、三峡新能源利通区五里坡70兆瓦风电项目3个投资规模在5亿元的项目。

发展改革

【概况】

吴忠市利通区发展和改革局（以下简称区发改局）主要承担国民经济和社会发展中长期规划，拟定国民经济和社会发展报告，经济运行监测，固定资产投资管理，重大项目谋划布局，煤炭、电力、新能源行业管理和项目管理，招投标管理，经济动员，服务业发展（信用体系建设），粮食监管等工作职责。内设机构为办公室、粮食和物资储备办公室、国民经济综合办公室、服务业发展办公室、项目投资管理办公室、产业发展办公室。挂吴忠市利通区粮食和物资储备局、国防动员委员会办公室牌子，下设项目建设服务中心。

【经济运行】

2020年，利通区实现地区生产总值200.65亿元，同比增长3.9%，经济总量突破200亿元大关。第一产业实现增加值24.51亿元，同比增长3.7%；第二产业实现增加值77.72亿元，同比增长6.3%；第三产业实现增加值98.42亿元，同比增长1.9%，三次产业比为12.2：38.7：49.1。固定资产投资同比增长17.5%，规模以上工业增加值同比增长4.5%，公共财政预算收入同口径下降3%，社会消费品零售总额同比下降7.6%，城乡居民人均可支配收入分别增长5.2%和7.6%。

【项目建设】

2020年，利通区严格按照《宁夏回族自治区政府投资管理办法》《宁夏回族自治区企业投资项目核准和备案管理办法》等相关规定，规范高效办理项目审批、备案，全年共审批备案项目287个，其中企业投资备案项目151个，政府投资项目审批136个。组织实施“项目提质增效年”活动全年全区87个计划实施项目，完成投资76.6亿元。8月5日，吴忠市召开全市黄河流域生态保护和高质量发展先行区建设现场观摩推进会，当日对利通区负责的宁夏潞碧垦自动化灌溉设备有限公司水利测控一体化闸门制造和检测中心项目进行现场观摩。

【招商引资】

2020年，负责实施清洁能源产业项目3个，总装机容量为450兆瓦，总投资18.72亿元，分别为：三峡新能源吴忠发电有限公司一期200兆瓦光伏项目、利通区中核200兆瓦光伏复合发电项目、国电电力利通区海子井50兆瓦复合光伏发电项目。项目建成后，可新增新能发电量达6.8亿千瓦时，每年可节约标准煤3.2亿吨，减少碳排放约67.1万吨。

【招投标管理】

2020年规范管理，抓好依法必需招投标项目监督管理。严格执行国家发改委、自治区人民政府关于政府投资项目招投标管理规定、主动靠前，充分发挥发改部门监督作用，制定了招投标工作方案模板，规范了审核程序。按照优化营商环境的要求，主动与交易中心吴忠市公共资源交易中心、第三方公司对接，学习线上审核招投标信息，及时对各项目实施单位推送的招标项目信息进行线上审核，共审核24个依法必需招标项目的招投标信息，为项目单位、招标代理机构节省时间，优化了营商环境，促进了项目招投标规范，招标程序合规合法，从源头上规范了项目招投标工作。

【脱贫攻坚】

2020年，利通区发展和改革局主动与各项目单位对接，推进乡村振兴项目建设，先后审批利通区2020年农村改厕及生活污水处理项目、扁担沟镇渔光湖村扶贫高效节水灌溉提升改造工程、吴忠市利通区扁担沟镇五里坡村扶持壮大集体经济肉牛养殖项目等10个项目，总投资3.57亿元，现已经全部建成，为乡村振兴工作提供持续内生动力。

【服务业发展】

2020年，吴忠市利通区发展和改革局扎实推进“服务业提升年”各项活动，持续推进“一区两街区四广场”建设，成功申报吴忠市健康养老产业集聚区。为牛家坊村产业融合发展示范园争取到自治区预算内资金100万元；宁夏宁优汇特色产品运营有限公司、吴忠市通达果业有限公司、宁夏余家丰生物茹业有限公司等5个项目争取2020年自治区服务业发展引导资金400万元；微创医院、新区医院等4个贷款贴息项目，争取到自治区贴息补助217.7万元。落实自治区疫情防控各项补贴政策资金265.3万元。制定《吴忠市利通区应对新冠肺炎疫情影响促进经济社会健康发展的若干措施》，支持利通区服务类企业壮大发展、支持商贸服务业恢复经营、提振消费市场信心等奖补事项34项，落实奖补资金177.38万元。

【粮食监管】

利通区发展和改革局全力落实粮食安全省长责任制年度考核各项任务，牵头协调多部门做好年度粮食安全省长责任制考核工作，2020年利通区粮食安全省长责任制考核被评为优秀等次，位于吴忠市五个县区第二名。积极落实1500吨应急成品粮储备和1500吨应急原粮储备工作，相关储备费用纳入2021年预算。

【物价管理】

2020年，吴忠市利通区发展和改革局在节假日期间对48种居民生活必需品价格的变动情况进行及时跟踪、采集、分析、预测和上报，为价格调控提供服务，确保市场价格稳定。同时密切跟踪粮食、食用油、肉食、蔬菜等居民生活必需品市场供应、价格变化和流通秩序。对辖区内粮油经营企业20余家进行监督检查，对全区粮食备案许可34家企业进行年度审核。对17家应急供应网点进行现场检查复核，确保应急网点全覆盖。

【诚信体系建设】

2020年制定下发《吴忠市利通区社会信用体系建设工作重点任务分工方案（2019—2020年）》，累计上报典型失信案例10例，上传信用吴忠门户网站信息600余条，双公示信息4000余条；推出纳税e贷，为40户小微企业解决融资难的问题，累计发放73笔共计2981.65万元；在宁夏回族自治区政府门户网站录入“双公示”信息13000余条，在国家企业信用信息公示系“部门协同监管平台”录入行政许可和行政处罚信息6743条。在微信平台公布失信被执行人6期共159人、失信企业17家，对11名被执行人发布悬赏公告。

【优化营商环境】

2020年度，自治区优化营商环境模拟测评反馈结果：利通区在22个县（市、区）排名第十七，吴忠市排名第三。

【安全生产】

2020年严格按照有关危险化学品安全监管法律法规、规范标准实施监管，掌握全区油气输送管道途经人员密集场所高后果区数量、级别、主要风险等基本情况，实施精准监管。集中排查油气长输管道领域安全隐患，共排查一般隐患45处，无突出问题和重大安全隐患，所有隐患已全部消除。督促管道企业对高后果区实时视频监控，完成长输管道监控全覆盖。组织管道生产安全事故的调查处理，监督事故查处和责任追究落实情况。

【节能降耗】

2020年为加快推进散煤污染治理整改工作，配合吴忠市生态环境局利通区分局加快建设利通区散煤污染治理集中配送中心，在金积、金银滩、扁担沟建设3个清洁煤配送中心，全力化解劣质燃煤存量，全力取缔燃煤销售点，确保清洁煤配送中心发挥作用。

统计管理

【概况】

2019年2月2日利通区统计局挂牌成立，为区政府组成部门的正科级行政单位。根据“三定方案”规定的职责，主要负责全区统计工作，内设办公室（综合核算）岗、统计执法监督岗、工业能源和固定资产投资统计岗、服务业和贸易统计岗、农业农村和人口就业统计岗5个岗位，核定行政编制5名，正科级领导职数1名，副科级职数1名。2020年3月，利通区统计局下设副科级事业单位利通区统计普查中心，核定全额事业编制7名，副科级领导职数1名。2020年末，区统计局在编在岗干部9名，其中局长1名，副局长1名。2020年，利通区统计工作在区委、区政府的坚强领导下，在自治区，吴忠市统计局的精心指导下以加强党的建设为统领，以提高数据质量为中心，以服务和推动高质量发展为目标，全力加强统计管理、完善统计服务、创新工作机制、加强统计执法建设、实施重大国情国力调查，在攻坚克难中打造良好开局，在砥砺奋进中打造主动担当，为全区经济社会高质量发展提供了优质高效的统计保障。

【经济建设】

2020年利通区实现地区生产总值200.65亿元，总量突破200亿元大关，迈上了新台阶。按不变价计算，GDP同比增长3.9%，累计增速从一季度−2.7%负位开局，到上半年的转正增长2.5%，前三季度持续回升增长3.3%，全年圆满收官于3.9%，增长曲线平滑上行，经济发展韧性充分彰显。从产业发展看，第一产业实现增加值24.51亿元，同比增长3.7%，增速比上年同期加快2.9个百分点，拉动经济增长0.5个百分点；第二产业实现增加值77.72亿元，同比增长6.3%，增速比上年同期加快1.2个百分点，拉动经济增长1.7个百分点；第三产业实现增加值98.42亿元，同比增长1.9%，比一季度回升3.4个百分点，拉动经济增长1.0个百分点。三次产业结构分别调整为12.2：38.7：49.1。总之超出预期的总量增速，配合结构性改善，全区经济恢复性增长态势延续，已基本回归新冠疫情前的运转常态。

【统计业务】

2020年，利通区统计局全面完成投资、房地产、建筑业、工业、能源、商贸、服务业、劳动工资等专业2019年报和2020定期报表，“四上”企业联网直报率达100%。高质量完成规模以下工业抽样调查、生态移民监测、妇儿两纲监测、R&D投入统计等25项统计调查。

【统计服务】

2020年，利通区统计局充分发挥分析预警职能，《抵住压力经济增长转负为正　多措并举生产领域稳步复苏》《受冲击经济承压前行　稳恢复统筹成效彰显》等统计分析受到区委政府的高度重视。印制《两会统计服务手册》《利通区国民经济和社会发展统计公报》《利通区经济发展月报》《利通区经济要情手册》等统计产品。

【统计执法】

2020年，利通区统计局联合市级执法人员在12个乡镇、8个区直经济部门、部分辖区“四上”企业开展联合执法专项检查，检查覆盖面达到20%以上。扎实开展统计星级单位评定和统计人员诚信档案管理工作，修订完善统计管理制度16项，新制定数据管理制度、统计机构和统计人员防范惩治统计造假弄虚作假责任制规定实施办

2020年部分经济指标总量及增速汇总表

指　标	总　量	增　速
粮食播种面积（亩）	254504	6
规模以上工业企业数（个）	88	-9.3
乡、镇（个）	12	—
规模以上工业企业工业总产值（亿元）	215.5	5.3
规模以上工业企业产品销售收入（亿元）	234.5	8.1
规模以上工业企业利润总额（亿元）	15.2	9.1
社会消费品零售总额（亿元）	854211	-7.6
固定资产投资总额增速（%）	89.7	17.5
年末总人口（万人）	46.1	—
国内生产总值（现价，下同）（亿元）	200.65	3.9
高新技术产业总产值（亿元）	8.6	-28.9
第一产业增加值（亿元）	24.5	3.7
城镇居民可支配收入（元）	33977.3	5.2
第二产业增加值（亿元）	77.72	6.3
农村居民人均纯收入（元）	17512.3	7.6
第三产业增加值（亿元）	98.42	1.9
地方财政一般公共预算收入（万元）	32376	-3
地方财政一般公共预算支出（万元）	236776	16.8
全社会各项存款余额（亿元）	381.5	10.4
全社会各项贷款余额（亿元）	306.4	6.8
税收收入（万元）	21741	18.4
非税收入（万元）	10635	0.7
农林牧渔业总产值（万元）	507836.7	3.9
粮食总产值（吨）	151410	7.3
出栏羊（只）	271256	-12.4
出栏牛（头）	67102	7.2
水果产量（吨）	24096	-75
水产品产量（吨）	2640	6

法等管理制度5项。

【统计培训】

2020年，利通区统计局组织举办覆盖全区党政领导干部、企业、乡镇统计员，累计超过300人次的统计法律法规与业务知识培训班，向区委、区政府，乡镇领导班子发放《领导干部统计知识读本》《统计法律法规汇编》等知识手册。

【国家统计督察】

2020年，利通区统计局坚决落实国家统计督察反馈问题整改工作，详细制定《吴忠市利通区贯彻落实国家统计督察反馈意见整改方案》，组织工作专班逐条对照进行整改销号。积极配合自治区执法监督管理局就国家统计督察反馈统计违纪违法问题线索的27家企业进行了立案调查。清理违规文件3件，修改3件，全力推动在规定时间内完成督察整改，确保统计督察整改取得实效。

【第四次全国经济普查】

2020年，利通区统计局代表自治区接受国家事后质量抽查并获得高度认可，并荣获自治区第四次全国经济普查先进集体。发布《吴忠市利通区第四次全国经济普查主要数据1—5号公报》。普查结果显示全区第二、第三产业相比第三次全国经济普查法人单位、产业活动单位分别增加2253个、1942个。第四次全国经济普查数据衔接后全区经济总量比2018年快报数增加3.2亿元，跃居自治区第五位。

【第七次全国人口普查】

2020年，利通区成立第七次全国人口普查机构，明确责任分工。积极争取自治区级第七次全国人口普查综合试点落户利通，配合自治区人口普查办公室在试点乡镇（上桥镇、东塔寺乡）进行实地勘察，开展小区图绘制、建筑物标识、户主姓名底册摸底等工作，为利通区顺利开展人口普查工作打下坚实的基础。利用“利通统计”微信公众号、推送人普宣传专栏、开通人口普查宣传彩铃和视频彩铃，发放各类普查宣传海报7.5万张，《致普查对象的一封信》18.1万张。争取自治区补助资金57万元，吴忠市补助资金5万元，区财政资金400万元，确保普查工作资金保障到位。招标采购普查“两员”现场登记物资、入户宣传品99.2万元，为普查“两员”充值手机流量使用费约60万元，确保普查所需设施设备配备齐全。开展为期14天覆盖12个乡镇共计11期的人口普查综合业务培训班，确保选聘的2378名普查“两员”业务培训到位。制定印发人口普查预防风险方案，为已分配任务的2077名普查“两员”购买了2.1万元的商业保险，确保普查员入户摸底和登记阶段人身安全。2020年，全区共划分普查区139个，普查小区2462个，已绘制建筑物72969个，普查摸底工作有序进行。

供销合作

【概况】

吴忠市供销社成立于1952年4月，先后三次与商业局合分，1976年1月1日供销社与商业局分家，成立吴忠县，供销合作社。1983年11月10日，经国务院批准，撤销吴忠县恢复吴忠市（县级），县供销社相应改为市供销合作社。2005年3月市区合署办公后，7月27日市委2005年第23次常委会会议决定，“将吴忠市供销合作社联合社列为市人民政府管理的副处级机构”（市委常委会会议纪要〔2005〕20号）。2020年全系统实现销售收入3.5亿元，同比增长8.1%；销售各种化肥、农药、种子2.16

万吨。

【综合服务】

召开专题会议研究制定《吴忠市供销社2020年深化供销合作社综合改革重点工作任务书》，认真贯彻落实全国供销合作社深化综合改革暨推进培育壮大工程电视电话会议精神，聚焦改革热点难点问题，细化分工，明确任务，强化措施，更快更好地解决当前供销社综合改革中存在的突出问题。紧扣自治区供销社“两个体系”建设项目，积极争取扶持资金。推荐申报高闸镇李桥村供销合作社现代农业综合服务中心新建项目，争取扶持资金40万元，填补了李桥村无基层供销社的空白。做好汉渠供销社改扩建项目收尾工作，以崭新的面貌展示供销社新形象。指导社属企业吴忠市供销社丰源再生资源有限公司投资建设3万吨纤维级聚酯切片生产线新建项目开工建设。按照创建全国文明城市及城乡环境整治要求，与利通区环卫中心、机关事务局联合调研机关、乡镇、社区可回收资源垃圾收购问题，广泛听取意见，制定工作方案，在区直机关、上桥镇、胜利镇、金星镇试点开展机关、社区废旧物资统一回收，设立回收分拣中心12个，使资源垃圾回收再利用达到最优化，有效解决机关、社区资源垃圾乱堆乱放、污染环境、处置不合理的问题。围绕自治区供销社推进农村综合服务社星级社建设要求，开展农村综合服务社星级社建设和评定工作，推荐上报五星级服务社2个，联合创建四星级服务社4家、三星级服务社6家，全年创建星级综合社12个，打造功能完备的现代供销社。推进供销频道工作落地实施，联合市广电网络有限公司，逐一落实5G网络在供销社网点联网，东塔供销社等6家基层网点开通供销频道。对接自治区供销社电商公司设立11家体彩福利站点，丰富基层网点服务功能。结合工作需要，加强干部培训工作，促进干部工作能力全面提升。选派班子成员先后参加区社理事会、监事会干部培训；选派理事会、基层供销社、社属企业及项目规划负责人等参加自治区农村实用人才综合素能培训；成功举办了供销社培育壮大工程培训班；组织干部到区内兄弟市县供销社参观交流学习；中国农资集团、上海市供销社、四川省供销社先后组团到吴忠市供销社观摩交流，互促互学。

【创新发展】

通过报刊、手机等新闻媒体宣传供销社综合改革成果，提升了供销社公众认知度和社会影响力。截至2020年，累计报送各类信息79篇，6篇报道被《中华合作时报》《宁夏日报》《华兴时报》等主流媒体刊登，自治区供销社网站信息刊登31篇，多彩利通采用26篇。每月组织一次各帮扶责任人深入扁担沟镇同利村帮扶贫困户家中，详细了解疫情以来受到的影响情况，密切关注，跟踪监测，帮助落实低保、医保、特困人员救助供养、残疾人“两项补贴”等社会保障。“四查四补”问题、责任、任务清单共查找问题6个，全部整改完毕。投入8000多元为未脱贫户、贫困户解决生活困难。供销社帮扶的14个贫困户年底全部实现脱贫，全面完成脱贫攻坚任务。

融通公司

【概况】

利通区融通城乡建设投资有限公司2016年1月经利通区委、区政府批准成立，注册资本5亿元。公司下设全资子公司4家（利通区融通公务用车服务有限公司、利通区融利融资担保有限公司、利通区利盛实业有限公司和利通区数字建设运营有限公司）、控股公司1家（利通区融众人力资源服务有限公司）。

【党建工作】

为落实党对国有企业的全面领导，确保国有企业党组织在企业管理过程中的核心作用，2020年7月，经区机关工委批准，成立了融通公司党支部。并依据《中国共产党国有企业基层组织工作条例（试行）》将公司党建写入公司章程，明确和落实了党组织在公司法人治理结构中的法定地位。党支部成立后，按照上级党组织的具体要求，主要抓以下几方面工作。一是落实了“主题党日活动”制度，每月10日按时组织党员开展活动，共组织“主题党日”5次。二是落实了“三会一课”制度，周二例会学习由支部组织，定期召开党员大会，讲党课1次。三是积极开展发展新党员工作，通过谈心谈话的方式鼓励员工积极向党组织靠拢，2020年已有11名员工向党支部递交了入党志愿书。

【利通区PPP项目建设运营工作】

一是协助中医药研创基地运营管理工作。该项目于2019年5月5日投入运营，由该公司代表政府出资方与中国核工业华兴建设有限公司共同负责运营。2020年研创基地共入驻企业4家，分别为宁夏超瑞施健康科技有限公司、宁夏伊康回族医药研究所、宁夏西麒麟生物科技有限公司和浩普（宁夏）张氏回药制药科技有限公司。已租赁房屋面积11252.05平方米，占园区总建筑面积的33.30%。2019年5月6日（竣工验收）至2020年12月31日共实现收入151.77万元（含财政拨付80万元），成本支出176.28万元，支付缺口24.51万元。二是参与了吴忠市利通区生态灌区PPP项目建设财务管理工作。融通公司作为该项目政府出资方，在项目实施过程中主要负责项目资金的监督和管理。资金使用做到了集中管理、专款专用、统一支付和严格把关，有效保障了项目资金及时到位和拨付，保证了项目的顺利进展。全年完成各项支付4503.08万元。

【其他工作】

一是国家级非遗技法传承（陈氏回医十技法）项目装修及布展工作。按照区政府会议纪要具体要求，项目经公开招标，于2020年9月完成了建设和验收工作，工程审定造价283.52万元。二是中医药研创基地员工餐厅建设和运营工作。依据区政府专题会议纪要决定，为解决入驻企业员工用餐问题，完善园区服务功能，优化园区招商引资环境，由该公司负责中医药研创基地员工餐厅餐饮区改造和后厨设备及排风设备采购工作。项目总投资56万元，于2020年9月投入运营。

【经营情况】

全年实现收入52.66万元，其中财政拨款50万元，员工餐厅收入2.66万元；全年发生管理费用57.44万元，其中员工薪酬22.68万元，办公经费2.44万元，社保及公积金缴费4.21万元，折旧费15.48万元，其他费用1.46万元；员工餐厅共发生支出4.45万元，包括临聘人员薪酬、水电费、食材等费用。因用餐人员较少，固定成本无法合理分摊，全年发生亏损1.79万元。

【融利融资担保有限公司】

依据《深化利通区融资担保类政府投资基金管理改革实施方案》文件精神，2020年7月注册成立了利通区融利融资担保有限公司。担保公司的成立，为切实解决利通区小微企业、集体经济合作组织、“三农”主体以及新兴产业企业担保贷款需求，有效缓解“融资难、融资贵、融资慢”问题，助推利通区经济发展提供了融资保证。

【融通公务用车服务有限公司】

2020年，公务用车服务保障中心在总结上一年度工作业绩的基础上，充分学习和借鉴同行业其他公司的运营经验和管理模式，不断提升公司管理水平，努力拓展公司车辆租赁业务和提升公司管理水平，取得了一定实效。一是强化安全教育，增强安全意识。公司每月安排两次安全驾驶学习，通过组织驾驶员学习交通事故案例，分析事故发生原因，提高驾驶员安全意识。制定了切实有效的车辆维护方案，做好季节性车辆维护等工作，确保车辆不带“病”上路。二是加强成本控制。在成本控制方面做到采购和车辆维护实行合同管理，费用支出按职责逐级上报并开会决策，有效地控制了成本支出。三是落实和完善各项管理制度，实现国有资产保值增值。落实了公司安全学习制度、考勤制度、驾驶员绩效考核办法和车辆维修维护管理办法。对于运行过程中出现的问题及时解决，对一些不切实际或不合理的规定和办法进行及时完善和改进，做到边运行、边学习、边提高，切实为用车单位提供了安全、优质、便捷的公务用车服务。上年度公司已与69家单位签订公务用车保障合同，全年出车3281车次，行驶总里程37万公里，实现营业收入269.42万元。其中，自营车辆收入202.07万元，外调车辆收入67.35万元；全年发生成本费用219.07万元，其中，员工薪酬61.07万元，车辆保险费12万元，修理费9.33万元（4912.26元/车），燃油费31.35万元（11.81公升/百公里/车），停车及过路、过桥费4.25万元，折旧费28.01万元，外租车辆70万元（包括部分2019年度应付款），发生管理费用20万元。其中，职工薪酬及福利13.72万元，折旧费1.64万元，办公费等4.64万元；共发生财务费用2.58万元；资产处置亏损4.20万元。2020年度实现净利润23.48万元。

【融众人力资源服务有限公司】

融众人力资源服务有限公司成立一年来，各项工作稳步推进，围绕公司经营范围，开展了人员招聘和劳务派遣业务。先后为区委组织部、区发改局、民政局等6家单位提供人员招聘服务9次，招聘工作人员131人，岗位涉及“村党支部书记”“社区工作者”等。与区委政法委、综合执法局、卫健局等24家单位签订了劳务派遣服务协议，共派遣不同岗位用工362人。2019年度实现收入35.90万元，其中，人才招聘收入7.88万元，劳务派遣收入26.72万元，其他收益（税收减免）1.3万元；全年共发生费用支出24.46万元，其中，销售费用0.46万元，管理费用24.50万元（员工工资18.56万元，办公费、律师费等5.94万元），财务费用0.60万元，缴纳税金0.10万元。2020年度实现净利润10.80万元。

【融利融资担保有限公司】

融利融资担保公司自成立后，紧紧围绕利通区产业导向和基金使用政策要求，积极有效开展了相关工作。一是依据《深化利通区融资担保类政府投资基金管理改革实施方案》，有效整合了利通区现有9只基金中的3只，分别是创业贷款担保基金、农村妇女创业担保基金和农业特色优势风险补偿金（部分），共整合存量资金1564万元。其他几只基金整合工作正在有序推进。整合后的基金在不改变原有政策要求和功能的前提下积极拓展业务，各项工作进展顺利。截至2020年12月31日，共完成创业担保贷款443笔，担保贷款金额5286.50万元。其中，提供个人贷款担保业务365笔，金额3863.50万元；支持小微企业76家，金额923万元；办理企业贴息贷款2家，金额500万元。二是本着“审慎经营”的原则，灵活用好自有资金。主要是围绕国家政策要求和利通区产业导向，利用财政注入的1500万元自有资金，积极探索灵活的担保方式，拓展自有资金担保业务。2020年先后与农商银行签订了30万元以下个人养殖户担保协议，与中国农业银行签订了“惠农e贷”线上银担合作协议，与宁夏再担保集团签订了“三级风险”分担合作协议，与中国邮政储蓄银行签订了担保业务合作协议。截至2020年12月31日，共提供担保贷款业务16笔，金额208万元，其中，小微企业3家，金额33万元，个人担保贷款业务13户，金额175万元。同时，通过加入国家担保基金体系，实现了担保业务的“三级风险分担”，共向国家融资担保系统上报备案担保贷款业务440笔，备案担保金额4771.50万元。上年度实现收入88.40万元，其中保费收入1万元，其他收入87.40万元（财政拨付）；发生管理费用57.39万元，其中，职工薪酬29.74万元，办公场所装修11.50万元，咨询费9.5万元，招聘费2.40万元，办公费4.25万元；销售费用4.33万元，其中，差旅费3.49万元，广告费0.84万元；利息收入19.53万元；计提2项准备金50.13万元；缴纳税金0.38万元；全年发生亏损4.30万元。

文化 旅游 体育

文化建设

2020年，利通区大力弘扬社会主义核心价值观，深化公民思想道德建设，建成新时代文明实践中心1个、实践站（所）48个，创新开展“群众文明实践金银星”评比、“文明有面、文明有礼”活动，推行“345”志愿服务模式，“兰花芬芳”志愿服务队被评为全国“最佳志愿服务组织”。大力繁荣文化事业，改造提升综合文化服务中心26个，金积镇文化站被评为“第八届全国服务农民、服务基层文化建设先进集体”。成立利通区文学艺术界联合会，文联改革做法被《中国文联工作要情》刊发。围绕全国文明城市创建，深入开展“文明利通”“金色阳光·七彩家园”等主题实践活动，新华社区被评为“全国文明单位”。

【概况】

2020年，利通区免费开发图书馆、博物馆、文化馆、乡镇文化等文化场馆，热情接待前来参观学习的群众。利用元旦、中秋、国庆、春节等节日举办主题系列活动50多场次，演出100余场次，受益群众达15万人次。创作《利通门前那条河》《吴忠记忆》《一览塞上》等原创歌曲、书画、曲艺、剪纸刺绣、摄影作品2300多个，培育发展378支业余群众文艺团队，文艺人才50多人，组建由1339名志愿者参加文化志愿服务队伍。成功申报了吴忠市巧儿刺绣传承有限公司、强家老醋坊为自治区级首批非遗扶贫就业工坊。新增灵芝生态园、依林小镇生态园、吴忠市丫丫亲子农庄3家三星级乡村旅游示范点。推荐石佛寺村成功入选第二批全国乡村旅游重点村名录。

【群众文化活动】

开展元旦春节“三下乡”“我们的节日”“欢乐宁夏”“迎国庆·庆中秋”等主题系列活动50多场次。举办“百姓舞台·多彩利通”广场演出100余场次，“文化惠民·送戏下乡”“戏曲进校园”演出56场，受益群众达15万人次。指导基层组织文艺演出、比赛、技能培训、全民阅读等活动100余场次。

【文艺创作】

组织动员民间文艺团队，广泛创作艺术作品。各民间文艺团队新编创作舞蹈《亲吻祖国》《劳动托起中国梦》《竹之韵》，表演唱《习主席到咱吴忠来》《赞利通》《老两口夸吴忠》《规矩与方圆》《利通致电》，小品《好儿媳》《看狗》，音乐快板《万众一心战疫情》等剧目16个，在各类大型活动中进行展演。利通区文化馆专业人员创编的原创广场舞《爱我中华》，获得了自治区“欢乐宁夏”利通区群众文艺展演广场舞比赛“魅力之星”奖。区文化馆还与文艺工作者联合，创作《等你回家》《武汉不孤单》《打好疫情阻击战》等7部文艺作品，通过微信、微博等线上网络平台进行广泛传播。利通区摄影家协会获第十届宁夏艺术摄影展优秀组织奖，摄协主席王力获中国科协2020年科普摄影大赛（平遥摄影展）二等奖，第十届宁夏艺术摄影展银奖，摄影作品《急救教育》获中国科协摄影比赛三等奖，《暮归》获农业农村部的三等奖；民间艺术家协会主席王德勤荣获自治区“塞上文化名家”称号；美术家协会主席张铁涛在杭州举办的东西部文化交流“壮美西部”油画展圆满落幕；作协主席马悦创作中篇小说《四月飞雪》《海的那一边》发表于宁夏省级文学刊物《朔方》2020年第1期。利通区文联先后创作推出《利通门前那条河》《吴忠记忆》《一览塞上》等原创歌曲、书画、曲艺、剪纸刺绣、摄影作品2300多个。利通区文联工作得到中国文联和自治区文联的批示推广，并在自治区推进会上作交流发言。

【文艺人才培养】

文体局采取“请进来”“走出去”的方式进行培训。依托馆办资源，每周二、周三下午、周五上午免费开设成人电子琴班20余场次，受益人群达800余人次；每周派出文化馆声乐辅导员到社区开展声乐培训，开设合唱班培训16场次共计40余人。利用每年寒暑假，开展假期少儿免费艺术培训班，面向利通区6—15岁的学员进行免费公益培训，开设课程有少儿舞蹈、少儿美术、声乐、电子琴等8门课程，200多名青少年参加培训。2020年，利通区文联共培育发展378支业余群众文艺团队，其中星级群众文艺团队17支，拥有剪纸、刺绣、唱歌、跳舞、编创等技能的文艺人才50多人。组建完善包含1339名志愿者的文化志愿服务队伍，作为文艺人才后备库。基本建立了一支政治强、业务精、作风正、人员稳定、一专多能、门类齐全的高素质文艺人才队伍。

【公共文化设施】

对26个村综合文化服务中心进行提升改造，完成图书馆书库提升改造升级及数字化图书馆建设项目，新建2个图书分馆和1个24小时自助图书馆，设立图书流动服务点2个。申报并实施牛家坊村国家级公共文化机构和旅游服务中心功能融合试点项目，争取自治区文旅厅示范性村综合文化服务中心、农村文艺团队扶持项目12个，“订单式”配备文化设施设备，实现文旅资源共享，阵地效能提升。

【文化遗产和文物保护】

成功申报吴忠市第六批市级非遗传承人11名，对13名自治区级非物质文化遗产传承人发放自治区专项补助资金，利用“文化和自然遗产日”等重要节点，加大对剪纸、刺绣、武术等非物质文化遗产的宣传、弘扬和保护。成功申报巧儿刺绣、强家老醋坊2个非遗扶贫就业工坊项目，有效促进

“非遗＋旅游”“非遗＋扶贫”融合发展。

【公共图书】

利通区图书馆总面积3600平方米，有总服务台、自习区、数字体验区、成人借阅区、少儿借阅区、电子阅览室，共6个部室，座席500余个。配备数字绘本机、3D动物故事机、AR交互自助体验机、VR体验、数字影院等数字化设备。2020年利通区图书馆增订各类报纸58份，期刊177种，采购图书3046册，馆藏数量达到76451册。为机关干部办理读者证1362张，持卡读者总数达到2408人。截至2020年10月底，图书馆总接待读者数达100461人次，图书外借数量54330册，借阅率达54%。

【总分馆制】

新建东塔寺乡石佛寺村、郭家桥乡清水沟村2个图书分馆和利通区人民政府1个24小时智慧书屋，在利通区新时代文明实践中心、利通区老干部中心设立2个图书服务点，配备图书资源、借还阅览设备，开通网络化、数字化文献资源服务。为各分馆累计配书1万余册，配备阅览电脑30台，电子借阅机5台，电子期刊借阅机5台，3D少儿绘本机5台。

【全民阅读活动】

与喜马拉雅听书合作，为读者赠送VIP会员听书礼包；添加“超星读书”微服务大厅，助力推广全民阅读。举办了“我们的中国梦”——汉字听写大赛、“迎新春·送春联”、世界读书日、“欢庆六一·多彩阅读”“浓情端午·香寄万家”“庆十一、迎中秋”等线下全民阅读活动，举办电商培训5次，开展文化馆员业务技能线上培训3次。

旅游体育

【概况】

2020年，利通区文体局申报实施自治区2020年川区村综合文化服务中心功能提升项目26个，争取自治区文旅厅农村文化示范性扶持项目12个。安排100万旅游发展专项资金，重点推进牛家坊、古城、东塔等区块的项目建设。组织开展了迎新春文艺晚会、“三下乡”等10项活动，直接参与人员达2万人。举办“多种体育赛事活动，累计参与人数近20000人次，做到了月月有活动。通区上桥镇荣获“全国农民体育健身活动基地”。

【文体设施建设】

申报实施自治区2020年川区村综合文化服务中心功能提升项目26个。争取自治区文旅厅农村文化示范性扶持项目12个，为金积镇梨花桥村、高闸镇马家湖村、扁担沟镇利原村、渠口村、金银滩镇沟台村以及高闸镇农民文化艺术团等村综合文化服务中心、农村文艺团队“订单式”配备文化设施设备共20余万元。实施城南生态公园7公里健身步道、吴忠林场5公里健身步道、上桥拼装式游泳池建设项目，完成高闸社区多功能运动场、板桥社区多功能运动场、上桥2.4公里健身步道项目。东塔社区多功能运动场、灵芝生态园4公里健身步道投入使用。先后筹集资金70余万元，为利通区21个乡镇、村、单位配备了健身路径24套、篮球架11副、乒乓球桌45副、羽毛球柱2副。

【文旅产业融合发展】

区本级安排100万旅游发展专项资金，聘请上海奇创旅游集团股份有限公司编制启动《吴忠市利通区全域旅游发展规划》。重点推进牛家坊、古城、东塔等区块的项目建设。其中，牛家坊区块完成18667平方米农耕民俗文化体验区、5000平方米的生态农业观光园主体观光大棚、好吃街、3000平方米的远程教育文化广场等基础设施建设。

【群众文体活动】

举办“多彩利通 · 与你前行”健身走活动，先后举办3次线上报名与线下参与相结合的体育健身活动，参与人数近3000人，有效地指导广大居民疫情期间居家健身、适量运动；举办了2020年利通区羽毛球邀请赛、“全民健身日”广场舞、太极拳展演活动等6项体育赛事活动，累计参与人数近20000人次，做到了月月有活动。组建以社会体育指导员为主体，包括优秀运动员、教练员、体育教师、体育专业学生的全民健身志愿服务队伍。

【青少年体育活动】

开展了2020年利通区青少年运动队冬季、夏季集训和2020年全国青少年体育冬夏令营（宁夏利通区站）活动。同时，在2020年自治区青少年锦标赛上，利通区青少年篮球队分别获得男子3人篮球和乙组冠军，创造了利通区近10年来取得自治区级以上青少年“三大球”赛事中的最佳战绩。宁夏足球协会在利通区设立了宁夏2个县区级足球青训分中心。在利通区开元小学、第九小学等三所学校设立“利通区足球青训基地”。在第十六小学举办了2020年“亚足联女足日 · 女孩足球节”活动，这是利通区首次承办该类活动。首次联合教育部门举办了2020年利通区小学足球、篮球联赛。

财政 税务 审计 金融

财 政

【概况】

2020年，利通区财政工作紧紧围绕区委、区政府重大决策部署，认真落实落细过“紧日子”政策措施，充分发挥财政职能作用，切实兜牢“三保”底线，扎实做好“六稳”工作，全面落实“六保”任务，有效统筹保障疫情防控和经济社会发展，利通区预算执行情况总体平稳有序。2020年利通区财政局先后荣获争取项目资金先进集体、社会综合治理先进单位等称号，政府采购、减税降费、财政支农等业务工作得到自治区财政厅通报表扬，并连续三届荣获“自治区文明单位”荣誉称号。

利通区财政局是利通区人民政府正科级综合经济管理部门，主要承担利通区各项财政收支管理的责任，负责编制利通区本级年度预决算草案并组织执行；组织拟定经费开支标准、定额，审核批复利通区本级部门（单位）年度预决算；拟订利通区财政发展规划和相关政策并组织实施；参与制定利通区各项宏观经济政策，提出运用财税政策实施区域宏观调控和综合平衡社会财力的建议等。利通区财政局共有股室7个，分别为办公室、预算股、行政事业社保股、经济建设股、国库股、农业乡镇股和教科文股，下设国库支付中心1个副科级事业单位；机关干部22名，其中行政编制人员6名，事业编制干部9名，事业编制工人7名。

【财政收入】

2020年，利通区一般公共预算收入完成32376万元，为预算的97%，同比下降3%。其中，税收收入完成21741万元，非税收入完成10635万元。主要收入项目：增值税10814万元，城建税6476万元，房产税1515万元，车船税1203万元，耕地占用税1685万元，其他税收收入48万元；行政事业性收费412万元，罚没收入269万元，国有资源（资产）有偿使用收入9075万元，专项收入217万元，其他收入662万元。

【财政支出】

2020年，利通区一般公共预算支出完成237202万元，为变动预算的92%。主要支出项目：一般公共服务支出19613万元，公共安全支出2192万元，教育支出50118万元，科学技术支出2036万元，文化体育与传媒支出2702万元，社会保障和就业支出20155万元，节能环保支出10347万元，城乡社区支出31272万元，农林水支出60418万元，住房保障支出11664万元，卫生健康支出18034万元，交通运输支出448万元，资源勘探信息等支出-82万元，商业服务业等支出2192万元，灾害防治及应急管理支出1062万元，债务付息支出5003万元，其他支出28万元。利通区一般公共预算收入总来源为266640万元，其中，一般公共预算收入32376万元，返还性收入8309万元，自治区级、市级补助收入192202万元，地方政府一般债券转贷收入33257万元，上年结转8693万元；利通区一般公共预算支出237202万元，地方政府一般债券还本支出6323万元，一般公共预算收支相抵后滚存结余21003万元，按规定结转下年使用。政府性基金总收入15359万元，上年结余120万元，支出14420万元，政府性基金收支结余1059万元，按规定结转下年使用。2020年利通区一般公共预算收支及政府性基金预算收支总体保持平衡。区本级重点支出：围绕教育、就业、医疗卫生等群众关心的热点问题，把增进人民福祉作为发展的出发点和落脚点，加大财政资金投入力度，扎实推进民生事项落细落实。2020年，利通区十项民生支出20.9亿元，同比增长16%，占一般公共预算支出的88%。卫生健康支出18034万元（含疫情防控资金4911万元），新冠疫情防控、家庭医师签约服务、乡村医生生活补助等得到保障。社会保障支出20155万元，城乡困难救助、高龄津贴、医疗救助等资金及时足额发放到位，积极落实创业担保贷款、高校毕业生“三支一扶”及“西部志愿者”计划等创业就业政策。农林水支出60418万元（含扶贫资金7790万元），大力实施农村公益事业和整村推进财政奖补、贫困户产业扶持等民生实事项目。教育支出50118万元，推动利通区教育事业科学均衡发展。

【政策落实】

聚焦疫情带来的实际困难，全面贯彻执行国家、自治区密集出台的系列支持疫情防控和稳定经济运行的政策措施，积极履行财政服务经济发展职能。制定促进经济社会健康发展政策34条，发放奖补资金424万元，兑付银行贷款贴息1560万元，全力推进企业复工复产。认真落实减税降费各项政策，累计实现减税降费3.86亿元，其中落实支持疫情防控和经济社会发展税收优惠政策减税2.56亿元。稳步推进农业信贷担保工作，授信担保451户，在保金额达到1.46亿元。强化财政金融扶持，组建融利融资担保公司并整合基金1565万元，有效发挥财政资金引导撬动作用。完善科技研发财政投入稳定增长长效机制，投入资金1562万元，重点用于工业企业科技研发支出。2020年，共争取到农村综合改革、农田水利、脱贫攻坚等各类财政性项目资金17.2亿元，其中，中央直达资金2.85亿元，为贯彻落实区委、区政府各项重大决策提供了坚强财力支撑。加大暂付款清理力度，综合运用处置闲置资产、统筹存量资金等方式化解，严禁新增暂付款、挤占预算资金等行为。健全政府性债务管理机制，落实债务还本付息资金8810万元，完成年度隐性债务化解任务。强化政府采购预算管理，完成政府采购任务73次，财政资金节约率达2.1%，并开通疫情防控政府采购“绿色通道”和“扶贫832”平台农副产品采购账号，提升采购效率。逐步健全完善预算绩效评价制度，全面开展预算绩效评价工作，选取27个政府投资重点项目进行绩效评价，涉及资金4.28亿元，切实提升财政资金配置效率和使用效益。

【国有资产】

企业国有资产：2020年，利通区有国有企业1家，为吴忠市利通区融通城乡建设投资有限公司，下属有全资子公司3家、控股公司1家。截至2020年底，资产总额10204.05万元，同比增长54.83%；负债总额2540.52万元，同比减少40.78%；净资产总额7663.53万元，同比增长233.14%；企业资产负债率24.90%，同比减少61.75%。2020年实现营业收入1208.57万元，同比增长447.09%；上缴税费6.35万元；全年实现净利润112.94万元，同比增长464.79%。行政事业性国有资产：截至2020年12月31日，利通区资产总额（账面净值，下同）37.80亿元，较上年增长9.10%。负债总额2.05亿元，较上年下降22.08%。净资产35.75亿元，较上年增长11.66%。国有自然资源资产：2020年，利通区土地总面积166万亩，其中：耕地46.14万亩，占土地总面积的27.8%；林地面积28.65万亩，占土地总面积的17.26%；草地面积33.94万亩，占土地总面积的20.45%；湿地面积6.37万亩，占土地总面积的3.83%。利通区地下水资源量为1.58亿立方米，与地表水的重复量为1.524亿立方米，地下水可开采总量为0.758亿立方米；2020年黄河水灌溉用水量计划4.39亿立方米，实际用水量为4.2亿立方米。2020年，利通区严格落实“国家统一所有、政府分级监管、单位占有使用”的国有资产管理要求，压实财政部门综合监管、各部门具体负责、单位主体监管“三个责任”，形成了分工负责、各司其职的监管体系，确保资产管理透明、公开。高标准执行资产配置预算编制和政府采购制度，配套出台通用办公资产配置标准和资产处置管理办法，依法做好国有资产的报损、报废处置，强化国有资产转让拍卖审批，保障国有资产监管到位、责任到位。

税　务

【概况】

2020年，利通区税务局（以下简称区税务局）党委以习近平新时代中国特色社会主义思想为指导，坚决服从统筹推进疫情防控和经济社会发展大局，扎实做好“六稳”工作，落实“六保”任务，认真践行“四力”要求，落实落细系统上级党委和利通区委、政府决策部署，圆满完成了年度各项工作任务。

【优化营商环境】

2020年，利通区税务局坚持突出重点，着力优化营商环境。推进税收征管质量5C体系评价，创建“日监控、周提醒、月通报”机制，对8类61项指标定期扫描、常态管理，申报率、入库率等基础指标均高于全区平均值，6个征管类区局直考县指标全部达到100%。扎实开展增值税专用发票电子化试点工作，成立领导小组，组建专门团队，开展业务政策培训，提前做好分析预判，全程监督辅导，确保按时间节点平稳推进。深化税收领域“放管服”改革，落实32项改革任务，简化企业开办涉税事项，推进简易注销登记改革，实现企业开办1日办结，即办注销率达到98.34%。大力推行便利化纳税缴费，推广运用电子税务局、自助办税终端、宁夏税务手机APP等“非接触式”办税缴费方式，实现185个涉税事项全程网上办，平均网报率达97.2%，全面推广网上申领、代开发票，为企业纳税人邮寄配送发票3.3万份。连续7年开展“便民办税春风行动”，通过专业服务团队、畅通咨询电话、分行业微信群辅导，及时做好政策推送、专业辅导和解决疑难问题。积极帮助企业纾困解难，推行容错办理和信用级别修复制度，扩大“银税互动”合作范围，通过“税易贷”“税银贷”等金融产品，为86户小微企业发放授信贷款8100.12万元。

【依法治税】

2020年，利通区税务局坚持依法治税，不断提升法治水平。利用线上平台开展网络学法用法，进一步提升干部法治意识，增强法治理念。全员参加网上普法考试，通过率为100%。认真做好“七五”普法终期验收工作，运用办税大厅宣传栏、电子屏、发放税法宣传资料等方式进行常态化法治宣传，在税收宣传月、“12.4国家宪法日”暨宪法宣传周等重要时间节点，开展专题集中宣传，努力营造税收法治良好氛围。开展房地产建筑行业各税种政策执行专项检查、抽查，组织交通运输行业专项检查，联合金融监管部门强化民间借贷行业税收管理，有力、有序整顿税收经济秩序。

审　计

【概况】

2020年利通区审计局（以下简称区审计局）内设综合管理岗、法规和政策落实审计岗、财政和社会保障审计岗、农业教科文卫审计岗、政府投资和企业审计岗、经济责任和自然资源资产离任审计岗6个岗位，共有在编人员6人。利通区委审计委员会办公室设在利通区审计局。2020年，利通区委审计委员会办公室提请召开2次区委审计委员会会议，审议通过《关于2019年度利通区本级预算执行和其他财政收支情况的审计报告》等文件。全年完成审计项目22个，查出主要问题金额7195.44万元，其中违规金额871.29万元、管理不规范金额6324.15万元；审计发现非金额计量问题71个，向财政、发改等行业主管部门移送处理事项4件。

【跟踪审计】

2020年，利通区审计局开展2个政策跟踪审计，重点关注利通区优化营商环境、保障基本民生、脱贫攻坚、乡村振兴、污染防治和防范化解重大风险等重大措施落实情况，揭示捐赠款物管理不规范、公共医疗卫生保障存在不足、扶贫资金支付进度较慢等6个问题。

【财政审计】

2020年，利通区审计局采取“1拖N”模式，组织开展2019年度利通区本级和财政局、上桥镇等5个乡镇（部门）预算执行（经济责任）审计以及司法局、综合执法局2个部门预算执行（财政财务收支）审计，揭示未按规定使用公务卡结算、结转结余资金过大、应缴未缴个人所得税、往来款长期挂账等67个问题。

【经济责任审计】

2020年，利通区审计局根据利通区委组织部委托，组织开展吴忠市供销社、财政局、古城镇等13个单位14名党政领导干部和经济责任审计，揭示违规发放信息撰写采用奖励金、内控制度执行不规范、其他应付款、长期挂账等86个问题。

【政府投资审计】

2020年，利通区审计局组织开展2017年度中央财政水利发展专项资金项目利通区农田水利设施配套改造工程建设情况审计，揭示施工单位多计工程造价，项目未严格执行先勘察、后设计的基本建设程序等问题。

【自然资源资产审计】

2020年，利通区审计局组织开展上桥镇原党委书记李国强同志、原镇长辛建平同志任期自然资源资产离任审计，揭示大气污染防治工作成效不稳固、水污染治理存在“短板”、厕改革工作推进缓慢等9个问题。

【专项审计】

2020年，利通区审计局组织开展吴忠市利通区疫情防控资金和捐赠款物和清理拖欠民营企业中小企业账款专项审计，揭示未按资金拨付用途使用资金、捐赠信息公开不及时、捐赠物资分配使用不及时、部分工程款未上报政府债务系统等11个问题。

金　融

【概况】

利通区金融工作局（以下简称区金融局）为利通区发展和改革局挂牌机构，未单独核定人员编制。2020年，利通区金融工作坚持稳中求进工作总基调，着力发挥金融政策作用，支持实体经济发展，坚持底线思维，强化风险防范化解，为经济健康发展和社会和谐稳定提供金融保障。2020年末，辖区各项存款余额317.6亿元，同比增长29.16%；各项贷款余额270.2亿元，同比增长15.14%；辖区不良贷款余额7.62亿元，同比下降17.39%；不良贷款率2.82%，较上年末下降0.8个百分点。

【防范化解金融风险】

成立利通区防范化解金融风险工作领导小组，制定印发《吴忠市利通区打好防范化解重大金融风险攻坚战任务分工方案》《利通区金融突发事件应急预案》《利通区应对非法集资专项应急预案》，逐步建立健全风险管控长效机制，构建上下联动、协同配合、齐抓共管的工作格局。印发《利通区2020年非法集资专项整治工作方案》，强化非法集资案件处置工作（2019年利通区共发生4起非法集资案件，分别为“老妈乐”案、宁夏回鹭工贸有限公司案、吴忠市城南医院案、吴忠市浩杰智惠商贸有限公司案），“老妈乐”案、宁夏回鹭工贸有限公司案、吴忠市城南医院案已移送起诉检察院；吴忠市浩杰智惠商贸有限公司案正在侦查。联合区公安分局、市场监督管理分局对祥和大厦、富康大厦内疑似存在非法集资的机构进行重点摸排走访，未发现异常情况。2020年无新增非法集资案件发生。

【地方金融组织监管】

利通区共有小贷公司9家，典当行6家。先后三次对辖区内小贷公司、典当行就涉黑、涉恶、涉乱等行为进行现场走访调研，对业务开展和防范风险等工作进行了现场指导，未发现非法吸收公众存款、利用黑恶势力开展业务等问题，行业发展总体规范有序。但受疫情及经济持续下行等因素影响，行业亏损面持续扩大，小贷公司及典当行普遍存在经营困难、长期未开展业务现象。

【防范风险宣传】

印发《利通区开展2020年

防范非法集资暨扫黑除恶宣传月活动方案》，以“守好钱袋子，护住幸福家”为主题，组织成员单位开展金融领域扫黑除恶、防范非法集资宣传活动9场次，累计发放宣传资料3000余份。同时，开展防范非法集资知识微信挑战答题活动，广泛发动辖区机关干部、企事业单位职工和辖区内外群众通过有奖竞答方式，全面营造防范金融风险浓厚氛围。

【金融扶贫工作】

严格落实扶贫小额信贷政策和扶贫小额信贷投放任务，充分发挥扶贫小额信贷在帮助贫困户发展生产、脱贫增收方面作用。2020年利通区小额信贷投放目标任务3000万元，辖区各商业银行为建档立卡贫困户累计新增发放贷款918户共3883.8万元，完成自治区下达目标任务的129.5%；扶贫小额信贷余额1337户5843.8万元，贷款覆盖率73.2%，基本实现应贷尽贷、愿贷尽贷。同时，要求各银行金融机构积极落实自治区关于扶贫小额贷款相关政策，适当延长还款期限、简化业务流程手续、切实满足有效需求，积极推进线上业务办理，通过APP办理不见面续贷业务，保障扶贫小额贷款稳定发放。

【深化基金管理改革】

根据《自治区财政厅关于开展政府投资基金清理整合工作的通知》（宁财金发〔2018〕414号）《自治区人民政府投资基金管理委员会办公室关于印发〈自治区本级政府投资基金清理整合意见〉》（宁政投办发〔2019〕1号）文件精神，2020年7月1日，经自治区地方金融监督管理局和吴忠市市场监管部门核准，组建成立了利通区融利融资担保有限公司，整合利通区草畜产业担保基金、农业特色优势产业风险补偿基金、创业贷款担保基金、农村妇女创业担保基金和金扶工程风险补偿金，围绕国家政策导向，扶持辖区内“三农”主体、小微企业及新兴产业企业，有效缓解“融资难、融资贵、融资慢”问题。全年共完成担保贷款232笔，担保贷款金额3177万元，带动就业人数1055人。其中，提供个人贷款担保业务230笔，金额2677万元；支持小微企业2家，金额500万元。

生态环境

综 述

【概况】

吴忠市生态环境局利通分局（以下简称区生态环境局）成立于2019年4月，2020年共有在编人员5人。2020年，从严从实推进中央环保督察“回头看”及自治区环保督察反馈问题整改，全力打好“蓝天、碧水、净土”三大保卫战，生态环境质量持续改善。全区优良天数比例为85.7%，优良天数236天，比去年同期减少8天，$PM_{2.5}$平均浓度为30（微克／立方米）同比上升11.1%，PM_{10}平均浓度为65（微克／立方米）同比上升4.8%。黄河吴忠市出境叶盛桥断面水质保持在二类，清水沟、南干沟等3个区控断面水质保持在四类及以上，金积饮用水水源地水质保持稳定，城市黑臭水体全面消除，农村生活污水处理率达51%。全区23个目标村庄村民饮用水合格率、农村生活污水治理率、农村生活垃圾无害化处理率、非规模养殖畜禽粪污综合利用率分别达到100%、77.7%、100%、97.2%。利通区在自治区党委“打好污染防治攻坚战成效考核”中获得优秀。

【从严整改】

2020年，利通区生态环境局从严从实推进中央自治区环保督察反馈问题的整改。2018年中央环保督察“回头看”反馈利通区的1项问题和转办的48件52个问题，全部完成整改销号。自治区党委第二生态环境保护督察组2020年9月期间向利通区转办的群众投诉举报问题18件全部按时限办结上报。

【打好三大保卫战】

2020年，利通区生态环境局重点实施农村清洁能源“双替代”项目68个，全面消除了乡镇政府、村部、卫生院、中小学使用燃煤锅炉冬季取暖的历史，实现烟尘、二氧化硫减等各类污染物减排3221吨／年。持续加强农村生活污水治理，实施金积镇、高闸镇、金银滩镇、古城镇等10个乡镇18个村农村生活污水集中收集处理工程，稳步有序推进农村生活污水处理站社会化运营。编制了《利通区农村生活污水治理规划》，并通过自治区评审。牵头组织农业农村污染治理攻坚战，顺利通过自治区中期考核。开展了农村黑臭水体排查工作，编制了《利通区黑臭水体治理规划》。开展了“千吨万人”农村水源地保护区技术划分工作，实施农村水源地规范化建设。完善土壤环境质量分类清单和基础数据库，做好土壤污染状况详查收尾工作，推进工业固废、危险废物等综合治理，提升土壤环境信息化管理水平，保障全区土壤环境安全。加强固体（危险）废物环境执法监管，严厉打击非法跨界转移、倾倒危险废物等违法犯罪行为，确保危险废物规范处置率达到100%，乡镇以上医疗机构医疗废物规范收集、处置率达到100%。

【打击环境违法行为】

2020年，利通区生态环境局全面落实环评审批与监督执法“两个正面清单”，严厉打击恶意违法排污和造假行为，推动形成环保守法的新常态。坚决抓好中央环保督察组反馈问题、转办事项的整改落实，从严从实推进整改工作，切实解决生态环境突出问题，巩固扩大中央环保督察整改成果。持续加强环境风险隐患排查整治，完成应急预案备案并开展应急演练，扎实做好突发环境事件应急处置。及时化解生态环境矛盾，妥善处置人民群众合法诉求。坚持监管服务两手抓，在项目审批、政策支持等方面主动服务企业，通过环境严格管理，倒逼企业转型升级，促进高质量发展。

自然资源管理

【概况】

利通区自然资源局核定行政编制7名，设局长1名（正科级），副局长3名（副科级）。2020年，核定编制数40名（其中公务员8名、事业编制32名。现行政编制实有8人、事业编制实有31人）。区自然资源局内设5个站室（分别为办公室、综合法规室、耕地保护征收、林草湿地生态修复室、自然资源管理站），下设1个事业单位（即调查监测室）。2020年，在区委、政府的坚强领导和区市业务部门的精心指导下，自然资源局聚焦高质量发展、生态文明建设和民生改善主要任务目标，严格保护耕地、森林、湿地、草原，持续强化自然资源管理，提升自然资源工作水平，全力服务全区经济社会科学跨越式发展。围绕大局服务发展，着力提高资源要素保障，持续开展大规模国土绿化行动。严守耕地保护红线和生态安全底线；加大森林督查力度；统筹推进“多规合一”实用性村庄规划编制，强化国土空间开发边界管控，优化城乡发展格局，以创新为抓手持续推进山林权、土地权改革，大力发展特色林业产业。盘活闲置土地资源着力改善城乡人居环境，助推绿色发展，加快美丽新利通建设。

【生态文明建设】

2020年生态文明建设按照“创新发展模式，调整产业结构，大力实施国土绿化和森林资源保护，提高林业综合效益”的总体布局，以平原绿网提升工程和经济林基地建设为重点，实施沙坝沟回民公墓绿化工程、五里坡养殖园区绿化工程、特色经济林示范项目，完成各类营造林任务面积2.81万亩，其中，生态防护林0.43万亩，经济林0.18万亩，村庄绿化0.03万亩，封山育林0.57万亩，未成林补植补造0.5万亩，退化防护林改造1.1万亩。栽植各类树木182.2万株，完成投资2650万元。

【经济林产业】

利通区经济林产业紧紧围绕苦水河沿线休闲农业产业带建设，按照宜林则林、宜果则果的原则，大力实施经济林基地建设、示范园建设及科技培训工作，争取自治区2020年特色经济林产业项目资金65万元，实施了特色经济林产业示范项目8个，共计面积2713亩。完成自治区财政林业新技术引进及推广项目——苹果乔砧密植高效栽培新技术引进及推广项目35亩。通过创新性工作，利通区两家单位分别获得自治区优质苹果示范基地和自治区优质设施果树示范基地称号，获得第二届宁夏苹果评比大赛富士王1个，中国富硒好果入围奖1个，第二十一届中国绿色食品博览会金奖1个，2020年第三批全国名特优新农产品品牌1个“扁担沟苹果”，新增绿色产品品牌1个“玉景乡苹果”。全年完成经济林基地建设面积2010亩。其中苹果1546.4亩，在扁担沟镇烽火墩村及北国春苹果种植专业合作社种植；小杂果282.2亩，在郭家桥乡、金银滩镇、吴忠林场、扁担沟镇种植。

【耕地保护】

利通区是吴忠市政治、经济文化中心，所辖8个镇、4个乡，106个行政村、28个社区、3个农场（办），总面积1415平方公里，总人口46.08万人，先后获得“国家现代农业示范区”“国家农产品质量安全县”“全国休闲农业与乡村旅游示范县”“全国水资源管理先进县”“全国国土资源节约集约模范县”“国家级现代农业产业园”等多项国家级荣誉称号。近年来，利通区深入学习贯彻习近平总书记关于耕地保护一系列重要论述，全面贯彻落实党的二十大和中央、自治区党委农村工作会议精神，始终站在全方位夯实粮食安全根基和坚守耕地保护红线的政治高度，层层压实耕地保护责任，全面推行耕地保护级“田长制”，严格落实耕地“两个平衡”制度，坚决遏制耕地“非农化”、防止永久基本农田“非粮化”。对于下达的耕地保有量41.92万亩和永久基本农田面积33.578万亩的目标任务，层层签订耕地保护目标责任书，落实目标责任制。积极做好基本农田核实清理和储备区划定工作。完成内业判定、外业举证核查及数据成果上报工作。创新农田水利建设机制和管理模式，完成高标准农田治理23.19万亩。

【设施农用地备案】

4个明确办理备案的工作原则。一是界定设施农用地范围；二是推进设施农业节约集约用地；三是规范设施农用地的使用与备案；四是服务和监督管理，采取“加强培训、加强监管、严格执法”的原则。设施农业是传统农业向现代农业转变升级的重要标志。随着利通区现代农业和土地规模化经营不断发展，设施农用地管理工作中出现了不容忽视的问题，特别是有个别乡镇未经批准，在耕地甚至在基本农田里建设建筑物（构筑物）；有的地方以土地流转为名，违法占用农地搞非农化；有的地方租赁设施农用地，变相搞农地非农化等。这些现象如不加强管理规范，不仅影响设施农业健康发展，而且诱发农用地管理失控，将严重冲击耕地红线。截至2020年，设施农用地备案24宗。

【林木检疫】

严格按照检疫程序，加强对调运苗木的检疫和复检，截至2020年，共办理植物检疫证726件，现场检疫新疆杨、旱柳、垂柳、侧柏、月季等各类苗木花卉苗木518.86万株，其中，植物产地检疫证262件，省内调运检疫证338件，省外调运检疫证126件。在春季植树造林期间，严格落实“一车一证”和“三证一签”规定，共复检各类苗木184.46万株，其中，常青树1.9万株，乔木类苗木21.91万株，花灌木160.65万株。

【生物防治】

按照“早发现、早防治”的原则，加强生物防治、物理防治等无公害防治技术为主的综合防治措施，不断提高防治效果，降低虫口密度。截至2020共发放吡虫啉乳油、阿维菌素等药剂222千克，督促指导扁担沟、金银滩、郭家桥等乡镇进行注干类害虫打孔注药防治2万株；在金积、高闸、古城等乡镇完成绑扎捕虫网防治臭椿沟眶象2.2万株；在金银滩镇和吴忠海越农业有限公司安装苹果蠹蛾诱捕器3000个，更换吴忠林场和古城镇诱芯3500个。

【村庄规划】

按照自治区自然资源厅要求，于2020年8月份启动了利通区村庄规划编制工作。截至9月底，10个村庄规划编制项目已按程序完成招标手续，中标作业单位正在驻村进行编制资料的收集整理工作，外业调查工作也在顺利推进，11月底提交村庄规划编制初步成果。

【林地“一张图”】

组织2020年森林督查和森林资源“一张图”作业单位招标会，制定工作方案，开展2020年森林督查63块外业图斑验证工作；到滨河大道等地段核对国家级公益林边界，并准备调整文件；多次迎接了自治区林业勘查设计研究院检查利通区森林督查图斑工作；到孙家滩对接往年森林督查案件查处工作；到自治区林业和草原局资源处对接利通区森林督查工作。

【自然资源监管】

采伐树木共5527株、3482.76立方米，移植2555株，清理死树3539株，办理林地使用许可8起。依法查处非法繁殖驯养野生动物案件5起；查处擅自改变林地用途案件1起，违法占用林地面积1739.04平方米；查处毁坏树木案件3起；查处乱砍滥伐林木案件1起；核查5个违法使用林地图斑变更，对辖区内野生动物驯养繁育、销售情况进行了实地督查。严厉打击放牧、乱采、乱挖、乱垦等破坏林草违法行为。截至2020年9月底，共巡查53次，联合执法9次，处理违法案件12起，处罚偷牧人员12人、扣押偷牧羊只29只、拆除羊圈24处。严格执行森林草原防火工作制，并建设防火物资储备库。严密监测地质灾害、鸟类的迁徙和活动，做好预测和预警工作。严格按照检疫程序，加强对调运苗木的检疫和复检，截至9月底，共办理植物检疫证726本，检疫各类苗木花卉苗木518.86万株，复检各类苗木184.46万株。

【湿地管理】

开展湿地保护宣传工作，结合森林草原防火、禁牧封育等工作，充分利用“湿地日”“科技三下乡”等重大宣传活动，开展湿地野生动植物、湿地生态环境保护、湿地林区防火等宣传。开展湿地保护工作，定期对利通区确权的湿地进行巡查。2020年4月联合水务局和各乡镇对全区湿地进行排查，未发现破坏湿地资源的违法犯罪行为。完成湿地增补工作。完成对全区34个湿地调查单元（其中含2017年从灵武调整过来未公示登簿的7个湿地单元合计面积646.2903公顷，此次新增补27个湿地单元合计面积470.8619公顷）的外业调查、权证收集、资料整理审核、公示、登簿等工作。经过此次增补，现利通区湿地总面积为4248.7551公顷。

【草原生态修复】

利通区草原分布在扁担沟镇五里坡地区和孙家滩地区，地处山川接合部的中部干旱带，年降水量不足200毫米，是典型的温性荒漠草原；草原综合植被覆盖度在50%~54%，天然草原植被以灌木和草本为主，生长的优势植物有一年生草本和多年生草本、灌低矮灌木，计60个科152个属258个种。禾本科的优势植物蒙古冰草、隐子草、白草、短花针茅、冠芒草、虎尾草等；豆科的优势植物苦豆子、荒漠锦鸡儿、柠条、单叶黄芪、乳白花黄芪、达乌力胡枝子、牛枝子等；萝藦科的地梢瓜、老瓜头、鹅绒藤等。低矮灌木有：沙冬青、霸王、珍珠、红砂、沙蒿、刺旋花、猫头刺等。高大草本有芨芨草。根据第三次国土调查成果，利通区草原总面积为45.57万亩，其中，天然草原面积为39.16万亩、人工草原面积为1.32万亩、其他草地面积为5.09万亩。第一，草原生态修复治理工作开展情况。按照自治区“美丽新宁夏”和“黄河流域生态保护和高质量发展先行区”的建设目标，结合项目利通区草原现状，遵循“自然恢复为主、人工辅助改良”的修复原则，积极探索“退、保、复”和“建、养、管”相结合的多元化修复模式，林草结合、禁牧和轮牧结合、多管齐下、综合治理。通过退化草原生态修复治理、草原有害生物防治等措施。逐步提升草原综合植被盖度，有效遏制草原退化、沙化趋势，促进天然草原良性循环，构筑绿色生态安全屏障，增强抵御自然灾害的能力，为利通区乡村振兴奠定坚实的生态基础，让良好的生态环境成为经济社会健康发展的有力支撑。先后高质量高标准完成了多项草原生态保护项目。1. 适地适草保护原生境优势群落植被，因地制宜采取围栏封育 + 补播草种模式和工程固沙 + 点播草种进行退化草原生态治理1.5万亩，并划定草原轮牧区划1.5万亩在草原轮牧区划外围设置草原围栏3万米，进行草原自然修复。通过牲畜的踩踏和啃食，对草原土壤表皮进行干扰，促进草种萌发和草原自然生态修复，先后投资达到600余万元。2. 按照“预防为主，科学防控，依法治理，促进健康”的原则，采用制作招鹰架等草原鼠害防治措施将鼠害种群密度控制在项目区生境可允许范围内。累计制作招鹰架53个，主要分布在白碱坑和肉牛二期，鼠害防治面积累计达到2.5万亩占发生区域的面积的95% 以上，逐步建立健康稳定的草原生态系统。第二，近年来草原资源监测开展情况。为科学、客观、准确监测利通区草原资源自然生长状况，及时对草原退化、沙化、盐渍化、自然灾害做出预警和采取应对措施，2017年以来每年在牧草生长旺季对五里坡草原在牧草生长旺季地，组织开展草原生产力和草原综合植被盖度监测。采用标准样地测算的方法获得植被种类、草地类型、产草量、盖度和生态状况等样本信息，全面掌握利通区草原综合植被覆盖度、草原现状，为草原保护和合理利用提供数据支撑。2017年监测核定利通区草原综合植被覆盖度为52.20%；2018年监测核定利通区草原综合植被覆盖度为52.02%；2019年监测核定利通区草原综合植被覆盖度为52.71%；2020年监测核定利通区草原综合植被覆盖度为52.73%；监测核定利通区草原综合植被覆盖度为51.66%。（从2017年至2020年，利通区草原综合植被覆盖度从51.66% 增至52.73%）。第三，草原依法合理利用开展情况。近年来依法征占用草原的宣传力度进一步加强。为了提高社会各界依法征占用草原的意识，保护草原资源，利用草原普法宣传月积极开展宣传工作，尤其是加大了对奶牛、肉牛养殖企业和光伏发电企业的宣传力度，敦促各有关企业依法履行草原征占用审核审批手续，并在中心广场、乡镇集市上举办草原法律法规知识宣传、宣讲活动。打击违法征占用草原的力度进一步加大。针对当前违法征占用草原比较突出的现状，协调综合执法局加大联合执法力度，严厉查处和打击违法征占用草原的不法行为，查处扁担沟镇南梁村马某、郭某等人违法开垦草原1起，面积370亩，毛某等3人违法买卖草原行为。对不规范征占用草原的用地单位采取强行停工措施，共计下发停工通知书47份，及时有效地制止了乱占和不规范使用草原的行为。草原征占用审核审批程序进一步规范。先后完成孙家滩鸽堂沟奶牛养殖场、国网电力等30余家企业依法征占用草原的手续；并按照三厅发布解决草原征占用历史遗留问题的文件精神，摸底利通区2012年以来使用草原的企业50余家上报自治区林业和草原局进行备案。

【草原征占用】

一是在自治区草原工作站的指导下，11月份已完成孙家滩鸽堂沟6个奶牛生态牧场草原征占用手续，并上报自治区林业和草原局进行审核审批。二是督促国电电力、中核电力和三峡电力三家公司完善草原征占用手续，待手续齐备，上报自治区林业和草原局进行审核审批。

【森林草原防火】

充分利用电视、网络、微信等宣传平台，采取多种形式，广泛开展宣传教育活动。在“春节”“清明”“五一”期间，在吴忠电视台播放森林草原防火宣传字幕10天，共6000次，向群众发送防火短信35万条，在重点防火区域悬挂宣传横幅110条，制作抽纸、纸杯、手提袋、围裙等防火宣传品5万余份，营造了浓厚的森林防火宣传氛围。在“清明”“五一”期间，自然资源局和应急管理局联合成立防火督查检查工作组，对各乡镇实行大排查，发现隐患点12个，整改完成12个。开展防火实战演练。11月26日，联合市局在扁担沟镇联合开展森林草原防火业务知识培训暨实战演练。市、区应急管理局，吴忠国家农业科技园区管委会，巴浪湖农场，市公安局森林公安局，市城市管理局，利通区卫生健康局，市消防支队利通区大队，利通区各乡镇、林场和各林业站长、护林员，11家林木管护单位法人代表参加了培训、演练。参加培训和演练的人员共有206人，其中护林员有131人。演练出动消防车2辆、森林警车1辆、医疗救护车1辆

【禁牧封育】

积极组织参加科技文化卫生“三下乡”活动、发放宣传抽纸、纸杯等宣传资料，广泛宣传实施禁牧封育工作的重大意义及政策规定。共组织干部深入各村、组及农贸集市开展禁牧宣传10场（次），发放宣传材料2000多份；在重点地段竖立界碑、界桩等醒目标志，共制作户外大型警示牌4块、小型警示牌15块，悬挂横幅24条。

气象工作

【概况】

利通区气象局与吴忠市气象科技服务中心实行一套机构两块牌子，由吴忠市气象局和利通区政府双重领导，并建立双重计划财政体制。利通区气

象局共有人员5名，其中高级职称3人，中级技术职称1人，初级职称1人。2020年利通区气象局对本行政区域内气象事业发展规划和气象活动进行了指导、监督及行业管理，组织实施了气象监测、预报预警信息传递，为利通区政府及相关部门防御气象灾害提供了科学决策依据。

【气候特点】

2020年，利通区年平均气温11.4℃，极端最高气温为37.1℃，最低气温为-19.2℃；年降水量230.7毫米；日照时数为2763.4小时；平均风速为1.7米/秒；最大冻土深度48厘米。

【气象灾害】

2020年利通区主要灾害有大风、干旱、暴雨、雪灾、冰雹、雷电、沙尘暴、高温、低温等天气。2020年主要是大风、低温、沙尘暴、干旱、暴雨比较严重给利通区造成不同程度的经济损失。2020年4月22日至24日利通区出现了持续性霜冻天气，过程强度强、持续时间长、影响范围广，对经济林果、露地瓜菜等作物造成了较严重危害。此次霜冻天气过程强度为有气象记录以来仅次于1977年同期（1977年4月17日至19日），持续时间为有气象记录以来历史同期第2位。2020年8月10日夜间到12日中午利通区出现了明显降水天气，利通区北部部分乡镇达暴雨量级，最大小时雨强出现在郭家桥乡山水沟村为43.2毫米/小时。2020年5月为保障利通区经济社会发展提供更加精准预报、精细服务申请政府资金将上桥镇罗渠村、金积镇大庙桥村的2要素（气温、降水）自动气象站升级为6要素（气温、湿度、气压、风向、风速、降水）自动气象站。

【气象灾害预警服务】

重大气象灾害预报预警服务：利通区预报预警服务由吴忠市气象台承担，利通区气象局没有独立发布预警的权限；2020年对利通区气象灾害预警服务对象信息进行更新和备案、面向新型农业经营主体直通式气象服务对象信息更新备案，实现了气象灾害预警信息全区覆盖。2020年开始健全以气象灾害预警为先导的部门应急联动机制。联合应急管理局、水务局形成了“多员合一”，每年联合组织各类灾害防御知识培训，提高了城乡居民、新型农业经营主体等气象防灾、减灾、救灾意识及灾害防御措施。

【农业气象服务】

服务保障粮食安全。开展农业气候资源普查和区划工作，建立农业气象灾害风险预警指标，聚焦水稻、小麦、大豆—玉米带状复合种植、油料作物和种业调研，完善修订精细化周年气象服务方案，开展伴随式气象服务保障，切实保障粮食安全。2020年提供决策气象服务专报35期；助力乡村全面振兴。2020年紧贴利通区优势特色产业气象服务需求，制定周年气象服务方案，紧盯关键农时、农事节点，以“保姆式”“伴随式”气象服务保障利通区农业生产，加强与农业农村局对接，全面开展特色产业气象保障服务。

【生态保障服务】

2020年加强空中云水资源开发利用，抓住有利天气过程，大力实施人工增雨（雪）、防雹作业，为缓解旱情，促进生态恢复提供有效保障。

【气象站点建设】

利通区辖区内建有国家基本观测站1个（吴忠国家基本气象站），区站号：53612，经度106°10'39"E、纬度37°59'09"N、观测场海拔高度1127.2米，始建于1959年6月1

日，1960年1月1日正式运行，地址为吴忠县红旗公社秦桥四队。由于城市布局历史原因和旧城改造需要，吴忠国家基本气象站现址探测环境保护难度极大。

【安全生产管理】

利通区气象局无安全监管职责，依托吴忠市气象局对利通区辖区内易燃易爆和危险化学品企业进行防雷安全隐患专项检查，确保消除安全隐患。

【助力精准脱贫】

加强暴雨、霜冻、冰雹等灾害性天气监测预报预警服务工作，实行24小时值班制度，遇有灾害性天气时，第一时间向政府领导、相关部门负责人短信电话服务，详细报告灾害性天气发生时间、区域及可能产生的影响。严格执行电话叫应服务规定，细化叫应流程，强化面向政府决策指挥和应急管理的支撑保障能力。

城乡建设

【概况】

吴忠市利通区住房城乡建设和交通局（以下简称区住建局）于2009年12月设立，2019年机构改革后，更名为吴忠市利通区住房城乡建设和交通局，机构改革后加挂人防办牌子，设办公室、住建办、交通办、物业办、拆迁办5个科室，行政人员7名、事业人员16名。2020年在利通区委、区政府的坚强领导下，圆满完成了党建、危房、抗震宜居农房改造、老旧小区改造、重点小城镇、美丽宜居村庄建设、农村公路建设、安全生产隐患排查治理、征地拆迁、空心房拆除、物业管理、疫情防控等工作。

【党建工作】

以落实“三强九严”工程制度为抓手，强化党组织规范化建设提质增效。认真落实党组织主体责任、书记“第一责任”和班子成员“一岗双责”，研究制定问题清单、任务清单和责任清单。严格按照《中国共产党章程》规定和机关工委工作要求，从严发展培养积极分子1名，发展预备党员2名，持续优化党员队伍结构。按季度对党员教育积分情况进行公示，确保党员教育管理“积分制”工作取得实效。深入开展“大学习”活动，组织专题党课4次，观看红色电影6次，干部例会23次，主题党日活动12次，进企业宣讲3次。不断提高党员党性修养，把握正确政治方向，提高政治能力，增强“四个意识”、坚定“四个自信”、做到“两个维护”。根据区委政府相关安排部署，指定专人担任网络新闻发言人、网络管理员、网络评论员、网络信息员，严格按照网络舆情应对机制，落实主体责任。开通微信公众号、微博账号，严格落实“三审三校”制度，做到每周至少一更新、一推送。

城乡建设

【危房改造】

围绕脱贫攻坚任务，深入贯彻落实习近平总书记在决战决胜脱贫攻坚座谈会上的重要讲话精神，全面聚焦“两不愁三保障”突出问题，扎实开展脱贫攻坚“回头看”和“四查四补”工作，全面开展问题摸排和查找短板弱项，全力以赴落实危房改造问题清零，确保高质量打赢脱贫攻坚战。经第三方对利通区农村房屋安全性等级鉴定，2020年，全区农村危房存量为10988户（C级危房存量7574户，D级危房存量3414户），占农村实际房屋的33.65%。牵头负责，各乡镇坚持实事求是、因地制宜原则，分类推进改造。采取“六个一批”的方式，因户施策，加快解决贫困群众住房安全问题。全区完成建档立卡贫困户住房安全有保障信息核验工作1828户，核验率100%。纳入自治区2020年危房改造计划的122户四类重点户（D级新建107户、维修加固15户）已通过了住建厅专家组的实地评估验收，竣工率100%，累计完成四类重点户危房改造359户。

【老旧小区改造】

2020年，利通区认真贯彻落实自治区、吴忠市有关工作部署，以创建全国文明城市为契机，坚持以保障民生为核心，立足于胜利镇、金星镇及金积镇老旧小区水电暖设施标准低、路面破损严重、楼道墙壁大面积脱落等实际情况存在安全隐患，科学编制《2020年老旧小区改造规划》，积极争取国家关于推进城市老旧小区改造项目的资金，进一步加大老旧小区提升改造力度，真正将老旧小区改造这一惠民工程办好办实。施工前会同胜利镇、金星镇、金积镇对公共设施落后的住宅老旧小区进行了全面的摸底调查，因地制宜，坚持一切从实际出发，科学制定了《利通区2020年老旧小区改造实施方案》，共改造33个城镇老旧小区，完成120栋楼38.2万平方米改造任务，使4737户群众直接受益，总投资1.4亿元。主要改造内容为拆除部分老旧小区院内废旧且存在安全隐患的煤房杂房；铺设供热管道、排水管、供水管道、电缆套管、电缆、光纤套管；砌筑排水检查井、消火栓井、供热阀门井等，并配套建设安装化粪池等。

【美丽村庄建设】

深入贯彻落实乡村振兴战略和生态立区战略，以“科学规划布局美、村容整治环境美、发展产业生活美、乡风文明风尚美”为目标，打造宜居、宜业、宜游、宜养的更美乡村。今年更是注重在发展产业、提升人居环境、提高质量、管理长效上下功夫，年初争取获批白寺滩大青葡萄特色产业村、新华桥一二三产业融合特色产业村、李桥万亩富硒蔬菜特色产业村以及新渠村、刘湾村等7个美丽乡村项目，完成投资2511万元，开展了村庄绿化、道路硬化、沟渠治理、围墙修缮、停车位铺设、文化广场建设等工程，进一步强化了农村基础设施建设，提升了群众居住环境和生活质量。

【乡村公路建设】

按照区委、区政府“全面、协调、可持续发展”的建设要求，深入开展农村公路调研，在合理规划、强化协调的基础上，着力构建内畅外联、布局合理、结构优化的农村公路网络体系，充分做好“交通＋美丽乡村”“交通＋脱贫攻坚”“交通＋产业”“交通＋旅游”等农村公路工程建设，不断释放交通综合效益。同时，进一步严格技术标准，严把质量关口，加强施工的指导和管理，投资300万元实施了五里坡奶牛四期、肉牛二期产业园区砂砾石道路10公里，赵家沟苦水河过水桥面310米，确保了利通区奶牛、肉牛产业基地按时开工建设。共完成农村公路建设37公里，其中，重点完成了交通运输厅批复的农村道路建设项目14.3公里，续建扁担沟镇吴家沟村、石家窑村、南梁村等建档立卡贫困村巷道及断头路22.5公里。

建设管理

【安全生产排查】

常态化进行道路安全生产隐患排查，实施了乡村道路安全生命防护工程，安装波形防护栏1500米、增设交通标志牌49套、振荡减速线1400米，完成投资62万元；完成项目储备9个，总计60公里，其中已完成立项批复的6个27.8公里。

【征地拆迁】

强化关切民生热点与痛点，提升城市乡村生活品质，协同推进征地拆迁。紧紧围绕市区重点项目建设全力开展拆迁工作，确保新开重点项目建设顺利进行，全年共完成重点项目拆迁农户162户，签订拆迁安置补偿协议200余户，协调拨付到位各类拆迁补偿资金420万元，保障了文华街项目、利华街南延伸段项目、金积工业园区路捷拌和站项目等重点项目的顺利进行。城市东片区首开区项目已丈量165户，评估企业7家，已拆除农户30户。

【空心房拆除】

为全面推进脱贫攻坚，按照“两不愁三保障”的要求，在区委、政府的大力支持下，将拆除农村“空心房”作为推进美丽乡村建设和改善农村人居环境的重要抓手和有效举措，紧密结合脱贫攻坚危房改造和乡村振兴战略实施方案，组织协调各乡镇开展“空心房”拆除工作，督促施工进度，重点加强拆除后建筑垃圾清理工作，及时复耕复绿，增强“空心房”整治工作成效。共丈量“空心房”520户，拆除407户，已超额完成了年初制定的拆除整治100户的任务。

【物业管理】

按照利通区创城工作会议部署安排，提出的创城为民、创城惠民的原则，不断规范物业管理，积极实行物业企业管理“诚信体系建设”“红色物业”和业主委员会融入社区规范治理，构建联动服务机制，督促各有关乡镇，对辖区内的小56000多棵树木进行修剪，清理脏乱死角650多处，清除生活垃圾235.5吨，铲除乱贴乱画6521处，清理阳台、楼道、绿化带内乱堆、乱放340多处，整治小区机动车和电动车乱停乱放，新划定机动车停车位2000多个，更换、维修、粉刷小区垃圾箱20000个。同时组织全区60多家物业召开利通区物业行业创城誓师暨文明礼仪培训会，对利通区物业经理、客服人员、保安人员共计1000余名进行文明礼仪和创城应知应会知识进行培训，对物业管理干部进行划片包干，全面督促物业公司开展创城工作。

综合管理

综合执法

【概况】

2020年，利通区综合执法局严格履职，贯彻落实区委、区政府重大决策部署。推进市辖区综合执法改革，调整执法事项清单，完成市辖区综合执法改革试点评估。及时有效处置各类违法行为。开展创建全国文明城市综合整治工作，积极维护市辖区环境秩序。开展“强基础、转作风、树形象”专项行动。紧盯疫情防控，发展地摊经济助推复工复产。打好“治油烟、防扬尘、禁焚烧”蓝天保卫战。

【综合执法改革】

利通区综合执法局完成行政执法事项动态调整工作按照《自治区政府部门权力清单指导目录》（2019年版）和职责内容，对照上级部门下放、取消和调整的权力事项，以及法律法规规章废止或新增权力事项等问题，对各部门移交划转的436项执法事项进行了全面梳理，最终动态调整行政执法事项为416项。同时，根据推进农业综合执法改革要求，划转兽医兽药、畜禽屠宰等农业综合执法事项共169项，实现了权力清单调整步调与上级部门的有效衔接。利通区综合执法局2020年办理简易程序案件583件，一般程序案件202件，其中，住建领域20件，自然资源领域52件；生态环保领域23件，市容环境领域107件。坚持为民服务，及时处理民生实事，接听处理电话投诉900余个，接收办理“12345”便民服务平台转来的电子工单663件，办结满意率为99.09%。

【“私搭乱建”清理整治行动】

利通区综合执法局重点排查辖区内场所私自搭建违法建筑物，依法予以拆除清理。2020年，各部门、乡镇排查彩钢房、露天亭台等各类违建物128处，拆除124处，其余4处正在整改中；拆除卫星接收器536个。开展“乱停乱放”清理整治行动。配合市城市管理局、市公安交通管理局开展“见框停车”行动，在城区道路两侧规划停车线；对城区的“僵尸车”、非机动车乱停乱放、非机动车无序充电乱象进行有效清理整治。2020年共清理非机动车1000余辆。开展“小广告”清理整治行动。2020年，督促检查承包公司清除各类“城市牛皮癣”1.7万处，营造了优美的城市环境。开展“环境清洁”整治行动。联合供电、供水、天然气等单位召开示范区现场促进会，对城区影响环境容貌现象实地对照标准现场整改。2020年清理乱堆乱放1150处，垃圾335吨，清理杂乱线路825处，小区停车位划线935个。开展侵占绿地专项整治行动。集中清理重点住宅小区占用公共绿地种植蔬菜、堆放杂物和搭建临时建筑物等违规改变公共绿地用途行为。向侵占绿地行为人下达“限期整改通知书”11份，整治侵占绿地共计249处，恢复绿地面积10338平米。

【地摊经济】

吴忠市利通区综合执法局牵头起草《利通区落实疫情防控期间活跃“地摊经济”助力复工复产的工作实施方案》，发展“地摊经济”，增设便民安置临时摊点56处，摊位487个，进一步规范现有黎明晚市、永昌社区旧货市场、朝阳步行街百货夜市、城中便民早市4处早晚市现有1500个摊位管理，新增早晚市摊位420个，吸纳周边1200余人就业。在部分街、路分区域施划店外临时经营区域，允许临街商家在门店外整齐摆放经营商品、就餐座席，设置出店经营17处390家，增加经济活力，营造复工复产良好氛围。

市场监督管理

【概况】

2020年，吴忠市市场监督管理局利通区分局（以下简称区市场监管局）全局（含事业单位）共有编制107名（行政编制92名，事业编制15名），实有人员103名（行政编制92名，事业编制11名），其中：科级干部12名，少数民族干部职工58名，占人员总数的56.31%；女干部职工42名，占人员总数的40.78%；35岁以下29人，占人员总数的28.16%；35岁至50岁37人，占人员总数的35.92%；50岁以上37人，占人员总数的35.92%；大学及以上学历63人，占人员总数的61.17%。在职中共党员62名，占人员总数的60.19%。2020年在区委、区政府的正确领导和全局干部的努力下，区市场监督管理局加强疫情防控工作，强化“三个安全”全力保障市场监管各项工作，以加强和改进干部职工思想政治工作为根本，以优化营商环境为主线，以三个安全战略为重点，以实施质量强国战略为重心，以落实知识产权战略为要务，切实抓好市场监管各项工作，不断开创市场监管新局面。

【商事制度改革】

2020年，利通区市场监管局全面落实负面清单制，推动非禁即入普遍落实。落实“证照分离”“多证合一”改革，整合和取消一批登记、备案事项，将属于信息采集、记载公示、管理备查类的事项，通过“多证合一”改革整合到营业执照上，共发放“多证合一”营业执照4万份。扩大电子营业执照适用面，简化登记环节，通过全程电子化系统办理业务1872件，上传电子营业执照信息27368份。探索“简易登记”，实行“口头申报、当场领照”的免填单登记新模式，个体工商户登记注册只需提交身份证即可现场办照、当场发照。积极推行告知承诺，对办理营业执照履行“双告知”职责，实行商事主体照后告知和后续监管部门照后告知。在办理登记时，对需要办理行政许可的企业，要求其签署承诺书，承诺在取得营业执照后，按规定到相关部门办理行政许可后经营活动即可当场领证。实行豁免登记。对在政府指定的场所和时间，销售农副产品、日常生活用品，或者个人利用自己的技能从事依法无须取得许可的便民劳务活动的个体经营者列入豁免登记的范围。对247户经营户办理小摊点备案卡，并定期进行检查。依托企业注销“一网通”解决企业“注销难”，共办理企业简易注销登记375件，个体工商户依职权注销个体工商户4400户。截至2020年5月底，新设立登记各类市场主体2568户，辖区市场主体总量40928户。

【企业信用公示】

2020年，利通区市场监管局全面推行年报自主申报，以彩页、新媒体等方式向各类市场主体进行宣传，鼓励市场主体积极按时年报，并为不会操作的群众提供义务指导。宣管结合，将两年未年报的市场主体及时列入异常名录，并依托国家企业信用信息公示系统进行公示。通过定期通报的方式压实基层责任，对不愿年报、不知道年报的群众及时沟通，确保辖区市场主体年报公示工作有序推进。截至2020年6月30日，辖区内个人独资企业年报率92.49%，农民专业合作社年报率79.69%，个体工商户年报率达44%。

【企业信用监管】

2020年，利通区市场监管局开展食品经营户风险等级评定工作并按照评定等级开展日常检查，共评定食品经营户1959户，其中A级64户，B级1740户，C级26户，D级129户。推行“双随机、一公开”监管方式，制定下发《关于开展2020年度“双随机、一公开”抽查工作的通知》，明确抽查事项、抽查方法、责任部门及抽查任务。抽查任务涵盖公示信息检查、明码标价等行为抽查、清理规范转供电环节收费、电子商务经营行为监督检查、农资市场专项检查、食品质量检查等19个方面。组织开展部门内部“双随机、一公开”抽查28次，跨部门“双随机、一公开”抽查4次。抽查范围涵盖培训机构、餐饮、特种作业、农资及投资类企业、劳动合同、企业信息公示、价格、食品、商标等各个领域。

【规范市场秩序】

2020年，利通区市场监管局立足市场监督管理职能，对照任务分工，厘清工作任务，列出任务清单，提前做好资料的收集整理。充分发挥市场整治工作组牵头作用，指导成员单位开展市场环境整治工作，强化宣传力度，做好沿街商户、商场、超市以及农贸市场的氛围营造工作。开展打假治劣专项行动，严把进货关，防止假冒伪劣商品流入市场。继续健全市场管理制度，落实市场管理责任，对农贸市场周边进行集中整治，营造良好的农贸市场及周边环境秩序。加强线上、线下一体化监管，集中治理虚假宣传、违规促销等问题。加强网络交易监测，督促企业落实网络平台主体责任。

【品牌战略】

2020年，利通区市场监管局贯彻落实《中共中央、国务院办公厅关于强化知识产权保护的意见》。将专利、商标、企业名称注册和知识产权保护、打击侵权与假冒结合起来，形成协同联动查处格局。充分发挥打击侵犯知识产权和制售假冒伪劣商品工作领导小组牵头作用，加大打击假冒伪劣执法力度，对于发现的擅自使用、假冒、伪造地理标志专用标志或侵权假冒地理标志商标的违法行为。同时加大对专利代理机构的监管执法力度，依法查处违法违规代理行为。加强电子商务领域专利侵权判定案件办理，开展线上、线下一体化侵权假冒行为治理工作。强化广告导向监管，完善广告监测机制，加大广告案件查办力度，持续深入开展“三品一械”、医疗、房地产、金融投资理财等重点领域虚假违法广告整治。对辖区内的网站逐一进行排查，依法查处用语不符合规定、影响恶劣、欺骗误导消费者的虚假违法广告。同时在日常监管中加强宣传引导，鼓励社会广泛监督互联网广告秩序，促进互联网行业自律。

【党的建设】

2020年，利通区市场监管局进一步加强党的建设。一是持续强化思想理论武装。深化巩固“不忘初心、牢记使命”主题教育成果，召开理论学习中心组学习会议15次，开展研讨交流16次，班子成员讲党课2次，邀请市委党校副教授上党课1次。充分运用“学习强国”、干部网络教育等平台，实现学习教育全覆盖，切实增强“四个意识”、坚定“四个自信”、做到“两个维护”。成立1个青年干部理论学习小组，教育青年干部强化理论修养，主动担当作为。二是不断夯实基层组织建设。年初制定2020年机关党建工作要点、党风廉政建设工作要点、抓基层党建“四个清单”等，召开市场监管暨党风廉政建设工作会、基层党建述职评议考核会等，切实做到把党风廉政建设工作与市场监管业务工作同研究、同部署、同落实、同检查、同考核。督促指导1个党支部按期换届选举，扎实做好7名预备党员按期转正、接收2名预备党员等发展党员工作。建立在职党员与退休党员结对帮扶制度，帮助退休党员学习教育、组织生活、解决实际困难。开展在职党员“双报到、双服务”，推动社区共建共治。成立临时党支部1个及党员先锋岗，全局党员干部英勇奋战在“三个安全”监管、处理消费诉求、稳定防疫物品和民生商品价格、维护市场经营秩序等防疫创城一线，充分发挥党支部战斗堡垒和党员先锋模范作用。三是深入推进全面从严治党。组织中层领导干部赴吴忠市党风廉政教育基地参加利通区“廉政警示教育周”活动，组织各支部开展廉政警示教育主题党日活动，观看警示教育片《忏悔录之拒腐防变》《国家监察》，促进党员干部遵规守纪意识不断增强。积极支持市纪委监委派驻第九纪检监察组、利通区纪委履行监督责任，聚焦食品药品安全等民生领域侵害群众利益问题，全年开展各类专项整治行动32次，完成抽检任务1556批次，检查生产经营主体3.8万余家次，下发责令改正通知书326份，查处各类违法案件35件，收缴罚没款45.9万余元，不断增强人民群众获得感幸福感安全感。

【食品药品安全监管】

2020年，利通区市场监管局严格落实食药安全党政同责。区委常委会和政府常务会议专题听取食品药品安全工作汇报。自治区、吴忠市、利通区各级领导开展调研、督查16次。食品安全委员会各成员单位开展联合执法35次，形成了保障食品药品安全监管工作的合力。加强疫情期间食药安全监管。督促指导2500余家食品药品销售单位科学开展防控工作，2600余家餐饮经营单位全部关停歇业，累计退订各类订餐2845桌。向零售药店发放“价格提醒告诫书”289份，累计推送购买药品人员及发热人员信息58954条。抽检12类重点食品

110批次，快速检测食品、食用农产品9200余批次，当场行政处罚4000元。针对新冠疫情形势变化，排查各类冷库78个，冷冻冷藏肉品611.76吨，配合疾控中心采集食品样品、从业人员、环境样品768份进行核酸检测，检测结果均为阴性。严防严控食药安全风险。积极响应促进“地摊经济”发展号召，将“牛家坊美食一条街”“夜姝巷夜市”纳入日常监管范围，包容审慎、柔性执法。全力推行食品销售经营风险分级监管工作，已评定食品销售经营单位1959家，并将评定结果在经营场所进行公示。持续推进量化分级与“明厨亮灶”工作，明厨亮灶率达96.8%。认真做好宁夏药品智慧监管平台应用，录入日常监管、检验检测等信息1005条。开展“阳光药店”工程建设试点工作，遴选上报拟建设试点52家。开展校园食堂及周边、食盐质量、网络订餐食品安全、中药饮片质量等各类食品药品安全专项整治32次，约谈4家网络订餐第三方平台4次，检查各类食品药品生产经营主体3.2万余家次，下发责令改正通知书326份，暂扣、没收未经检验检疫牛肉223.9千克，查办食品药品案件17起，入库罚没款28.6万元。强化食药安全抽检。完成瓜菜定性、定量检测746批次，合格率99.86%；抽检生鲜乳、畜禽产品、兽药838批次，合格率100%。完成各类食品药品（医疗器械、化妆品）抽检任务956批次，完成自治区食品安全快速检测任务4829批次。评价上报药品不良反应监测报告377份，药物滥用监测调查表88份。充分发挥基层快检室及快检车作用，采购26.6万元的快速检测仪器及试剂，确保食品、保健食品快速检测工作常态化开展，累计快速检测50700批次。

【特种设备安全监察】

2020年，利通区市场监管局共注册在用气瓶72955支，其中，液化石油气钢瓶31800支、车载天然气气瓶37948支、工业气瓶3207支；现有气瓶充装和气瓶检验单位24家，其中车载气瓶充装单位19家（LNG、CNG 加气站）、液化石油气充装单位2家、工业气瓶充装单位1家、气瓶检验检测单位1家。车载气瓶、液化气气瓶已安装使用了电子标签管理系统和充装质量追溯系统，不符合安全技术规范的气瓶无法充装使用，使用登记、年度检验、报废注销、作业人员持证上岗、应急救援和演练、安全教育培训等制度落实较好，充装行为比较规范。2020年，对气瓶充装单位的现场检查实现了全覆盖，共组织开展充装单位检查、危化品企业检查、气瓶安全检查及联合开展用气安全检查29次，涉及车载气瓶加气站、燃气储备充装单位、工业气体充装单位、气瓶检验单位24家，共发出监察指令书9份，监督整改各类安全隐患53条。利通区近3年内未发生气瓶安全责任事故。

应急管理

【概况】

利通区应急管理局（以下简称区应急管理局）成立于2019年2月，为利通区人民政府工作部门，正科级，下设利通区应急管理综合执法大队（副科级事业单位），加挂利通区应急管理保障中心牌子。核定行政编制6名，核定事业编制18名，现有在编在岗人员共24名，取得执法资格人员14人。局党委下设一个机关党支部，现有党员12名。在区委、区政府的坚强领导下和上级业务部门关心指导下，聚焦重点工作和改革任务持续发力，努力开创应急管理工作新局面。强化党组织建设。积极探索党建与应急管理工作的深度融合，扎实开展“严细深实勤俭廉＋快”工作作风提升行动。三年来培养入党积极分子3名，提交入党申请书2人。荣获2020年度自治区安全生产工作先进集体称号，创建三星级机关党支部。强化安全生产专项整治。坚持源头治理，以安全生产专项整治三年行动为抓手，深入开展危险化学品集中治理、工贸行业安全生产百日专项整治等工作，一大批安全隐患得到了彻底整改，62家企业创建通过安全生产标准化，亿元GDP生产安全事故死亡率连续四年控制在自治区下达指标以内，辖区安全生产形势持续稳定。全力推进“互联网＋执法”“互联网＋监管”，累计立案36起，罚款170.9万元。强化应急管理基层基础。建立完善了“1+1+4”应急管理指挥体系和事故灾难和自然灾害分级应对制度，全区12个乡镇成立了应急管理办公室，各村（社区）配备了安全生产网格员，打通了应急管理“最后一公里”。开展全国自然灾害普查，建立数据库，重新修编全区1+32应急预案，建立利通区安全生产和应急管理专家库，投资760万元储备各类应急救援物资，组建了24支1643人专业化、社会化的应急救援队伍。投资130万元的应急救援指挥通信系统建成使用，创建全国防灾减灾示范社区16个，建设安全文化示范公园1个，应急管理基础设施建设进一步完善。

【重点行业专项整治】

2020年，区应急管理局扎实推进安全生产专项整治三年行动，紧盯危险化学品、消防、校园、水利行业、农业农村、商贸流通等11个重点行业领域安全隐患排查整治。集中开展彩钢板建筑专项整治行动，重点排查商场超市、农贸市场、公共娱乐场所、大型商业综合体、工业园区、供港蔬菜基地等区域违规搭建彩钢板火灾隐患问题，先后累计检查各类场所1509家（次），排查整改各类隐患1770条。扎实开展特种设备安全专项整治，全面摸排辖区92家企业特种设备生产、使用情况，排除气瓶验装、娱乐设施、商场电梯等特种设备安全隐患267处。

【安全生产行政执法】

2020年，区应急管理局先后就特种设备使用、危险化学品企业管理、消防火灾隐患问题召开约谈会次，停业整顿3家，临时查封19家，行政处罚57家33万元。

【安全生产责任落实】

2020年在区政府常务会议、专题会议16次认真学习领会习近平总书记重要指示批示精神，将安全生产工作纳入年度效能目标考核，考核结果纳入各乡镇、各部门领导班子和领导干部工作绩效考核，建立了安全生产履职述责制度，实行安全生产“一票否决”制度。完善了《安全生产全面量化管理体系》，将全区各相关部门安全生产监管职能职责中能够量化控制的目标和内容全部予以细化分解，基本涵盖当前安全生产监管全部工作。各企业负责人严格履行第一责任人职责，企业负责人、安全管理员持证上岗率达到95%以上。各企业严格落实“三级教育”制度，对危险有害因素、重大危险源登记建档，设立警示牌，进一步提升岗位操作人员风险意识和自我防护能力。

【防灾减灾】

2020年，区应急管理局先后4次重点对利通区双吉沟扬水渡槽西侧过水路面、磨子墩沟穿汉渠涵口及苦水河郭家桥乡段等防汛重点隐患进行现场排查并制定治理方案，相关隐患点已整治销号。建立由乡、村（社区）干部和网格员193人组成的利通区灾害信息员队伍，彻底解决灾害预警信息传递“最后一公里”瓶颈问题。积极开展2020年全国综合减灾示范社区创建活动，将古城镇怡园社区创建成为自治区综合减灾示范区。

【应急保障】

2020年，区应急管理局统筹消防救援站整体布局，投资1400万元新建东吴消防站，投资60万元新购置应急救援物资、装备887套（件）。新建市政消火栓15个，在市区安装灭烟器600组，在住宅小区安装充电桩2500组，建成微型消防站140个，为133个规模小区配置消防灭火器7024支。投资1.1亿元，对清水沟、沙沟、双吉沟等15处隐患进行了工程治理，新建抗旱水源地2处，新增视频监测站点10处。

【应急救援】

2020年，区应急管理局强化应急管理指挥部作用，修订印发了“1+35”应急预案，依托吴忠市新南天然气有限公司、宁夏宝庆能源等企业组建应急救援队伍2支56人，组织开展应急预案演练活动140次。严格落实24小时值班和领导干部带班制度，下达履职预警通知书29份，切实提高了事故防范和现场应急处置能力。

【宣传教育】

2020年，区应急管理局积极组织开展安全宣传教育“五进”活动，联合“多彩利通”公众号，将电动车防火知识辐射到村（社区），同时印制、发放宣传画册35000多份，发放警示光盘200余张，制作悬挂横幅45条，不断增强居民消防安全意识。举办安全生产标准化对标对表创建工程培训班2期、“百千万”培训工程1期，共370余人参加。举办安全生产咨询日，广泛宣传和普及防灾减灾知识，发放宣传资料2万多本，增强了居民的防灾意识，营造出社区参与应急管理防灾、减灾的良好氛围。

消防救援

【队伍建设】

2020年利通区消防队深入学习习近平新时代中国特色社会主义思想，严格“两严两准”标准，坚持举旗铸魂，筑牢队伍发展根基。扎实推进创建全国文明城市、安全发展城市和县域社会治理现代化试点等重点，深入开展火灾防控和夯实公共消防基础工作，大力提升综合性消防救援能力，消防安全环境持续优化，全区火灾形势保持稳定的良好态势。2020年获得市级“青年文明号”称号。

【消防监督执法】

利通区消防救援大队以消防安全专项整治三年行动、夏季消防大检查、冬春火灾防控工作等行动为抓手，联合各行业部门先后开展了“消防车通道”“高层建筑”“仓储物流”“老旧场所”“大型商业综合体”“彩钢板房”等专项火灾隐患排查整治活动，召开了全区宾馆饭店、娱乐场所、养老院等系列消防安全标准化管理现场会。检查单位2988家，发现火灾隐患1975处，督促整改隐患1906处，下发责令限期整改通知书1105份，下发行政处罚决定书73份，临时查封19家，责令“三停”5家。

【消防宣传】

开展社会化消防宣传活动350余次，发放各类宣传资料6万余份；组织消防培训240余次，利用户外视频、楼宇电视播放消防提示8000条次，受教育群众达8万余人次。结合“防震减灾日”“安全生产月”“119消防宣传月”等大型宣传活动，扎实开展全年消防宣传教育活动，在牛家坊村设立消防安全科普教育基地。

【灭火及应急救援】

利通区消防救援大队对重点单位编制灭火3D预案，对园区重大危险源编制应急处置预案，规范处置流程。建立高层、地下、远程供水专业编队，开展冬季大练兵、夏季大练兵活动，提升队伍综合能力素质。主动走访公安、应急、地震、气象、电力等防灾、减灾成员单位和各类社会救援力量，建立完善信息共享、协同调度、联合处置机制，提升综合应急救援能力水平。有效利用社会救援资源，对22辆城市洒喷车、洒水车、绿化车实行水带接口类型，纳入灭火供水后援队。2020年，共出警767起，其中火灾扑救416起，抢险救援169起，社会救助37起，公务执勤27起，其他118起，出动车辆1369辆次，出动人员9154人次。抢救被困人员37人，疏散被困人员77人，抢救和保护财产价值9424.11万元，火灾直接财产损失129.78万元。

教育　科技

教　育

【概况】

吴忠市利通区教育局是利通区人民政府工作部门，为正科级，挂利通区政府教育督导室牌子。吴忠市利通区委教育工作领导小组办公室设在区教育局，接受区委教育工作领导小组的直接领导，承担区委教育工作领导小组的具体工作，组织研究教育领域党的建设和思想政治建设政策措施、教育发展规划、重大改革方案，协调督促落实区委教育工作领导小组决定事项、工作部署。2020年，利通区属中小学54所（小学45所，初级中学2所，九年一贯制学校7所），幼儿园55所。在校中小学生共36204人，在园幼儿12258人。教职工3731人（中小学教职工2238人，幼儿园教职工1493人）。2020年通过健全“三航工程”教师培养体系，培养县级骨干教师100名。

【教育资源配置】

2020年累计投资31111.01万元，新建幼儿园、改扩建中小学8所，新增学位5940个。新建利通区金积中心幼儿园，建筑面积6371.3平方米，建设保教楼一栋、门房、绿化、外网工程、附属工程等，概算总投资2578万元。利通区第三幼儿园建设项目，建筑面积4389.7平方米，建设保教楼一栋、门房一栋、绿化、外网工程、附属工程等，概算总投资1924万元。利通区第四幼儿园建设项目，建筑面积6420平方米，建设保教楼一栋、门房一栋、绿化、外网工程、附属工程等，概算总投资2958万元。利通区第十七小学建设项目，建筑面积12519.32平方米，建设教学楼三栋、综合楼一栋、实验楼一栋、阶梯教室一座、室外运动功能设施工程、附属工程等，概算总投资5820万元。利通区第十八小学建设项目，建筑面积9104.54平方米，建设教学楼2栋、综合楼1栋、艺术楼1栋、室外运动功能设施工程、附属工程等，概算总投资3723万元。利通街第二小学综合楼扩建项目，建筑面积4700平方米，建设综合楼一栋、门房一栋、室外运动功能设施工程、室外配套工程等，概算总投资2666万元。利通区第八小学建设项目，建筑面积4745平方米，建设综合楼一栋、公厕、室外运动功能设施工程、室外配套工程等，概算总投资1834万元。利通区第九中学建设项目，建筑面积21158.2平方米，建设教学楼三栋、实验楼一栋、报告厅一栋、综合楼一栋、门房等辅助配套用房工程、配套附属及外网工程、室外运动、功能设施工程。概算总投资8853万元。利通区第九中学地下人防，建筑面积1357.2平方米，建设地下人防工程，概算总投资755.01万元。

【教育质量】

2020年利通区教育局狠抓学科教学质量提升工程，教育教学质量成果丰硕。根据疫情防控的需要，从2020年2月初至11月，共录制、剪辑、播放空中课堂904节，惠及吴忠市义务教育段近6万中小学生，其中44节被评为利通区空中课堂精品课，379节课推荐参加吴忠市空中课堂优秀课例评选，67节课获自治区“信息技术与教学融合创新优秀空中课堂”一等奖、二等奖，实现了科学研判、统筹协调、扎实推进、树立典型、研究问题、落实学情、精准评估的预期目标。成立31个名师（学科）工作室，主持人、核心成员、骨干成员、跟岗成员共507人。3个市域教研共同体，10个县域共同体，14个线上学科联盟，采用线下、线上混合研修的方式，共开展教研共同体活动14次，参与教师663人次，中小学教研员担任各级各类专家评审，线上审课评课623节。利通区教师参加自治区、吴忠市各级各类技能竞赛，共707人次获奖，较上一年上涨40%。35个自治区级课题申报结题，10个教育厅课题分别立项，60个县级课题如期开题。2020年中考，利通区语文、英语、道德与法治、化学、历史等5位老师所任教的5门学科一分两率均居市区第一名。其中道德与法治学科利通区的整体成绩超过市直学校，排在六县市第二名。

【学前教育】

2020年利通区属农村公办园3所、集体办园1所、民办幼儿园42所，普惠性民办幼儿园31个，公办幼儿园在园幼儿占比30.29%，新增普惠性民办幼儿园9所，普惠性幼儿园在园幼儿占比81.3%。印发《利通区普惠性民办幼儿园认定、扶持及管理办法（试行）》，加强对普惠性民办幼儿园的扶持、管理，对原有23所普惠性民办幼儿园进行复查，对自愿提出申请的9所幼儿园进行了评估认定、公示。

【学籍管理】

2020年，利通区教育局规范全国中小学生学籍管理，做好学籍管理日常维护工作。审核初中招生录取1164人，完成2020年一年级新生注册学籍5141人，受理转入、转出学生1580人次，审核休复学126人次，审核各校学生关键数据变更105人次，审核小学、初中毕业共7530人次，定期组织各校核查学生学籍的一致性，确保各校学籍管理工作的规范性。

【教师队伍建设】

2020年针对青年教师重点开展中国特色社会主义理论教育、爱国主义与形势政策教育、职业行为准则与道德规范教育等。制订年度教师集中理论学习培训计划，指导各学校按月开展教师思想政治与师德培训，依托各级党校、外出重点师范院校集中研修和“国培计划”，对中小学思政课教师每学年至少进行一次不少于5日的集中脱产培训，着力加强对马克思主义理论、师德师风、形势与政策的学习教育，并纳入在职培训学时记录。建立教师实践教育制度，确保每年教师参加实践教育活动不少于2次，全面提升教师思想政治素质。科学设置培训内容，实现教师思想政治教育培训全覆盖。选派20名青年教师赴盐同红集中连片地区学校开展支教活动，帮助贫困地区提升教育质量。

【师德师风建设】

2020年建立师德师风“六个一”主题活动制度、学习管理制度、教师师德师风档案、考核制度。制定《吴忠市利通区中小学师德师风考核管理办法（试行）》和《利通区教育局新时代师德师风负面清单》，明确师德行为负面清单，建立日常考评和违规查处机制，切实将师德师风作为教师招聘、晋升、考核、奖惩、推优等工作的首要标准，全面落实师德失范“一票否决”制度。以深入开展“不忘初心、牢记使命”主题教育为契机，以教育法律法规内容为依据，组织教育系统全体教师深入学习习近平新时代中国特色社会主义思想，特别是习近平总书记关于教育的重要论述，努力实现理论学习有收获、思想政治受洗礼、立德树人勇担当、师德师风做表率。立足“红烛”党建品牌，党员教师对照“四有”好老师、“四个引路人”“四个相统一”标准，查找自身差距，明确努力方向，签署师德承诺践诺书，争做教师群体中“为党育人，为国育才”的标兵。

【师资水平提升】

2020年，利通区教育局搭建活动载体，推进转型升级。组建宣讲团，以“讲讲我的教育故事”为主题，定期开展巡回宣讲活动，围绕“互联网+教育”示范区创建，广泛开展“一师一优课、一课一名师”竞赛、信息技术优质课和信息技术视频课网络评选、中小学音乐教师专业技能培训展示活动、中小学体育优质课评比活动、线上校际联动学科教研等各类活动，进一步提升教学质量，营造“比学赶超”的良好氛围。以教师教学技能提升为抓手，指导各学校制定“三字一话一技能”活动方案，定期组织三字一话一技能训练活动，评选结果记入教师立德树人档案，并作为教师评优选先的重要依据。

【困难学生资助】

2020年，利通区教育局对学前教育阶段、义务教育阶段资助精准发放，根据“应助尽助、应补尽补”“一个都不能少”原则，对利通区所属55所幼儿园，1.3万名幼儿进行信息比对，开展义务教育四类家庭经济困难学生资助认定。依据全国学生资助管理系统中央下发名单及自采集佐证材料，比对在校生家庭经济困难学生资助，学前教育阶段资助2872人次，发放资助金184.96万元；义务教育阶段资助5694人次，发放资助金151.525万元。

【思想政治教育】

2020年5月至6月，利通区教研师培和考试中心对利通区思政课教师队伍现状、中小学思政课开设和课时落实及教材使用情况进行调研。制定下发《吴忠市利通区关于深化习近平新时代中国特色社会主义思想进教材、进课堂、进师生头脑工作的实施方案》，各学校结合利通区教育局下发的方案，制定各自学校实施方案。建立学校党组织书记、校长带头抓思政课机制，每学期至少召开1次专题会议研究解决思政课建设突出问题，党组织书记、校长每学期听思政课不少于4次，为学生讲思政课不少于4课时。各学校广泛开展各种思政课创新活动和“三进”活动，“三进”工作取得明显效果，按照大中小思政课一体化要求，组织利通区各小学《道德与法治》教师集体备课，完成小学《道德与法治》课教学设计，并编辑出版。

【立德树人教育】

2020年，印发《2020—2021学年利通区中小学德育工作要点》，开展社会主义核心价值观宣传教育，组织各学校积极创作，传递“教育系统总动员 凝心聚力阻击疫情”正能量。广泛开展“新时代好少年”学习宣传活动，六一期间表彰利通区级第二届“新时代好少年”80名，对评选树立的“新时代好少年”通过主题班会、演讲、故事分享、道德讲堂等途径进行广泛宣传。推进文明校园创建，完成申报利通区第二批18所文明校园的验收。截至2020年，有自治区级文明校园4所，市级文明校园12所，利通区级第一批文明校园17所，拟命名利通区级第二批文明校园12所，利通区文明校园创建率达到80%以上。

【劳动教育】

2020年制定完善《吴忠市利通区全面加强新时代中小学劳动教育的实施意见》，根据《义务教育课程实施方案》，各中小学开齐开足开好劳动教育课，保障劳动教育课堂实效。大力推进劳动教育场所建设，结合各学校实际建设劳动教育专用教室和学校劳动实践基地，配备专兼职劳动课教师。

【学生体质监测】

2020年，各中小学严格落实国家《体育与健康》课程标准，确保义务教育阶段一二年级每周4课时，三至九年级每周3课时。按照学校体育课程开设刚性要求，严禁削减、挤占、挪用体育课时间。每天安排不少于30分钟的大课间活动时间，保证校内每天1小时的体育锻炼时间。体质健康监测35599人，优良率为30.62%，及格率为65.86%。

【教育扶贫】

2020年投入中央和自治区专项资金14718.34万元，区政府配套资金约15639.4万元，新建3所幼儿园、2所小学、1所中学、改扩建2所学校。投入2520万元，实施并完成29所农村学校清洁能源改造工程，对所有农村中心学校基础设施进行改造；投入5100余万元，推进在线互动课堂建设与应用建设，提供主讲设备129套，接收设备34套，实现在线互动课堂建设100%全覆盖，完成金银滩复兴学校等3所学校的2019—2020年义务教育薄弱环节改善与能力提升工作项目（互联网＋教育）建设；招录公费师范生8名，交流37名城乡教师，市区学校来利通区支教18名，任命副校长14名，交流11名；实行学生未按时到校日常监测制度，实现控辍保学“动态清零”，2020年劝返42人（其中，超龄离校学生25人）。严格执行义务教育营养改善计划，为扁担沟中心学校、孙家滩中心学校等9所学校3973名学生配送生态移民区义务教育免费午餐，共支付346.1127万元。采取政府购买服务形式，为3100多名学生提供乘车服务，共支付交通费用270.43万元。

【校园治理】

2020年，利通区委办、政府办联合下发了关于《关于完善校园治理体系提高校园治理能力的实施方案》的通知（利党办发〔2020〕86号）、关于实施利通区校园治理“五大行动”的通知等重要方案，压实各级、各部门工作责任，一是构建了校园治理四个体系建设。构建全面的领导体系，党的引领强劲有力。二是抓好保障体系建设，教育生态保障得力。三是深化评价体系建设，评价导向科学给力。四是加强督导体系建设，工作督进问效强力。

【校园安全管理】

2020年，利通区教育局召开安全工作会议10次，消防检查4次，举办安全培训班1期，食堂食品安全检查10次，校园周边200米交通安全排查4次，增加减速带106道、警示牌49个。学校配齐专职保安142名，在校园门口设置防撞隔离栏、隔离墩，主要路段增设必要的道路交通警示标志和减速设施，开展高峰值班护学岗活动。对辖区学校周边食品检查40余人次，出动执法车辆20余次，清理流动摊点10余个。制定《关于开展校园食品安全工作整改方案》，严格执行食品采购、索票索证、建立台账、食品消毒和留样记录等制度。严格落实《自治区消防安全责任制实施细则》，配足、配齐消防设施器材，配备疏散指示标志、应急照明装置。印发防溺水责任书30000余份，致家长的一封信30000余份，聘请法治副校长15名，开展法治讲座38场次，受教育学生达20000多人。各学校以“5·12防震减灾日”“安全生产月”“防空应急”“11·9”等重大时间节点为契机进行安全应急疏散演练100余次，校园应急演练工作已形成常态化。

【家校共育】

2020年，利通区教育局在青少年活动中心成立家校合作指导中心。于2020年10月、11月先后举办两期家庭教育讲师培训班，共200人参加。遴选一批优秀家庭教育讲师及指导师，联合利通区妇联，共同组建家庭教育巡讲队伍，全年开展家庭教育进学校、进社区、进乡镇巡讲活动40余次。家校合作指导中心对各学校家庭教育、家长委员会、家校协同育人等工作情况的典型经验、鲜活案例、先进事迹进行遴选总结，并向自治区教育厅、自治区妇联网站、宁夏教育电视台、吴忠电视台、《吴忠日报》、“多彩利通”公众号、利通教育等宣传媒介推荐，大力宣传推广利通区家庭教育好经验、好做法，让现代家庭教育理念深入人心。

学校概览

【利通区第三小学】

利通区第三小学是原利通二小南校区，原校始建于1952年。在上级政府的大力支持下，借国家“校安工程”的东风，学校在2011年易地新建。2014年，根据吴忠市《推进市区优质教育资源共享试点实施方案》文件精神，与罗渠小区捆绑发展，实行集团化办学。2019年9月，利通区第三小学独立办学。截至2020年，学校有42个教学班，2130名学生，95名教师，其中党员教师33名，自治区级骨干教师4名，吴忠市级骨干教师7名，利通区级骨干教师14名。学校占地46.4亩，总建筑面积12683.9平方米。学校环境优美，现代化教学设施条件优越，有5个在线课堂教室、1个机器人VR教室，42个班级均安装希沃纳米黑板、智慧电子班牌，全校学生每人配置一张学生智慧卡，是一所吴忠市利通区城镇小学。

不忘初心、牢记使命。在上级部门的正确领导下，坚持以习近平新时代中国特色社会主义思想铸魂育人，秉持“涵养化育，自然天成”的办学理念，构建“三化五育一核心”的育人理念体系，在“为学生成长奠基”的办学目标下，践行“学校管理规范化、德育工作特色化、教学工作专业化、教研工作合作化、科研成果实用化、师生活动多样化、后勤服务优质化，安全管理制度化”的办学思路。紧紧围绕吴忠市利通区教育局工作重点，全面贯彻新时代党的教育方针，凝聚学校党支部“123工作法”领航学校发展，强化了党建引领，落实“双减”政策和五项管理，发挥“互联网＋教育”优势，创新“互联网＋镜子伙伴”德育评价特色，落实“五育并举　全面发展”立德树人根本任务，逐步实现学校教育高质量发展。

学校先后荣获全国“示范家长学校”、全国“家庭教育创新实践基地”、全国优秀传统文化传承学校、全国科技创新优秀学校、全国少先队名师工作室、全区五星级党组织培养对象，自治区“德育工作示范校”、全区民族团结进步示范校，自治区家庭教育示范校，吴忠市“文明校园”、吴忠市教育先进集体、第35届宁夏青少年科技创新大赛（吴忠赛区）选拔赛科技教育创新优秀学校、吴忠市“少先队辅导员技能大赛”优秀组织奖、第六届青少年机器人大赛优秀学校、吴忠市利通区“民族团结先进集体”、吴忠市利通区第二届中小学生校园篮球联赛（小学组）男子第一名、女子第一名等荣誉称号。多次迎接自治区、吴忠市、利通区级党建工作、家庭教育工作、“互联网＋”等学校特色工作观摩调研，得到上级部门的高度评价赞誉。在新的征程上，利通区第三小学正迸发出生命的激情，焕发出生命的光芒，诠释着教育的真谛与理想！

【利通区板桥中心学校】

利通区板桥中心学校始建于1940年2月，至今五移校址，八次翻建，在发展中度过了80个春秋。近年来，该校以“互联网＋教育”为契机，步入“五育并举”、均衡发展、素养提升的快车道。该校建成了外有标准化塑胶运动场、校园文化长廊、精品绿色校容；内有录播室1个，智慧教室8个，综合实践室、科学实验室、图书阅览室、计算机室、美术创作室、音乐舞蹈室、电子琴室、手工制作室、民族团结教育室、少年科普室、少先队活动室等专用教室，有特色兴趣活动项目12个，学生积极参与、全员参与，培养了兴趣，增长了知识，2017年中心学校已被确定为吴忠市级特色学校。学校逐步向标准化、现代化的学校迈进，发挥着新时代“四有新人”的育人功能。

该校有一支“廉洁、团结、务实、创新”的领导班子，培养了一支“爱岗、敬业、严谨、进取”的教师队伍，创建了一个“整洁、优美、和谐、宜人”的育人环境。该校以“办有温度的学校，做温暖人的教育”为学校发展愿景，坚持“教育就是培养好习惯”“做最好的自己”，培育“文明、健康、阳光、自信”做事负责任的板桥学子，社会美誉度不断提高。教育教学质量稳中有升，学校的校园文化、校本教研富有特色。先后被自治区评为标化建设示范学校、自治区“师德建设年”活动先进集体、自治区民族团结先进集体、自治区党建工作联系点、吴忠市文明单位、吴忠市“二期课堂质量工程优胜单位”、吴忠市教育系统“校园飞歌”一等奖、吴忠市“优质课竞赛”团体一等奖、吴忠市“教师论坛”团体一等奖、吴忠市“清风校园先进单位”、利通区“四星级”党组织、“利通区安全文明校园”等荣誉称号。十年树木，百年树人。今天，利通区板桥中心学校肩负着新时代教育的历史使命，以关注学生成长，促进学生发展，丰富校园生活为目标，向人民交上一份满意的答卷。

【利通区扁担沟中心学校】

利通区扁担沟中心学校位于扁担沟镇双吉沟村一队，距离市区南23公里，是一所九年一贯制、农村寄宿制学校。始建于1982年，原名吴忠市双吉沟中学，2003年撤乡并镇，合并扁担沟三小、四小和五小，更名扁担沟中心学校，下辖扁担沟一小、扁担沟二小和五里坡小学三所村小。学校现有49个教学班（其中，村小18个教学班），在校学生1842人（其中，村小339人），专任教师153人，学校党总支现有领导班子成员7人，下设2个支部，6个功能党小组，共有党员75人。学校占地面积36133.6平方米，建筑面积16545平方米，绿化面积6087平方米，活动场地面积22600平方米。学校建有3栋教学楼，综合楼、科教楼、学生住宿楼、餐厅、教师周转房各1栋，有300米塑胶跑道1个、足球场1个和2个标准篮球场；建有图书室、录播室、智慧教室、数字、模拟理化生科学实验室、机器人室、创客中心、数字影院、淋浴房、在线活动教室5个等。校舍充足，功能室齐全，学校2020年硬件设施达到国家规定标准，使农村孩子享受到与城里孩子一样的先进教育资源。

该校秉承“为学生一生幸福奠基”的办学思想，以“思想的人，劳动的人”为校训，以“诚信、自强、感恩、合作”为校风，以“教以事，喻诸德”为教风，以“唯德学，唯才艺”为学风。坚持党建引领全面工作，并形成特色建设体系，打造“党建+8”工作模式，创建“红烛先锋”党建品牌，坚守党风廉政和安全两条底线。加强学校硬件设施和校园文化建设，打造实施扁担沟有效课堂教学基本模式和家校合作，深入推进“互联网+”教育，强力落实教育精准扶贫政策，实施准军事化管理教育特色，逐步形成师生“根植于内心的修养、无须提醒的自觉、以约束为前提的自由、为别人着想的善良”的校园精神。学校先后荣获教育部国防教育特色学校；全国篮球特色学校；自治区教育厅“一师一优课、一课一名师”优秀组织单位；全区安全管理规范化学校；宁夏青少年科技创新机器人竞赛“优秀学校”；自治区体育局授予青少年摔跤锦标赛“体育道德风尚奖”等。吴忠市“文明校园”“宣传工作先进单位”“德育工作先进集体”“教育系统先进基层党组织”“家庭教育先进集体”等光荣称号；荣获自治区第二批中小学劳动教育示范校和健康学校示范点；被利通区委、政府授予“脱贫攻坚先进单位”和“利通区先进基层党组织”、利通区四星级党组织及年终综合考核一等奖等称号，有19节部级“一师一优课”优课，5节部级“精品课”。学校教学成绩大幅提升，得到领导的肯定和社会的好评，学校声誉大幅提高。

【利通区第九小学】

利通区第九小学始建于1950年，占地面积50亩，建筑面积11000多平方米，已建成教学楼4栋，办公楼1栋和实验楼1栋，各类功能室齐全。学校现有在校学生2549名，教学班48个，在职教师118人，其中正高级教师1名，特级教师2名，塞上名师1名，自治区级骨干教师8名，吴忠市级骨干教师3名。

该校认真贯彻落实党的教育方针，以立德树人为根本任务，践行“五育”并举，以德铸魂、以智启灵、以体立志、以美育心、以劳塑形，促进学生的全面、健康成长。并结合实际情况，形成了行有情之教、育有情之人的“融情教育”办学理念和“六年陶染一生”的办学目标，努力践行着“用情用爱用心做教育”的办学思想，追求“品行正、品位高、品质优”育人目标，认真开展了“以情管理、以情育德、以情引智、以情健体、以情尚美、以情促劳”研究实践，做有故事的教育，办有温度的学校。坚守“雅行”为核心的教育，坚持“以人为本、健康第一“的教育理念，从多个维度打造学校体育特色，创新实施“玉兰花儿开，朵朵绽异彩”主题学校文化，以“天天快乐，健康飞翔”的行为方式，让每一个孩子的个性和才能得到最大限度的发展，让每一个孩子在九小校园内享受成功的喜悦，助力每一个学生从多彩到精彩。

学校以“堂堂正正做人，勤勤恳恳做事”为校训，以“小学校　大雅堂”作为学校的教育理想，全面促进学校内涵发展，丰富学生的生命体验，提升学生的综合素质，培养学生的创新能力，落实学生的核心素养，为培养德智体美劳全面发展的社会主义建设者和接班人而不懈努力。

近年来，学校认真贯彻落实社会主义核心价值观及立德树人根本任务，坚持立足长远、注重实效，从教育全局着眼，积极构建思政育人体系，将思政课程化、课程思政化，扎实推进未成年人思想道德建设，教育引导学生“扣好人生第一粒扣子”。在校园中规划建设了别具一格的文化长廊，打造了“青少年思政中心”，创新开展“道德讲堂”“爱心天使”“啄木鸟”志愿服务、“小手拉大手”等实践活动，将思政育人融入重大节日、纪念日和红色研学等系列活动中，全面提升学生的思想素质和道德情操，为学生终生发展奠定扎实的基础。2020年9月，时任中国科协党组书记、常务副主席、书记处第一书记，现任教育部党组书记、部长怀进鹏到校调研未成年人思想道德建设工作，并给予学校好评。

学校聚焦于课程体系的构建，基于“教育有情感，教学有情趣，为人有情义”的育人目标，提出了素质教育本土化的实践模式——“融情教育”。以“奠基学生一生幸福必备的素养”为课程建设的出发点，在完成国家课程、地方课程、校本必修课程的基础上，积极构建多元融情课程体系，自主开发了阳光运动、艺术涵养、科技创新三大类，包含足球、剪纸、陶艺、人工智能、种植栽培等30多门特色课程。在课程实施的过程中，鼓励学生自主设计、自主制作、自主调整、自主展示，从而学会合作、学会创新，切实减轻了学生课业负担，丰富了课后服务内容。多个领域的课程开发，在助推“双减”政策落地的同时，为学生创设了一种动态开放、多元探究的学习环境。

学校借助创建宁夏“互联网+教育”应用示范校和利通区标杆校的东风，完善了校园云网端一体化基础环境建设，实现了数字化教学空间。以技术搭建平台促高效管理，以技术服务教育推进课程研发，以教育创新为抓手，为孩子、为未来，凸显智慧校园新样态，以智能点亮智慧，以智慧开启未来。该校积极组织教师参加“一师一优课”和“互联网+”教学案例、微课、论文等竞赛活动，获得各级各类奖项50多人次，学生100多人次，多次被授予“信息化应用先进集体”。以自治区创新素养领航学校项目为依托，结合创新素养教育的实施和“双减”工作要求，积极推动“四大行动”，对应打造好四个节，切实培养学生的创新素养。

该校开拓了一条内涵深厚、独具特色的发展之路，赢得了广泛的赞誉。该校被评定为自治区“互联网+”标杆校、创新素养领航学校，并先后被授予全国优秀少先大队，自治区文明校园、自治区“三八红旗集体”、吴忠市“教育工作先进集体”、吴忠市教育系统先进基层党组织、吴忠市“义务教育均衡发展先进单位”、吴忠市“安全管理规范化示范学校”、吴忠市德育工作先进集体，利通区五星级党组织、利通区教育宣传工作集体等荣誉称号。

【利通区第十一小学】

利通区第十一小学（原第二完小、上桥回小），始建于1918年，位于利通区友谊东路235号。学校占地面积32773平方米，建筑面积12097平方米，绿化面积5200平方米，活动场地面积16176平方米。学校建有教学楼3栋，办公楼1栋，综合实践楼1栋，9000平方米的操场1个、300米的塑胶跑道1个。学校现有43个教学班，在校学生2229人，专任教师106人，其中自治区级骨干教师2名，吴忠市级骨干5名，利通区级骨干18名。学校全面实现“三通两平台”建设。50套交互式智能教学触摸一体机，180台学生电脑，130台教师电脑，按照“万兆核心，千兆主干，千兆到桌面，千兆接入，有线和无线全覆盖”的网络建设要求，完成网络改造升级，建有主控机房，规范统一的上网行为管理和网络安全，宽带接入已达1G，为正常的教育教学活动提供了有力保障。

在新时代党的教育方针指引下，该校秉承“为学生的一生幸福奠定基础”办学宗旨，以“感恩、文明、快乐、和谐”为校训，全面落实立德树人根本任务。以铸牢中华民族共同体意识为主线，紧扣“中华民族一家亲，同心共筑中国梦”总目标，围绕“共同团结奋斗，共同繁荣发展”主题，以“培养什么人、为谁培养人、怎样培养人”为育人目标。全面贯彻落实党的教育方针，落实德育为先。全面深入持久地开展铸牢中华民族共同体意识主题教育试点工作。该校加强硬件建设、队伍建设和课程建设，发挥德育活动主渠道作用，充分体现“环境化、德育化、课程化、课题化、网络化”的多元的文化教育理念，努力实现学校“德育入心，成德于行”的育人目标，进一步丰富校园文化生活，丰富学生社团文化建设，注重麻编、绒绣等非遗传统文化特色教育活动开展，以学生发展为本，继续以体育节、科技节、艺术节活动为载体，充分挖掘每位学生的潜能。学校教学教研工作围绕工作要点，紧紧抓住“提升教育教学质量”这一中心，以突出重点、突破难点、创新亮点为思路，突出“有效教学”“有效教研”两个重点，推进“教研内容”“教研方式”“教研机制”三个创新，强化教学常规管理，优化教学模式，依托“互联网+教育”提升课堂教学质量。

该校先后获得全国艺术教育优秀学校，中华文化艺术传承学校，全国禁毒示范学校，全国网络空间大赛优秀学校，全国足球、篮球特色学校，自治区民族团结进步模范集体、自治区文明校园、“铸牢中华民族共同体意识”项目学校、信息化先进集体、教育宣传先进集体、先进基层党组织、德育工作先进集体等荣誉称号。

【利通区第十六小学】

吴忠市利通区第十六小学，是吴忠市委市政府投资新建的城市公办完全小学，于2017年9月建设完成并交付使用，是吴忠市盛元小学的分校。2019年利通区教育局成立后独立办学，更名为吴忠市利通区第十六小学。学校位于吴忠市迎宾北街924号，占地面积55亩，绿化面积22亩。学校建有综合楼 1 栋、教学楼 3 栋，规划设计36个教学班，建有300米标准化运动场1个，标准篮球场1个，开辟了占地4亩的火星农场，450平方米的绿色课堂。整个校园亭台楼阁、小桥流水、假山环绕，环境优美。该校有图书阅览室 5 个，藏书7.5万册，创客空间6个，6在线课堂个，实验室、微机室、美术室各2个，录播教室、校园演播厅、数字阅读空间、沉浸式阅读空间、智慧书法教室、围棋室、舞蹈教室、教工之家、党建室、会议室各 1 个，校园阅读点12个，校园朗读亭4个，智能跳绳管理系统1套，智能足球运动训练系统1套。学校绿化面积达37%。学校现有在编教师59人，自治区骨干教师1人，市级骨干教师8人，利通区级骨干教师5人，29个教学班，在校生1445人。

该校的办学理念是：生活即教育，社会即学校，教学做合一；办学宗旨是教育，从儿童出发；培养目标是培养阳光、自信、健康、审美、向上，具有家国情怀的新时代利通区第十六小学好少年；校训是求真 育善 尚美；校风是厚德 博学 创新；教风是笃行 修己 育心；学风是勤学善思立志。未来三年学校发展的总体目标是构建“和谐自然，海纳百川”的生态学校；建设“崇德尚美，修己育人”的教师团队；培养“自由灵动，行知合一”的儒雅少年。

该校先后荣获“全国青少年篮球特色学校”“全国青少年足球特色学校”“自治区互联网+标杆校”“自治区劳动教育示范校”“吴忠市教育工作先进集体”“吴忠市先进基层党组织”“吴忠市文明校园”“吴忠市德育工作先进集体”“吴忠市青少年足球训练基地”“吴忠市智创联盟校”“利通区文明校园”“利通区巾帼建功先进集体”“利通区民族团结教育示范校”“利通区教育宣传工作先进集体”等荣誉称号。

利通区第十六小学作为自治区“互联网标杆校”和自治区首批“劳动教育示范校”。2020年从创办“火星农场”和“绿色课堂”开始，着力打造以“生活技能”“生态环保”“生命体验”为主的“三生教育”劳动教育实践活动，并探索开发劳动素养课程。依托互联网学校着力构建新时代劳动教育新形态。学校提出了“以家庭劳动教育为基础，以学校劳动教育为主导，以社会劳动教育为延伸”的劳动教育实施路径。学生走进田野，走进社区，回归家庭，学习家政，体验劳作，交流学习，分享喜悦，劳动教育打破课程界限，通过跨学科融合开展项目式、探究性、研究性学习。

科　技

【概况】

2020年，利通区科技局培育认定第一批国家高新技术企业6家，培育宁夏恒丰瑞斯特科技有限公司等规模以上研发企业6家，培育吴忠中创自控阀有限公司等国家、自治区科技型中小企业19家。组建宁夏红山河食品股份有限公司“宁夏回族自治区复合调味品工程技术研究中心”1个。争取自治区科技厅项目101项3003万元。组织申报实施自治区级科技特派员创业专项25个，获批上级科技资金225万元；利通区本级财政投入278万元，择优扶持科技特派员创业示范项目13个。积极协调金融部门为科技特派员创业提供有效融资平台，先后为35家科技特派员企业融资4000多万元，有效解决科技特派员创业资金瓶颈问题。

【创新主体培育】

2020年，区科技局将高新技术企业培育纳入重点工作，积极组织10余家企业开展2020年国家高新技术企业认定工作。认定2020年第一批国家高新技术企业6家，新培育宁夏恒丰瑞斯特科技有限公司等规模以上研发企业6家，总数达到24家。宁夏合力万兴汽车制造有限公司实施“油泥道路运输清洁平台与节能环保关键技术研究及中试”、宁夏雪泉乳业有限公司实施“一种接入益生菌的青储饲料的研发及推广”等高新技术产业项目17项。深入辖区多家科技型企业、合作社面对面向企业精准宣传惠企政策，确保各级出台的相关惠企政策措施宣传到位。组织企业参加宁夏科技成果直通车“抗疫专场”线上对接活动等科技成果交易培训活动10多场次。组织科技型中小企业申报认定备案，培育吴忠中创自控阀有限公司等国家、自治区科技型中小企业19家。引导科技特派员创办领办企业，推广新品种、新技术，示范带动农民增收致富，2020年培育吴忠市秀琴奶牛养殖专业合作社等25个科技特派员创业基地为利通区科技特派员创业示范基地。积极组织申报各类科技项目，自治区科技厅批复项目101项3003万元。

【科技研发投入】

2020年，区科技局研究通过第一批科技项目（农业和社会发展项目）22项，投入财政资金314万元，征集工业科技项目25项。为引导企业加大研发投入，2020年联合科技中介服务机构，采取集中培训和逐一上门的方式，积极宣传研发奖补政策，现场指导企业填报研发投入，2020年完成R&D投入1.7亿元，投入强度0.9%。积极组织有研发投入的企业申报企业研发费用财政后补助等项目，有33家企业获得自治区企业研发财政后补助项目支持，落实资金1004.82万元。

【科技成果转化】

2020年，区科技局加快技术交易和科技创新券领取，2020年利通区完成吸纳技术合同21项，交易成交额14242.21万元；输出技术合同9项，技术合同交易成交额520.33万元。47家企业先后获得自治区科技创新券47张，创新券金额38.65万元，合同金额78.4万元。已登记“LGK-315大功率逆变等离子弧切割/气刨机研发”“智能高水分玉米饲料籽料破碎机的研发及推广”等应用技术类科技成果6项。

【科研平台建设】

2020年，区科技局借助各级人才政策，积极鼓励辖区企业引进高技术人才，推进各类创新平台和研究中心建设。2020年，宁夏智源农业装备有限公司组建自治区级科技创新团队“江大智源自动化农机装备创新团队”和宁夏回族自治区现代农业装备（吴忠）技术创新中心，吴忠市金谷丰科技种业有限公司引进宁夏农林科学院高技术人才组建牧草博士工作站。鼓励企业与科研院所、高等大专院校建立科技合作交流，宁夏智源、精艺裘皮、黄河电焊机等20多家企业和江苏大学、四川大学、哈尔滨工业大学、宁夏大学等区内外科研院所、大专院校建立产学研合作基地。2020年已建成宁夏回族自治区复合调味品工程技术研究中心等各类研究中心和实验室5个。

【人才工作】

2020年，区科技局坚持以习近平新时代中国特色社会主义思想为指导，深入贯彻落实国务院创新驱动发展战略、自治区《自治区党委、人民政府关于推进创新驱动战略的实施意见》及吴忠市《吴忠市推进创新驱动战略行动计划2017-2022年》等文件中的人才培育工作要求，着力推进人才培养、引进、使用和激励机制，深入推动人才与产业发展相融合，落实2020年全区人才工作重点任务，切实为利通区经济社会高质量发展提供科技人才保障。

【科研院所合作】

2020年，区科技局促进10家企业与区内外科研院所、大专院校继续深化科技合作与交流。宁夏强尔萨生物科技有限公司与山西省农科研农产品加工研究所合作建立自治区技术创新中心，开发应用“燕麦膳食纤维技术”；宁夏雪泉乳业有限公司和宁夏吴忠市国海粮油有限公司分别与天津科技大学合作开发“基于物联网技术的智能化奶牛精细养殖管理系统研发及应用”和“宁夏国海粮油（吴忠）企业技术创新中心东西部战略合作项目”；宁夏聚安星信息服务有限公司与福建省福信富通网络科技股份有限公司合作开发“聚安星道路安全运输大数据服务平台”；黄河电焊机与哈尔滨工业大学先进连接与焊接国家重点实验室继续合作建立宁夏数字化智能焊割装备工程技术研究中心，与成都东启智能设备有限公司合作开展数控设备与智能化焊接机器人配套技术培训，与宁夏机械工程学会企业服务站共同开展宁夏地方数控操作人员培训；宁夏恒丰纺织集团与青岛大学联合组建新实验中心；宁夏吴忠市精艺裘皮制品有限公司与四川大学引进创新团队（柔性）和滩羊皮无害化鞣染技术，建设企业技术创新中心，有效提升企业研发合力。

【科技助农】

2020年，区科技局选派科技特派员135名，围绕优质牧草、优质粮食、奶产业、设施农业、经果林和农业信息物流等领域鼓励科技特派员创新创业，不断加大对科技特派员创新创业项目的支持。组织申报实施自治区级科技特派员创业专项25个，获批上级科技资金225万元；利通区本级财政投入278万元，择优扶持科技特派员创业示范项目13个。积极协调金融部门为科技特派员创业提供有效融资平台，先后为35家科技特派员企业融资4000多万元，有效解决科技特派员创业资金瓶颈问题。通过项目的实施，集成示范农业科技成果，推广先进实用技术，建立科技特派员创业示范基地25个，涌现出了一大批创业示范带头人和劳动模范，使利通区的产业越做越大，越做越强。

卫生 健康

综 述

【概况】

利通区卫生健康局（以下简称区卫健局）于2015年5月成立，下设两个事业单位：利通区妇幼保健计划生育服务中心和利通区计划生育协会，协会为参公的事业单位。是主管利通区卫生健康事业发展的政府职能部门，为正科级行政单位。区卫健局机关现有干部职工35人，其中公务员5人，机关后勤人员1人，参公人员5人，事业编制人员13人。局内设办公室、规划和改革室、基层卫生与妇幼保健室、法规与综合监督室、医政和中医药管理室、卫生应急与健康指导室、计划生育和老龄健康室7个科室。现有正科级领导正职1名，正科级副职2名。下属医疗机构有11个乡镇卫生院。2020年，区卫健局推进全区深化医药卫生体制改革，研究提出深化医药卫生体制改革政策措施的建议。贯彻落实医疗机构、医疗服务行业管理办法，建立医疗服务评价和监督管理体系。以“健康利通”建设为目标，深化医药卫生体制改革，紧盯年度重点工作任务，对标对表，狠抓落实，各项工作取得新进展。

【法治建设】

2020年，利通区卫健局为切实加强卫健系统的法治工作建设，成立了由局长任组长，副局长任副组长，各科室负责人，各乡镇卫生院院长为成员的法治政府建设工作领导小组。形成了主要领导亲自抓、分管领导全力抓、科室责任人、基层卫生院齐心协力共同抓的依法治理工作格局。按照上级有关文件精神，制定印发《利通区卫生健康局2020年普法依法治理工作方案》《利通区卫生健康局2020年法治政府建设工作方案》，确立了法治工作的指导思想、工作目标和任务，并将法治政府建设工作纳入局党组会议日程。坚持把领导干部带头学法、模范守法作为树立法治意识和打造法治机关的关键，结合工作，制定印发了《利通区卫生健康局2020年干部理论学习安排》及《利通区卫生健康局2020年党组中心组学习安排》，将宪法、民法典、党内法律法规、习近平法治思想以及基本医疗法等部门法律法规列入学习计划，切实做到了时间和内容的落实，确保学法活动到位。

【普法工作】

2020年，区卫健局制定《利通区卫生健康局2020年普法依法治理工作方案》《利通区卫生健康局普法责任制“四清单一办法”》，将普法、依法治理工作纳入局党组会议日程。为切实加强卫健系统的法治工作建设，成立了由局长任组长，副局长任副组长，各科室负责人，各乡镇卫生院院长为成员的普法工作领导小组，形成了主要领导亲自抓、分管领导全力抓、科室责任人、基层卫生院齐心协力共同抓的普法依法治理工作格局。充分利用微信公众号、电子显示屏、悬挂横幅、义诊等形式，广泛开展法治宣传活动。在4月7日“世界卫生日”、6月14日“世界献血日”、7月11日“世界人口日”、12月4日“国家宪法日”等重大节日，广泛开展法律宣传及学习，营造学法用法的氛围，不断增强卫健系统工作人员的法律意识和依法行政能力。

【医政医药管理】

中医药管理工作。深入推进医药卫生体制综合改革工作的同时，充分发挥中医药在基本医疗、公共卫生、预防保健中的独特作用，积极应对健康观念和医学模式转变，以基层中医药服务能力建设为重要抓手，精心组织、统一安排，不断推动中医药事业健康发展，全区中医药事业得到稳步发展。2020年5月，区卫健局被国家中医药管理局授予“全国中医药先进县区”荣誉称号。同时，我们认真开展中医药数据监测，不断提高数据监测质量。不断加强对中医医师和基层中医药专业技术人员的培养，努力提高中医药服务能力。着力开展《中华人民共和国中医药法》及中医药科普宣传，营造良好的社会氛围。医政医管工作。一是严格按照国家、自治区疫情防控相关部署要求，全面做好医疗救治各项工作，严格落实预检分诊日报告制度和防控物资周审核工作。二是开展医疗机构年度校验工作，年内对辖区11个基层医疗卫生机构、105个村级卫生室、160家个体医疗机构进行年度校验。同时，严格按照《医疗机构管理条例》相关规定，切实加大对辖区医疗机构监督检查力度，促进医疗机构规范运行。三是规范村级医疗机构抗菌药物静脉输液行为，切实加强合理使用抗菌药物静脉输液管理，制定下发《关于开展村级卫生室静脉输液及抗菌药物静脉输注核准工作通知》，通过村级申报、理论培训及考试、技能操做培训及考试、现场审查等，对19所符合条件的村级医疗机构进行核准。四是不断加大行业乱象治理，年内联合卫生监督部门开展了医疗服务价格收费、药品“三合理”、医疗美容、医师资格及医疗文书、群众看病就医突出问题等专项整治，进一步规范了医疗行为，切实保障了群众合法权益。五是认真贯彻落实《中华人民共和国水污染防治法》《中华人民共和国传染病防治法》和《医疗废物管理条例》，切实加强全区基层医疗卫生机构医疗废物、废水和危化品的安全管理，强化风险防范。六是切实加强基层医疗机构院内感染预防与控制工作，切实提高医疗质量，保障医疗安全。

【健康利通建设】

2020年，区卫健局全面推进健康利通建设，全方位全周期维护人民健康，进一步提升全民健康素养和健康水平。2020年利通区健康素养水平提升至19.2%。

【基本公共卫生服务】

2020年，区卫健局通过强

保障、强支撑，采取提升品质，扎实推动的方式进一步促进基层卫生发展。一是优化就医环境，完善硬件设施建设。加强乡村两级卫生院及村卫生室标准化建设，完善基础设施，规范功能布局，健全功能科室设置，配齐医疗设备，不断完善基层医疗服务网络，现标准化村卫生室覆盖率为90%以上。二是加强队伍建设，加强加大全科医生培训力度，鼓励支持外送进修培训，开展院感、静脉输液、中医药、合理用药等培训考核，举办护理、合理用药、急救知识技能岗位大练兵，进一步提高基本诊疗水平；完善人才激励措施，吸引人才引进，促进基层医疗事业发展。三是开展“优质服务基层行”活动，推进基层卫生工作健康发展，全面提高服务能力、改进服务质量、改善群众就医体验。金积镇中心卫生院“优质服务基层行”活动全区唯一达到国家推荐标准的乡镇卫生院，被国家卫生健康委通报表扬。按照《宁夏乡镇卫生院服务能力标准及评价指南》，金银滩镇卫生院、东塔寺乡卫生院开展创建国家推荐标准卫生院评审工作，现已接受吴忠市专家组验收，准备迎接自治区专家组推荐标准验收。

【疫情防控】

自2020年1月27日，利通区发生4例新冠确诊病例后，区卫健局立即组织乡镇、社区干部和医护人员对星河韵城小区19栋楼444户1378名居民进行入户走访、逐一摸排，建立每户每人健康档案卡和居民微信群，每天通过电话、微信形式对每户居民进行健康回访，及时掌握居民身体状况和生活需求。为每户居民配发了酒精、温度计、口罩、报刊、垃圾袋等物品，保障各项防疫措施。特别是对排查出的72名外来人员（2名来自湖北武汉）实行“四包一”工作责任制，进行科学管控。同时，对确诊病例在全区范围内去过的诊所、医院、服装店、儿童游乐场和两天乘坐的3辆出租车查清查实、跟踪到底，系统全面排查出与4例确诊病例密切接触者62人，全部采取集中医学留观。在疫情防控常态化期间，共开诊医疗机构116家，其中乡镇卫生院11家，村卫生室105家。116家开诊的医疗机构主要承担预检分诊和门诊诊疗等工作。新型冠状病毒核酸检测900余人，摸排全区农贸市场、大型商超、邮政管理局、美团外卖等重点场所16家，检测从事加工、销售等岗位重点人员640人，冷藏设备、操作面台等重点环境样本143份，冻肉、冻虾、海鲜产品等重点食品样本111份，有效控制传染源、切断传播途径、保护易感人群，保证了利通区无新增确诊病例出现。

【卫生城市创建】

2020年，区卫健局以创建全国文明城市为契机，通过加大城乡基础设施建设、加强老旧基础设施改造、优化公共卫生与医疗服务等，不断巩固和拓展了创卫成果，创造了整洁有序、健康宜居的城市环境。

【健康扶贫工作】

2020年，区卫健局帮扶扁担沟镇同利村、南梁村、渔光湖村建档立卡贫困户共50户228人已全部实现脱贫。其中局机关帮扶南梁村6户、同利村4户、渔光湖村5户，11家乡镇卫生院帮扶同利村35户。截至2020年11月30日，全区共有建档立卡贫困户1827户7556人，其中已脱贫1827户7556人。累计核实建档立卡患病712人，已分类救治684人；大病集中救治一批需救治人数458人，已救治人数

457人，救治进展率99.8%；慢病签约服务一批需救治197人，已救治194人，救治进展率98.5%；重病兜底一批需救治2人，已救治人数2人，救治进展率100%；常见多发病需救治76人，已救治49人，救治率64.5%。家庭医生签约7556人，签约率为100%。坚持日常帮助和临时救济相结合，物质帮助和精神激励相结合的原则，着力为建档立卡户解决实际困难。春节前走访慰问结对帮扶的建档立卡户50户，送去米、面、油、棉被等生活物资共计21700元，为建档立卡户提供了基本生活保障。疫情期间，及时为结对帮扶的建档立卡户送去口罩660只，500毫升酒精55瓶，消毒液45桶等防护用品。同时，为帮扶户讲解扶贫政策和疫情防控知识，发放疫情宣传手册250份，进一步提高了建档立卡户的自我防护意识。投资16200元为南梁村6户、同利村4户购买120袋牛饲料，帮助其发展养殖业。入户时为同利村结对帮扶的建档立卡户送去家用应急药箱，核查建档立卡户家庭人员信息，收入支出数据等情况，安装注册全国扶贫APP系统，核查系统内信息情况，确保扶贫数据的真实性、完整性和准确性，及时准确地开展了信息数据采集工作。

【医疗服务质量】

按照卫生行政部门的相关规定，区卫健局切实加强医疗质量管理，各单位均成立了医疗质量控制领导小组，定期检查、考核各项规章制度和各科室人员岗位责任制的执行和落实情况，确保医疗安全和服务质量，不断提高医疗服务水平，将不良事件发生率降到最低。牢固树立创新、协调、绿色、开放、共享的新发展理念，不断提升基层服务能力，推动分级诊疗制度建设。切实加大对临床医师处方的监管，通过处方点评、点评结果公示、绩效挂钩等方式，促进处方合格率显著提升。

【计划生育服务】

2020年，区卫健局认真贯彻自治区《关于落实全面两孩政策　改革完善计划生育服务管理的实施意见》和《关于坚持和完善计划生育目标管理责任制的实施意见》，认真落实利通区《关于落实全面两孩政策　改革完善计划生育服务管理的实施方案》《关于坚持和完善计划生育目标管理责任制的实施方案》，积极实现工作转型。各乡镇各部门也按照要求，加强人口监测。截至2020年上半年，人口监测出生人数1428人，符合政策内出生1371人，政策外出生57人，政策符合率为96.01%；总出生人数中男婴736人，女婴692人，出生性别比为106：100；其中全面两孩出生为139人。2020年度申报计划生育三项制度奖励扶助金、独生子女保健费、计划生育“失独家庭”一次性抚慰金共计207.8725万元，2020年所有奖励扶助资金均已发放到位。完成了各乡镇城乡居民基本养老保险参保特殊群体奖励对象审核认定工作，其中计划生育独生子女户4122人，农村两女户2052人，“少生快富”户466人，共计6640人，奖励缴费补贴合计170.648万元。对64户计划生育特殊家庭全部建立了联系人制度，开通了特殊家庭就医“绿色通道”，并且实现计划生育特殊家庭的家庭医生签约服务工作全覆盖。

【儿童保健工作】

截至10月底，儿童保健指标完成情况：利通区乡镇0—6岁儿童数20343人，0—6岁儿童健康管理率98.10%，婴儿死亡人数

6人，5岁以下儿童死亡人数15人。0—6岁儿童眼疾病检查18418人，覆盖率达到90.51%。

【学前儿童服务】

2020年，利通区运营的12家托育机构可提供托位1054个。其中，备案托位772个，备案机构中实际在托人数631人；未备案机构可提供托位282个，实际在托人数115人。辖区内有教育部门审批合格的幼儿园60所，其中，公办幼儿园16所，民办幼儿园44所。各类幼儿园均未开展3岁以下婴幼儿托育服务。

【妇幼健康行动】

为了帮助广大农村妇女增强自我保健意识，提高预防疾病知识，培养健康，文明，科学的生活方式，区卫健局通过对“两癌”的筛查，将危害女性健康的疾病尽快地排除出来，做到早发现、早诊断、早治疗、早预防。2020年，利通区农村妇女宫颈癌检查项目分配总任务量11474人，截至2020年完成了11503人。乳腺癌检查项目任务分配14493人，截至2020年完成了14508人。

【项目建设工作】

2020年，区卫健局多方协调筹措资金，于2020年10月中旬已开工建设滨河新区社区卫生服务中心建设项目。为提升基层医疗卫生机构重大疫情防控及公共卫生防治能力，区卫健局申报推送13个基层医疗机构建设项目至国家重大建设项目库、自治区发改委、卫生健康委及利通区发改局项目储备库，积极争取中央及自治区专项资金支持。

医疗保障

【概况】

利通区医疗保障局（以下简称区医保局）成立于2019年2月中旬，根据“三定”方案要求，区医保局是利通区政府组成部门，为正科级，共有行政编制5名，实际在岗人员4人，设局长1名，副局长1名，内设机构有办公室、城镇职工和城乡居民医疗保险岗、药品和医疗服务价格管理岗、医疗救助岗4个。

【医疗保障】

2020年，区医保局扎实做好医疗救助、“一站式”结算等各项医保惠民政策落实工作。对全区建档立卡贫困户实行财政兜底参保，实现7557名建档立卡人员基本医疗保险100%参保，边缘户162人也全部缴费，参保率达到100%。多措并举开展脱贫攻坚帮扶。一是资助参保力度大。2020年共资助参保特殊困难群体740万元。二是医疗救助更便捷。积极优化参保和报销流程，实现窗口前移的“一站式”便捷服务，减少了群众多跑腿，提升群众的满意度。截至2020年9月30日，2020年医疗救助补助金额支出695.65万元。三是健康扶贫政府兜底落实到位。严格执行建档立卡贫困患者城乡居民大病保险“起付标准下调”和“支付比例再提高”政策。重点落实健康扶贫“一免一降四提高一兜底”综合保障和“先诊疗后付费”的政策，继续完善农村贫困建档立卡户住院患者“先诊疗后付费”工作机制，实行医疗费用在基本医保联网定点医疗机构“一站式结算”，确保因病返贫贫困户享受医保待遇。截至2020年9月30日，政府兜底资金救助金额为43万元。四是积极落实“两病”门诊大病费用保障机制。以减轻患者门诊大病费用负担为接入点，在现行城乡居民和城镇职工基本医疗保险门诊大病政策基础上，进一步完善“两病”门诊大病政策，利通区适时对12个乡镇两病患者进行了摸排调查集中办理，截至2020年利通区内各乡镇“两病”患者共办理门诊大病诊疗手册约有1.6万人，使“两病”惠民政策全面落实，不断增强人民群众的获得感和幸福感。

【医保参保扩面】

2020年，区医保局基本医疗保险完成人数为404029人，参保完成率为103.27%；其中，城乡居民参保缴费为317155人，参保完成率100.84%。城镇职工缴费人数为86874人，参保完成率为113.30%。超额完成了吴忠市医保局下达的2020年基本医疗保险参保目标任务。

【医保基金监管】

2020年，区医保局积极做好医保基金监管，保障基金安全运行。一是资金保障到位。根据吴忠市医疗保障局总额预付分配，2020年利通区乡镇卫生院城乡居民门诊统筹实际人次共为337954人，实际门诊统筹金额为726.07万元。2020年利通区乡镇卫生院城镇职工门诊统筹实际人次为24405人，实际职工门诊统筹金额为81.42万元。2020年利通区乡镇卫生院住院统筹实际人次为251人，实际住院统筹金额为36.43万元。截至2020年9月30日，门诊统筹支出金额790.20万元；利通区城乡居民总门诊支出金额3529.18万元，总住院支出金额12352.83万元；城乡居民共计支出金额15882.01万元。二是确保基金正常运行。2020年上半年和下半年适时对所辖医疗机构进行调研和督查，发现在基金统筹运行过程中存在的问题，及时和吴忠市医保局进行协调和沟通反馈意见，实施相应的对策，有效地解决乡镇卫生院基金统筹运行不足的问题。

【医保服务】

一是资金保障到位。在疫情防控期间，吴忠市区及利通区预拨疫情防控救治保障资金和2020年一季度医保基金5304万元。为疫情防控和医疗保障顺利进行提供了有力资金的保障。二是待遇落实到位。利通区累计确诊新型冠状病毒感染肺炎确诊患者4例就诊费用1.84万元，截至2020年底累计全市发热门诊结算人数3804人次，发生费用93.54万元。三是保稳定保民生到位。在疫情防控期间，为全区1487家企业，职工64960人，减免职工基本医疗保险1202万元，坚定企业信心、共渡发展难关，切实减轻企业负担，助力企业复工复产。

医疗机构

【金积镇中心卫生院】

金积镇中心卫生院始建于1958年，占地面积8000余平方米，业务用房4000平方米，服务范围辖17个行政村，1个社区居委会，服务人口3.5万余人，下设2个社区门诊，14个村卫生室，乡村两级共有卫生服务人员122人（村级31人），卫生院在岗在编人员68人，主任医师3人，副主任医师16人，中级职称21人，其他专业技术人员55人，卫生院设有公共卫生部和基本医疗部，设有内科、外科、妇产科、中（回）医科、口腔科、药剂科、放射科、检验科、B超室、心电图室、胃镜室、麻醉手术室、计划生育技术服务中心、康复理疗室等16个科室，卫生院拥有DR数字化X光机、美国GE三维彩超、12导心电图、多功能麻醉机、多功能心电监护仪、全自动洗胃机、胃镜、呼吸机、心脏除颤仪、全自动血球分析仪、全自动生化仪、牙科治疗仪器、远程会诊等医疗仪器设备，开放病床24张，2020年门诊人次102937人次，住院患者493人。全镇服务人口35177人，建立电子健康档案30060份，建档率达85%。其中常住老年人3203人，高血压患者2115人，糖尿病患者589人，孕产妇293人，0—6岁儿童2272人，严重精神障碍患者145人，肺结核患者13人，中医药健康管理4965人，健康档案使用率50%，实行动态管理。2020年，该院共开展健康教育巡讲23场次，开设健康教育咨询点18个，接受健康咨询10000余人次，发放健康教育资料8000余份，播放健康教育宣传片累计600余小时。儿童建证、建卡193人，建证、建卡率为100%。截至2020年，该院接种5945针次，接种率为99%，其中疑似预防接种异常反应6例，均为一般反应。金积镇共迁入21名流动儿童，自带证21人，建卡21人，建卡建证率100%，均完成国家常规免疫规划程序。9月开展流感疫苗接种工作，共接种285人，无疑似预防接种异常反应发生。0—6岁儿童2272人，儿童健康体检2045人，均严格按照规范要求进行访视、健康体检、评估和中医保健指导等工作，对体检出异常的儿童进行了专案管理，管理率为90%。为2049名儿童进行了视力检查，0—3岁儿童视力检查率达90%。建立孕产妇健康手册310人，孕产妇系统管理203人，死亡0，管理率为100%。产妇203人，出生205人，其中双胎2例、活产205人，晚期新生儿死亡1例。婴儿死亡1例，育龄妇女死亡3例，住院分娩203人，住院分娩率达100%。育龄妇女服用叶酸206人。发放叶酸1137瓶，依从175人，依从率为85%。建立65岁以上老年人居民健康档案3238份，为3203位65岁以上老年人进行健康体检，接受健康管理2480人，健康管理率77%。全年管理高血压2115人，死亡44人，失访11人；管理2型糖尿病589人，死亡8人，失访5人。对2035位高血压和571位2型糖尿病患者进行定期随访评估、分类干预和健康体检。经上级确诊的13位肺结核患者，其中复治患者2人，肺结核患者管理率100%，肺结核患者规则服药率100%。转诊79位可疑肺结核患者，此后均已排除。积极开展中医中药适宜技术服务，邀请专业中医药医师对老年人、0—6岁儿童等重点人群进行了中医健康评估及中医技术服务4965余人次，有效地利用中医资源对群众的健康护驾。全年累计报告传染病22例，其中，流行性感冒6例，细菌性痢疾2例，水痘5例，手足口病1例，疑似肺结核5例，乙肝2例，流行性腮腺炎1例，均及时进行了网络直报。协助辖区1所中学、4所小学、4所托幼机构进行传染病防控工作。开展监督协管工作242次，未发现上报线索事件。金积镇基本实现“证件取、网点领、找人拿、上门送”等计生药具发放模式。共设34个药具免费发放点，发放避孕药具4310盒，发放其他避孕药2345盒。完成孕前优生检查243对。举办药具知识讲座2期，接待妇女咨询260人次。每季度积极开展死因漏报调查工作，主动与辖区派出所、丧葬部门沟通交流。截至2020年，共上报死亡病例215例，上报率为6.1‰。该院共18个家庭医生团队，2020年宁夏家庭医生签约服务系统电子签约9598人，签约重点人群5051人，其中高血压患者1618人，糖尿病患者479人，65岁以上老年人2272人，残疾人553人，严重精神障碍患者115人，孕产妇200人，肺结核患者12人，低保户、五保户460人。

截至2020年，家医团队服务171场次，惠及7980位签约居民。

【高闸镇中心卫生院】

高闸镇中心卫生院始建于1962年，地处吴忠市利通区高闸镇镇政府对面，距离吴忠市区12千米，是一所集医疗、急救、预防保健、计划生育技术服务为一体的非营利性（政府办）医疗机构，同时是医保中心农村医疗保险的定点医疗机构，承担着辖区居民的基本医疗和基本公共卫生服务，隶属吴忠市利通区卫生健康局，建筑面积2310.81平方米。

该卫生院分设公共卫生部和基本医疗部，共开设中医科、内（儿）科、妇科、口腔科、放射科、康复科、检验科、理疗室、B超心电图室、妇幼保健和计划生育技术服务科、公共卫生科等11个科室。我院拥有全自动生化分析仪、全自动血细胞分析仪、心电监护仪、数字化X射线CR系统、彩超仪、12导心电图机、自动洗胃机、中医治疗设备、常用信息化设备、急救车辆等先进的医疗、办公设备。可开展内科、儿科、妇科、中医科等常见病、多发病的诊疗，开展外科小手术、妇科病诊治、计划生育手术等，并承担辖区基本公共卫生14类60项项目服务，基本能满足辖区居民的卫生健康服务需求。截至2020年12月31日，我院乡村两级门诊量35608人次（居民门诊33569人次，卫生室门诊2039人次），医疗费用总额1295153.49元，医保报销补偿金额772694.13元（居民报销费用740150.69元，村卫生室报销32543.44元），与年初核定门诊服务居民38882人次，服务量完成比86.3%，费用772694.13元（乡村两级），超出核定费用4774.13元（核定费用767920元）。职工门诊594人次，职工报销费用16252.29元，基金运行安全有效，保障了参保人员基本医疗需求，促进医疗卫生资源合理利用。

截至2020年12月，共建立纸质健康档案18878人，建档率达100%，档案中有动态记录的档案份数4010份。共设置了8个健康教育宣传栏，更换健康教育宣传栏内容累计16次，每周定时播放健康教育音像资料，累计播放时间达792小时，提供12种健康教育宣传资料，累计发放健康教育印刷资料12000份，举办健康教育讲座12次，参加762人次，举办健康教育咨询活动9次，参加687人次。常住适龄儿童建立预防接种证48人次，流动适龄儿童建立预防接种证21人次，接种国家免疫规划疫苗2245人剂次。规范管理0—6岁儿童873人，规范管理0—3岁儿童355人，辖区内活产数52人，新生儿产后访视人数52人，访视率100%。孕13周之前建册并进行第一次产前检查的人数共82人，系统管理82人，管理率100%。进行产后42天健康检查52人。2020年我院完成宫颈癌筛查项目1253人，乳腺癌筛查项目1125人，免费孕前优生健康检查项目150对。常住65岁及以上老年人口数1782人，接受健康管理人数1406人，老年人健康管理率78.90%，免费为1406位老年人进行健康体检，体检率78.90%。已管理的高血压患者1256人，按照规范要求管理的人数1256人，规范管理率为100%，最近一次随访血压达标人数1251人，血压控制率99.60%；辖区内已管理的2型糖尿病患者339人，其中，按照规范要求管理的人数339人，规范管理率为100%，最后一次随访空腹血糖达标人数336人，血糖控制率99.12%。严重精神障碍患者84人，其中，按照规范要求管理的人数84人，接受药物治疗人数38人，病情稳定人数70人。管理惊厥性癫痫患者16人。肺结核患者1人。登记传染病病例数3例，及时报告3例。开展卫生监督协管巡察81次。为1406名65岁以上老年人进行了中医体质辨识，提供了中医药服务，为52名孕产妇、355名0—3岁儿童、1256名高血压患者，339名糖尿病患者提供了中医药服务。

重点人群签约3870人，普通人群8176人，共签约12046人，签约服务人数13141人（多重身份重点人群4935人）。其中，癫痫患者15人，严重精神障碍患者77人，结核病患者1人，高血压病患者1221人，糖尿病患者330人，计划生育特殊困难人员1人，65岁及以上老年人1812人，0—6岁儿童817人，孕产妇65人，残疾人596人。重点人群应管理签约服务5208人，实签约管理服务4935人，签约服务率94.8%，普通人群应签约15928人，实签约8176人，签约率51.3%。

【金银滩中心卫生院】

金银滩中心卫生院位于吴忠东南部与金银滩镇政府相毗邻，占地面积3990平方米，覆盖面积106.5平方千米，服务半径15千米，辐射扁担沟村、黄沙窝村、五里坡村、三泵站村等周边农村群众的医疗服务工作，是全额拨款事业单位，内设内科、中西医科、妇科、中医理疗科、护理部、放射科、检验科等功能科室。该卫生院现有工作人员47人，其中，在编职工32人，临聘人员15人；副高职称5人，中级职称13人，初级18人；本科学历25人，专科学历17人；共有乡村医生22人。该院长年承担着辖区内11个村、31963人的预防、保健、常见病及多发病诊治、康复、健康教育、计划生育指导等工作。

2020年，该院建立居民电子健康档案31059人，建档率97%；开展公众健康咨询宣传活动17次，参加咨询人数为823人次；举办健康教育讲座11次，受众人次达到442人；更换宣传栏内容11期次；开展个体化健康教育人数为442人次；2020年，该院共登记管理高血压患者为1973人，其中新增150人，死亡21人，随访高血压患者1973人，高血压中医指导1846人，并按要求录入居民电子健康档案系统。累计上报心脑血管疾病67人次，恶性肿瘤34人次；该院共登记管理糖尿病患者为531人，死亡3人，随访的糖尿病患者为531人，糖尿病中医指导率497人。并按要求录入居民电子健康档案系统；孕产妇健康管理342人，孕产妇健康管理率100%；孕产妇系统管理率98%；0—6岁儿童健康管理2545人，健康管理率100%；组建10支家庭医生签约服务团队，普通人群22851人，重点人群9085人。签约总人数21773人，总签约率68%。重点人群签约8799人，签约率96%。在重点人群中，高血压患者1898人，签约1898人，签约率100%；糖尿病患者510人，签约509人签约率99%；老年人2336人，签约2314人，签约率99%；精神病患者135人，签约130人签约率96%；建档立卡贫困户343人，签约339人，签约率99%（其中4人档案不在本辖区无档案号，不能签约。纸质版已签约）；残疾人1228人，签约1124人，签约率91%；孕产妇360人，签约356人，签约率98%；0—6岁儿童2545人，签约2446人，签约率96%；计划生育特殊家庭4人，签约4人，签约率100%。开展公共卫生重点人群免费健康体检工作，完成65岁及以上老年人健康体检1000余人；并对金银滩镇辖区内妇女进行“两癌”（宫颈癌、乳腺癌）筛查，分别为765人和1950人。

2020年纳入该院药品目录品种数约为423种，其中非基药134种，非基本药物占比为31.7%；基本药物289种，基药占比为68.3%，符合国家要求。药房使用抗生素约为19种，不报销药品约为23种，药品采购实行专人管理，在药品集中采购网上采购，采购药品做到了有计划、有安排，坚持每月进行两次进药和领药工作，确保库存供应。该院中医康复科累计诊疗总人次约1099人，其中拔罐约99人次，刮痧21人次（颈部刮痧、肩颈刮痧、腰部刮痧、四肢刮痧、头部刮痧、全身刮痧）红外线治疗约129人次，颈椎病推拿治疗约146人次，普通针刺约197人次，腰椎间盘突出推拿治疗304人次，肩周炎推拿治疗13人次，艾条灸累计达4人次，中频治疗仪189人次，牵引达142人次等，中药蒸气浴治疗累计达227人次，中药三伏贴达33次。与此同时，该院内开展了一些新的理疗项目，其中，有关节腔灌注治疗平均达到21人次，中药离子导入85人次，深受广大患者信赖。

2020年该院共计向上转诊2例，最终实现“小病在基层，大病到医院，康复到社区”的工作要求，利用远程会诊上传吴忠市人民医院影像545例，远程心电65例。

【扁担沟镇卫生院】

扁担沟镇卫生院始建于1987年，位于利通区扁担沟镇政府东侧，距市区30千米，服务半径35千米，服务面积638平方千米，服务人口32526人（包括流动人口），业务用房面积1631平方米。该院现有职工36人，中共党员12人。其中正式职工19人，聘用职工16人，“三支一扶”2人，实习生1人；在编在职人员中高级职称3人，中级职称2人，初级职称14人。

该院设有基本医疗部和公共卫生部，承担着扁担沟镇17个行政村的基本医疗和14类60项基本公共卫生服务工作。2020年门诊量52335人，门诊收入151.35万元，其中中草药收入15.50万元。2020年共建立纸质居民健康档案26985份，建档率100%；建立电子健康档案26985份，建档率100%；开展健康教育知识讲座12次、公众健康教育咨询活动15次，经抽查居民健康知识知晓率达80%以上；高血压患者管理1911人，规范管理1911人，规范管理率100%；2型糖尿病患者管理521人，规范管理521人，规范管理率100%；孕产妇管理470人，规范管理470人，管理率100%；0—6岁儿童管理2702人，共体检儿童2590人，体检率96%；累计对全镇适龄儿童进行一类疫苗免费接种7933针次，接种率达100%以上，全年未发生预防接种不良反应。组建7个家庭医生签约服务团队，共签约16940人，签约率70%；重点人群签约率90%，残疾人签约率100%，建档立卡贫困人口签约率100%，城乡“低保”“五保户”人口签约率100%。

开展辖区65岁及以上老年人进行一年一次的健康体检，体检完成人数1850人，体检率为87%；开展“两癌”筛查工作，宫颈癌刮片筛查740人，乳腺癌筛查1742人，宫颈异常高级别1例，其中三级以上17人，无乳腺癌可疑患者；做好免费孕产妇产前检查和计划生育技术服务工作，孕12周内建卡率96.31%；扎实开展孕前优生健康检查，2020年扁担沟镇目标人群是210对，完成180对，顺利完成年初制定的工作目标；全年宫内放置节育器182个，取出宫内节育器80个，对接受服务人员按时进行随访，加强指导，保证育龄妇女身心健康。

开展中医适宜技术项目，完全运用针灸、中药贴敷、穴位注射、电针、刮痧、火罐、刺血拔罐、推拿按摩等技术对辖区常见病、多发病、慢性病患者进行诊治，中药房配备中草药200种，中医药门诊量日逐年大幅增长。与吴忠市人民医院签订对口支援和医疗联合体协议，建立完善对口支援人员管理考核制度，对支援人员信息进行公示，2020年转诊30例，上传远程心电图和远程影像会诊病人分别为0例和15例，初步实现双向转诊和分级诊疗服务。完成建档立卡户重大疾病的网上核对和身份审核工作，为慢特病患者办理大病本2000人。

【古城中心卫生院】

古城中心卫生院现有卫生专业技术人员45人，其中：高级职称9人，中级7人，初级29人；主要开设全科、中医科及中医疼痛理疗科、妇产科及计划生育服务科、口腔科、肛肠科、B超心电图室、公共卫生科等相应科室；功能及基本业务：基本医疗、基本公共卫生服务及计划生育技术服务、农村卫生管理及村级卫生人员培训。自建院至2020年，始终坚持为人民健康服务的方向，坚持预防为主、中西医并重以农村为重点，重点特色科室肛肠科擅长内外痔手术及其相应病症；中医科擅长肠胃病、心脑血管及疼痛相应症状的治疗；中医疼痛科擅治颈椎病、腰腿疼等慢性疾病；口腔科开展口内口外修复、正畸等相关疾病的治疗。长期开展双向转诊及远程会诊。不断推进卫生改革，坚持“以人为本”的服务理念；贯彻“以病人为中心”的服务理念；秉承“服务优良、快捷高效”的办院方针。与辖区内十家村卫生室实现互通，实现村卫生室与卫生院互通、卫生院与上级（主要依托吴忠市人民医院远程会诊中心互通）、心电图实现与自治区人民医院互通。2019年，开展心电远程会诊1182例，确诊急性心肌梗死1例，远程影像12例。管理规范，加快人才培养和引进，加大投入先进医疗设备，开展新的医疗服务项目，每年坚持选派一到两名业务骨干到上级医院进修学习，不断提高卫生院的服务水平和技术，基本满足辖区人民群众的医疗保健需求和公共卫生服务并取得明显成效，得到了社会的肯定。加大基本公共卫生服务投入，保证基本公共卫生服务做实做好，主要是提高基本公共卫生服务队伍的整体素养；规范基本公共卫生服务项目的质量指标，使老百姓能够享受到真正的专业化的家庭医生签约服务，使基本公共卫生服务惠及千家万户。2019年共建居民纸质健康档案27321份，电子健康档案27520份；开展健康教育讲座52场次；发放健康教育宣传单、册、健康教育宣传小礼品共计4873，利用健康教育宣传栏活动展板、横幅开展健康教育宣传48次；系统管理0—6岁儿童2519人，系统管理率96%；预防接种率98%；系统管理孕产妇208，住院分娩率100%；针对群体、个体开展中医服务4010人次；规范管理高血压患者1714人，糖尿病611人，辖区内65岁及以上常住居民数2330人；慢性病健康体检率为100%；接收结核病9人，癫痫病32人，重性精神障碍患者75人，管理率均达到国家要求。为保障预防接种服务质量和安全，我院建设数字化预防接种室、留观室、母婴室等，开展集中预防接种工作，更好地为辖区儿童提供优质的接种服务。通过“互联网+医疗健康”不仅能更好地服务好患者，又可以不断提高全院医务人员的专业技术水平，始终坚持以人民健康为中心的服务理念，借助“互联网+医疗健康”不断创新服务模式、优化服务流程、提高服务效益和质量，让群众在家门口能享受优质医疗服务，从而创建群众满意的平安乡镇卫生院。

【上桥镇卫生院】

上桥镇卫生院位于利通区城市东南部，担负着上桥镇八个行政村及周边地区回汉群众约3.7万人的基本医疗、公共卫生服务工作，是上桥镇辖区医疗卫生服务中心和城乡统筹医疗定点单位。该院下辖8个村卫生室，实行乡村一体化管理。占地面积176平方米，业务用房960平方米，辅助用房780平方米。现有全科、内科、外科、妇科、儿科等13个科室，现有在编在岗22人（在编16人、90%落聘人员6人），其中专业技术人员21人（副主任医师2人、主治医师5人、主管护师2人、主管药师1人、初级职称11人），工勤岗1人；本科15人、专科7人。2016年12月，该院被国家卫健委评为“全国群众满意乡镇卫生院”，2017年12月，被中国农村卫生协会评为“全国百佳乡镇卫生院”，2019年，被利通区委评为“四星级党组织”。

2020年，该院门诊量39385人，门诊收入1908165.84万元，其中，中草药收入624990.24万元。2020年，该院共建立纸质居民健康档案24936份，建档率106.57%；建立电子健康档案24936份，建档率106.57%；开展健康教育知识讲座12次、公众健康教育咨询活动11次；高血压患者管理1635人，规范管理1478人，规范管理率90.4%；2型糖尿病患者管理531人，规范管理479人，规范管理率90.2%；孕产妇管理286人，规范管理285人，管理率97.94%；0—6岁儿童管理2424人，系统管理2424人，管理率100%，组建8个家庭医生签约服务团队，共签约16480人，签约率66.1%；重点人群签约率89%，残疾人签约率86.14%，建档立卡贫困人口签约率100%，城乡低保、五保人口签约率90.1%。开展公共卫生重点人群免费健康体检工作，完成体检3984余人。做好免费孕产妇产前检查和计划生育技术服务工作，孕12周内建卡率100%。

【东塔寺乡卫生院】

东塔寺乡卫生院始建于1958年，坐落于利通区东塔寺乡。总建筑面积约4300平方米，编制床位10张。卫生院现有职工50人，其中高级职称6人、中级职称11人、初级职称26人。该院是一所具有较高医疗技术水平的乡镇卫生院，担负全乡近2.1万人的医疗、预防和保健等工作。

全乡常住人口数为20696人，下辖10个行政村，11个村卫生室，村医25人，全乡标准化村卫生室覆盖率达100%。该院以维护辖区居民健康为中心，全方位提供基本医疗和公共基本卫生健康服务，并承担上级卫生行政部门委托的卫生健康管理能力，实行乡村一体化管理。

科室设有全科、医疗科、内（儿）科、外科、妇产科、中医科、中西医科、康复理疗科、皮肤科、护理科、公共卫生管理科、放射科、检验科、心电B超等科室，设综合办公室、党建办公室、财务科等职能科室。现拥有500毫安数字化X射线DR系统、全自动生化仪、全自动血球分析仪、彩超、多导心电图机、心电监护仪、中频治疗仪等多种先进医疗设备。

2020年，该院门诊人次5.7万人，收入454万元。共开展计划免疫接种6095剂次，接种率100%。开展新生儿访视及儿童保健系统管理，共对1710名0—6岁儿童进行健康管理。孕产妇系统管理率98%以上，孕产妇住院分娩率达到100%。老年人健康管理率为70%。高血压患者健康管理、规范管理率92%，2型糖尿病患者健康管理、规范管理率87.8%，重性精神病患者规范管理率为99%。在死因监测工作病例128例。

【板桥乡卫生院】

板桥乡卫生院位于吴忠市利通区西南方向，距市区约3千米，交通便利，是一所集基本公共卫生服务、基本医疗、卫生行政管理为一体的现代化综合性卫生院，建筑面积1060平方米，承担着全乡11个行政村，29169名常住人口，千余名流动人口的基本公共卫生服务、基本医疗服务。下设一个早元卫生院分院（即永昌社区卫生服务站），11个村卫生室。有工作人员56人，其中，医学专业技术高级职称人员7人、中级职称人员11人，初级职称15人，普通工3人，其他人员20人，现有村级卫生人员19人。

2020年，该院接诊53547人次，医疗报销费用总金额2047081.46元，医疗费用统筹结算金额1162202.8元。电子健康档案建档25912份，电子建档率102.8%。儿童预防接种工作，保证疫苗冷链正常运行，保持较高的建卡率和接种率，累计建卡192人，建卡及时率100%。常规接种应种5352剂次，实种5341剂次，接种率99.79%；儿童基本信息完整率99.37%，儿童接种信息完整率99.40%；孕产妇管理279人，产妇180人，系统管理279人，建立孕期保健手册、卡率≥95%，检查时限、检查项目符合规定要求，孕产妇住院分娩率达100%。2020年，该院共登记管理并提供随访高血压患者为1589人。并按规范要求进行高血压患者健康管理人数1589人，健康管理率为100%。2020年登记管理并提供随访的糖尿病患者为426人。并按规范要求进行2型糖尿病健康管理426人，健康管理率为100%。

【马莲渠乡卫生院】

马莲渠乡卫生院位于马莲渠乡政府对面，服务人口21359人。卫生院占地面积2300平方米，建筑面积1930平方米，是一所集医疗、预防保健于一体的非营利性医疗机构。卫生院现有职工29人，其中在职职工19人，退休4人，临时聘用10人。现核定编制24人，在岗正式职工19人，其中副高职称2人，中级职称人员2人，其他专业技术人员15人。

【郭家桥乡卫生院】

郭家桥乡卫生院建于1962年，位于利通区郭家桥乡中心学校对面，距离吴忠市城区东7千米。该院辖8个行政，正式在编人员18，其中，本科17人，大专1人；高级职称3人，中级职称9人，初级职称6人；临时聘用护理、药剂等专业技术人员11人、财务2人，后勤2人；共有乡村医师17人。设有基本医疗部和公共卫生部，承担着郭家桥乡8个行政村18726人的基本医疗和14类54项公共卫生服务工作。

2020年共建立电子健康档案19547份，建档率106%；开展健康教育知识讲座12次、公众健康教育咨询11次；高血压患者管理1094人，规范管理883人，规范管理率80.71%；2型糖尿病患者管理259人，规范管理252

人，规范管理率97.29%；孕产妇管理172人，规范管理172人，管理率100%；0—6岁儿童管理1287人，系统管理1280人，管理率99%，组建8个家庭医生签约服务团队，共签约11165人，签约率59%；重点人群签约率91.3%，残疾人签约率100%，城乡低保五保人口签约率100%。开展公共卫生重点人群免费健康体检工作，完成体检1252余人。做好免费孕产妇产前检查和计划生育技术服务工作，孕12周内建卡率100%。

【巴浪湖农场医院】

吴忠市巴浪湖农场医院位于吴忠市区东南约8公里处巴浪湖农场场部，巴浪湖农场辖10个行政大队，1个分场，1个园艺队，1个巴浪湖社区，总面积21.3平方千米，总人口1.2万余人。巴浪湖农场医院始建于1955年，前身是巴浪湖农场职工医院，隶属宁夏农垦系统。2011年7月移交吴忠市卫生计生局管理，2015年5月，由吴忠市卫生计生局移交到吴忠市利通区卫生计生局管理。巴浪湖农场医院占地面积3000平方米，建筑面积1600平方米。该院是吴忠市职工医保和城乡居民医保定点医疗单位。

该院2020现有在岗职工34人，其中，卫生院30人，卫生室4人；副高职称者3人，中级职称者4人，初级职称者18人。医院拥有全自动五分类血球分析仪、全自动尿液十一项分析仪、双目显微镜、心电图机、彩超机、630毫安X线机DR影像诊断系统等现代化医疗设备。医院内设门诊部、护理部、药剂科、公共卫生部4个业务科室和办公财务室、应急保障室2个职能科室；门诊部开设有内（儿）科、中医科、外科、妇产科、全科医学科、口腔科、放射科、B超心电图室、检验科9个临床医技科室，医院编制病床15张。

该院设有基本医疗部和公共卫生部，承担着辖区8851人的基本医疗和14类60项公共卫生服务工作。2020年，该院门诊人次18854人，门诊收入80.81万元；共建立电子健康档案8190份，建档率95%。2020年辖区0—6岁儿童397人，孕产妇总数58人，管理高血压病患者598人，管理糖尿病患者163人，均达到规范管理。组建4个以党员为团队长的家庭医生签约服务团队，共签约7328人，签约率90.1%；重点人群签约1542人。对65岁及以上老年人、慢性病患者进行免费健康体检工作，完成体检540余人，完成农村妇女“两癌”筛查，免费为孕产妇提供产前检查和计划生育技术服务工作，开展布病及棘球蚴病筛查工作；2020年11月25日该院邀请市人民医院护理部马旭升护士长现场指导下，在巴浪湖农场广场举办了“新冠病毒核酸检测应急演练”健康教育宣传活动，收到了好的效果。该院设有中医诊室、中药房。现有中医诊疗设备10余台，能够开展针刺、推拿、刮痧、拔罐、艾灸等中医技术。中药房现有中药饮片271种。运用中医适宜技术对辖区常见病、多发病、慢性病患者进行诊治，中医药门诊量逐年大幅增长。与吴忠市人民医院签订对口支援和医联体协议，建立完善对口支援人员管理考核制度，对支援人员管理考核制度，对支援人员信息进行公示。每年，该院都会选派村医或者骨干医师到吴忠市人民医院进行基层人才能力提升项目培训学习，该院积极鼓励医务人员通过网络参加继续医学教育学习，通过各种培训学习使我院专业技术人员水平又上新台阶。

该院积极推进“互联网+医疗健康”建设工作，建立远程会诊室，实现了HIS系统、电子健康档案、家庭医生慢病随访互联互通；2020年，该院远程影像、远程心电分别向吴忠市人民医院上传255、756人次，双向转诊11人。辖区3家村卫生室均已接入电子政务外网并接通远程医疗服务，建立居民电子健康档案，开展家庭医生慢病随访管理，实现电子健康档案、家庭医生、慢病随访互联互通。

民生保障

民政事务

【概况】

2019年，设立吴忠市利通区民政局，为利通区人民政府工作部门，核定行政编制5名。设局长1名，副局长2名，机关后勤服务事业编制1名。2020年，利通区民政局（以下简称区民政局）深入贯彻党的十九届四中、十九届五中全会和习近平总书记对民政工作的重要指示精神，认真落实自治区党委十二届十次、十二届十一次、十二届十二次全会和全国、自治区民政工作视频会议等决策部署，主动履行民政职责，在推进“十四五”时期民政高质量发展实践中担当作为。

【低保救助】

2020年，调整全区城乡居民社会救助标准：将城市低保调整为600元/人/月，农村低保调整为4560元/人/年，农村特困供养人员救助标准提高到494元/人/月，城市特困人员提高到780元/人/月。联合14个成员单位开展低保信息核对4批次，审核低保对象1018户，3428人次，清退不符合低保条件对象652户1105人，全年节约低保资金37.89万元。区乡两级全年实施临时救助对象5310人次，金秋助学帮扶201人，全年累计发放各类社会救助资金8400万元（城乡低保高龄2020年全年累计发放7065.38万元）。

【社会福利】

2020年，区民政局落实孤儿养育津贴制度，规范收养工作管理。根据《自治区民政厅财政厅关于进一步做好利通区孤儿养育津贴发放工作的通知》精神，通过核查，对利通区的孤儿养育津贴进行提标扩面；利通区现有纯孤儿20名，截至2020年，发放孤儿津贴187400元，新增纯孤儿2户4人；23户28名事实孤儿，到龄取消6名，现有事实上无人抚养的孤儿230名，发放孤儿津贴1581775元。疫情期间，全区实名登记进入系统的191户225名孤儿购买牛奶、挂面、方便面、面粉、香油、大米等疫情防控生活救助的物资共74700元。并采取“一卡通”的方式发放每人30元的疫情防护用品补助和90元生活物资补贴共27000元。按照自治区民政厅《关于进一步做好全区城乡社区“儿童之家”申报建设工作的通知》，申报14处儿童之家，筹资70万元，现已全部建成并开展活动。8月份通过政府购买服务的形式对利通区成年人、“三留守”人员、困境儿童从生活、学习、心理咨询等各方面开展专业服务，对利通区160余名儿童主任和督导员进行提升业务能力的培训，逐步实现由偏重“输血”向注重“造血”转变。为保障社会散居孤儿有一个健康的身体，做好“明天计划”项目孤儿体检工作，对利通区20名社会散居孤儿（其中9名因上学或放弃体检）进行全面体检。

【社区建设】

增核社区专职工作者职数，充实社区工作人员力量，综合全区各社区所辖无物业老旧小区户数、服务商圈人数、大型公共服务场所等情况，按照民政厅三种增核因素需新增社区工作者65名。做好网格配置按照“户数适中、任务适度”原则，城市网格控制在300至500户，农村网格以村民小组为单位，户数分设为50户、100户、100户以上三个档位，共设置城乡社区综合网格1132个，其中城市361个，农村771个。增强社区减负工作实效，启动“万能章治理专项行动”按照《自治区党委办公厅关于印发2020年持续整治形式主义突出问题为基层减负重点任务的通知》，根据《利通区社区事务准入制度》和《关于保留和取消的证明事项清单》实行社区服务事项清单式管理，清理取消各类创建考评61项，规范社区职责事项64项，梳理村务公开内容52项。

【地名管理】

制作安装乡镇地名标识牌14个，完成利通区与青铜峡、灵武市更换县域行政界桩6个，利通区乡（镇）级行政区域界线勘定工作验收及成果上报，完成利通区清理整治不规范地名工作，共清理整治不规范地名11条，完成了利通区第二次全国地名普查图录典志编纂成果申报自治区民政厅专家评审工作。

【婚姻登记】

持续推进婚姻登记机关规范化建设，加强婚姻登记和婚姻家庭相关法律法规宣传，办理登记结婚2738对，离婚1380对，补办结婚1563对，补离122对。

【殡葬服务】

依法收回利通区沙坝沟回民公墓管理权。并科学规划建设沙坝沟回民公墓，进行了公墓的引水管网、绿化的建设，招聘专职工作人员9名，其中，事业编制3名，政府采购服务人员6名。印发了《利通区关于进一步加强殡葬管理工作实施意见》及《利通区沙坝沟回民公墓管理暂行办法》，并认真贯彻落实和宣传。按照有关规定和要求，对尖山回族人民墓地进行了专项清理整治，依法管理和有序埋葬。

【慈善事业】

清理整治不规范城市社区旧衣物捐赠箱653个，并根据《中华人民共和国慈善法》的有关规定，重新更换了带有慈善标志和监督电话的捐赠箱，疫情期间，接收群众和社会组织捐赠物资共计90余万元。截至2020年11月30日，注册登记志愿者95016名，实名认证78212名，注册服务团队338个，服务项目22974个，服务总时长7653630.5小时，2019年度2797611小时，2020年度4856019.5小时。

【养老服务】

建成农村幸福院50个、社区日间照料中心16个、农村老饭桌21个，公建民营养老机构1家、民办养老机构2家、农村互助养老院1家，共建设床位593张。增设城乡养老服务机构床位123张，千名老人养老床位数达到37张。投入190万元开展民办养老服务机构消防安全达标提升工程。

【社会组织】

区民政局印发了《关于落实〈自治区党委办公厅　人民政府办公厅关于完善社团治理体系提高治理能力的实施意见〉分工方案及落实完善社团治理体系提高社团治理能力实施意见“六个聚焦”行动措施及分工》。到期换证、变更社会组织登记14家，注销登记16家，完成了129家社会组织章程修订工作，政府购买社会化公益性服务8项，惠及城乡居民5100余人。完成行业协会商会与行政机关脱钩工作，共计脱钩24家。

退役军人事务

【概况】

利通区退役军人事务局和退役军人服务中心经吴忠市委编办、区委编办审核批准，于2019年1月30日正式挂牌成立。全区12个乡镇、106个村和22个社区的两级退役军人服务站也于2019年2月底前全部挂牌成立。利通区退役军人事务局为正科级行政单位，退役军人服务中心区为退役军人事务局下属副科级事业单位，局核定行政编制5名，服务中心核定事业编制4名。主要是承担工作职责有退役军人思想政治、舆论宣传、权益维护、褒扬激励、帮扶援助和信访工作。监督检查退役军人相关法律法规和政策措施落实情况。开展拥军优属工作，承担现役军人、退役军人和军属优待、抚恤等工作。组织落实退役军人教育培训，贯彻落实伤病残退役军人、退役军人社保接续等工作。

【机构建设】

按照自治区党委要求，成立了利通区委退役军人事务工作领导小组、利通区拥军优属拥政爱民领导小组，办公室设在退役军人事务局。按照“五有”标准，建成退役军人服务中心1个，退役军人服务站146个。实现区、乡（镇）、村（社区）三级服务保障体系“全覆盖”。区、乡服务中心（站）均设置“一厅四室六窗口”，乡镇退役军人服务站站长全部由乡镇武装部长担任，政府安置12名退役军人专职从事服务保障工作；村（社区）退役军人服务站主任均由村（社区）书记担任，兼职工作人员全部配备到位。12个乡镇和14个百人以上退役军人服务站全部建成全国示范型退役军人服务站，不断提升退役军人服务保障水平。

【服务站建设】

持续助推乡（镇）全国示范型退役军人服务站建设。截至2020年12月底，100%完成自治区和国家创建任务，承办了全国示范型退役军人服务中心（站）吴忠现场观摩会，先后接待全区五市及外省观摩9场次1000余人次。金积镇退役军人服务站被推荐为全国示范标杆型服务中心站，示范型退役军人服务站创建形成的“利通经验”被自治区退役军人领导小组办公室在全区刊发交流学习。先后组织两次服务保障体系建设“回头看”和召开5次推动实体运转座谈交流会，推进“枫桥式”退役军人服务站建设，确保把矛盾化解在基层、消灭在萌芽。充分运用退役军人信息采集成果，分门别类地建立实名制服务台账，做到底数清、情况明、无遗漏，确保提供精准服务。依据国家“6大任务75项”创建标准，抓好建站“规定动作”，结合乡镇、街道的不同实际，按照“基本+特色”“硬件+软件”的思路，按照基本要求，组织12名乡镇分管领导互观互学互鉴，谈进展，查短板，找原因，帮创建，打造指标更细、要求更严、更具特色的示范型退役军人服务站，确保12个乡镇全部完成创建任务。

【党建引领】

坚持把解决思想问题与解决实际问题相结合，加强与工会、共青团、妇联等群团组织思想政治工作的有机衔接和配合，进一步提高服务水平、拓宽服务领域，教育引导广大退役军人珍惜荣誉、永葆本色。一是持续推进政策落地落实。对政策落实进行再梳理，建立问题清单、责任清单，坚持“阳光安置”原则，2020年接收安置退役士兵9名，正在安置工作中，做到了“八公开”“三满意”。落实《吴忠市公共服务机构优待退役军人办法（试行）》，为符合条件的5600余名退役士兵发放双拥卡。在主流媒体大力宣扬“优秀退役军人”，开展退役军人抗疫先进事迹宣讲活动，邀请优秀退役军人代表参加重大庆典纪念活动，营造全社会尊重、尊崇军人氛围。二是打造党建品牌，促党建业务深度融合。主动靠近和拥抱“老兵”，用心用情服务“老兵”，全力打通服务保障“最后一公里”。服务退役军人“258”党建工作法的党建品牌引领退役军人服务向乡村（社区）延伸发展。三是坚持党建引领，加强退役军人党员教育。落实退役军人中党员教育管理制度，查找完善信息档案，确保把每个退役军人党员有效纳入党组织教育管理，不断强化党员的意识。明确规定乡镇党委组织委员具体负责所在辖区、乡镇退役军人党组织关系转接，村（社区）党支部具体落实退役军人中党员教育管理工作，实现了退役军人党员组织管理制度化，学习教育常态化。四是做好组织和部门监督。要求各基层党组织把退役军人学习教育管理情况按时抄报区、乡退役军人服务站中心（站），认真落实党员教育管理“三会一课”、主题党日等基本制度，规范组织生活内容，加强党纪教育和部门监督，引导退役军人严格自我约束、维护退役军人党员良好形象。

【帮扶援助】

整合资源，因人因户精准施策，全面开展政府部门、社会团体、志愿团队和爱心人士结对帮扶。严格落实优抚政策，以“基本优待+”方式，因地制宜地落实住房、就业扶持政策等，体现党和政府对退役军人的关爱，为138名家庭生活困难或身患重大疾病的退役士兵帮扶救助6.8万元。

【尊崇优待】

建立春节、“八一”等重要节日慰问联系退役军人长效机制，落实新兵入伍“四尊崇”，退伍返乡“五关爱”，日常关怀“八必访”制度。区委四套班子领导上门为23名参加抗美援朝作战老战士送去慰问金和抗美援朝纪念章，充分体现尊崇英雄、彰显功绩的仪式感、庄重感。

【就业创业】

落实军地合力做好退役军人“宁夏经验”，和宁夏伊利乳业有限责任公司、宁夏众源保安服务有限公司等25家企业签订合作协议，落实税费减免等措施，2020年解决了314名退役军人再就业。常态化多渠道发布岗位招聘信息、多方式开展职业技能培训、多样化提供就业指导服务，提高退役军人的就业能力和质量，全区举办就业创业培训6批次共653人次，组织专场招聘会4场，参与1000余人次，争取市退役军人事务局培训项目资金3万元，培训1期90人，安排公益性岗位24人。举办退役军人创业创新大赛初赛，在自治区首届退役军人创业创新大赛中荣获“优秀组织奖”。

【社保接续】

成立退役士兵社保接续工作专班，全区完成社保医保受理680人，已审核认定530人，养老已办结530人，完成养老缴费377人，办结率达到100%。

【双拥创建】

解决7名现役军人子女入学问题，为执行边境特殊任务的25名吴忠籍现役军人家属送去慰问信和慰问金。设立了“双拥主题广场”“国防教育基地”“双拥文化长廊”。全年2万余人次接受红色教育，成功卫冕全国双拥模范城“四连冠”。

人力资源

【概况】

利通区人力资源和社会保障局（以下简称区人社局）成立于2019年3月20日，是利通区机构改革后设置的正科级政府部门，核定行政编制6名，设局长1名（正科级），副局长2名（副科级）；利通区就业创业和人才服务中心为区人社局所属副科级事业单位（参公管理），设主任（副科级）1名。2020年，区人社局积极落实稳定和促进就业各项工作措施，制定出台了《利通区促进中小微企业稳定和扩大就业若干措施》和《利通区做好当前促进就业工作实施方案》，全力减轻疫情对就业工作影响。城镇登记失业率控制在3.85%；城镇居民人均可支配收入33977.3元，同比增长5.2%。

【党建工作】

开展主题党建活动。持续巩固深化“不忘初心、牢记使命”主题教育，深入学习宣传贯彻习近平新时代中国特色社会主义思想和习近平总书记视察宁夏重要讲话精神。创新开展党建与业务深度融合的“54321”主题党建活动，创建“让党中央放心、让人民群众满意”模范机关，从5个方面28项创建内容入手，切实把局机关建设成为“守好三条生命线、走出一条高质量发展路子”的排头兵。落实全面从严治党任务。切实担当和落实好全面从严治党主体责任，梳理完善全面从严治党“三个清单”，确保党风廉政建设各项任务落到实处。严格正风肃纪，持续落实中央八项规定，开展形式主义、官僚主义问题整治和侵害群众利益突出问题治理。大力开展机关廉政教育，着手打造具有人社特色的“廉政文化室”，进一步推进廉政文化建设，扩大清廉人社的社会影响力。加强意识形态工作。扎实开展党员不信仰宗教和不参与宗教活动再摸底、再排查活动，做到覆盖全员，不漏一人。全面落实意识形态工作责任制，接入联通公司舆情通系统，将就业创业、社会保障、人事人才、扫黑除恶、民族宗教等工作列为管控重点，做好舆情监测和舆情分析，守好意识形态阵地。

【人社系统】

持续推进人社系统行风建设三年专项行动，组织参加“学习强国”、阅慧人社APP、全国人社系统干部在线学习平台、人社法治知识竞赛等学习活动，印制人社政策宣传册。选派2名干部参加人社厅业务技能练兵比武、法治知识竞赛活动。优化办事大厅的环境和服务水平，打造政务公开查阅点，配备电脑、打印机和引导台，落实“政府开放日”活动。进一步畅通政务服务流程，实现养老保险认证等工作线上办理。

【就业创业】

2020年，利通区落实稳定和促进就业各项工作措施，出台了《利通区促进中小微企业稳定和扩大就业若干措施》和《利通区做好当前促进就业工作实施方案》，全力减轻疫情对就业工作影响。实现城镇新增就业4325人，完成目标任务的108%；城镇失业人员实现再就业1806人；就业困难人员实现就业359人，完成目标任务的108%；农村劳动力转移就业22737人，完成目标任务的108%；发放灵活就业补贴6100人；城镇登记失业率控制在3.86%。“铁杆庄稼保”参保缴费14089人，完成目标任务的133%。深入实施高校毕业生就业创业促进计划和基层成长计划。接收应届高校毕业生学籍档案1964份，其中未就业离校高校毕业生实名制登记1141人。招募120名高校毕业生从事“三支一扶”服务，组织303名高校毕业生到行政事业单位实习、114名适龄青年到企业见习、举办线上、线下高校毕业生专场招聘会3次，2020年离校未就业高校毕业生就业率达到91%。做好有劳动能力的残疾人、零就业家庭、退役军人等就业困难人员就业援助工作，开发597个城乡公益性岗位兜底安置就业岗位，实现零就业家庭动态清零。农村劳动力转移就业22737人，完成年度任务的108%；“铁杆庄稼保”参保缴费14089人，完成年度任务的134.20%。

【创业带动】

2020年，利通区落实“创业培训＋创业贷款＋创业服务”三位一体创业帮扶机制，打造吴忠新经济产业发展中心、东塔寺乡白寺滩村大青葡萄种植合作社2个利通区级创业孵化基地，并创建为吴忠市级创业孵化基地，获得100万元奖补资金。推荐吴忠市光耀美食街、吴忠市家政服务基地争创自治区级创业孵化基地。推送宁夏爱之圆人力资源服务有限公司、吴忠市安馨母婴服务有限公司等5家企业参加自治区级优秀家政服务企业评选。组织举办第二届利通区“创青春”青年创新创业大赛和“中国创翼”创业创新大赛利通区选拔赛，2个项目获得自治区级奖励。培育创业实体705个，完成目标任务的100.7%；创造新岗位1709个，完成目标任务的100.5%；全民创业带动就业3156人，完成目标任务的105%；发放创业贷款8567.5万元，完成目标任务的107%；发放自主创业补贴28.2万元，创业房租补贴14.65万元。

【技能培训】

2020年，利通区落实《关于推行终身职业技能培训制度的实施意见》，实施“职业技能提升行动”，开展了以工代训支持企业153家共4482人，发放补贴546.5万元。打造非公经济组织、现代纺织、现代养殖管理、现代农业技术和家政服务5个“实训基地”，组织培训学员进行实操实训210人次。开展中式烹饪、工程机械、家庭服务等16个工种技能培训105期共3258人。其中，开展就业技能培训30期共1418人，企业职工培训40期共1804人，“两后生”培训36人。

【就业服务】

2020年，利通区开展全天候网上招聘和“春风行动”“就业援助月”等专项服务活动，配合市人社局建设吴忠市人力资源产业园，引导培育人力资源服务业向信息化方向发展。接收应届高校毕业生学籍档案1964份，其中未就业离校高校毕业生实名制登记1141人。举办各类专场招聘会9场次，参会单位总数达329家，参与招聘人数4745人，线上求职登记及注册个人简历总人数1514人，达成意向性协议共计841人。开通“就业直通车”6次，组织500人到企业实地观摩，实现“零距离”交流、“面对面”应聘。

社会保障

【养老保险】

2020年，利通区配合市社保中心宣传落实疫情期间企业社会保险缴费减免政策，共减免养老、失业、工伤保险1.65亿元。做好特殊困难群体参保认定、待遇领取等工作，辖区领取待遇人员达16929人。向全区发布社保宣传短信40万条。完成城乡居民养老保险参保10.42万人。

【资格认定】

2020年，利通区办理“利通区被征地农民资格证”868户共3527人，向市社保中心推送符合参保条件2534人，取消认定资格16户共95人，配合市社保中心下发退保“行政决定通知书”49份。2020年全区历年累计办理“利通区被征地农民资格证”21110户120760人。

【权益维护】

2020年，利通区配合市劳动监察执法局开展清欠检查工作4次，召开农民工工资清欠领导小组会议2次，下发通报和“农民工工资督办函”各1次，配合市劳动监察执法局协调处理农民工投诉案件1起，接待来电来访116人次。评选利通区级“和谐企业”4家，发放奖补资金8万元。

【人事管理】

2020年，利通区完善事业单位综合平台建设，严密组织事业单位人员报名资格审核等工作。事业单位公开招聘53个岗位共56人，为定向医学生、大学生“村官”、公费师范生等16人办理聘用手续。完成2019年度利通区机关事业单位年度考核工作，做好年度考核备案工作3300人。对33家事业单位进行岗位设置，办理岗位聘用和晋级手续835人，办理调配手续52人，办理辞职手续5人。对366名事业编制人员档案进行专审，建立档案查阅制度，进行规范管理。

【工资管理】

2020年，利通区落实事业单位岗位绩效工资制度，办理退休83人，按照国家部署调整事业单位工作人员基本工资标准，办理晋级薪级工资3300余人，为835人岗位等级认定重新确定工资。建立“工资审核服务日”制度，每月21日至22日集中进行工资审核。组织全区事业单位开展平时考核，按季度向3300人发放平时考核奖。按照乡镇工作人员补贴执行标准，重新梳理全区乡镇事业单位工作人员补贴执行范围。审核并发放全区1324名符合条件的事业编制工作人员公休年休假报酬，为24家执行奖励性绩效工资的事业单位审批2822人的绩效工资，会同区财政局、区住建局审核事业编制人员住房补贴。全年事业单位工资审核工作实现“零失误”。

【人才服务】

2020年，利通区建立和完善考评结合、评聘分离、科学设岗、竞争上岗、择优聘用等职称评聘机制。向144名企事业单位专业技术人员发放初级职称证书。落实国家免费师范生、免费医学生等制度，开展“基层之星”人才培养工作，选派3名专业技术人才到重点高校参与为期1年的研修学习。开展高层次人才盘点工作，盘点专业技术人才2955人，高技能人才

308人。强化人才服务保障，推荐上报3名青年拔尖人才人选，推荐2人参加高层次人才休假疗养活动。

【人社扶贫】

利通区落实贫困劳动力自主创业补贴13万元，交通补贴1.9万元，树立贫困劳动力自主创业典型3名，向扶贫车间、建档立卡贫困户发放担保贷款210万元。围绕“四查四补”，组织全体干部对1827户建档立卡贫困户、700户“十二五”劳务移民进行调查，设立“一户一档”并按季度进行更新，精准了解这类人群就业需求和培训需求。开展精准脱贫技能培训604人，完成目标任务的302%，其中技能培训6期共85人，机动车驾驶员培训519人。开发乡村公益性岗位，兜底安置“十二五”劳务移民城镇公岗50人、乡村贫困劳动力公岗237人。建档立卡贫困劳动力就业3440人，实现有劳动能力的贫困家庭至少有一人就业的目标。建档立卡户参加养老保险5200人，其中，发放待遇725人，代缴4475人，参保率、发放率、代缴率均达到100%。

乡镇概览

金积镇

【概况】

金积镇位于市区西南8公里处，因明代境内建有“金积堡”而得名。辖区面积70.4平方千米，地理区位优势明显，距吴忠高铁站13千米，距青铜峡火车站15千米，距河东机场45千米，京藏高速、古青高速穿境而过，银平公路、G344线纵横交织。全镇辖17个行政村、1个社区居委会。常住人口5.5万人，其中城镇人口3.2万人。城镇化率60%，集镇建成区面积5.8平方千米。全镇有入园企业146家、规模以上工业企业67家，产值亿元以上企业7家。全镇有耕地3.4万亩，种植露地蔬菜、设施蔬菜、供港蔬菜近2万亩。辖基层党组织35个，党员1157名。先后被授予“全国文明村镇”“全国先进基层党组织”“中国乡镇投资环境百强、百佳之一”“国家重点镇”等16项国家级荣誉称号。

【产业发展】

一是蔬菜产业链初具规模。紧紧围绕农业产业结构调整，扩大蔬菜种植面积，累计种植露地蔬菜10300亩，设施农业3000亩、供港蔬菜2400亩，建成万亩露地蔬菜规模产业基地、日光温室科技示范基地、供港蔬菜标准种植基地。全镇共新建设施温棚69座，其中12连跨连栋大棚3座，形成集生产、加工、销售于一体的蔬菜产业链。二是基础保障措施得力。狠抓露地蔬菜技术指导，注重产前指导种植户选种育苗，主抓产中做好现场技术指导，促进产后积极协调拓宽销售渠道，解决种植户生产销售难题；协调安装增容变压器6台、打井建泵房10座；结合秋季农建，清淤各类沟、渠1458条，整修道路696条；积极争取秸秆生物反应堆制作项目100座，为农业生产和产业结构调整提供基础保障。三是养殖业转型不断深化。大力发展肉牛、肉羊养殖，全镇肉牛饲养量达1.8万头，较上年同期增加3000头，羊只饲养量2.2万只，家禽饲养量达20万只；狠抓畜禽免疫和消毒工作，累计完成各类畜禽免疫接种24万头（只），畜禽免疫率和标识率均达到98%，确保了全镇无重大动物疫病发生，有力地保证了畜禽产品质量安全。

【项目建设】

2020年，金积镇完成上争

资金5000万元，完成目标任务100%。2020年金积镇共谋划项目38个，总投资4526.86万元，已完成项目37个，完成2020年总投资的97.4%。投资1747万元，实施了农村厕所改造及污水处理工程。投资2124万元，实施城镇基础设施改造项目已完成招标。金积金融超市建设项目已完成建设并投入运营。投资985.24万元，实施了金积镇广场改造项目、安置小区七期、八期东侧绿化项目、安置区二期、五期北侧及六期南侧停车场项目、劳务移民安置楼基础设施维修等项目。投资800万元，实施吴忠市利通区金积全民健身中心项目，主体结构已建成。投资1800万元，实施老镇区5个老旧小区改造工程，同步做好道路翻新、管网铺设、老旧小区综合服务中心等基础设施建设。争取农村公益事业财政奖补项目资金506.62万元，实施大庙桥村道路硬化及生产桥工程、塔湾村渠道砌护改造工程、梨花桥村农民休闲文化广场工程、河渠拜村路灯亮化工程。争取扶持壮大村集体经济项目资金400万元，实施梨花桥村、田桥村、郝渠村、大院子村冷棚建设项目4个。加快推进教育资源优化配置工作，开工建设金积公办幼儿园项目，启动金积初中、小学新建项目。

【基层治理】

一是推进矛盾纠纷排查调处。开展矛盾纠纷排查调处，其中信访事项32件，矛盾纠纷43件，全部调处，调处成功率100%；组织国家安全教育宣传活动8次；落实法治政府建设和“七五”普法教育，打造“金积镇法治文化宣传街”，制作法律知识宣传展板85块。二是强化涉毒人员管控。深化涉毒人员“1+3+4”精准帮扶模式，充分发挥“黑眼睛”工作室作用，全镇涉毒人员管控率达100%，社区戒毒康复执行率100%，戒断率85.9%，就业安置率90%以上；为金积中心学校、秦渠中学申报创建自治区毒品预防教育示范学校。三是狠抓安全生产管理。联合综治、消防、派出所等部门对辖区各村（社区），32家重点防范企业、8家重点防范单位、7家公共场所进行治安防范检查半月一次，每个季度考核一次。对辖区宁夏夏进乳业集团股份有限公司、宁夏夏进制箱包装有限公司、万生生物、宁夏金世纪包装印刷有限公司重大社会治安防范工作进行重点督查，深入在建项目施工现场排查治安隐患，全年未发生重大安全事故。

【民生保障】

金积镇全面打赢脱贫攻坚战。持续推进金积镇“十二五”劳务移民挂牌作战和“四查四补”工作，实行“一户一档”动态管理，全面落实《金积镇关于“十二五”劳务移民扶持发展措施20条》，确保“两不愁三保障”实现程度达到100%。实施移民零就业家庭清零行动，搭建就业平台，力推穆易电气和盛泰塑料扶贫车间。扎实开展脱贫攻坚各级督查巡查反馈问题整改落实，反馈问题全部销号。聚焦全镇边缘易致贫人口，动态监测动态管理，积极落实各项扶贫政策。全年共受理城乡低保申请256户，为340人办理了残疾证；对1460名残疾人进行动态更新，发放轮椅、器材18件；受理52户住房困难家庭公租房手续；新办理事实孤儿9人，散养五保户2人；对1452户低保户和359名高龄低收入老人进行专项清理核查公示。累计落实和发放各项民政资金1482.2万元。为9名困难职工申请困难救助；为15名职工申报重特大病医疗互助金；为57户农村妇女申请妇女小额创业担保贷款453万；为7名新增“两癌”妇女申请贫困患病妇女救助金7万元；为65名贫困学生申请各类助学金5.03万元；为12名退役军人等困难职工申请困难救助。通过“控辍保学”，劝返学生12人。接受免费孕前优生健康检查育龄夫妇125对。开展各类文体活动237场次，参与群众达7万余人。

高闸镇

【概况】

2020年利通区高闸镇位于利通区南部12千米处，区域面积64.66平方千米，集镇面积0.68平方千米，耕地面积41571亩，全镇辖7个行政村，83个村民小组，总人口7034户共21826人，是一个以种植业、养殖业及劳务输出为主导产业的农业大镇，现有品牌西瓜、露地蔬菜、特色菌菇、优质饲草四大种植产业。罗山大道、吴高公路、慈善大道、银平公路和侯汉路、城际铁路、京藏高速穿境而过，黄河水自汉渠、东干渠流经而入，使得高闸镇的经济社会发展占据了得天独厚的优势。2020年，镇党委、镇政府以乡村振兴战略为引领，以发展镇域经济为主线，以建设“农业生态小镇”为目标，推进城乡建设，调整产业布局、完善城镇功能，改善人居环境，举全镇之力逐步打造美丽、生态、宜居新高闸。

【基层党建】

2020年，高闸镇在疫情期间，成立了8个疫情防控临时党支部及13个临时党小组，发动党员及群众志愿者350人。打造了1500平方米党建领航馆及小镇记忆馆，新建高闸镇新时代文明实践所，构建了“六点一线”的新时代文明实践长廊。打造高闸村、朱渠村社区服务站，新建李桥村社区服务站，建设了朱渠村美风广场、周闸村3队乡风文明广场和朱渠村法治广场。探索创新出了乡风文明建设“笑脸”积分制，参与评比700户。打造了朱渠村乡风文明广场、周闸村3队乡风文明广场。打造了530平方米利通区法治馆和标准化乡镇司法所，在朱渠村创新实施“1236”基层治理模式。

【财政收支】

2020年，高闸镇财政收入2558万元，其中，上年结转107万元，一般财政预算收入1421万元（主要项目有西瓜种植项目21万元，马家湖李桥美丽村庄建设项目400万元，农田水利建设项目40万元，环境整治项目200万元，道路硬化及路灯建设项目131万元，扶持壮大空壳村项目300万），政府性基金预算收入141万元（康盛路、兴通路征地拆迁补偿），其他收入995万元。2020年，高闸镇财政支出2665万元，其中，一般公共服务支出448万元（财政供养人员工资），公共安全支出2万元（乡镇武装部经费），教育支出52万元（辖区校舍运转经费），社会保障和就业支出74万元（财政供养人员社保缴费及农村临时性救助），卫生健康支出32万元（财政供养人员医疗补助），城乡社区支出340万元（康盛路、兴通路征地拆迁补偿及集镇维护），农林水支出511万元（设施农业蘑菇棚建设及村委会经费），交通运输支出13万元（乡村道路维护），住房保障支出195万元（农村危房改造补助），其他（西瓜种植方点、美丽村庄建设、环境整治、壮大村集体项目）支出998万元。

【社会保障】

2020年，高闸镇民政办共计发放民政资金531万元，其中，城乡最低生活保障金306万元，分散特困供养金8.69万元，残疾人两项补贴35.1万元，孤儿津贴8.9万元，城乡高龄津贴133.8万元，临时救助35.6万元，其他2.64万元。新增低保对象14户共15人，清理不符合领取低保待遇的28人，清理不符合领取高龄待遇的20人。共计向88户群众发放临时救助金35.6万元，上报民政局救助3户。春节前积极争取上级部门慰问高闸镇残疾、低保、高龄、五保、困难职工、优抚对象等46人。镇政府自筹13万元，向372户困难群众发放面粉2万斤，大米1万千克，食用油2000千克，煤280吨的物资。2020年举办了三期引导性农业培训班，为期3天，每天46人，共138人参加培训。11月底组织了一期劳动力转移培训班——酿皮制作班，为期5天，共50人参加，其中有46人已成功拿到酿皮制作技能证。2020年全镇农村劳动力转移就业2232人。

【文体教育】

2020年，高闸镇举办迎新春“快乐读书　快乐成长”亲子共读活动、开展“红红火火过大年”农民趣味运动会、高闸镇农民文化艺术团开展迎新春文化下乡惠民演出以及高闸镇“恭祝全市人民新春快乐”社火展演；4月，开展“书香家庭　悦读生活”读书月活动；5月，开展“童心同乐　多彩六一”及“扶残助残　有你有我”志愿活动；8月，开展2020年全民健身日趣味运动会。

【扶贫救助】

2020年，高闸镇民政办对接区民政局为辖区11名五保人员及12名孤儿发放米、面、油等基本生活物资。镇政府自筹一部分资金为五保人员及孤儿发放牛奶、挂面、八宝粥、口罩等。4月底，动员镇、村、队干部对全镇群众的“两不愁三保障”情况进行了摸底，存在问题的建立了“一户一档”。对生活出现困难的3户家庭进行了帮扶，通过修缮羊圈、购买种羊、务工就业等形式，帮助其增加家庭收入。

【平安建设】

2020年，高闸镇定期开展矛盾纠纷排查化解专项行动，全年累计排查各类矛盾纠纷35起，化解32起，化解成功率91.4%，努力做到“矛盾不上交、平安不出事，服务不缺位”。办理信访案件28起，均按规定程序限期办理完毕，化解信访积案2起，受理涉法涉诉案件2起，引导信访人员通过诉讼程序解决争议，无赴银、进京非访案件的发生。扎实做好扫黑除恶专项斗争工作，开展扫黑除恶宣传活动28次，发放扫黑除恶宣传资料3000余份，制作宣传展板18块，刷写标语69条，制作横幅29条，摸排涉恶涉黑线索5条，并按程序调查核实办理完毕。加大普法宣传，全年共开展普法宣传活动18场次，发放宣传资料2000余份，解答群众法律咨询50人次，受众达2000余人，强化了辖区群众的法律意识，引导群众合理合法维权。

【招商引资】

2020年，高闸镇招商引资项目3个，新建茂鑫通农产品物流园建设项目，建设冷藏保鲜库6000平方米，引进冷链设施设备160台（套），建设办公楼、检测中心及附属楼5000平方米，农产品交易中心6000平方米，停车场20000平方米，蔬菜深加工车间12000平方米，道路及场地硬化30000平方米，泡沫箱生产车间3000平方米。建设宁夏鑫浩源生物科技股份有限公司

10000吨硫酸钙晶须生产线新建项目及高闸镇川洋肉牛养殖场项目。

【企业发展】

2020年，高闸镇辖区企业个数116个，其中规模以上企业有：宁夏鑫浩源生物科技股份有限公司、宁夏伊友乳业有限公司、吴忠市常信化工有限公司、宁夏金牛集团化肥有限责任公司、宁夏兄弟包装材料有限公司。辖区个体工商户及合作社共374个。

【美丽乡村建设】

2020年，高闸镇开工建设郭桥棚户区二期绿化项目，投资150万元种植绿化面积15000平方米；建设高闸镇社区多功能公共运动场地室外附属配套设施工程；实施高闸镇李桥村2020年高质量美丽宜居村庄建设项目，改善农村人居环境；推动周闸村三队美丽村庄绿化项目落地实施；完成农村危房改造53户，农村危房加固81户，改造农村卫生厕所1300户，拆除农村空心房39户。争取农村公益事业财政奖补项目3个，争取项目资金240万元。按照人居环境整治工作要求，抓好村庄清洁行动四季战役，全年共计实现使用机械700台次，清理各类垃圾72642吨、粪便560吨、乱堆乱放646处，参与整治群众8000余人次。

【种植业】

2020年，高闸镇全镇粮食种植面积27221亩，其中，种植小麦427亩，玉米（含青贮玉米）25557亩，水稻1237亩。建立了500亩集中连片水稻种植方点1个，1000亩玉米集中连片种植方点7个。

【特色产业】

2020年，高闸镇巩固西瓜基地建设。建立了500亩集中连片拱棚西瓜种植基地1个，全镇种植大小拱棚西瓜共计2300亩，大棚西瓜亩产值达1万余元，小拱棚西瓜亩产值达7000元。万亩蔬菜基地建设。新增露地蔬菜1000亩，建立了以本地香菜、菠菜、西芹等品种为主的露地蔬菜基地；瓜后、麦后复种蔬菜550亩。全镇蔬菜种植面积达到10250亩，实现总产值1.1亿元。特色菌菇种植基地建设。依托高闸村2队新建的高标准菌菇种植基地，发展特色秀珍菇产业。新建大棚共计投放菌袋60万袋，年产菌菇30余万千克，总产值达320万元，纯利润200余万元。提高粮经饲比例，巩固万亩饲草种植区。全镇苜蓿种植5800余亩；种植晋饲草1号小黑麦1400亩；全镇饲草面积达3.2万余亩，全面提升了粮经饲比例。

【畜牧养殖】

2020年，高闸镇奶牛存栏1200头，肉牛存栏8303头，羊只饲养量8176只，生猪4982头，家禽5万羽。

【植树造林】

2020年，高闸镇美丽乡村绿化29亩，退化防护林改造28.5亩，未成林补植补造34亩，农田林网建设225.9亩。

【水利建设】

2020年，高闸镇配合利通区水务局实施水资源保障（汉渠流域现代化生态灌区）建设项目，对清水沟（韩桥村5队）0.35千米采用格宾护坡进行综合治理；采用草桩护坡、浆砌石治理南干沟2.1千米，浆砌石治理清六沟3.71千米；新建、翻建各类水利建筑物68座，在西支渠铺设暗管输水管道1.3千米；在一号渠、三号渠、四号渠、六号渠各斗渠安装83座自动一体化测控闸门。配合利通区农发办实施高标准农田建设项目，对项目区内中低产田、盐碱地进行改造，改良土地6700亩，砌护渠道9条共12.3千米，新建、翻建各类水利建筑物98座，铺设暗管排水管道20.1千米。

【党风廉政建设】

2020年，高闸镇召开专题会议研究部署全面从严治党和党风廉政建设工作，制定了《高闸镇2020年党风廉政建设及反腐败工作要点》，部署全年工作目标和任务，分别明确党委班子的主体责任。组织建设更严一格。着力加强镇村干部选人用人岗位配置，公开选拔村党支部书记1名，选任村“两委”班子成员5人，夯实基层党组织基础。持续运行“四联”联谈工作模式，共开展谈心谈话153次。开展领导干部联系支部活动，严格落实党委委员包抓党建联系点制度和领导干部包村责任制，党委班子成员到各村调研共28次。认真学习领会习近平新时代中国特色社会主义思想，召开党委中心组理论学习、镇村干部大会组织学习《中国共产党问责条例》《中华人民共和国公职人员政务处分法》等党章、党规、党纪必修课24次，利用党员冬季轮训、党员进党校、“党建促进月”培训班等形式，抓实党员教育培训，共举办培训班12场次。组织全体干部观看反面典型警示教育片3次，组织党员群众观看庭审直播2次，组织镇村两级干部参观反腐倡廉警示教育基地1次，进一步筑牢了拒腐防变的思想防线。打造高闸镇党建领航馆及廉政教育展厅，努力提高党员干部接受理想信念教育的针对性和实效性。持续运行“廉洁高闸”公众号，继续全面推行“小微权力”监督，不断强化镇村干部廉洁自律意识，镇督查室不定期对干部值班、环境整治、危房改造等薄弱方面和重点工作进行常态化监督检查，共下发督查通报18期，对不遵守管理制度规定的党员干部进行谈心谈话和提醒谈话。扎实开展形式主义、官僚主义等“四风”问题集中整治行动，严格控制发文数量，杜绝以文件落实文件，共印发文件206份，同比缩减8%，实行多会合一，减少开会次数，尽量少开会、开短会、开有用的会，全年开会64场次，同比缩减12.5%。加强信访举报制度建设，在镇机关和7个行政村共设立8个举报信箱，重点督查村务、财务公开是否规范及全面、各涉农站所履职情况、民主决策管理制度落实情况等，推动管党治党政治责任落实到基层。全镇继续推行“2231”村级民主监督管理办法，各村在低保评审、涉农资金及村级重大事务决策方面，均严格按照“443+1”“2231”民主决策管理办法实施民主决策，村级事务迈上了更加阳光、透明的廉洁轨道。

金银滩镇

【概况】

金银滩镇位于利通区东南部、北距利通区市区11千米，东靠灵武市大泉乡、狼皮子梁乡，西与马莲渠乡相邻，南接扁担沟镇，北与利通区上桥镇相连。211国道307县道、古青高速公路穿境而过，镇政府设于长庆石油物探处西侧。全镇下辖9个行政村，2个临时办事处和1个社区，102个村民小组、13个居民小组。金银滩镇总面积106平方公里，其中耕地面积65476亩， 海 拔1150~1180米，是银南平原的组成部分，属北温带大陆性气候，地势平坦，气候干燥，日照充足，昼夜温差较大，雨量少而集中，土壤较肥沃，引黄灌溉。2020年末，全镇实现社会总产值33.10亿元，同比增长7.2%；农民人均可支配收入16658元，同比增长7.9%。

【党的建设】

金银滩镇紧紧围绕全镇28项重点工作和重点任务，持续强化党建引领，加强基层党建与乡村振兴、脱贫攻坚等工作深度融合，完成疫情防控重点工作任务，不断加强基层党组织带头人队伍建设，强化党员教育管理，培养壮大农村实用人才队伍，着力发展壮大村集体经济。

【镇名由来】

1984年设吴忠市九公里镇，1987年更名为吴忠市金银滩镇，1989年实行镇管村制，接管原古城、东塔、上桥、早元4乡的7片移民开发区。1998年9月为利通区金银滩镇，2003年2月撤乡并镇后，原利通区杨马湖乡、金银滩农场、良繁场、汉渠乡团庄村、黄沙窝乡西滩村划并到金银滩镇，成立了新的金银滩镇。

【财政收支】

2020年度财政拨款收入2788.93万元，其中，一般公共预算财政拨2709.63万元，政府性基金预算财政拨款79.30万元。相比2019年政府性基金项目收入降幅较大，减少一年期项目如吴春（众翔）、吴忠市金八奶牛养殖专业合作社、玉龙肉牛养殖专业合作社关停补偿款1052万元；国道344线吴忠至灵武等段公路项目农户拆迁过渡费181万元；2017—2019年美丽（特色）小城镇项目及特色装备产业园区项目资金2250万元等。2020年度一般公共预算财政拨款支出3016.31万元，主要用于利通区县域社会治理城乡网格员经费35.2万元，利通区财政局拨付银西高铁吴忠市利通区过境段金银滩镇高渠拜坟地搬迁补偿费用93.1万元，特色装备制造产业园原有地面附着物评估及检测相关经费39.75万元，宁夏合力万兴汽车制造有限公司变电设备安装工程费11.56万元，金银滩农场及良繁办事处管理人员工资及管理费71.6万元，灵白村、银新村发展壮大村集体经济扶贫项目资金132万元，一事一议财政奖补项目140万元，环境整治、农建等工程费用50万元，拨付银西高铁吴忠市利通区过境段金银滩镇高渠拜马莲渠乡坟地搬迁遗留问题人员补偿费用21.9万元等，危房改造补助资金606万元。

【民族团结】

2020年，金银滩镇深入贯彻落实各级民族工作会议精神，牢牢把握各民族“共同团结奋斗、共同繁荣发展”主题。深化民族团结进步创建活动，明确创建目标任务，细化工作措施，实现创建活动规范化、制度化和常态化。持续推进移风易俗。在11个村（办）建立红白理事会，扎实开展移风易俗“一约四会”工作。广泛征求村民意见，将婚丧喜庆中的彩礼、礼金、宴席规模等内容具体化。持续培育和践行社会主义核心价值观。组织开展社会主义核心价值观主题演讲比赛1次。深入开展民族团结进步与和谐寺观教堂“双创”活动。打造统战战线服务基地。按照区委统战要求，2020年5月，投资10万余元，依托金银滩镇非公经济组织党群活动中心，打造利通区统一战线服务基地，将党群建设、党派工作展示、民族团结进步创建和企业文化融为一体，辐射6家非公企业党组织，服务企业员工1000余人。

【市场管理】

利通区金银滩镇团庄村农贸市场是吴忠市三大集市之一，始建于1983年，是一个集活畜、百货副食、小商品批发零售区、农副产品销售区、生资建材等内含18个小型专业市场等于一体的农副产品交易市场，为宁夏最大的牛羊交易市场，每逢1日、4日、7日，约1550头牛、7200余只羊入场，集市日客流量达4000余人。占地94.95亩，建筑面积26230平方米，其中商业区25630平方米，办公区600平方米，年交易额48000万元，年承包费70万元所得收入主要用于慰问群众、环境治理和给村民代缴农田水费。

【教育科技】

2020年，金银滩镇广泛深入开展科普日、科技活动周、文化科技卫生“三下乡”等活动12场次，发放宣传彩页2200余份。开展未成年人普法宣传活动12场次，关心关爱未成年人活动10场次，通过捐资助学救助困境青少年37名，共计2.2万元。

【文化卫生体育事业】

一是人口监测系统，监测新生儿294名，登记录入死亡人员110名。二是申报独生子女31人，发放资金1.5075万元，申报三项制度各类人员30人，发放三项制度补贴资金6.6万元。三是累计开展“三减三健”健康知识宣传、世界人口日健康知识宣传、计生协会员活动日、“爱国卫生运动”系列活动30余次。四是累计完成孕检目标人数57对，累计完成妇女两癌筛查100余人。提升沟台村综合文化服务中心，打造沟台人家阵地，开展丰富多样的活动40余场，积极参加利通区各类文体活动。

【社会救助】

2020年，完成银新村、灵白村7.16千米断头路修建，98户建档立卡户全部通自来水，79户一般户联系安装自来水，完成危房改造319户，加固147户。联系建档立卡户外出务工212人，提供公益性岗位26个。新增城乡低保54户共60人，调增15户共15人，发放临时救助40.89万元，其中建档立卡户15人共4.6万元。争取产业发展扶贫资金132万元，均用于灵白村、银新村发展肉牛养殖，协助71人次建档立卡户申请扶贫贷款339万元。发放务工及产业补贴，申请补贴资金42.85万元。2020年金银滩镇安置公益性岗位共计30人。

【招商引资】

2020年，招商引资项目建设目标任务为4亿元，截至年底已完成4亿元，新建项目共有5个，分别是宁夏潞碧垦自动化灌溉设备有限公司水利测控一体化闸门检测中心、宁夏浙连防腐设备科技有限公司环保防腐化工设备生产制造项目、宁夏加呗石油有限公司吴忠市牧源加油加气站项目、吴忠市伊牛奶牛养殖专业合作社奶牛养殖项目及吴忠市龙海油气销售有限公司加油加气站项目。

【企业发展】

2020年，金银滩镇充分发挥当地优势，积极调整产业结构，主要集中于汽车特色装备制造产业。园区办公室先后多次接待了自治区各部门的相关领导来园区调研考察，了解企业情况。在利通区消防大队、应急管理局的指导下配合安监站对园区企业进行安全生产检查；协助自治区农业农村厅和财政厅来园区调研产业振兴工作，接待自治区接待外地客商进入园区参观、与园区企业相互交流。帮助企业解决用工难的问题，为企业提供相关信息，沟通联系区人社局向社会发布招聘信息，配合工会就企业员工薪资问题与企业交流商讨。根据各企业今年生产情况等指标评选出“2020平安企业”，同时号召其他企业积极向平安企业学习。

【乡村建设】

建设完成利通区金银滩镇金川办2020年美丽村庄项目、新渠中心村2020年美丽村庄项目、杨团新村2020年美丽村庄项目；完成农村抗震宜居农房改造465户。

【现代农业】

2020年，金银滩镇聚焦现代农业发展，以生态农业为基础，田园风光、农耕文化，融合农文旅，以沟台人家为乡村旅游切入点，完善休闲农业拓展及产品附加值。2020年新建设施大棚5座，面积达9亩。位于金银滩镇灵白村6队。主要种植韭菜，亩年收入达2万元以上，带动周边农户就业45余人次。2020年完成秋季生耕灭茬6.3万亩，其中机深翻2万亩、机深松1.4万亩。

【种植业】

镇域内各大牧场推广种植优质青贮玉米45000亩，秋季种植冬牧草8100亩；种植大小拱棚西瓜608.4亩，芝麻蜜香瓜38亩，供港菜3400亩，其他各类菜4254亩，蔬菜面积达到8300亩以上。建设五优水稻基地5000亩。有机水稻基地两个1000亩，富硒水稻基地17897.16亩。提升“舞谷新”“宁福源”“塞上金银滩”品牌效应。

【名优特产业发展】

2020年，秋季种植冬牧草8100亩，种植大小拱棚西瓜608.4亩，芝麻蜜香瓜38亩，供港菜3400亩，其他各类菜4254亩，蔬菜面积达到8300亩以上。以钧凯种业、科丰种业、福成专业合作社为依托，扩大良种繁育面积，配套建设基地，繁种面积达到3000亩。

【畜牧养殖】

截至2020年底，金银滩镇奶牛存栏9507头；肉牛存栏22414头，出栏14770头，饲养量37184头；羊存栏35514只，出栏20527只，饲养量56041只；生猪存栏421头，出栏536头，饲养量957头；家禽存栏15万羽，出栏19.17万羽，饲养量34.18万羽。2020年，金银滩镇共计防疫数量为453876头只次。其中，奶牛口蹄疫免疫数19287头次，肉牛口蹄疫免疫数44807头次，羊口蹄疫及小反刍兽疫免疫数77328只次，猪口蹄疫免疫数905头次，禽流感免疫数311549羽。

【植树造林】

2020年，春秋两季分别对全镇及村级主干道路进行修枝抚育，共修剪树木23.8万株，1608.5亩。

【水利建设】

2020年，以除草清淤相结合，清挖支斗农沟540条，357千米；清淤支斗农渠563条，356千米；整修农路401条，197.9千米；需动用机械2800台班，土方26万立方米，使用工日10.8万个。

【旅游业发展】

苦水河沿线完善标识标牌；新增休憩凉亭、长椅、景观小品、垃圾桶等。苦水河沿线完善标识标牌；新增休憩凉亭、长椅、景观小品、垃圾桶等。以吴忠市稻香柳岸生态观光有限公司利用沟台村闲置空旧的农户院落为主体，改建扩充集休闲、垂钓、摘采、餐饮、住宿、娱乐为一体的旅游观光农家乐——“沟台人家”。举办采摘节、丰收节、美食节等休闲节会，推动旅游业发展。

【政务服务】

累计受理社保、就业等各类业务事项1804件，累计办结1362件，即日办结809件，限期办结52件，提前办结239件。累计办理“12345”工单572件。

【党风廉政建设】

2020年，组织镇村领导及各站所长到利通区初心馆、金银滩镇政治生活馆开展组织生活2次。组织镇村（办）、社区领导干部观看警示教育片2次；微信公众号“小微权力”发布信息12条，党员法规培训3次。围绕美丽宜居村庄整治项目监督检查2次；围绕党建“双百”工程培养后备干部工作，督查1次；围绕发展壮大村集体经济工作，督查8次；强化对各党（总）支部、各站所职责使命履行情况的监督检查15次；对民生领域群众反映的突出问题进行严肃监督检查6次。转发关于开展违反中央八项规定精神突出问题专项治理的相关要求和典型案例8例，提醒谈话3人，纪律处分党员干部2人，发送提醒信息6条。对重要岗位、有苗头性问题的党员干部通过提醒谈话，提高自身免疫力，2020年已提醒约谈6人。

扁担沟镇

【概况】

扁担沟镇地处吴忠市利通区最南部，距市区25千米，东邻灵武市白土岗乡，西接青铜峡市，南连红寺堡区，北与高闸镇、金银滩镇为邻。镇域总面积588.09平方千米，下辖17个村1个场，109个村民小组，总人口34833人。全年实现地区生产总值8.55亿元，同比增长8%；农村居民人均可支配收入达14481元，同比增长7.7%。2020年，在区委、区政府的坚强领导下，先后荣获了中共中央、国务院全国“脱贫攻坚先进集体”称号、获得“国家级环境优美乡镇”“全区民族团结进步创建活动示范单位”“自治区文明村镇”等荣誉称号。

【基层党建】

扁担沟镇以教育党员干部、服务群众为出发点，建设了占地960平方米的集乡村治理示范长廊、新时代文明实践所、综治中心、便民服务大厅等于一体的综合便民服务中心，创建了西沟沿村和烽火墩村2个基层治理示范点，不断完善“四级网格化”管理，促进“三治”融合，提高服务群众的本领，基层治理能力不断提升。以解决好群众切身利益的难点问题为出发点，整合各村综合治理中心、矛盾纠纷调解室和村民议事厅，充分发挥“三官一顾问”和网格员作用，同时，根据各村产业发展实际，建立相应的人才工作室、产业发展党小组等，并举办专题培训班，切实提高群众的致富能力。

【财政收支】

2020年收到财政拨入建档立卡贫困户产业扶贫政策资金344.19万元，2020年地方债、第二批、第三批中央自治区本级财政专项扶贫资金1202.6万元，2020年农村公益事业财政奖补项目资金420万元，2020年农村抗震宜居农房改造补助资金750万元，收到区民政局2020年临时救助金300万元，收到区农业农村局2019—2020年扶持壮大村集体经济发展项目资金700万元等收入，收入大幅增长。2020年相应支出按照资金要求当年内支付完成，所以支出大幅度增加。

【教科文卫体】

2020年，全镇居民基本养老保险和医疗保险参保率分别达到85%和100%，对各村（场）卫生服务室进行了标准化升级建设；新建1所幼儿园，扩建了石家窑小学；文化事业繁荣发展，培育了渠口村“安塞腰鼓”等一批富有农村特色的社火展演队，年平均开展社火展演、年货节、丰收节等文艺活动8场次。18个村（场）实现休闲文化健身广场全覆盖；大力宣传爱国卫生运动，家庭医生签约

16000余人，达到重点人群的66%。卫生计生惠利惠民。为196对育龄夫妇开展了免费孕前优生健康检查，发放叶酸1120瓶，为1857名65岁以上老人免费体检，为1742名妇女进行了两癌筛查。

【脱贫攻坚】

助推脱贫攻坚工作扎实开展。紧盯“两不愁三保障”，针对“四查四补”排查出的24个问题和挂牌作战任务要求，抓重点、补短板、强弱项，确保各项措施落到实处。为135名学生落实“雨露计划”补助资金20.25万元；新纳入边缘户4户共18人，脱贫监测户1户共5人；申请解决公益性岗位143人；为59户未脱贫的建档立卡贫困户争取63.17万元，采取资产性收益的方式增加收入。对未脱贫的59户共196人和边缘户27户共102人因户因人制定详细可行的帮扶措施，并积极对接各帮扶单位加大帮扶力度，落实各项帮扶措施。对利原、同利、西沟沿3个挂牌作战村，因村因户制定详细可行的措施台账和任务清单，扎实抓好脱贫攻坚挂牌作战任务。

【社会救助】

民政工作全面落实。为1440户共1968人进行农村低保调标，共发放资金527.07万元；将78户共116人纳入低保保障范围，为一级、二级残疾人低保调标62户共63人；为409户共475人发放临时救助资金88.9万元。

【平安创建】

2020年，扁担沟镇党委深刻认识到扫黑除恶专项斗争的重要性，进一步研究部署扫黑除恶专项斗争工作，通过召开党委会、全体镇村组干部大会、党支部主题党日等会议，学习扫黑除恶专项斗争的有关内容，先后学习了全国扫黑办主任第十次工作会议精神、全国扫黑除恶专项斗争第三次推进会议精神。通过灵活采取刷写标语、张挂条幅、发放宣传资料等多种手段，依托微信群等新兴媒体，集中宣传扫黑除恶的重大意义、基本原则和目标任务。2020年，镇扫黑办在辖区内张贴宣传标语30条，悬挂横幅10条、制作宣传栏20块（次）、举办各类宣传活动8次，发放扫黑除恶宣传袋1500个，宣传彩页10000余份，悬挂扫黑除恶举报箱19个，并公开市、区、镇三级举报电话。通过动员广大群众共同参与，打一场全民参与的扫黑除恶专项斗争。

【招商引资】

2020年，扁担沟镇完成招商引资3.4亿元，上争资金3000万元的任务。积极争取1572.46万元分别实施了5个国际农发项目和7个农村公益事业财政奖补项目；协调为五里坡奶牛养殖基地四期收回国有土地22780亩，建设30多个大型规模养殖场；投资14.5亿元分别实施了三峡新能源吴忠市利通区一期200兆瓦光伏项目和五里坡70兆瓦风电项目；投资1.8亿元实施了国电50兆瓦光伏发电项目；投资9.2亿元实施了中核200兆瓦光伏复合发电项目；实施了烽火墩富硒苹果特色产业示范村项目；在扁担沟、烽火墩等16个村实施抗震易居房改造284户，维修加固140户，其余的通过周转安置等措施解决了安全住房问题；完成三格式改厕1008户、集中管网式改厕502户；实施了“一村一年一事”项目18个。

【美丽小城镇建设】

扁担沟镇先后投资近1亿元实施了高糜子湾村、烽火墩村、黄沙窝村、赵家沟村、西沟沿村、渠口村、双吉沟村、南梁村8个村的美丽村庄建设，以及烽火墩特色产业示范村项目建设，村内主要道路硬化达到95%，农户自来水入户率达到100%，农村生活垃圾无害化处理率达到99%，铺设农村污水处理管网20千米，农村改厕累计完成3200户。紧盯农村垃圾处理、生活污水治理、“厕所革命”、村容村貌提升等重点工作，深入开展环境治理和污染整治。共清运各类垃圾26万吨，治理乱堆乱放10000余处，拆除私搭乱建1900处，农厕改造3200余户。建成垃圾分类示范点1个，建成污水处理站1个，建成公厕3个，硬化道路150千米，全镇安装路灯2500盏。

【特色名优产业基地建设】

扁担沟镇依托黄沙窝村蔬菜冷链库，以黄沙窝村、渠口村为重点，建设两个千亩设施农业示范点，种植大小拱棚西瓜3800亩，露地蔬菜3000亩，小番茄500亩，推广种植富硒和制种水稻10000亩；在吴家沟、扁担沟、黄沙窝3个村新建123个大跨度全钢架拱棚，发展设施农业130亩；以海子井村、赵家沟村为重点，种植黄花菜700亩。在经果林种植方面，坚持把苹果产业作为加快转型跨越发展的主导产业，以烽火墩村、良繁场为重点，推进苹果产业规模扩张与质量、效益同步提高，将“扁担沟苹果”打造成驰名品牌，并在烽火墩村、良繁场幼龄果园建设千亩林下经济示范点，发展林下种养殖业。

【种植业】

扁担沟镇积极引导农户种植青贮玉米和优质饲草10万亩，推广种植富硒和制种水稻1万亩。在渠口、黄沙窝建设了千亩大小拱棚西瓜示范点2个，带动全镇种植大小拱棚西瓜3800亩，露地蔬菜3000亩，小番茄500亩；在吴家沟村、扁担沟村等3个村新建123个大跨度全钢架拱棚，发展设施农业130亩；依托烽火墩富硒苹果特色产业示范村项目，扩大苹果种植面积达到1.8万亩，将“扁担沟苹果”打造成驰名品牌，在烽火墩村、良繁场幼龄果园建设千亩林下经济示范点，发展林下种养殖业。

【水利建设】

河长制工作扎实开展。健全日常巡查机制，落实巡河保障经费9.6万元，组织巡河保洁员32人完成巡河任务1428次，强化河道及沿岸日常管理和维护。动态调整河湖长制人员6人次，更换巡河警示牌4幅，配备巡河打捞船2艘、巡河三轮车29辆。

【党风廉政建设】

扁担沟镇严格落实中央八项规定及其实施细则精神，深化纠治形式主义、官僚主义问题，坚决整治“庸懒散浮拖”、脱离基层、漠视群众的“机关病”，联合镇纪委不定期开展干部作风监督检查，以抓人、管事带动干部作风持续向好。始终把纪律挺在前面，党委季度定期专题研究党风廉政建设和反腐败斗争工作，进一步筑牢廉政思想防线引导党员干部筑牢拒腐防变的思想道德防线。

古城镇

【概况】

古城镇位于吴忠市区西北，镇域面积30平方千米，全镇辖11个行政村，3个城市社区。2020年，古城镇实现社会总产值40亿元，同比增长8%，第二、第三产业社会总产值39.5亿元，同比增长8%，招商引资完成3亿元，上争资金完成3000万元，村级纯收入达到3700万元，同比增长7%，位居利通区首位。其中，五星村收入达到近1300万元，左营村、红星村收入均达到500多万元，集体经济发展位居吴忠市首位。全镇重点建设项目7个，总投资2.81亿元。

【财政收支】

2020年，古城镇财政收入5119.67万元，财政支出5211万元。

【环境整治】

2020年，古城镇聚力人居环境整治，城乡面貌有效提升。争取项目资金560万元完成新华桥村农村生活污水管网铺设项目，翻建危房74户、加固维修危房101户、拆除空心户5户，投入资金216万元栽植树木40万余株，完成全镇32个小区、2个农业村等绿化500余亩，镇域生态环境全面优化。新华桥村被评为自治区级“环境整治示范村”。

【平安乡镇建设】

2020年，古城镇深化平安乡镇建设，基层治理持续发力。持续开展民族团结进步创建活动，清宁河社区成功创建为自治区民族团结进步示范社区。建设标准化镇社会治安综合治理中心及13个村、社区综合治理工作站，大力推进基层网格化建设工作，确定79个城镇网格、22个农村网格、101名网格员秦桥村为吴忠市“法律明白人”样板村，接受国家级、自治区级督查调研。

【教育事业】

2020年，古城镇采取有效措施，加强教育工作。“控辍保学”工作是一项长期的工作，不是一劳永逸的事情。要求辖区内学校定期核查将有学生辍学情况及时统计并向镇政府随时报告，由镇组织人员进行查找和劝返。牢牢把握精准扶贫政策机遇，对家庭经济特别困难的学生，通过多方协调，给予一定的帮助，全镇建档立卡户涉及义务教育阶段的学生共65名。

【文经配合】

2020年，古城镇在枣园飘香的金秋时节，在新华桥村灵芝生态园举行“宁夏吴忠市利通区农民丰收节暨古城镇第五届金秋红枣采摘节”，吴忠和银川的游客驾车前来，庆祝农民丰收节。

【民生保障】

2020年，古城镇着力改善民生服务，有力保障民生福祉。坚决打赢脱贫攻坚战，66户建档立卡户全面脱贫。争取农村公益事业财政奖补项目资金140万元，完成新华桥村沟渠砌护、党家河湾村村庄亮化等工程建设。扎实推进社会保障工作，加大社会救助力度，为困难群众发放生活补助费、困难救助资金、慰问金共计140万元。

【社会救助】

2020年，古城镇做好城乡低保工作。对符合城乡居民最低生活保障条件的家庭，做到应保尽保，应退尽退，最终确定城乡新增低保9户共14人，取消城乡低保8户共10人。

【脱贫攻坚】

2020年，古城镇做好扶贫工作，对53户有1人以上务工收入相对稳定些的进行绿色随访；对3户有1人以上务工收入不稳定的进行橙色追踪；对6户有1人打工收入低进行黄色预警；对4户有务工但家庭人口多，生活困难些的进行红色重点关注。由帮扶责任人向移民推送招工信息的同时宣传创业小额贷款贴息、“两免一贴”、稳岗补贴、低保、医保、特困人员救助供养、临时救助、残疾人“两项补贴”等社会保障政策，为有从事公益性岗位意愿且符合条件的10人申报公益性岗位，帮助出不去的就业困难人员就近安置就业，进一步激发移民就业创业内生动力，鼓励更多的移民群众就业创业，拟对因身体不好无法外出打工，符合政策的3户申请低保。调整帮扶责任人，根据干部变动及时调整帮扶责任人，保证帮扶工作的连续性。

【招商引资】

2020年，古城镇招商引资项目4个，总投资4亿元，2020年到位资金2.2亿元，完成下达任务的73.3%，其中阳光瑞城商网建设项目总投资1.5亿元，2020年到位资金8000万元；如意城商网建设项目总投资1亿元，2020年到位资金7000万元；北京华联超市建设项目总投资5000万元，2020年到位资金4000万元；吴忠市嘉豪丽致酒店建设项目总投资1亿元。

【危房改造】

2020年，古城镇围绕“六个一批”危房改造方式，采取原址翻建、周转安置、加固改造、危房拆除相结合的原则，对古城镇178户危房等级鉴定户进行了全面分析、分类施策，扎实推进了改造工作。

【现代农业发展】

2020年，古城镇聚焦产业转型升级，现代农业增产增效。建立水稻“五优”基地和玉米绿色高产高效栽培示范片。在党家河湾村建设水稻高产示范片1500亩。试验示范15个水稻优新品种，水稻平均亩产达600千克。玉米绿色栽培示范片4714亩，2020年，全镇推广日光温室生物秸秆反应堆技术287栋（717亩），应用率达90%以上。推广滴灌技术86栋、优新品种种植68棚，实现亩均效益达1.12万元。

【农业基础设施建设】

2020年，古城镇抓好农产品质量检测，降低面源污染，配合区农产品检测机构，抓好新华桥村设施蔬菜农产品农药残留的检测。推行大面积使用有机肥，减少农药、化肥的使用，提倡统防统治，动员种植户合理利用玉米秸秆，禁止种植户焚烧秸秆。

【种植业】

2020年，古城镇重视粮食生产。2020年粮食种植面积达7463亩，其中水稻面积2169亩、玉米面积4714亩、小麦面积580亩；蔬菜种植面积达到1793亩，其中，日光温室1094亩，露地菜685亩。在党家河湾村建设水稻高产示范片1500亩，开展水稻保墒旱直播、稻鱼共养，“一年两熟”制粮饲和饲饲新模式。试验示范15个水稻优新品种，积极推广大棚育秧全程机械化栽培技术，测土配方施肥和病虫害统防达到100%。建立玉米绿色栽培示范片4714亩，压减籽粒玉米面积推广青贮玉米种植2300亩以上，实现“五统一”，既统一品种、统一播种、统一肥水管理、统一病虫防治、统一机械作业。推广日光温室生物秸秆反应堆技术287栋（717亩），应用率达90%以上。推广设施蔬菜嫁接、滴灌、辣椒平茬种植和果菜类高垄栽培等温棚配套技术；推广滴灌技术86栋、优新品种种植68棚，实现亩均效益达1.12万元。新华桥村新建日光温棚40亩（16栋）实现当年建棚当年生产。在党家河湾村开展冬麦后茬复种水稻和青贮玉米试验示范500亩，亩均1200元，水稻产量达500千克以上，复种青贮玉米亩均1400元出售，两茬收入达2600元左右。

【植树造林】

2020年，古城镇对全镇40个小区进行了全面的绿化，其中安置小区26个，商住小区14个，由自然资源局、古城镇以及各村购买苗木进行绿化。共栽植各类苗木39.4563万株，其中，自然资源局供苗23.4605万株；各村购苗13.7万株。镇村两级购苗投入资金31.819万，投入劳动力2万人次，机械700台次，共计投入资金246万元，补植绿化面积达到500余亩。完成主干道路绿化。对美丽乡村周边道路、苦水河沿线、滨河大道沿线、二沟边、金星3队和左营1队进行了新植和补植补造，共栽植各类树木1200株。完成美丽乡村和344连接线绿化项目的补植补造。对2019年实施的美丽乡村和344连接线绿化项目清理死树，进行了补植补造和修剪、灌水、打草等养护。完成镇政府大院绿化改造和新植工作。对镇大院干枯绿篱进行了改造更新，栽植了侧柏和榆叶梅，安装喷灌保证苗木成活率。春季对大院所有树木进行了修枝抚育、灌水等养护措施。对裸露地面补植了海棠等景观树种。

【水利建设】

2020年，古城镇完成各类小型水利工程管理体制改革及统计报送工作。在党家河湾村1队、6队打造机井两眼。完成秋冬季农建清淤各类沟渠171条108.8千米。完成农民用水者协会的改革工作、河长制工作。动用人工约120人次，机械15天180台次，清理倾倒垃圾渣土800余吨，推广农药化肥减害控量应用面积4500亩。完成剩余未接入城市用水管网的党家河湾村、新生村、新华桥村共48户自来水入户铺设工作。

【旅游事业】

2020年，古城镇启动国家农村产业融合发展示范园创建工作，新增投资企业3家，新成立合作社9家，扶持龙头企业5家，新增项目15个。园区总产值从创建之初的3亿元达到4亿元，增幅高达33%。年接待游客数量15000人次，通过乡村旅游直接或间接带动近2000人增收致富，通过旅游业带动户均增收1000元以上。

上桥镇

【概况】

上桥镇因秦渠吴忠市区段上的一座大桥——“上桥”而得名至今。全镇总面积14.7平方千米，耕地面积4675亩。辖8个行政村、1个社区。2020年末总人口为34322人，均为城镇户口。

【项目建设】

2020年，上桥镇实施重点建设项目13个，投资13.18亿元。分别是吴忠市江禾酒店、吴忠市中弘油气销售有限公司加油加气站、上桥镇农村厕所改造及污水处理工程、上桥镇盛源博雅·南园住宅小区、上桥镇润翔东苑一期、新民社区日间照料中心、上桥镇美丽小城镇基础设施建设项目一期、上桥镇美丽小城镇基础设施建设项目二期、中华美食节灯光亮化工程项目、利禾合作社万头肉牛养殖项目、牛家坊民俗文化村现代服务业集聚区、利华街向南打通工程、清一沟民俗街、全民健身中心（篮球馆）项目，均已全面完成年度建设任务。

【特色产业】

上桥镇采取“企业＋合作社＋农户”的经营模式，整体完善牛家坊民俗文化村高标准日光温室设施，建设完成高标准景观连栋大棚12座，建设占地5000平方米的圣石田园植慧谷项目，新建设施农业大棚17座。清一沟民俗街正在全力建设当中，清水源丫丫农庄、河畔人家、桃园农庄烧烤等3家星级休闲农庄及9家精品休闲民宿已建成运营，实现日接待游客餐饮、住宿1500人。定期举办传统文化节日，线上推送“桃花节”信息，转发量达20000余条，线下承办利通区“冰雪文化节”、端午节、第二届“荷花节”、第三届“丰收节”、第十五届“美食节”，当日参与人员突破10000余人。全面推进牛家坊民俗文化村现代服务业集聚区建设，配套完成龙舟赛道、公共沙滩浴场、游乐园、健身步道建设。增设就业摊位500余个，牛家坊好吃街营业额突破3000万元，新增本地村民就业500余人，带动市区人员就业达2000人以上，城南“观光经济”“夜间经济”初具规模，年接待游客达200余万人。

【脱贫攻坚】

上桥镇紧盯“两不愁三保障”，持续落实“产业扶持13条”政策，对劳务移民贫困户制定“三色管理”作战图，实行一户一策，集中力量予以精准脱贫。采取资产收益分红方式，投入扶贫专项资金185万元，其中150万元用于建设扶贫车间、35万元投入企业，实现收益85035元，35户重点贫困实现户均分红876元；投资293万元用于建设设施农业扶贫项目。投资10万元完成小儿刺绣扶贫车间和青霞绣女培训室建设，实现建档立卡户在家就业20余人，人均年增收3000余元。发放扶贫金融贷款313万元、稳岗补贴316人共94.8万元。建档立卡户稳定就业493人，全镇211户共893名“十三五”劳务移民全部稳定脱贫。

【基础设施建设】

上桥镇积极争取老旧小区改造、“一事一议”、党建为民服务等各类项目。投入资金500余万元，对小区道路、水电管网、健身器材等基础设施进行改造提升。完成建设土地调规280亩，新建牛家坊民俗文化村现代服务业集聚区停车场21000平方米，铺垫道路4500平方米，硬化产业观光路1200米，服务业集聚区绿化种植14000平方米。高标准完成农田水利设施改造，投资213万元，实施1800亩牛家坊村高标准农田水利建设项目，砌护农渠94条，翻建渠道2730米，配套农口、生产桥、节制闸等各类建筑物共计1420座。完成13个安置小区绿化改造提升264亩，栽植各类乔灌木、绿篱32.57万株，绿化带喷灌、滴灌设施实现全覆盖，“三绿”指标达到95%以上。

【社会治理】

坚持法治、德治、自治“三治并举”，聚力抓共治、促共享，城乡治理能力显著提升。一是法治为本强保障。纵深推进扫黑除恶专项斗争，办理转办问题线索5件，办结5件，上报区扫黑办线索8件。深化人民调解“三级网络”建设，坚持和发展新时代“枫桥经验”，规范化建设镇村组“三级”调委会69个，排查矛盾纠纷92次，化解矛盾纠纷86件，调解成功率达到了97%以上。严格落实安全生产责任制，安全生产形势保持平稳，全年未发生较大以上事故。社区戒毒康复执行率达到100%，戒毒人员就业帮扶率保持在95%以上。二是德治为先树新风。把深入学习宣传贯彻习近平新时代中国特色社会主义思想和习近平总书记视察宁夏重要讲话精神作为首要政治任务，推行包村（社区）领导包抓督学考评机制，紧紧围绕全镇乡村建设、脱贫攻坚、民生保障、文化旅游等领域特色亮点工作推送各类宣传稿件380篇，“两微”平台保持日常更新，举办各类文化演出20余场次。以科技文化卫生“三下乡”为契机，以乡村旅游发展为载体，投资200万元完成上桥镇综合文化服务中心建设。深化“金色阳光·七彩家园”创建活动，整合资源在镇文化站、上桥村、瓜儿渠村、牛家坊村等成立新时代文明实践站（所）开展试点工作，组织“移风易俗进万家”“家庭文明建设推进年”等主题活动200余场次，评比推选“书香之家”“读书之星”20户，社会主义核心价值观化风成俗。三是自治为基促和谐。坚持贯彻以人民为中心的发展思想，抓实抓严“55124”五步工作法基层民主管理模式。建立村级重大事项内容清单，明确议定事项范围。定期召开村民代表会议40余场，严格执行未经村民代表会议决定的项目不予立项、事项不予审批、资金不予拨付的规定。通过村民代表会议、村民议事会议、红白理事会等，广泛开展各种群众协商活动，形成“大家的事大家商量，大事难事商量着办”的群众工作机制。

胜利镇

【概况】

胜利镇地处吴忠市区老城区，辖区面积12.2平方千米，辖朝阳、上桥、民生、中华、新华、秦渠、永昌、富荣8个社区，有居民小区165个，有常住人口26705户共75476人。胜利镇先后荣获第五届全国文明村镇、全国人口和计划生育依法行政示范乡镇、全国节俭养德全民节约行动先进单位，自治区“书香之乡”“五星司法所”“巾帼建功先进集体”“民族团结进步示范镇”，吴忠市“创建全国卫生城市先进单位”“先进基层党组织”“双拥模范城（县）创建工作先进单位”等荣誉称号。

【基层党建】

2020年，胜利镇率先探索推行社区党建、共建单位党建、“两新”组织党建“三建融合”区域化党建模式，把社区党建、驻区单位党建、非公有制经济组织和社会组织党建统揽起来，充分发挥基层党组织在价值引领、组织动员、支持服务、统筹协调和凝聚骨干方面的作用，汇聚治理资源，协调治理行为，提升精细化治理水平和基层治理能力。同时，在全镇51个网格中成立网格党小组，设立53户楼宇党员中心户，建立“银龄”“红色港湾”等9个党群活动服务驿站，引导在职党员、居民党员参与社区治理，不断加强基层党组织和社区党员在社会管理、服务居民群众中的作用。

【财政收支】

2020年，胜利镇一般预算收入3032.40万元，其中，财政拨入经费1854.39万元，占全年一般预算收入的61.16％；其他收入1028.01万元，占一般预算收入33.90%；政府基金拨款收入150万元，占一般预算收入4.94%。一般预算支出2896.20万元，其中，财政拨款支出1895.93万元，占全年一般预算支出的65.46％；其他支出850.26万元，占全年一般预算支出的29.36％；抗疫特别国债安排的支出150万元，占全年一般预算支出的5.18％。截至2020年年末，该镇资产总计1409.39万元，其中：流动资产458.61万元，固定资产938.99万元，无形资产93165.51元，在建工程24584元。

【社区阵地建设】

2020年，胜利镇认识到阵地建设是社区开展服务社会治理的基础，为此，镇党委、政府多方筹集资金，进一步完善了新华社区1360平方米阵地的功能服务设施，打造了睦邻·家党群服务中心和红色领航馆。积极争取项目资金，对正源社区780平方米阵地进行装修，建成综合服务中心阵地，规划设置了党群服务中心、电子图书阅览室、党员活动室、多功能排练厅、物业办等功能室，实现了党建＋（网格化管理、社会治理、志愿服务、文化娱乐、环境宜居）的同心圆服务。

争取市政府支持，将原吴忠公路管理局1030平方米的办公场地无偿划拨给民生社区，切实增强了社区阵地服务的承载力和覆盖面，为满足居民多元化需求打好基础。

【精神文明建设】

2020年，胜利镇进一步加强改进精神文明建设的有效载体，深化“金色阳光、七彩家园”创建活动，围绕“理论宣讲、教育服务、文化服务、科技与科普服务、健身体育服务”等核心内容，打造胜利镇新时代文明实践所和上桥、新华、永昌3个社区新时代文明实践站，开展“创意涂鸦、‘井’上添花”等主题活动70余场次，搭建了广大群众提升思想觉悟、道德水平、文明素养的宣教平台。持续推进“细胞创建”工程，开设“我身边的战‘疫’模范”微信主题专栏，推送报道疫情防控工作中涌现出来的先进典型、感人事迹26期，凝聚了强大示范引领主流思想。丁爱华同志荣获自治区抗击新冠疫情先进个人，秦渠社区党支部获得自治区抗击新冠疫情先进集体。自治区新时代文明实践中心试点工作推进会上观摩了新华社区并召开座谈会。

【法治宣传】

2020年，胜利镇深入开展“七五”普法工作，全面推行“顾问下小区”服务模式，在8个社区站点统一挂牌公示法律顾问信息，确保居民第一时间寻找到专业的法律服务。实施“法律明白人”培养工程，开展宣讲会、旁听庭审、在线考试等普法宣传活动12场次，发放公共法律服务联系卡500余张、法律援助宣传资料2000余份，受众1万余人。

【民族团结】

2020年，胜利镇紧扣“八个坚持”和“六个深刻理解”，全面推进民族、宗教工作。持续开展马克思主义民族观宗教观教育活动，铸牢中华民族共同体意识的思想基础。积极开展人文化、大众化、实体化的创建活动，营造共居、共学、共事、共乐的和谐氛围，教育引导各族群众守好促进民族团结生命线。上桥社区接待了宁夏民族团结进步创建活动现场会观摩活动，申报吴忠市级创建示范单位2个。坚持宗教中国化方向，积极引导宗教与社会主义社会相适应。完成了辖区3座宗教活动场所外立面改造工作，深入开展“五进”宗教场所活动，加大“达洼”宣教等非法宗教活动专项整治力度，营造了和顺平静的宗教氛围。上桥社区作为利通区示范点迎接了自治区促进民族团结进步工作会议的观摩调研。

【文化体育事业】

2020年，胜利镇以丰富群众性文化活动为目标，围绕“传统文化、红色文化、节庆文化、书香文化、健身文化、志愿文化”6大主题，举办了“2020年‘民族团结一家亲·共叙小康和谐情’睦邻文化节暨第十六届社区邻居节”，开展了“我们的节日·春有乐”、“健康有你”全民健身、“书香胜利”全民阅读、百对家庭互赠礼等系列活动，以社区为单位开展“和谐幸福年·启航新胜利”迎新春联谊会、“浓情邻里品粥香 欢聚一堂迎新春”“健康伴我行、夕阳别样红”健步走、“阅读在身边、书香飘社区”诗词分享等群众喜闻乐见的活动50余场次，进一步丰富了社区文化内涵。在利通区举办的迎国庆·庆中秋全民健身啦啦操大赛中荣获二等奖。

【劳动就业】

2020年，胜利镇加强创业就业服务，举办了剪纸培训班，为40余人提供创业就业技能。运用“互联网+”就业新形态，搭建“线上招聘”信息服务平台，发布就业信息11期，涉及就业岗位121个。组织开展“春风行动暨就业援助月”招聘会，协调32家企业提供就业岗位160个，帮助60人达成就业意愿。

【社会保障】

2020年，胜利镇全面开展“两个统筹”工作，1630人纳入城乡居民基本养老保险参保人数，21194人纳入城乡居民基本医疗保险参保人数，完成率为101.8%。完成城镇新增就业1109人、再就业773人，动态消除零就业家庭。全面推行“政务云”认证和“掌上12333”APP“刷脸”认证，完成企退人员生存认证7144人。

【民生救助】

2020年，胜利镇依托“宁夏综合服务管理平台”等大数据，建立低保、高龄、残疾等对象数据“动态更新、月结管理”机制，新增低保对象10户共5人，高龄对象2户共2人，受理残疾办证40人，受理廉（公）租住房65户，办理老年卡700余件，办结其他为民服务事项600余件。累计为辖区1301户共1551名低保人员、高龄人口、残疾人、孤儿、优抚对象等发放城市低保金及各类津补贴金463.704万元。深化“三社联动”服务机制，以阳光睦邻中心为纽带，带动发展新时代文明公益传播中心、瑞恩社会工作服务中心、启心公益社会工作服务中心等17个社会组织作用，实施了残疾人购买服务、困境儿童公益创投等项目20余个，为居民提供了个性化专业化的居家服务。

【平安建设】

2020年，胜利镇深化平安建设“四张网”，创新打造社区警务室，推行“五个三”工作法，开通24小时自助服务，通过“编制密集巡逻网、构建完全防范网、形成平安宣传网”成功调解物业、邻里等矛盾纠纷100件，实现了社区基础底数清、矛盾纠纷隐患清、辖区治安状况清。深化禁毒“双四色”网格化管理，严格落实戒毒康复人员“一人一档”档案管理机制，对在册吸毒人员440人开展毛发采集和突击尿检检查，加大了对吸毒人员的监管力度，大幅降低了复吸率。新建社区警务室3个，新华社区警务室首例开通24小时自助服务，并作为基层综合治理优秀案例接受全国人大调研，1人被司法部评选表彰为“全国模范人民调解员”。

【社区环境整治】

2020年，胜利镇按照“十二无”标准，组织开展人居环境整治暨清洁行动“春季战役”等环境卫生综合整治130余次，投入人力1.3万余人次，清理垃圾720余吨、整治户外广告4300余处2万余平方米，清掏清理化粪池94个。实施小区绿化补植行动，为老干部家属院、秦渠华苑、依瓦诺小镇等38个小区栽植各类花木29万余株，极大提升了小区绿化环境质量。全面推行垃圾分类，举办了“智享垃圾分类、引领生活时尚”垃圾分类启动仪式，率先投放智能垃圾分类投放箱，安装四色简易垃圾集中投放点28处。截至2020年，接待居民来电来访52次，回复“51890”“12345”热线便民服务投诉件733件。

【创卫工作】

2020年，胜利镇全面对标

创建工作责任清单和测评体系，实施了“镇容镇貌综合整治、群众文明素质综合提升”两大工程，通过“清单+项目、软件+硬件”齐抓共管模式，实现了基础设施、绿化美化、环境面貌、消防安全、文明素质、未成年人思想道德建设、志愿服务、宣传实效、档案水平“九大提升”。建立“互看互学、互评互比”观摩促评机制，分3批对全镇167个小区实施创城示范点打造，积极开展文明示范街区创建，以点带面地实现示范带动全覆盖。持续开展“百楼万户大走访”创城入户宣传和文化集中宣传活动，开展“争做文明利通人·我为创城做贡献”系列活动240余场次，制作公益广告567处，设置社会主义核心价值观景观小品9处，累计发放玻璃杯等宣传品7万余份，覆盖16万人次，做到了文明创建“人人知晓、人人参与”。深化“345”志愿服务模式，健全完善志愿服务工作机制，充分发挥学雷锋志愿服务站和志愿服务组织作用，组建文明监督员队伍100支，围绕疫情防控、义务诊疗、敬老助残、绿化补植、文明劝导、环境整治等内容开展“周五志愿服务日”活动640余场次，有力地推动志愿服务生活化、制度化、常态化。

【招商引资】

2020年，胜利镇积极争取整合为民办实事、老旧小区改造、党建为民服务等项目资金，对复兴家园、市医院家属院、粮食局家属院、大同楼等18个老旧小区实施了改造，维修破损路面3.07万平方米，粉刷墙面26.5万平方米，维修单元门386个，维修小区照明设施3246个，拆除煤杂房231个，安装灭火器989个。规划设置停车位1044个，安装充电桩40组共639个，清理空中飞线2.8万米，安装4色简易垃圾集中投放点28处，率先在上桥社区老干部家属院实施智能垃圾分类投放。争取国资委支持，投资500万元对仪表北院10号楼进行维修改造，完成上争资金900万元。

【党风廉政建设】

2020年，胜利镇全面落实党委主体责任和纪委监督责任，强化班子成员“一岗双责”。持续推行“互联网+监督”模式，充分运用社区智慧平台“小微权力”网络体系，紧盯社区落实线上“三务公开”，确保群众监督公权力不断档、不掉线。深入推进廉政文化建设，将廉洁文化融入传统节日，组织开展了“新春佳节‘廉’意浓”“弘扬廉政文化、树立清风正气”等文艺活动10场次，让廉政文化扎根小区、溢满楼宇。全力整治干部“不作为、慢作为、乱作为”等“庸懒散浮拖”问题，为各项工作奠定了良好的纪律基础。先后开展日常督查18次，专项督查10次，开展提醒谈话、廉政谈话等32人次。

金星镇

【概况】

金星镇辖区面积12.5平方千米，辖裕西社区、金塔社区、材机社区、开元社区、金花园社区、金星花园社区、明珠社区、利宁社区、富平社区、阳光骄子社区、正丰社区11个社区（正丰社区在建中）。共172个住宅小区，49183户共128037人。老旧小区43个，有物业公司管理75个，居民自管67个。商铺4073家，规模以上27家，物业服务公司37家。2020年，金星镇先后荣获自治区爱国拥军模范单位、自治区安全生产先进集体等各类荣誉15项。2020年6月8日，习近平总书记视察了金花园社区民族团结和志愿服务等工作，并在现场发表重要讲话。

【基层党建】

2020年，金星镇充分发挥联合党委成员单位共建作用，认领增添健身路径、休闲座椅、老旧小区改造、困难帮扶等涉及民生实事任务134件，涉及资金341.8万元；高标准打造桃花苑网格党群服务中心、金花园党建引领基层治理示范点；选举任命102名党员（干部）骨干担任网格党支部书记或支部委员。选聘581名直管党员、在职党员担任“红管家”或党员楼栋长。疫情防控期间，成立疫情排查网格临时党支部79个，组织直管党员560名值守小区卡口，积极发动党员、非公企业捐款14.5万元。

【财政收支】

2020年，金星镇一般公共预算财政拨款收入1840.47万元。其中基本收入637.62万元，项目收入1202.85万元，政府性基金收入434.38万元；一般公共预算支出3097.31万元。主要支出项目为基本支出637.62万元，项目支出1389.16万元，政府性基金收入支出434.38万元。

【阵地建设】

2020年，经利通区委、区政府协调，原朝阳派出所1093.72平方米用房划拨金星镇金塔社区用于办公和公益性用房，原利通区环卫中心1183平方米用房划拨裕西社区用于办公和公益性用房，原古城中心卫生院办公楼1056平方米划拨开元社区用于办公和公益性用房。

【传统文化活动】

2020年，金星镇结合传统节日，举办“庆元旦趣味运动会”“唱响十九大·欢乐过大年”迎新春职工联谊会等各类文体演出竞赛活动。

【法治宣传】

2020年，金星镇在各个社区中设立宪法宣传栏，利用“金星司法”公众号、社区法律服务微信群，开展线上＋线下法治宣传活动20余场（次），发放法治宣传资料9000余份；在特殊节点开展专项法治宣传12场次；在阳光骄子社区打造党建法治文化广场。

【民族团结】

2020年，金星镇搭建“镇—社区—网络—楼栋”纵向到底的创建四级链条，“社区—辖区驻区单位—辖区非公企业和社会组织党组织”横向到边的创建网络，探索“睦邻家园”七类服务模式、民族团结“1247”工作法，为各族群众提供帮办代办服务78项；开展民族团结相关巡回宣讲64场次；成功举办17届社区邻居节、6届社区文化艺术节等品牌活动；开展“好邻居一日游”“中华民族一家亲·共创文明城”等活动百余场次；充分利用各社区阵地组织宣传活动121场次；打造黄河水韵小区“石榴籽”长廊、盛世开元小区“石榴籽家园”等民族团结进步创建示范点。

【教科文体】

2020年，金星镇打造镇综合文化站，各社区打造综合文化服务中心，全镇公共基础设施面积达到7061平方米；11个社区共棋牌室13个、图书室10个、电子阅览室6个、健身房4个、流动图书室3个、舞蹈室9个；结合科普宣传日，各社区开展系列宣传活动5场次，机器人编程教育等活动；组织、策划、举办各类文体演出竞赛活动100余场次；金星镇“美丽金星舞蹈队”参演舞蹈《爱我中华》获得吴忠市广场舞大赛二等奖、自治区广场舞大赛“魅力之星”称号，文化爱好者24人参加利通区啦啦操比赛获优秀奖。

【卫生事业】

2020年，金星镇共出生婴儿473人，人口出生率7.375‰，人口死亡率1.26‰，人口自然增长率6.11‰，无出生缺陷发生；组织流动人口健康义诊10次，健康素养宣传6期。辖区内17个药具免费发放点药具发放实现全覆盖；上报独生子女费300户598人共137875万元；在各社区开展亲情传统美德培训班、健康教育知识讲座和宣传咨询活动，参与者达300余人（次）；镇创建利通区无烟党政机关，金花园社区、材机社区创建自治区级健康社区，利宁社区、明珠社区、金星花园社区创建“家庭健康促进行动项目”示范点。

【劳动就业】

2020年，金星镇共实现城镇新增就业1275人，失业人员实现再就业750人，就业困难人员实现就业117人，零就业家庭实现再就业15户，实现就业的零就业家庭成员43人，援助实现就业困难人员13人。组织1000多位有意向群体参加用工招聘洽谈会。

【社会保障】

2020年，金星镇受理新生儿参保346人，居民医疗保险参保3479人，养老保险登记117人；12人办理城乡居民养老保险补缴手续，补缴金额共计15.35万元；城乡居民基本养老保险完成105.65%，基本医疗保险完成110.59%，取得“两险”工作双项第一的成绩。

【民生救助】

2020年，金星镇共有低保服务对象203户共307人，人均补差455元；孤儿6人，城市低收入高龄老人18人，“十三五”劳务移民41户共211人；全年新增低保对象9户17人共8430元，增人增标1户1人；发放城市低保金及各类补贴194.02万元，发放低收入高龄老人津贴及各类补贴10.74万元，孤儿津贴29736元；春节期间累计慰问190户困难家庭，慰问金12.11万元。发放临时救助资金41户共99人14.65万元。发放残疾人两项补贴39.96万元；高标准完成1193名残疾人数据采集更新工作。脱贫户41户211人，具有劳动能力103人就业87人，脱贫户2020年度人均纯收入10851元，2020年度再无新识别脱贫不稳定监测户。

【平安建设】

2020年，金星镇调整镇社会治安综合治理中心等11个综合治理工作机构；结合政法综治宣传月，共挂横幅16条，电子屏230条，发放宣传资料1万余份；发放“平安家庭”承诺书1.5万份；在第五个“全民国家安全教育宣传日”共发放宣传材料1100份、宣传画250份、悬挂横幅21条、制作电子屏400个，观看国家安全教育片16场次，免费提供法律咨询400余人次；11个社区开展防范电信诈骗和防范传销宣传活动15场，发放宣传单6万张，受教育群众达10万人。

【环境整治】

2020年，金星镇联合镇执法大队共拆除小区私搭乱建80余处；清除6个社区公共绿地种菜36亩；自筹资金1060万元对19个老旧小区基础设施全面改造，维修破损路面8000余平方米，楼道粉刷7000余平方米，更换破损垃圾箱348个，维修脱落外墙砖710平方米；在全镇86个小区开展增植补绿48万棵（株）；下发各类督查通报11期，曝光整改各类问题400余处。

【创卫工作】

2020年，金星镇通过设置健康教育宣传栏、发放宣传单等形式在全镇开展“讲卫生、强观念、除四害、治环境”的爱国卫生活动；对照创建国家卫生城市复审测评体系，在全镇范围内开展创卫工作攻坚行动，共制作悬挂健康教育宣传展板73块，开展“爱国卫生日”活动12场次。

【党风廉政建设】

2020年，金星镇专题研究安排部署党风廉政工作6次，制订完善全面从严治党主体责任清单14个共25条，完成《金星镇2020年党风廉政建设和反腐败工作要点》制定等6项12条，长期坚持八项13条；结合重点项目，重点岗位，排查廉政风险点21个，制定风险措施62条；组织中心组理论学习14次、干部例会理论学习18次、观看廉政教育专题片5次、通报典型案例13次；召开党委会议40次，研究重大事项452项；组织开展主题活动96场次，参与党员领导干部4000余人次。

东塔寺乡

【概况】

东塔寺乡地处吴忠城区东大门，是典型的回汉聚居、城乡接合近郊乡镇。全乡总面积24.7平方千米，耕地面积1.48万亩，下辖10个行政村，总人口27083人。农村居民人均可支配收入19481元。2020年获得全国第二批乡村旅游重点村（石佛寺村）、2020年度自治区文明乡镇、自治区民族团结示范单位、自治区国防教育基地、吴忠市国防教育基地、吴忠市创业孵化示范基地。

【基层党建】

东塔寺乡高标准打造白寺滩村和塔寺村党建引领基层治理示范点，建成白寺滩村碧玉广场开放式党建广场和刘碱滩—二道桥村棚户区远程教育广场。创新实施基层治理“良政三治”，成功承办自治区乡村治理现场观摩会。利通区初心馆共接待国家、自治区、市级观摩调研500余次，参观学习人数超过5万人，擦亮了利通对外宣介靓丽名片。

【财政收支】

2020年，财政决算一般公共预算收入6691.73万元，其中，一般公共服务收入653.66万元，公共安全收入2万元，教育收入36.1万元，社会保障和就业收入116.66万元，卫生健康收入36.99万元，城乡社区收入2321.59万元，农林水收入845.99万元，交通运输收入8.8万元，住房保障收入176.65万元，其他收入2488.61万元，抗疫特别国债安排的收入4.68万元。

【文化体育】

东塔寺乡注重以文化人，涵养文明乡风。建成东塔寺乡新时代文明实践所，组建11支志愿服务队，常态化开展移风易俗、扫黄打非、“七五”普法等志愿服务活动。参办读书会、唱红歌、社火展演等各类文体活动34场次。完善配套服务，推进石佛寺村、柴园村阵地建设，完成新接堡村和李园村的“儿童之家”建设，为新接堡村配置休闲健身器材20件。

【民生保障】

东塔寺乡抓好居民社会养老保险、医疗保险和铁杆庄稼保扩面征缴工作；鼓励返乡农民工就近就业，实现农村劳务转移人员就业2669人，城镇新增就业226人；家庭医生签约服务覆盖率100%；积极开展“控辍保学”工作，劝返学生9名；打造标准化退役军人服务中心，建立381名退役军人档案，定期做好辖区退役军人走访工作，发放各类资金82万元。

【社会救助】

东塔寺乡全力提升公共保障水平，发放城乡低保保障金282万元、城乡高龄保障金849万元、城乡散居孤儿养育津贴11万元、临时救助金20.22万元。

【脱贫攻坚】

东塔寺乡全面打赢脱贫攻坚战，切实完成脱贫攻坚兜底保障任务。新增低保20户29人，上报106户临时救助，为13户特困户及18名孤儿解决生活困难。高标准实施农村危房改造，原址翻建71户，旧房加固23户，周转安置264户。

【平安建设】

东塔寺乡建立内部治安防控网络，完善治安联防工作制度，办公区、保安和值班室、辖区小区内视频监控全覆盖。加强宗教教职人员、寺管会成员、青少年、刑释人员、吸毒人员及流动人口的宣传教育，开展普法宣传、法治讲座、禁毒知识宣传40场次。

【招商引资】

东塔寺乡高定位推进重点项目建设，完成招商引资1.7亿元，招商引资企业3个，包括宁夏西麒麟生物科技有限公司研发中心建设项目投资8000万元，陈氏康复医院项目投资6000万元，哈纳斯天然气输气管道配送门站项目投资3000万元。完成上争资金450万元，固定资产投资1467万元。

【美丽乡村建设】

东塔寺乡全力打造美丽乡村建设示范点，大力开展城乡生态环境治理。投入资金350万余元，清理乱堆乱放1250处，清运垃圾8300吨。扎实完成庄点、小区绿化补植任务，完成增绿补植210亩，栽植各类苗木14.5万株。白寺滩村作为自治区人居环境整治示范村，接待观摩学习百余次。对辖区内苦水河、清水沟、鸭子荡沟开展专项治理，整治清理生活建筑垃圾860吨，清理私搭乱建3694平方米。

【乡村道路】

东塔寺乡完善农业设施夯实发展基础，清挖沟道82千米，整治渠道290千米，整修农路98.6千米。

【水利建设】

东塔寺乡改造水利配套工程104座。

【现代农业发展】

东塔寺乡以农业技术服务助推产业发展，举办“三农”培训班13场次，培训人员960人次，发放技术资料1.2万份。组织农户对受冻灾1633.7亩蔬果开展生产自救，完成葡萄保险1079亩。

【土地监管】

东塔寺乡完成26户“大棚房”清理整治工作，核查农村乱占耕地建房图斑677处。

【名优特产业发展】

东塔寺乡积极申报白寺滩村大青葡萄示范基地项目，白寺滩村大青葡萄基地被命名为吴忠市级和利通区级创业示范基地，分别获得奖励资金50万元和20万元。

【种植业】

2020年，东塔寺乡全年落实农作物面积18814亩，其中，粮食播种面积8260亩（小麦58亩，水稻540亩，玉米7662亩）；经济作物10554亩（其中种植瓜菜6775亩，葡萄2320亩，林果面积1459亩）。

【植树造林】

东塔寺乡新增经果林种植面积140亩。白寺滩村苦水河东侧新栽植柳树720株，白寺滩村三支一沟补植白杨420株，黄河大桥义务段补植旱柳420株，滨河大道雷达站北侧义务段补植旱柳430株。

【全域旅游】

东塔寺乡有序推进白寺滩大青葡萄特色产业村续建工程，

成功举办东塔寺乡第五届大青葡萄采摘节。

【党风廉政建设】

东塔寺乡组织开展学习《中国共产党纪律处分条例》等法律法规，筑牢思想防线，加强党性教育。配合区委和区纪委监委在初心馆完成“利通区领导干部廉政警示教育周”相关活动，2020年3月24日至27日，利通区各机关、学校、卫生院、企事业单位和乡镇分批到初心馆参加相关学习活动，共有101家单位，超过700人接受了教育。

板桥乡

【概况】

板桥乡地处利通区西南，东靠利通市区，西与金积镇接壤，南临马莲渠乡，北接黄河，面积30.68平方千米，下辖11个村、2个社区，总人口33879人。乡政府位于银平公路北侧，距离利通市区5千米。2020年农民人均可支配收入18900元，同比增长7.4%。

【基层党建】

板桥乡扎实开展“抓乡促村、整乡推进、整县提升”示范乡创建行动，立足自身优势，积极探索创新，建强基层党组织堡垒，扎实推进乡村“五大振兴”工作。

【乡域经济】

板桥乡深化开展农村集体土地股份制改革，2020年波浪渠村实现集体经济收入59万元，农民二次分红实现每股110元；蔡桥村争取扶持壮大集体项目资金100万元，实现集体经济收入36.97万元。2020年全乡村集体经济收入总量实现420万元，较上年增长36.74万元，增长率9.6%。

【招商引资】

板桥乡充分发挥地域优势，全力做好“创利汽车服务区”“脱毒葡萄苗木”等招商引资项目，积极争取“一事一议”“美丽村庄”、扶持村集体经济发展等项目，实现连续5年超额完成“两大任务”。全年实施各类重点项目6个，实施农村公益事业财政奖补项目4个，全面完成农村厕所改造及污水处理项目，完成上争资金2500万元，招商引资1.95亿元。

【民生保障】

板桥乡完成城乡居民基本医疗保险参保27509人，参保率94.21%。办理新生儿参保登记420名，按照“4050政策”就业困难人员认定3079人，办理灵活就业补贴638人，城镇新增就业211人，失业人员再就业52人，帮助就业困难人员就业22人，完成“铁杆庄稼保”参保1162人，培育创业实体8个，带动就业232人。

【脱贫攻坚】

板桥乡扎实开展蔡桥村“十二五”劳务移民挂牌作战，解决35名移民实现公益性岗位就业；办理移民城市低保39户共56人，高龄6户共7人，发放“多代多人”购房补贴5户共25万元，医疗保障实现全覆盖；完成蔡桥中心村劳务移民楼污水管网维修、地面修复等基础设施改造。对全乡11个村开展“四查四补”工作，全面完成辖区内农户摸排8331户，建立一户一档资料164户。

【平安建设】

板桥乡探索建立“五网五联 村级共治”联席会议工作机制及“四个一”人民调解参与信访工作模式，实现“乡村直接管理”到“村民自我管理”，实现矛盾纠纷不上交。网络化推进“七五”普法各项工作，建立“板桥公共法律服务”和“板桥指尖普法”微信群，推动“七站八所”普法工作。打造蔡桥村法治文化广场和板桥中心普法宣传教育阵地，有效落实普法责任制。实施安全促进项目，组织开展各类演练30场次，排查整治餐饮、校园、危化品生产销售等行业各类安全隐患，确保不发生重大安全事故。

【美丽乡村建设】

板桥乡规划建设梁湾村、李闸渠村、洼渠村、蔡桥村、高家湖村等11个中心村，新建安置房约75万平方米，安置拆迁群众20000余人。大力开展人居环境整治工作，全面整治庄点、道路、安置小区环境，清理各类垃圾9000余方、秸秆400余亩，对滨河大道、清宁河沿线补植补造1000亩，村庄补绿增绿17800余株。

【现代农业发展】

板桥乡立足波浪渠村、任桥村、高家湖村、巷道村4个农业村实际，流转土地2000余亩，充分发挥波浪渠弓棚西瓜、“成功苗木”、红山河辣椒等特色农业基地作用，以特色基地带动产业发展，实现农户与企业“双赢”。

【土地监管】

板桥乡积极制定乡、村、队三级巡查制度，坚持每周一次大巡查，对发现擅自占地建房、取土、私搭乱建等违法行为及时制止上报，拆除清理大棚房违建图斑3宗，移交综合执法查处1宗；签订耕地目标责任书，明确乡村耕地保护义务和责任，确保耕地保有面积不低于12000亩，基本农田保护面积不低于4382亩。

【种植业】

全乡玉米种植5610亩，蔬菜种植580亩，设施农业120亩，其中拱棚西瓜61亩，小拱棚西红柿35亩，拱棚西瓜、甜瓜收获后复种芹菜和叶菜150亩。高效落实波浪渠村、任桥村蔬菜示范方点2个、波浪渠村优质高效玉米示范方点2个。

【畜牧养殖】

2020年，板桥乡奶牛存栏480头，肉牛饲养量6455头（其中，存栏3240头、出栏3215头），羊只饲养量23967只（其中，存栏9100只、出栏14867只），生猪饲养量2812头（其中，存栏1067只、出栏1745只），家禽饲养量14.81万只（其中存栏2.25万只、出栏12.56万只）。

【植树造林】

全乡共完成造林面积38.2亩，栽植刺槐、新疆杨、旱柳、国槐、紫穗槐花灌木等71980株，培育各类苗木52万余株。

【水利建设】

成立板桥乡惠民农业灌溉服务专业合作社，撤销7个村级农民用水者协会，全年完成自来水入户安装36户，申请水库移民生活补贴资金16200元，不断配齐更新PE船、电动环卫单桶垃圾车、电动三轮车自卸车等垃圾打捞工具。

【党风廉政建设】

板桥乡切实履行“一岗双责”，严格执行“一把手”总负责，班子成员分工负责的工作机制。制定完善《板桥乡“百分制倒扣分”干部绩效考核管理制度》、“周例会、月汇报、季度一点评”工作机制等14项制度。在全乡11个村设立“举报箱”，公开举报电话，畅通信访举报渠道，严格落实问题调查到位、问题查处到位、责任追究到位的“三到位”调处制度。乡纪委全年共查办案件15件，初核了结15件。下发纪律监察建议书1份，通过查处违纪案件，教育广大党员干部，促进了党风廉政建设工作的深入开展。

马莲渠乡

【概况】

马莲渠乡地处吴忠市南部，东望金银滩镇，南接高闸镇，西连金积镇，北连板桥乡，行政区域面积35.28平方千米。截至2020年末，马莲渠乡户籍人口为25624人。2020年，马莲渠乡有工业企业12个，其中规模以上5个，有营业面积超过50平方米的综合商店或超市37个。

【基层党建】

2020年，马莲渠乡以强化党组织政治功能、提升组织力为重点，狠抓关键环节，提高党建质量。大力实施“三大三强”行动和“两个带头人”工程，以落实市委“16条意见”和“抓乡促村、整乡推进、整县提升”示范县乡创建行动为抓手，全力打造杨渠村、廖桥村、汉北堡村基层治理示范点。深入推进基层党建标准化建设，在阵地建设、组织生活、党员管理、档案资料4个方面提升规范化标准。整合农村优秀人才队伍，成立党支部1个，打造工作室1个。坚持政治标准，严把党员发展关，发展党员8名，转正党员7名。强化党员队伍教育管理，严格执行“三会一课”、组织生活会、主题党日等基本制度，140名信教、参教党员已有效转化并纳入组织正常管理。深入开展村两委换届摸排工作，培养后备力量32名，致富带头人47名。

【财政收支】

2020年，马莲渠乡一般公共预算财政拨款收入1964.61万元。一般公共预算财政拨款支出2206.73万元。

【民族团结】

2020年，马莲渠乡扎实做好民族宗教工作，常态化开展民族团结进步宣传教育“十进”活动，荣获自治区“民族团结进步创建示范单位”荣誉称号，杨渠村被确定为民族团结进步互观互检示范点。

【教科文卫】

2020年，马莲渠乡扎实做好平安校园建设、“控辍保学”及医疗卫生工作，资助各学段贫困学生26人共3.78万元。开展孕前优生健康检查157对、妇女两癌筛查960人，实现贫困户家庭医生签约全覆盖。深化精神文明创建活动，打造柴桥村、汉北堡村新时代文明实践站2个。

【脱贫攻坚】

2020年，马莲渠乡全面落实城乡低保提标扩面普惠政策，将农村低保A档由300元／月提升至360元／月，截至2020年底马莲渠乡有农村低保393户共463人，城市低保10户共16人，城乡低保共发放各类救助资金172.82万元，新增城乡低保46户共54人，调增6人，调标2人，清退城乡低保24户共27人；临时救助162人次，乡民政局申请救助6人次，及时录入民政救助系统进行核查，发放救助资金29.21万元，其中临时救助城乡低保户48人，特困供养人员5人；全乡排查低保、五保、建档立卡、残疾、困难边缘户5类人群危房49户，截至2020年底已改造40户，全乡范围内排查边缘易致贫人口，排查出边缘易致贫人口3户共8人录入扶贫系统动态监控，已通过整户纳保、临时救助、公益性岗位申请、产业帮扶托管分红等措施消除贫困风险；按月足额发放高龄老人津贴80—90岁老人发放标准270元／月，90岁以上老人500元／月，因疫情影响增加发放疫情补贴20元，截至2020年底，在册高龄老人288户共288人，发放高龄老人津贴及各类补贴102.86万元；为1名特困供养人员办理入住敬老院相关事宜；分散特困供养人员35户共37人，发放分散特困供养人员生活费及各类补贴25万元；将27名孤儿信息纳入系统动态监管，为低保家庭中1名儿童办理孤儿津贴待遇，截至2020年底，全乡保障孤儿21户共27人生活，发放孤儿救助资金18.33万元。

【综合治理】

2020年，马莲渠乡深入推进平安乡村建设及网格化服务管理，“七五”普法圆满收官。紧抓治安防控体系建设，建立乡村两级综治中心及工作站，落实“三官一顾问”工作机制，配备网格员95名，社区矫正、安置帮教、吸毒人员等重点人群实现有效管控。持续夯实人民调解“四张网络”，化解信访案件11起，调处矛盾纠纷52件，成功率达98%。纵深推进扫黑除恶专项斗争，通过入户摸排、群众举报等方式持续收集处置涉黑涉恶线索，打造宣传长廊4个，专项整治成果持续巩固。

【招商引资】

2020年，马莲渠乡投资482万元完成马莲渠全民健身中心主体工程，投资1100余万元完成廖桥农村生活污水管网及改厕项目和马莲渠村4队、8队污水管网项目，投资340万元完成岔渠桥村棚户区文化广场、陈木闸村北渠子砌护、柴桥村3队文化广场等5个农村公益事业财政奖补项目，受益群众达9200人。投资100万元安装测控一体化闸门、泵站量水设施113座，新建涵洞3座。完成招商引资1.5亿元、上争项目资金2300万元。

【美丽乡村建设】

2020年，马莲渠乡高标准推进农田水利建设，治理面积2.7万亩，改造完善农沟农渠7.5千米，补植林木1033株，乡域农业生产灌溉条件不断改善。建设文化广场3个，安装路灯196盏，砌护沟渠2.7千米，硬化道路4千米，集中解决了群众反映强烈的突出问题。多管齐下治理大气污染，安装热风机、热炕板1325户，清理散煤销售点3个，乡域空气质量稳中向好。严格落实“河湖长制”，加大清水沟、拱拜沟、牛毛湖沟等流域及沿线综合治理力度，新修堤岸道路10千米，打捞沟域垃圾20.7吨，拆除流域内污染企业2家，整治河道岸线25千米。加大农村生活污水治理力度，实施了廖桥村、马莲渠村农村污水管网项目，全乡完成“三格式”改厕1348户、污水管网改厕765户，建造厕屋1123户。全力推进农村危房和抗震宜居房改造，完成D级危房改造208户，加固C级危房243户。实施护绿增效提升行动，完成修枝抚育、补植补造、造林绿化任务1368亩，完成美丽村庄、棚户区及慈善大道两侧绿化2.3万平方米。接续打好村庄清洁行动“四季战役”，修复破损井盖、路面170余处，规划停车位524个，清理主干道路、粮场私搭乱建、村庄周边及房前屋后垃圾3000余吨，主次干道清扫率达98%，乡村环境质量持续改善。

【乡村道路建设】

2020年，马莲渠乡实施柴桥文化广场及巷道硬化工程和马莲渠村6队文化广场及巷道硬化工程，安装路灯196盏，硬化道路4千米。

【现代农业发展】

2020年，马莲渠乡现代农业稳步发展。按照“一稳两减五优四化”发展方向，因地制宜做好产业“加减”法，持续调整优化农业结构。抓实特色种植促增收。积极引导各村因地制宜发展特色种植业，形成了以黄花菜、拱棚西瓜、优质饲草、优质粮食为主的农业产业布局。鼓励大户进行规模化种植，培育黄花菜、拱棚西瓜及西红柿种植基地5个，全乡黄花菜、拱棚西瓜、露地蔬菜、青贮玉米等农作物面积达到2.7万亩。大力培育新型农业经营主体，成立陈木闸村土地股份合作社1家，经济合作社8家。认真落实《利通区加快农村集体经济发展的实施方案》，采取“项目拉动、产业带动、服务创收、土地流转”等方式，积极引导5个特色产业村发展壮大集体经济，全乡村集体经济经营性收入达到61万元，较2019年增长50%，发展能力显著增强。廖桥村被利通区评为“百村争先行动先进集体”。

【设施农业】

2020年，马莲渠乡在杨渠村、陈木闸村、汉北堡村、岔渠桥村种植大小拱棚西瓜970亩，其中新增大拱棚西瓜615亩小拱棚西瓜355亩。种植露地蔬菜365亩，其中马莲渠村6队种植西红柿200亩，陈木闸村种植茄子、辣椒、白菜150亩。

【农业基础设施建设】

2020年，马莲渠乡投资100万元安装测控一体化闸门、泵站量水设施113座，新建涵洞3座。高标准推进农田水利建设，治理面积2.7万亩，改造完善农沟农渠7.5千米，补植林木1033株。

【名优特产业发展】

2020年，马莲渠乡积极引导各村因地制宜地发展特色种植业，形成了以黄花菜、拱棚西瓜、优质饲草、优质粮食为主的农业产业布局。鼓励大户进行规模化种植，培育黄花菜、拱棚西瓜及西红柿种植基地5个，全乡黄花菜、拱棚西瓜、露地蔬菜、青贮玉米等农作物面积达到2.7万亩。

【土地监管】

2020年，马莲渠乡编制陈木闸村、廖桥村“多规合一”实用性村庄规划，进一步加强土地监管工作。

【种植业】

2020年，马莲渠乡在柴桥村、马莲渠村、廖桥村落实黄花菜种植1580亩，鼓励大户进行规模化种植，新培育拱棚西瓜、西红柿种植基地2个，在陈木闸村等村种植拱棚西瓜、露地蔬菜、青贮玉米等农作物2.5万亩。全乡种植优质小麦、水稻2300亩。

【畜牧养殖】

2020年，马莲渠乡立足养殖业大乡的资源优势，鼓励各类合作社、家庭农场、规模养殖户发展育成牛、基础母羊等养殖产业，全乡奶牛、肉牛、生猪、羊只存栏分别达到5203头、2.1万头、4165头、3.5万只，较上年分别增长17.5%、25%、11.1%、13.9%，养殖业成为农民增收的有效途径。

【植树造林】

2020年，马莲渠乡实施护绿增效提升行动，完成修枝抚育、补植补造、造林绿化任务1368亩，完成美丽村庄、棚户区及慈善大道两侧2.3万平方米绿化。

【水利建设】

2020年，马莲渠乡投资100万元安装测控一体化闸门、泵站量水设施113座，新建涵洞3座，安装测控一体化站98座。

【政务服务】

2020年，马莲渠乡通过各种渠道公开政府信息共计297条，其中，政府文件57条，民生热点信息78条，重点领域信息153条，财政信息2条，其他信息7条。在乡政府办公楼打造政务公开专区1个，依托乡民生服务中心、乡文化站、村级新时代文明实践站，建设政府信息公开查阅点3个。加强政务新媒体建设，开通“廉洁马莲渠”

微信公众号，每周常态化推送政策宣传类信息。

【党风廉政建设】

2020年，马莲渠乡召开4次党风廉政建设工作专题会议，对党风廉政建设重点工作进行了全面的安排部署，研究制定了《马莲渠乡2020年党风廉政建设和反腐败工作要点》《马莲渠乡2020年党风廉政建设和反腐败工作任务分工》《马莲渠乡全面从严治党三个清单》，明确班子成员本年度履行党风廉政建设主体责任的主要内容，强化班子成员“一岗双责”意识。全面执行廉政约谈制度，2020年开展廉政约谈23人次。加强干部的考勤和值班情况的监督检查，下发督查通报2期，提醒约谈5人。

郭家桥乡

【概况】

郭家桥乡东与灵武市郝家桥镇胡家堡村接壤，西靠利通区东塔寺乡干饭渠村，南邻利通区金银滩镇杨马湖村，北至吴灵青公路。全乡辖8个行政村56个村民小组，地域总面积27.5平方千米，耕地面积2.18万亩。常住人口2.2万人，2020年出生人口121人，死亡人口79人。2020年，全乡实现社会总产值13.65亿元，同比增长5%；农村居民人均可支配收入14848元，同比增长7.6%。

【基层党建】

2020年，郭家桥乡严格履行乡党委书记抓党建第一责任人职责，压实“党委领导、组织协调、支部负责、干部参与”的党建工作机制；建立支部书记抓党建“四个清单”，深入推进“三大三强”工程，逐步提升基层党支部组织力，从严格落实、规范组织、提高质量、加强领导等方面在规范落实“三会一课”、民主评议党员、“7+x”主题党日等组织生活制度方面下功夫，确保党内政治生活经常化。

【财政收支】

2020年，郭家桥乡财政完成财政拨款收入5341.24万元，其中，一般公共预算财政拨款收入1754.67万元，政府性基金预算财政拨款279.74万元，附属单位上交收入3306.83万元。乡财政完成财政拨款支出5339.36万元，其中，一般公共服务支出907.94万元，公共安全支出3万元，教育支出27.3万元，文化旅游体育与传媒支出5万元，社会保障和就业支出119.80万元，卫生健康支出35.21万元，节能环保支出20万元，城乡社区支出478.71万元，农林水支出599.28万元，交通运输支出1.9万元，住房保障支出286.55万元，灾害防治及应急管理支出11.12万元，其他支出2853.01万元，抗疫特别国债安排支出0.48万元。

【民生保障】

2020年，郭家桥乡城乡居民基本医疗保险参保1.94万人，家庭医生签约服务实现全覆盖；组织参加就业招聘活动6场，转移农村劳动力2011人，“铁杆庄稼保”参保2079人；争取妇女创业贴息贷款41户共625万元，根治农民工欠薪45人共42万元，新增安装自来水用户182户，群众的获得感不断增强。

【脱贫攻坚】

2020年，郭家桥乡聚集脱贫攻坚“两不愁三保障”，认真开展“四查四补”，落实消费扶贫和兜底保障，发放各类救助资金520余万元，新增低保21户共30人，取消低保42户共59人，产业帮扶边缘户3户共3.4万元，新建郭家桥村、吴家桥村“儿童之家”；完成“四类重点户”及一般户危房改造任务199户，拆除“空心房”9户；向郭家桥中心学校捐赠课桌凳300套，为26名困难学生发放助学金9.66万元。

【平安建设】

2020年，郭家桥乡持续巩固扫黑除恶专项斗争成果，中央整改督办问题全部清零；按照“123342”管理服务体系，在清水沟村开展基层党建引领基层治理示范创建；建立四级网格管理服务体系，建立乡村社会治安综合治理中心，开展“法官＋网格”试点工作，落实“三官一律”矛盾纠纷调处5次；健全协调联动机制，调处各类矛盾纠纷19件，调处成功率95%；推动阳光信访进程，妥善化解信访案件46件。2020年，该乡被评为利通区信访工作第一名。巩固民族团结成果，依法加强宗教事务管理，坚持民族和睦、宗教和顺、社会和谐持续巩固。严格落实安全生产一岗双责，开展大检查大宣传20次，安全生产形势保持良好。全力做好安全生产隐患排查工作，打通小区消防通道，发放救灾救济资金17万元。

【招商引资】

2020年，郭家桥乡落实山水沟特色产业示范村二期建设和吴忠市第二污水处理厂建设招商引资项目2个，落实资金2.2亿元；争取财政奖补“一事一议”、美丽村庄、两流域治理等上争资金项目7个，落实上争资金2000万元，均超额完成任务；精准编制“十四五”发展总体规划，谋划“十四五”期间重点项目，储备重点小城镇、全民健身中心等投资强度大、经济效益好、牵引作用强的项目7个，投资2.3亿元，经济发展后劲积蓄有力。

【现代农业】

2020年，郭家桥乡巩固发展露地瓜菜500亩、小麦172亩、青贮玉米6516亩、籽粒玉米2871.5亩、优质水稻4665.3亩；调整种植菟丝子300亩、冬牧草300亩、苜蓿300亩；新植桃树、葡萄等经果林180亩。在山水沟特色产业示范园新建新型材料日光温室14栋共2.47万平方米，科技大棚1座共5500平方米，联栋大拱棚5栋共10亩，示范种植葡萄、羊肚菌、水果番茄等特色农产品，成立特色产业发展功能联合党支部和党小组，以党建引领产业发展。积极打造农业服务联合体，建成农业科技服务中心，启动智慧农业数据管控系统，成立博士专家工作站，带动“五级人才”服务覆盖“耕种管收”各个环节，促进设施农业向绿色化、品牌化、高端化发展。

【农业基础设施建设】

2020年，郭家桥乡严格落实河长制，取缔小乱散污企业13家；实施东大滩1.2万亩高标准农田建设项目，统防统治5000亩，深松深耕5000亩，暗管排水盘活盐碱地7059亩，砌护渠道14.75千米，清淤沟道26.9千米，修建农路10.5千米，配套建筑物597座，建设扬水泵站1处，维修病险水利工程85处，林木修枝抚育400亩、涂红刷白5.6万株，农业综合服务能力不断提升。

【畜牧养殖】

2020年，郭家桥乡坚持“大规模、小群体”的发展思路，积极鼓励引导农户发展养殖业，实现全乡奶牛存栏2251头，肉牛存栏1.35万头，羊只存栏4.5万只，禽类5.7万只，全年出栏肉牛4.1万头，肉羊31万多只（包括涝河桥市场），培育牛羊经纪人73户。完成日光温室保险125户共336座，农业政策性抗风险能力逐年增强。

【人居环境】

2020年，郭家桥乡完善基

础设施建设，改善人居环境。一是围绕一村一貌，实施美丽乡村、农村污水处理等项目12个，硬化巷道及园区路13条共8.3千米，新建文化广场2处，安装太阳能灯350盏，配备健身路径16套，砌护沟渠道1700米，铺设污水管网2.78万米，新建厕污405座、卫生改厕2108户（三格式改厕743座，管网改厕1365座），美丽乡村品质化进程不断加快。二是扎实开展“六清二改一管护”村庄清洁行动，投入机械355台次，出工3.13万人次，清理私搭乱建、乱贴乱画等5300处，整理院落1260户，清运垃圾1200余吨，完成绿化324亩，在马家大湾村试点推行垃圾分类积分制管理，常态化开展秸秆禁烧宣传和巡查，设立创城文明监督员31名，整治飞线“充电”11次，安装充电桩150个，乡容村貌大为改观。

【社会事业】

2020年，郭家桥乡大力宣传《中华人民共和国传染病防治法》，开展专题讲座15场次，完成孕检170对，征收社会抚养费1.89万元；提升打造村级综合文化服务中心2个，建成利通区图书馆分馆1个；开展趣味运动会、农民丰收节等系列活动16场次；全面完成8个普查区73个普查小区的第七次全国人口普查工作，统计站荣获自治区五星级统计站称号；新征入伍8人，民兵整组2次60人。

【法治建设】

2020年，郭家桥乡深化普法依法治理，建设基层公共法律服务体系，打造清水沟村法治文化长廊1个，申报创建民主法治示范村1个，成立专兼职法治宣传队伍9支，顺利迎接“七五”普法验收，依托法治宣传栏、主题党日等载体，组织开展法律法规巡回讲座24场次。乡司法所被自治区确定为2020年全区标准化司法所；打造木槿花特色工作室，开展禁毒工作六进活动50余场次，发放宣传资料8000余份，受教育1.5万人次，对全乡实有168名吸毒人员实行“双四色动态管理”，完成毛发采集168人。2020年郭家桥乡禁毒工作从以前倒数第一跃升为第四名，郭家桥中心学校创建为自治区禁毒示范学校。

【精神文明建设】

2020年，郭家桥乡建成村级新时代文明实践站2个，清水沟村新时代文明实践中心“123352”运行模式得到上级首肯，家风家训馆1个，建立志愿服务队伍体系，持续开展理论宣讲、移风易俗、环境整治、矛盾纠纷等志愿服务活动64场次。开展乡容秩序专项治理提升工程，进行百楼千户大走访，进一步夯实了全国文明城市创建基础。

【政务服务】

2020年，郭家桥乡着力加强政府自身建设，以习近平新时代中国特色社会主义思想为指导，深入学习贯彻落实习近平总书记视察宁夏重要讲话精神，增强“四个意识”、坚定“四个自信”、做到“两个维护”。办理人大议案3件，办复率100%。村“两委”换届工作圆满完成。持续深化政务公开工作，实行“权责清单”动态化调整，政府重点领域非涉密信息公开率达100%。办理“12345”平台便民服务事项156件，群众满意率96.13%。

【党风廉政】

2020年，郭家桥乡严格落实党风廉政建设主体责任和“一岗双责”，持续巩固中央八项规定精神成果，驰而不息纠治“四风”，“三公”经费同比下降19%，干部作风持续好转，政府效能进一步提升。

企事业单位

巴浪湖农场

【概况】

巴浪湖农场于1954年建场，总人口10600人，职工496人，土地面积18.45万亩，其中耕地3.89万亩。农场现已形成供港蔬菜、设施蔬菜、设施园艺、枸杞基地等优势特色产业0.9万亩，并按照宁夏农垦集团“一体两翼四个支撑”产业发展部署和“68644行动计划”的要求，统筹优质饲草基地建设，按照草畜一体化发展思路，强化“六统一”经营管理落实，大力发展青贮玉米种植。

【基础设备建设】

巴浪湖小镇危房改造项目49栋共1742户全部达到入住条件，集中供热、道路、给排水、路灯、绿化、健身步道、群众文化广场和黑臭水体治理等配套设施工程均已完成。截至2020年10月底，共拆迁房屋并签订拆迁安置补偿协议1087户，拆迁面积43.28万平方米，置换安置面积11.28万平方米；已安置房屋1036套，入住400余户。项目累计完成总投资4亿元。

【特色产业】

一是枸杞基地。今年枸杞鲜果产量已达37.5万千克，比去年同比增产25%，鲜果承包销售收入80万元。并在修剪及树体管理、水肥一体化运用病虫害统防统治及绿色防控等新技术的应用、枸杞销售模式创新等方面不断得到提升。二是设施园艺基地。通过经营机制改革，全年通过葡萄销售、收取租赁费及争取项目资金，实现各项收入87.71万元，并在设施葡萄根域限制栽培技术示范推广和设施葡萄农药减量控害实验等方面不断发挥示范作用。

【土地管理】

加强公司耕地清理整治和有效保护，切实解决土地承包租赁期过长、承包租赁面积过大、承包租赁费过低“三过”问题，重新签订土地承包（租赁）经营合同，制定出台《公司土地承包（租赁）经营管理办法》，进一步规范土地管理工作，2020年已换签合同1605份，完成率97.86%；并成功以197.92万元挂牌出让宗地5.35亩；社会职能土地移交工作稳步推进。

【农业生产】

按照集团公司种植业板块结构调整向养殖业提供优质饲草的任务要求，坚持产业化方向，市场化导向，落实“五个统一”模式，调整农作物种植面积2.38万亩，其中，订单青贮玉米1.98万亩，水稻0.4万亩。落实新品种、测土配方施肥、精量播种、病虫害统防统治等技术措施，抢抓时机，完成各项作物种植生产管理工作，为粮食稳产，职工增收奠定坚实的基础。完成集团公司下达的387亩的营造林工作任务，秋季农田基本建设已高质量完成。

【项目建设】

2019年小型农田水利建设项目已完成结算审计；2019年巴浪湖农场蔬菜基地配套设施建设项目一标段已完成五队冷库改造，二标段已完成工程验收。2020年巴浪湖农场蔬菜基地配套设施建设项目、2020年巴浪湖农场渠道砌护项目2020年正在实施当中，2020年小型农田水利工程历年结余资金项目巴浪湖新建泵站及蓄水池改造工程2020年正在筹备招标工作，计划2021年实施。

【党风建设】

公司党委制定工作要点和党委中心组学习计划，公司党委与各支部签订党建工作目标责任书，分解党建工作任务清单，把党建工作与业务工作同安排、同部署、同落实；积极开展主题党8活动；加强意识形态工作的组织领导；坚持党委理论学习中心组学习；坚持“三会一课”制度；持续抓好宗教领域问题整治。完成107名退休党员组织关系属地管理转接移交工作。

吴忠林场（事业单位）

【概况】

吴忠林场始建于1964年，隶属吴忠市利通区人民政府，是差额拨款的正科级公益一类事业单位，原名跃进桥林场，20世纪70年代初由高糜子湾林场拆编合并为吴忠园林场，2000年恢复更名为吴忠林场。内设6个科室和4个生产队。全场土地总面积10634.6亩，林地面积9627.5亩（有林地面积4796.5亩），森林覆盖率61.6%。全场总人口1450人，职工总数495人。是中国果品流通协会、中国林业产业协会、中国林场协会、中国园艺协会梨分会会员（理事）单位。

【财政收支】

2020年，吴忠林场财政收入共计539.48万元，其中人员工资273.4万元、事业单位基本养老保险、医疗保险18.58万元。林场职工住房公积金115.5万元、2020年林场职工住房补贴132万元，以上财政收入全部支付。2020年项目资金共计486.58万元，其中，中央财政天保林社会保险补助资金317.1万元、2020年林业推广玉露香梨项目完成支付23.22万元、农村公益事业财政（渠道改造）奖补、森林资源培育、北干沟治理等5个项目资金总额146.26万元。项目资金均已完成支付（未支付资金49.12万元将于2021年支付完毕）。

【教育科技】

2020年1月，吴忠农场聘请河北昌黎果树研究所研究员陈湖、山西果树研究所葡萄研究员唐晓萍、果树专家郭黄萍、宁夏北方民族大学教授周军，在吴忠林场民生服务中心集中开展技术培训班5天。根据生产季节，与宁夏农林科学院等院校合作开展技术培训和指导，举办林果技术、森林防火、安全生产、法律等知识培训学习14期，完成培训1800人次。400亩设施果树大棚被自治区林草局命名为自治区优质设施果树示范基地，被自治区人社厅命名为吴忠设施果树栽培专家服务基地。

【民生保障】

2020年，城市低保新增2户共5人，清退2户共4人，截至2020年底，有城市低保户23户共48人。城市高龄补贴2人，孤儿津贴1人。金秋助学临时救助12人4.3万元，临时救助13人3万元。组织残疾人鉴定6人，发放一级、二级重度残疾人生活津贴5人共4800元、护理津贴3人共3600元。

【产业发展】

2020年标准化果园实施2000亩果园，发放有机肥520吨、腐熟剂5吨、果袋237万只。霜冻期间燃放柴草31.34吨、喷施硼肥液16千克、放置蜜蜂400箱，协调保险公司赔付灾害保险50.53万元。按计划实施网架梨栽培肥水一体化，建设泵房3间，购置施肥机等机械5台。建设良种采穗圃12亩，引进海棠、梨良种13个，定植苗木3500株。开展对外技术服务3万亩，增加职工收入150万元以上。

【基础设施建设】

2020年投入400余万元，实施户厕改造69户，完成道路维修硬化面积4479平方米、渠道砌护11千米、卫生间改造252平方米等。完成危房拆迁27户共2548.05平方米，补偿资金76.2万元。

【植树造林】

2020年完成春季植树造林绿化任务66.7亩。其中，平原绿网60.3亩，防护林改造7.4亩。

【旅游业发展】

2020年推动旅游产业升级，实施设施观光园科普文化长廊工程，建设宣传展板8组，建成村级旅游公厕3座、健身步道5千米。

荣 誉

先进个人

【全国劳动模范】

李彦　吴忠市利通区环境卫生管理中心机械清扫队驾驶员。

【全国优秀基层科协“三长”】

杨正军　金积镇中心卫生院院长

【第五届全国119消防先进个人】

王兰花　利通区金星镇金花园社区居民

【宁夏回族自治区“三八红旗手”】

李萍　吴忠市利通区第三小学教师

【2020年第五批自治区青年拔尖人才】

郭丽宏　利通区第十二小学高级教师

【吴忠市劳动模范】

朱文才　吴忠市利通区金积镇西门村党支部书记、村委会主任

【吴忠市先进工作者】

丁　芳　吴忠市公安局利通区分局治安大队四级警长

先进集体

【全国民族团结进步示范区】

吴忠市利通区

【全国文明村镇】

利通区胜利镇人民政府

【第六届全国文明单位】

吴忠市利通区胜利镇新华社区

【第二届全国文明校园】

吴忠市利通街第二小学

【全国家庭教育创新实践基地】

利通区第三小学

【民族地区“智能教育”实验校】

金银滩复兴学校

【全国先进基层检察院】

利通区人民检察院

【全国法律援助工作先进集体】

吴忠市利通区板桥乡司法所

【全国基层中医药工作先进单位】

吴忠市利通区

【民建组织全国先进集体】

民建吴忠市委利通区总支部

【第四次全国经济普查先进集体】

利通区金星镇

利通区上桥镇

【第八届全国服务农民、服务基层文化建设先进集体】

利通区金积镇综合文化站

【全国最佳志愿服务组织】

利通区王兰花热心小组慈善协会志愿服务队

【全国“扫黄打非”进基层示范点】

利通区胜利镇富荣社区

【节约型公共机构示范单位和效能领跑者】

利通区金星镇人民政府

【自治区文明单位】

利通区财政局

利通区农业农村局

金星镇材机社区

【自治区文明乡镇】

利通区东塔寺乡

【自治区青年文明号】

马莲渠中心学校

【自治区文明校园】

开元小学

【自治区科学技术进步奖】

吴忠林场（三等奖）

【自治区“扫黄打非”先进集体】

利通区委宣传部

【全区铁路护路联防工作先进县、集体】

吴忠市利通区

利通区马莲渠乡

利通区铁路护路联防工作领导小组办公室

【自治区健康“细胞”示范点】

金星镇材机社区

【自治区毒品预防教育示范学校】

金银滩中心学校

【自治区科普工作先进集体】

吴忠市利通区科技局

附 录

利通区2020年国民经济和社会发展统计公报

吴忠市利通区统计局

2021年4月30日

2020年，全区上下坚持以习近平新时代中国特色社会主义思想为指导，全面贯彻党的十九大和十九届二中、十九届三中、十九届四中、十九届五中全会精神，认真落实习近平总书记来宁视察重要讲话精神，按照党中央、国务院、自治区、吴忠市党委和政府决策部署，坚持稳中求进工作总基调，扎实推进“六稳”工作，全面落实"六保”任务，新兴动能快速发展，市场活力持续增强，就业民生保障有力，统筹疫情防控和经济社会发展取得显著成效，全区经济运行呈现加快恢复、稳定向好态势，高质量发展取得重大成果，全面建成小康社会取得决定性成就。

一、综 合

初步核算，全区实现地区生产总值200.65亿元，经济总量突破200亿元大关，按可比价格计算，同比增长3.9%。从产业看：第一产业实现增加值24.51亿元，同比增长3.7%，对经济增长的贡献率为12.0%，拉动经济增长0.5个百分点；第二产业实现增加值77.72亿元，同比增长6.3%，对经济增长的贡献率为63.3%，拉动经济增长2.4个百分点；第三产业实现增加值98.42亿元，同比增长1.9%，对经济增长的贡献率为24.7%，拉动经济增长1.0个百分点。

三次产业占地区生产总值的比重由上年同期的11.6：38.5：49.9调整为12.2：38.7：49.1。

2020年末全区工商注册登记的个人独资企业585户，全年新登记个人独资企业81户，年末个体户28692户，全年新登记个体工商户4332户。

年末城镇新增就业4325人，城镇失业人员再就业1806人，实现就业困难人员成功就业359人。登记失业率保持较低水平。年末全区城镇登记失业率为3.86%，全年新增转移农村劳动力22737人，创造新岗位3156个，全民创业劳动就业2868人，已正式运营的实体创造新岗位1709个。

2020年末居民消费价格指数（CPI）累计上涨1.4%。其中：食品烟酒上涨5.5%，衣着下降

0.7%，居住下降1.9%，生活用品及服务下降0.4%，交通和通信下降3.2%，教育文化和娱乐上涨0.4%，医疗保健上涨2.8%，其他用品和服务上涨3.2%。工业生产者价格涨幅回落。全年工业生产者出厂价格指数同比下降 3.1%，涨幅比上年回落2.5个百分点；工业生产者购进价格指数同比下降5.3%，涨幅比上年回落2.8个百分点。

二、农业

全年完成农林牧渔业总产值51.2亿元，同比增长3.9%。其中完成农业产值15.1亿元，同比下降5%；完成林业产值0.28亿元，同比增长9074.8%；完成牧业产值33.0亿元，同比增长8.8%；完成渔业产值0.35亿元，同比增长42.6%；完成农林牧渔服务业产值2.5亿元，同比增长1%。实现农林牧渔业增加值26.1亿元，同比增长3.6%。

全年粮食播种面积25.45万亩，与上年相比增加1.45万亩，同比增长6%。粮食总产量15.14万吨，与上年相比增加1.03万吨，同比增长7.3%。其中，小麦种植面积0.4万亩，同比下降71.4%，产量0.15万吨，同比下降70.8%；水稻种植面积5.25万亩，同比下降23.9%，产量3.1万吨，同比下降21.9%；玉米种植面积19.5万亩，同比增长29.9%，产量11.9万吨，同比增长23.8%。蔬菜种植面积9.07万亩，同比增长19.6%，蔬菜产量28.2万吨，同比增长2.6%。其中设施蔬菜面积1.65万亩（不含供港蔬菜），同比下降19.8%，产量8.3万吨，同比下降13.3%；瓜果面积0.9万亩，产量3.03万吨；供港蔬菜1.8万亩，与上年持平（单茬）。

园林水果种植面积7.3万亩，同比下降4.8%，比上年减少3690亩。其中苹果种植面积5.4万亩，与上年持平；葡萄种植面积0.4万亩，与上年持平；红枣、桃、杏、其他类共种植1.42万亩，同比下降20.7%，比上年减少3705 亩。

全区育苗面积8625亩，与上年持平；造林面积6120亩，同比下降80.1%；森林抚育面积4995亩，同比下降47.9%；零星植树13.5万株，同比增长1279.7%。

全区牛存栏25.8万头，同比增长17.4%；出栏6.7万头，同比增长7.2%。奶牛存栏16.8万头，同比增长16.7%；鲜奶产量达到69.9万吨，同比增长15%。羊存栏21.2万只，同比下降9.8%；出栏27.1万只，同比下降12.4%。家禽存栏20.1万只，同比下降74.8%；出栏131.9万只，同比下降31.1%。肉类总产量 2.2万吨，同比增长0.7%；禽蛋产量1098吨，同比下降66.1%。水产养殖面积达6975亩，与上年持平；水产养殖产量2640吨，同比增长7.1%。

三、工业和建筑业

全区全部工业增加值同比增长5.6%，88家规模以上工业企业实现增加值同比增长4.5%。其中，轻工业增加值同比增长3.4%，重工业增加值同比增长6.7%。规模以上工业企业中，国有企业工业增加值同比增长1.3%；股份制企业工业增加值同比增长4.5%；非公有制企业工业增加值同比增长7.9%；大中型企业工业增加值与上年同期持平。

规模以上工业实现营业收入234.5亿元，同比增长8.1%；实现利润总额15.2亿元，同比增长9.4%；利税总额29.4亿元，同比增长0.7%；工业产品产销率98.8%，比上年提升0.5个百分点。

全区工业增加值总量位居前五的行业分别是：烟草制品业、食品制造业、电力、热力生产和供应业、电气机械和器材制造业和化学原料和化学制品制造业，占比分别为35.5%、19.8%、10.1%、8.7% 和5.8%，累计工业增加值分别同比增长2.0%、12.2%、−0.9%、62.2% 和7.8%，分别拉动规上工业经济增长0.7个百分点、2.2个百分点、-0.1个百分点、3.4个百分点和0.5个百分点。

全年建筑业完成总产值40.8亿元，同比增长9.4%，实现增加值18.1亿元，同比增长8.5%，占第二产业的比重为22.5%。年末全区具有资质的总承包和专业承包建筑业企业达到57家。建筑业企业房屋施工面积163.5万平方米，同比下降20.8%。房屋竣工面积78.6万平方米，同比增长19.8%，其中住宅竣工面积54.3万平方米，同比增长76.3%。

四、固定资产投资

全年全区固定资产投资同比增长17.5%。其中，更新改造投资同比增长13.4%；房地产开发投资同比下降3.5%。

分产业看，第一、二、三产业占投资总量比重分别为21.4%、34.4%、44.2%，与上年同期所占比重8.2%、30.8%、61%相比，第一产业、第二产业比重上升，第三产业下降16.8个百分点。第二产业投资中，工业投资同比增长23.3%，其中制造业投资下降48.2%，占工业投资比重为

2020年利通区主要工业产品产量表

名称	计量单位	1—12月	累计增幅（%）
小麦粉	万吨	6.5	-26.1
大米	万吨	3.2	-30.4
饲料	万吨	11	3.8
精制食用植物油	万吨	2.2	4.8
乳制品	万吨	95.8	14.2
卷烟	亿支	80	0
纱	万吨	3	7.1
布	亿米	0.5	25
服装	万件	53.5	214.7
人造板	万立方米	10.5	52.2
机制纸及纸板（外购原纸加工除外）	万吨	4.4	0
纸制品	万吨	3.8	5.6
碳化钙（电石，折300升/千克）	万吨	47.5	28.7
农用氮、磷、钾化学肥料（折纯）	万吨	7.8	5.4
塑料制品	万吨	2.4	4.3
商品混凝土	万立方米	16.3	-34.5
电焊机	万台	2.2	69.2
发电机组（发电设备）	万千瓦	57.5	1150
工业自动调节仪表与控制系统	万台（套）	11.7	-25

35.9%；工业技术改造投资增长13.4%，占工业投资比重达28.8%；第三产业投资中，科学研究和技术服务业下降80.4%，文化、体育和娱乐业增长0.7%。

分投资主体看，全区房地产开发投资完成22.4亿元，同比下降3.5%。其中，住宅投资17.7亿元，同比增长2.6%，占全部房地产开发投资的78.9%；商业用房投资2.3亿元，同比下降30.2%，占全部房地产开发投资的10.3%。全年商品房屋施工面积365.4万平方米，同比增长7%，其中住宅施工面积238.5万平方米，同比增长7%。全年商品房屋竣工面积64.2万平方米，商品房待售面积66.2万平方米，同比增长3.3%；商品房销售额40.4亿元，同比增长30%，其中商品房住宅销售额37.8亿元，同比增长31.5%。

年末全区在建项目204个，与上年相比减少7个。其中，5000万元以上项目104个，与上年相比增加36个；亿元以上项目62个，与上年相比增加12个。在建项目中，新开工项目165个，与上年相比增加46个，其中工业项目36个，与上年相比减少6个。投产项目62个，与上年相比减少75个。

五、贸易

全区实现社会消费品零售总额85.4亿元，同比下降7.6%。其中限额以上商品零售额28.6亿元，同比下降9.6%，占全区社零总额的33.5%。限额以上企业（单位）商品零售额中，石油及制品类、汽车销售类、粮油食品类和服装鞋帽针织类商品分别下降9.8%、10.5%、8.3%、20.3%；中西医药类、日用品类、饮料类、烟酒类商品分别上升16.4%、0.3%、4.2%、1.5%。

分城乡看，城镇社会消费品零售总额73.0亿元，同比下降7.1%，比上年同期回落11.1个百分点，下拉社会消费品零售总额增长6个百分点，乡村实现社会消费品零售总额12.4亿元，同比下降10.4%，比上年同期下降30.5个百分点。

分行业看，全区批发零售业零售额为64.3亿元，同比下降8.5%，占全区社会消费品零售额比重为75.3%，下拉消费品零售额增长6.5个百分点。住宿餐饮业零售额为21.1亿元，同比下降4.7%，占全区社会消费品零售额比重为24.7%，下拉消费品零售额增长1.1个百分点。其中，批发业实现零售额25.4亿元，零售业实现零售额38.9亿元，住宿业实现零售额2.2亿元，餐饮业实现零售额18.9亿元。

分经济类型看，国有经济实现零售额0.2亿元，同比增长9.0%；集体经济实现零售额1.5亿元，同比下降23.2%；私营经济实现零售额20.2亿元，同比下降5.8%；个体经济实现零售额43.8亿元，同比下降7.8%；股份制经济实现零售额18.9亿元，同比下降7.5%。

六、交通、邮政和通信

全年公路旅客营运（载客汽车）车辆163辆，客运班线93条，其中跨县26条，县内15条。出租车运营车辆1024辆，公交车（公交运营车辆）306辆，同比下降10.78%，公交线路总长759千米；载货汽车8162辆，同比增长 0.037%。

全区行政村公路通达率100%；农村公路线路里程1275.85千米，其中，县道48.35千米，乡道649.74千米，专用道路73.82千米，村道503.93千米。

个人汽车保有量239407辆；营运类汽车保有量35418辆；非营运类汽车保有量227674 辆。

全区邮政业务总量2811.16万元，同比下降23.59%。邮政函件业务12.99万件，同比增长1%；

包裹0.27万件，同比下降67.68%。快递业务量78.10万件，快递业务收入713.77万元。

4G移动电话用户达到22.28万户，同比下降42.53%；5G移动电话用户达到7万户，同比增长4492%，移动电话通话时长98151万分钟，同比下降1106.37%。

七、财政、税收和金融

全年实现公共财政预算收入3.2亿元，同口径下降3%；全年公共财政预算支出23.7亿元，同比增长16.8%，其中八项支出总计15.34亿元，同比增长30%。

全年实现税收收入28.18亿元，同比下降10.3%。其中，中央级税收收入入库17.87亿元，同比下降8.8%；地方级入库10.3亿元，同比下降12.8%。增值税入库8.99亿元，同比下降16.56%，消费税入库9.89亿元，同比下降1.4%；累计完成社会保险基金收入18.24亿元，同比增长17.91%。

年末全区金融机构人民币各项存款余额381.5亿元，同比增长10.4%。其中，非金融企业和机关团体存款余额120.6亿元，同比增长4.9%；住户存款余额255.3亿元，同比增长12.4%。金融机构人民币各项贷款余额306.4亿元，同比增长6.8%，其中中长期贷款余额169.0亿元，同比增长5.1%。

八、教育和科学技术

年末全区共有幼儿园61所，在园幼儿14584人；小学48所，在校生39803人；初中15所（包括九年一贯制7所），在校生22238人；特殊学校1所，在校生100人；普通高中3所，在校生11308人；高等学校1所，在校生7947人（中职在校生1586人，高职在校生6361人）。辖区专任教师5608人，其中，初中专任教师1344人，高中专任教师747人。

全年共实施科技项目34项，科技创新扶持项目22个。培育国家高新技术企业12家，自治区科技小巨人1家、自治区科技型中小企业29家。

九、文化、卫生和体育

全区医疗卫生机构共计322个，其中，公立医院3个，民营医院19个。卫生机构实有床位2557张，其中医院实有床位2263张，卫生院实有床位212张。卫生技术人员3705人，其中，执业（助理）医师1452人，注册护士1709人；疾病预防控制中心1个，卫生技术人员46人；妇幼保健机构2个，卫生技术人员179人；社区卫生服务中心2个，卫生技术人员151人，乡镇卫生院11个，卫生技术人员349人。

全区群众文化活动广场共235个，其中乡镇文化广场12个，村文化广场106个，社区文化广场28个。全区乡（镇）综合文化站12个，村综合文化服务中心109个（含3个办事处），社区综合文化服务中心22个。乡镇综合文化站现有专（兼）职工作人员 12人。

全区村级农家书屋111个，社区图书阅览室22个，场（办）图书阅览室2个，图书藏量约31.8万册。有卫星数字农家书屋19个，实现“户户通”全覆盖。

全区有线电视注册用户74817户，电视综合人口覆盖率99%。

十、环境保护和安全生产

全区森林覆盖率达到8.4%，重点入黄排水沟水质保持在Ⅳ类标准，黄河利通断面水质稳定保持在Ⅱ类优水质。全年城市环境空气优良天数307天，优良天气率为 84.1%。

全区综合能源消费量102.2万吨标准煤，同比增长3.1%，单位 GDP 综合能耗增长9.84%，单位工业增加值能耗同比下降1.4%。

全年全区发生生产安全事故3起，与上年相比减少1起，同比下降25%；死亡3人，与上年相比减少1人，同比下降25%；受伤4人，与上年相比增加4人；经济损失91万元，同比下降24.17%，安全生产四项指标呈现“四下降”态势。亿元GDP生产安全事故死亡率为0.015（人/亿元），未发生较大及以上生产安全事故。

十一、人口、人民生活和社会保障

年末全区公安户籍总人口416256人。其中，城镇人口215724人，乡村人口200532人，回族人口262018人，占总人口的62.95%，汉族人口152386人，占总人口的36.61%，其他民族人口1852人，占总人口的0.44%。

根据吴忠调查队数据显示，全年全区城镇居民人均可支配收入33977.3元，同比增长5.2%。其中，工资性收入22048.7元，同比增长7.8%；经营净收入3606.7元，同比增长1.1%；转移净收入6803.8元，同比增长7.1%；财产净收入1518.2元，同比下降21.0%。

全年农村居民人均可支配收入17512.3元，同比增长7.6%，其中，工资性收入9146.5元，同比增长2.5%；经营净收入7382.9元，同比增长14.8%；转移净收入960.7元，同比增长7.3%；财产净收入22.3元，同比增长4.7%。

全年城乡居民基本养老保险参保缴费10.42万人，城乡居民基本医疗保险参保31.72万人。发放城乡低保金6227.38万元。全区城乡享受最低生活保障户8933户，救助人数12116人，其中：城市低

利通区2020年公安户籍人口数表

单位：户、人

名称	利通区
总户数	148585
总人口合计	416256
乡村人口	200532
城镇人口	215724
男性	207232
女性	209024
0—17岁	98105
18—34岁	104438
35—59岁	156109
60岁及以上	57604
出生人口	4184
死亡人口	2061

保3034户，救助人数4452人；农村低保5899户，救助人数7664人。

注：

1. 本公报所列各项数据均为初步统计或初步核算数。部分数据因四舍五入的原因，存在着与分项合计不等的情况。

2. 地区生产总值、各产业增加值绝对值按当年价格计算，增长速度按可比价格计算。

3. 农业数据均为初步统计数据，含区属农场数据。正式数据以自治区统计局反馈为准。

4. 居民消费价格指数为吴忠市价格指数。

资料来源：

本公报中邮政业务数据来自中国邮政集团公司吴忠市分公司；户籍人口来自利通区公安分局；旅游数据来自利通区文化旅游体育广电局；财政数据来自利通区财政局；金融数据来自中国人民银行吴忠市中心支行；教育数据来自利通区教育局；医疗数据来自吴忠市卫生健康委员会；汽车保有量来自吴忠市运管所；价格指数、城乡居民人均可支配收入等数据来自国家统计局吴忠调查队；科学技术数据来自利通区科学技术局；安全生产数据来自利通区应急管理局；环境保护数据来自吴忠市环境保护局；居民基本养老保险等数据来自利通区人力资源和社会保障局；居民基本医疗保险数据来自利通区医疗保障局；税收等数据来自利通区税务局；低保等数据来自利通区民政局；绿化覆盖率等数据来自吴忠市园林管理局；其他数据均来自利通区统计局。

利通区乡村治理试点项目工作方案

（吴利党办综〔2020〕74号）

根据中共中央办公厅、国务院办公厅印发《关于加强和改进乡村治理的指导意见》《中央农村工作领导小组办公室等6部委关于乡村治理体系建设试点示范工作的批复》（中农发〔2019〕21号）等文件精神，利通区被确定为全国乡村治理试点单位。为充分利用现代信息技术，探索建立“互联网+”治理模式，提高信息服务网络覆盖面，推进乡村信息统一采集、资源互联共享，不断提升乡村治理智能化、精细化、专业化水平，提升乡村治理效率，扎实推进乡村治理试点创建工作，按照《宁夏乡村振兴战略规划（2018—2022年）》相关要求，结合利通区实际，现就推进利通区乡村治理数字化、信息化建设，制定如下工作方案。

一、指导思想

坚持以习近平新时代中国特色社会主义思想为指导，深入贯彻党的十九届四中全会、习近平总书记视察宁夏重要讲话、自治区党委十二届八次、九次、十次、十一次全会精神，持续加强党对“三农”工作的全面领导，坚持把解决好“三农”问题作为工作的重中之重，坚持农业农村优先发展。按照“产业兴旺、生态宜居、乡风文明、治理有效、生活富裕”的总要求，以实施乡村振兴战略为统领，创新社会治理，完善乡村信息基础设施和数据资源体系，扩大数字技术在乡村各领域广泛应用，加快实现数字化与乡村规划、乡村环境、乡村服务、乡村治理等方面工作融合发展，加快推进乡村治理体系和治理能力现代化，努力在全市率先实现农业现代化，让农业成为有奔头的产业，让农民成为有吸引力的职业，让农村成为安居乐业的美丽家园，为建设美丽利通奠定坚实基础。

二、工作原则

（一）党委领导，政府负责

健全党领导乡村治理的工作机制，强化各级党委把方向、揽全局、定政策的职能；各级政府主导推动，职能部门各司其职、各尽所能、协同落实、聚力推动。

（二）农民主体，多方参与

在政府治理框架下，充分尊重农民主体地位，引导社会团体、民间组织、乡贤能人积极参与，推动政府主导、多方参与、村民自治有机统一，实现共建共治共享。

（三）突出重点，探索路径

突出产业发展短板问题，聚焦社会关注、群众关心的热点难点问题，坚持点面结合、梯次推进、重点突破，探索一条有时代特征、利通特点、实用高效的数字化治理新路径。

（四）创新载体，三治结合

完善传统治理方式，应用现代科技手段，推动治理信息、资源、载体互联互通、共建共享，促进自治法治德治融合联动，提升乡村治理智能化精细化水平。

（五）因地制宜，部门衔接

从利通区乡村治理的实际出发，坚持因地制宜、节约成本，统筹各部门数据成果的共享集成利用，避免重复投资，实现各部门工作有效衔接，各类资源共享利用。

三、建设目标和规模

（一）建设目标

利用云计算、物联网、互联网、大数据和空间地理信息等技术，在乡村治理工作方法、管理方式、服务模式等方面进行创新改革，构建面向城乡的综合服务平台，推动现代政府管理和信息技术相融合，建立农业农村数据资源体系，构建利通区“1+5+N”乡村治理服务模式，即建设1个乡村治理大数据中心；构建数字治理、数字产业、数字改革、数字生产和数字政务5大服务平台；构建围绕政府部门、相关单位部门、龙头企业、社会公众等多层级、多用户、多权限的N个乡村治理应用场景，保证基层治理的数据“走上来”，管理部门的指令和服务“走下去”。建设“1+1+12”数据中心，即利通区乡村治理主中心、农业科技中心和12个乡镇分中心，促进政府管理向社会治理各领域渗透，形成便民惠民服务的“数字通道”，实现乡村治理数字化、信息化建设取得明显进展，乡村治理体系更加完善，基层服务管理水平明显提升，乡村振兴战略实施取得显著成效，创建管理有序、服务完善、文明和谐的全国乡村治理试点示范区。

（二）建设规模

利通区乡村治理试点项目，业务服务范围覆盖利通区各单位及利通区12个乡镇、106个行政村，同时为利通区龙头企业和社会大众提供不同级别的信息服务。

四、建设内容

（一）完善数据资源体系，建设乡村治理大数据中心

利通区乡村治理大数据中心建设，按照“依法合规、保障安全，一数一源、一源多用、融合应用”的原则，充分利用政府各部门、各企业和互联网、物联网信息化基础，通过吴忠市大数据共享交换平台实现电子数据的接入，并建立乡村治理数据汇总库，降低数据生产的重复投资，减少资源浪费，实现数据资源的高效整合利用。非电子化数据或无法通过共享方式接入的数据，利用标准化、规范化和数字化数据处理技术形成电子数据导入乡村治理大数据中心。对缺失或未建立的数据信息，通过购买服务或直接建立的方式保证乡村治理数据的完整性，全面覆盖利通区各单位、乡镇、村（社区），推动乡村治理大数据中心，实现农业农村管理一张底图、一套数据、一个标准。

（二）构建数字治理服务平台，提高乡村治理水平

围绕村级组织、乡村人才、文化、生态、农村集体三资、农产品质量安全等治理内容，分别建设基层社会管理、乡村人才管理、文化惠民管理、生态宜居管理、农村集体三资管理、综合执法等管理系统。按照“党委领导、政府负责、社会协同、公众参与”的原则，摸清村级党组织、村民自治组

织和集体经济组织、农民合作组织和农村孤寡老人、留守儿童、残疾人等重点特殊人群信息并通过管理系统各类应用进行数据分析，重点针对村级民主选举、议事协商、矛盾纠纷和重大工程、五防一访等重要事项进行监管，切实做好群众公共事务和公益事业管理，充分调动村民参与村级公共事务的积极性和主动性，促使服务更为精细，问题分析更为精准，监督反馈更为及时。

（三）构建数字产业服务平台，促进产业转型升级

重点建设奶产业服务平台和肉牛肉羊产业、粮食产业、饲草产业、瓜菜产业、林果产业等特色产业大数据分析系统，提升利通区特色优势产业数字化、信息化和网络化应用水平。

1. 奶产业服务平台建设包括养殖场管理、投入品管理、奶牛防疫检疫管理、奶牛无害化处理管理、乳制品加工管理，生鲜乳运输管理、生鲜乳及乳制品价格信息管理模块，通过信息技术对奶产业全过程进行监管，实现奶产业各环节监管程序化、规范化和信息化。

2. 特色优势产业大数据分析系统针对利通区产业结构、分布、数量、质量、价格及市场销售情况进行全面直观清晰的统计分析，根据各级各类用户不同需求，提供不同权限服务，通过统计分析及时发现产业发展中的不足和短板，为各类用户提供实时产销动态监测，及时发布预警信息，推动利通区特色优势产业转型升级。

（四）构建数字改革服务平台，助力农民收入持续增长

重点建设农村集体产权制度改革管理系统、农村宅基地管理系统、农业水资源综合改革系统，整合现有各类资源要素，有效盘活农业农村各类资源。

1. 农村集体产权制度改革管理系统通过系统批量、智能定制，可打印产权制度改革工作所需文档，辅助开展产权改革线下工作，同时可以系统管理清产核资、成员界定、股权量化、机构组建等成果数据，便于农业管理部门及时了解产权制度改革工作开展情况。

2. 农村宅基地管理系统包括宅基地数据处理系统、宅基地任务管理系统及宅基地综合服务管理平台等，通过宅基地数据处理系统逐步完成宅基地空间信息、属性信息和档案信息的一体化建库管理，提供宅基地的申请、流转、有偿退出及动态巡视等政务应用和业务应用等。

3. 农业水资源综合改革系统包括农业水价信息、小型水利工程信息、水流产权信息等模块，提供农业用水价格、小型水利工程、水流产权信息新增、修改、删除、查询等功能，同时可分析信息变化趋势。

（五）构建数字生产服务平台，提升农业现代化水平

通过建设农业自然资源一张图系统，全面摸清农村土地承包经营权、永久基本农田划定、高标准农田数据成果、耕地质量调查监测、粮食生产功能区和重要农产品生产保护区划定、设施农用地备案等数据，建设耕地基本信息数据库，形成基本地块权属、面积、空间分布、质量、种植类型等大数据；通过建立农业生产服务管理系统，全面摸清各类农业新型经营主体、农业技术专家、投入品和农机设备设施及农业物联网数据，构建农业生产经营、种植指导和市场销售全产业链数据服务支撑；通过天空地一体化农业遥感监测系统，整合资源卫星、无人机、传感器等多源数据，

构建农作物分类模型、长势估算模型、产量预估模型等，实现作物种植、长势、干旱监测、产量预估、农田“四情”预警等，为农业的生产管理提供详细的土地耕种信息，及时掌握农业现状及变化趋势，实现农业生产环节精准高效、服务环节节本增效，提升农业现代化水平。

（六）构建数字政务服务平台，提高基层服务能力

构建数字政务服务平台，建设乡村治理政务信息门户网站和手机APP，提供村级“三务”公开、政策公开、制度公开、党风廉政、民主选举、工程项目、土地流转和农技培训等信息化服务，采用线上线下相结合的服务模式，使群众通过手机应用与政府管理者直接对话，参与到乡村治理的监督和服务过程中，最终实现从政府管理走向政府服务，从政府监管走向社会协同治理，从政府主导转向全民参与监督的乡村治理新模式。

五、进度安排

（一）调研阶段（2020年4月—6月）

调研采集自然资源局、农业农村局、民政局等相关部门及各乡镇、各村相关数据信息，掌握各部门、各乡镇乡村治理工作需求和乡村治理中出现的突出问题，组织召开乡村治理工作专题座谈会，制定乡村治理试点项目实施方案（牵头单位：农业农村局。配合单位：政府办、教育局、工信和商务局、公安分局、民政局、自然资源局、住建和交通局、水务局、统计局、气象局、各乡镇、各龙头企业）。

（二）平台研发与数据采集阶段（2020年7月—9月）

将调研梳理的现状问题和农民需求，整合收集的各类数据资源信息，通过清洗、加工、处理，搭建“1+1+12”大数据中心，明确“1+5+N”乡村治理服务模式建设内容，部署应用系统，充分调动各相关部门和多方主体的积极性和主动性，提升乡村治理的智能化和专业化水平，推动乡村振兴战略的实施（牵头单位：农业农村局。配合单位：政府办、教育局、工信和商务局、公安分局、民政局、自然资源局、住建和交通局、水务局、统计局、气象局、各乡镇、各龙头企业）。

（三）系统上线试运行阶段（2020年10月）

乡村治理各平台搭建完成后，将部署系统上线试运行一个月，对各系统实现功能进行测试试用，根据试运行过程中收集的意见建议进行及时调整优化，同时做好系统的更新维护，确保各平台的稳定性（牵头单位：农业农村局。配合单位：各部门、各乡镇）。

（四）验收与评估阶段（2020年11月）

试点工作领导小组组织相关专家对试点工作建设成果进行验收，并总结做法和经验，及时查漏补缺，提高系统的使用质效，确保全面实现乡村治理体系建设试点的各项目标任务（牵头单位：农业农村局。配合单位：政府办、教育局、工信和商务局、公安分局、民政局、自然资源局、住建和交通局、水务局、统计局、气象局、各乡镇、各龙头企业）。

六、保障措施

（一）加强组织领导

为保障利通区乡村治理试点项目顺利进行，成立利通区乡村治理试点项目工作领导小组。

组长：周　涛　区委书记

第一副组长：李玉山　区委副书记、政府区长

副组长：赵彦林　区委副书记、政法委书记

杨有凯　区政府副区长

成员：王贻宁　区委办主任

徐建军　区政府办主任

田　升　区发展和改革局局长

周　茂　区教育局局长

马克勤　区科学技术局局长

马铁斌　区工业信息化和商务局局长

马国权　区公安分局政委

马学军　区民政局局长

张庆华　区财政局局长

牛旭升　区自然资源局局长

王宏德　区生态环境分局局长

杨汉清　区水务局局长

马英明　区农业农村局局长

杨卫军　区统计局局长

王占军　区综合执法局局长

宋慧萍　气象局局长

为进一步压实责任，明确责任分工，利通区乡村治理试点项目工作领导小组下设办公室，办公室设在利通区农业农村局，办公室主任由马英明同志担任。领导小组办公室主要负责组织项目实施、监督、验收及评价工作。各部门、各乡镇要结合各自职能，积极配合，协调解决项目实施过程中各类问题，切实抓好各项工作的落实。

（二）加大培训力度

针对利通区乡村治理试点项目建设的实际情况开展多种形式、多层次的业务培训。组织各部门、各乡镇负责信息化人员开展信息采集和系统软件操作培训，确保项目顺利实施并规范运行。

（三）深入广泛宣传

充分利用电视、报纸、网络、微信等方式广泛宣传推广利通区乡村治理信息化建设项目，营造全社会关心、支持、参与利通区乡村治理的良好氛围。及时发掘利通区范围内推动乡村治理建设方面的优秀经验做法，发挥好先进典型的示范带动作用。

（四）深化应用推广

做好推广应用过程中问题的收集、快速响应、快速处理和快速反馈工作，提高利通区乡村治理全员参与程度，做好一线业务人员的操作培训，把信息技术的应用水平纳入绩效考核，促进工作人员掌握信息技术知识与应用技能。

利通区2020年脱贫攻坚工作要点

（吴利党办综〔2020〕21号）

2020年是全面建成小康社会收官之年，也是脱贫攻坚决战决胜之年。为深入贯彻落实全国扶贫开发工作会议、自治区农业农村暨脱贫攻坚工作会议和吴忠市相关会议精神，全面打赢脱贫攻坚战，确保如期全面建成小康社会，制定利通区2020年脱贫攻坚工作要点。

一、总体要求

以习近平新时代中国特色社会主义思想为指导，认真贯彻落实习近平总书记关于扶贫工作的重要论述和视察宁夏时的重要讲话精神，咬定目标、坚持标准，一鼓作气、乘势而上，保持攻坚态势，强化攻坚责任，持续发力防松劲，严把标准防闯关，巩固成果防返贫，集中兵力打好贫困歼灭战，全面排查解决存在问题，坚持不懈抓好各项工作落实，实现剩余356名贫困人口全部脱贫，确保高质量全面完成脱贫攻坚任务。

（一）坚持根本遵循

深入学习贯彻习近平总书记关于扶贫工作重要论述和关于脱贫攻坚的重要指示批示精神，增强“四个意识”、坚定“四个自信”、做到“两个维护”，不忘初心、牢记使命，只争朝夕、尽锐出战，坚决夺取脱贫攻坚战全面胜利，为全面建成小康社会提供坚实支撑。

（二）坚持目标标准

坚持“两不愁三保障”脱贫标准，咬定标准、走准路径，既不脱离实际、拔高标准、吊高胃口，更不虚假脱贫、降低标准、影响成色，严禁擅自调整标准或盲目扩大范围。

（三）坚持尽锐出战

严格落实县区抓落实的工作机制，强化党政一把手负总责的责任制，落实区乡村三级书记的主体责任，区委书记遍访贫困村，乡镇党委书记和村党支部书记遍访贫困户，确保脱贫攻坚责任落实到位。行业部门立足职能、主动作为，筑牢整体联动、密切配合、合力推进的攻坚格局。

（四）坚持问题导向

坚持把中央巡视反馈问题和各类考核评估、督查巡查、审计检查等发现问题一体整改、一体落实，实行清单式管理、项目化推进，确保高标准高质量完成整改任务。

二、高质量打好脱贫攻坚收官之战

（五）不折不扣完成剩余脱贫任务

聚焦“两不愁三保障”，紧盯现行标准下建档立卡贫困人口，一户一方案，全面落实精准扶贫精准脱贫各项政策举措，着力在稳定可持续脱贫上下功夫，如期完成剩余95户356名贫困人口全部脱贫的目标任务，全面打赢脱贫攻坚战。严格执行贫困退出标准和程序，规范贫困人口退出工作。从严从实做好扶贫开发工作成效考核、第三方评估和督查巡查及常规性暗访监督（牵头单位：金银滩镇、扁担沟镇、古城镇、上桥镇、胜利镇、金星镇、板桥乡。责任单位：区扶贫开发领导小组成员单位，各帮扶部门）。

（六）挂牌督战打好贫困歼灭战

落实挂牌督战，对贫困发生率在1%~3%或剩余贫困人口30人、脱贫难度较大或遗留问题较多的移民村（社区）实行挂牌督战，各部门、各乡镇对影响脱贫的突出问题实施挂牌督战，持续压实责任、整合帮扶资源、解决突出问题、强化攻坚措施，聚焦剩余贫困人口，整合各类资源，强化攻坚措施，逐村逐户建立台账，确保逐一对账销号（牵头单位：金积镇、扁担沟镇、上桥镇、板桥乡。责任单位：区扶贫开发领导小组成员单位，各帮扶部门）。

（七）建立“两不愁三保障”突出问题动态清零机制

在2019年实现建档立卡贫困户“三保障”和饮水安全存量问题全面清零的基础上，加强动态监测，及时查漏补缺，建立部门协调联动工作机制，分类施策加强控辍保学，多措并举防止因病致贫返贫，即增即改建档立卡户新增危房，建管并重巩固饮水安全保障成果，确保不留死角（牵头单位：区扶贫办。责任单位：区教育局、住房城乡建设和交通局、水务局、卫生健康局、医疗保障局，各乡镇）。

（八）统筹做好非贫困村脱贫人口的巩固工作

对照“两不愁三保障”标准和“三精准”“三落实”要求，盯紧压实主体责任，加大对非贫困村的工作指导和资金支持力度，全面解决短板弱项，防止出现“盲区”“死角”（牵头单位：区扶贫办。责任单位：区财政局、人力资源和社会保障局、住房城乡建设和交通局、水务局、农业农村局，金银滩镇、扁担沟镇、古城镇、上桥镇、胜利镇、金星镇、板桥乡）。

三、巩固脱贫成果防止返贫

（九）保持政策总体稳定

严格落实“摘帽不摘责任、摘帽不摘政策、摘帽不摘帮扶、摘帽不摘监管”，聚焦兜底户、脱贫监测户、边缘户，持续抓好已脱贫贫困村、贫困户的巩固提升，健全稳定脱贫长效机制，夯实“两不愁三保障”基础，保持现有政策总体稳定。对工作松劲懈怠的，及时提醒、督促纠正（牵头单位：区扶贫办。责任单位：区扶贫开发领导小组成员单位，金银滩镇、扁担沟镇、古城镇、上桥镇、胜利镇、金星镇、板桥乡）。

（十）全面整改影响脱贫的突出问题

对已脱贫人口开展全面排查，围绕解决“两不愁三保障”突出问题和责任落实、政策落实、工作落实，识别精准、帮扶精准、退出精准等方面，挨乡、挨村、挨户开展“四查四补”和脱贫攻坚“回头看”工作，逐项对账销号，5月底前全部完成整改（牵头单位：区扶贫办。责任单位：区发展和改革局〈金融工作局〉教育局、人力资源和社会保障局、住房城乡建设和交通局、水务局、农业农村局、卫生健康局、医疗保障局等，各乡镇）。

（十一）认真开展脱贫攻坚普查

对所有贫困村和贫困人口进行全面普查，重点围绕脱贫攻坚效果的真实性和准确性，调查贫困人口“两不愁三保障”实现情况、获得帮扶情况、参与脱贫攻坚项目情况等，完善扶贫信息系统数据，确保扶贫过程扎实、数据真实、结果可靠（牵头单位：区统计局。责任单位：区发展和改革局〈金融工作局〉教育局、民政局、财政局、人力资源和社会保障局、住房城乡建设和交通局、水务局、农业农村局、卫生健康局、医疗保障局、扶贫办等，各乡镇）。

（十二）建立健全返贫监测预警和动态帮扶机制

把预防贫困、解决返贫问题摆到脱贫攻坚突出位置，结合实际研究制定防止返贫监测预警和动态帮扶机制实施意见，通过村组日常监测、乡镇研判预警、县（区）调度帮扶等程序，对脱贫不稳定人口和边缘人口进行动态监测。各行业部门和包扶单位要根据业务职责分类施策，对因病、因灾返贫和新发生贫困人口，根据致贫原因和帮扶需求，及时提供帮扶，防止脱贫人口返贫，防止边缘人口致贫。并将监测预警和帮扶情况录入建档立卡信息系统，全程记录，动态管理（牵头单位：区扶贫办。责任单位：各乡镇）。

（十三）切实加强易地扶贫搬迁后续扶持和服务管理

压实乡镇主体责任，严格落实易地扶贫搬迁移民政策和帮扶措施，着重解决“十二五”劳务移民“多代多人”住房、就业创业、社会保障等问题，尤其是移民安置区存在的基础设施、公共服务、产业发展等问题，原则上各移民安置乡镇年内至少建设扶贫车间1家。加强“十三五”易地扶贫搬迁后产业配套和就业安置举措，衔接好社会保障兜底政策，落实好大病慢性病医疗保障、养老保险、临时救助、残疾人补助等政策。加强社会管理服务，做好搬迁安置群众户籍和社保关系迁转、上学就医、社会保障等接续服务工作，确保实现稳得住、有就业、逐步能致富（牵头单位：金积镇、金银滩镇、扁担沟镇、古城镇、上桥镇、胜利镇、金星镇、板桥乡。责任单位：区发展和改革局〈金融工作局〉教育局、工业信息化和商务局、公安分局、财政局、人力资源和社会保障局、农业农村局、卫生健康局、医疗保障局、扶贫办）。

（十四）持续实施贫困村巩固提升工程

持续推进已脱贫出列村巩固提升工程，科学规划，补齐短板，一体推进水、电、路、渠、网等建设，提升乡村基础设施和公共服务条件。全面改善贫困地区义务教育薄弱学校基本办学条件，优先加强乡村小规模学校和乡镇寄宿制学校建设。全面改善贫困地区医疗卫生机构设施条件，提高基层医疗卫生服务水平。实施文化惠民扶贫项目，文化下乡重点向偏远贫困地区覆盖，着力解决影响群众生产、生活及文体娱乐活动的困难问题。重点完善农村生活垃圾专项治理行动和“厕所革命”，分类有序推进生活污水治理、农村水源污染治理和村容村貌整治，加快村庄绿化美化，建立管护长效机制，建设干净整洁的农村人居环境（牵头单位：区扶贫办。责任单位：区教育局、工业信息化和商务局、住房城乡建设和交通局、水务局、农业农村局、文化旅游体育广电局、卫生健康局、扶贫办、城乡环卫中心，各乡镇）。

（十五）强化综合性保障措施

统筹落实好低保、医保、养老保险、特困人员救助供养、临时救助等综合社会保障措施，对无法依靠产业就业帮扶脱贫的特殊贫困人口，给予精准兜底保障。进一步加强低保制度与扶贫政策有效衔接，提高城乡低保标准，持续完善和推进政策互补、对象认定衔接、管理配套措施对接等。继续实施社会服务兜底工程，完善老年人、残疾人、精神障碍患者等特殊群体服务设施建设，加大残疾人基本医疗保险、困难残疾人生活补贴和重度残疾人护理补贴制度落实，抓好阳光助残小康计划、产业扶持助残扶贫行动、手工艺项目培训助残行动等项目，有效保障特殊群体基本权益（牵头单位：区民政局〈残联〉责任单位：区人力资源和社会保障局、医疗保障局，各乡镇）。

四、扎实推进帮扶措施落实落地

（十六）持续实施产业扶贫政策

根据“一稳两减五优四化”产业结构调整方向，进一步规范完善产业项目到户补贴办法，因地制宜发展优势特色产业，提升贫困户生产经营能力。持续推进“四个一”示范带动工程，持续落实产业扶持政策，提高贫困户参与度、受益度。发挥科技扶贫作用，扩大适用技术和科技示范户覆盖面。完善乡村旅游基础设施，培育发展农业旅游、生态旅游、民俗旅游、文化旅游、休闲旅游等。深入实施电商进农村综合示范项目，持续推进“农村电商筑梦计划”，推动农产品上行。持续发展壮大贫困村集体经济。扎实抓好资产收益扶贫工作，加强收益分配管理，加快收益回收工作，确保贫困村及贫困户获得稳定收益（牵头单位：区农业农村局。责任单位：区委组织部，供销社，区发展和改革局、工业信息化和商务局、科学技术局、财政局、文化旅游体育广电局、扶贫办，各乡镇）。

（十七）拓宽就业扶贫途径

实施打赢脱贫攻坚战职业技能培训三年工作计划，持续开展订单式、定向式、定岗式技能培训，全面提升贫困劳动力技能素质。加大农村致富带头人和返乡人才培养回引力度，落实好就业创业扶持政策，巩固就业扶贫成果。规范扶贫车间和扶贫公益岗位管理，形成按需设岗、以岗聘任、在岗领补、有序退岗的管理机制，促进贫困地区劳动力就地就近稳定就业。年内完成扶贫技能培训480人的目标，新增100名建档立卡贫困户公益性岗位。（牵头单位：区人力资源和社会保障局。责任单位：区自然资源局、农业农村局、扶贫办，金银滩镇、扁担沟镇、古城镇、上桥镇、胜利镇、金星镇、板桥乡）。

（十八）加大金融扶贫力度

认真落实“金融扶贫17条”等政策，对扶贫龙头企业、扶贫产业合作社贷款分别按照同期同档次基准利率的60%、70%给予贷款贴息。进一步规范扶贫小额信贷管理，不断提高贷款精准使用度，严格控制贷款逾期，保持全区扶贫小额信贷健康发展，新增扶贫小额信贷3000万元以上，满足贫困户产业发展的信贷需求。对到期日在2020年1月1日后（含续贷、展期）、受疫情影响出现还款困难的贫困户，适当延长还款期限，延期最长不超过6个月，加大对受疫情影响扶贫龙头企业、专业合作社的金融扶持力度，想方设法帮助解决复工复产相关问题，其间各项政策保持不变。继续做好“扶贫保”，在稳步推进大病补充医疗保险、家庭成员意外伤害保险的基础上，加大优势特色产业保险产品的创新和推广力度，有效防范返贫风险（牵头单位：区发展和改革局〈金融工作局〉。责任单位：区农业农村局、扶贫办，金银滩镇、扁担沟镇、古城镇、上桥镇、胜利镇、金星镇、板桥乡）。

（十九）实施消费扶贫行动

建立扶贫产品认定、统计监测和严格监管机

制，保障贫困地区农产品销售。着力培育农产品加工业、休闲农业、乡村旅游、电子商务等新业态，多渠道拓宽农产品营销渠道，推动批发市场、电商企业、大型超市等市场主体与贫困村建立长期稳定的产销关系，鼓励支持邮政、供销及各类企业和电商平台在贫困村建立服务网点，推广以购代捐的扶贫模式。动员全社会扩大贫困地区产品和服务消费，组织开展贫困地区产品定向直供直销活动，推动“塞硒士”苹果、黄沙窝西瓜、芦笋、百益服饰等贫困地区产品进机关、进学校、进企业、进医院、进超市，多措并举解决好扶贫产业产品“卖难”问题（牵头单位：区发展和改革局。责任单位：区教育局、工业信息化和商务局、财政局、农业农村局、卫生健康局、扶贫办，机关事务管理中心、城乡环卫中心等，各乡镇）。

五、深化三位一体大扶贫工作格局

（二十）广泛动员社会力量参与

持续推进“百企帮百村”村企帮扶工作，深入挖掘和整合利通区社会扶贫资源，积极探索政府主导、社会力量广泛参与的帮扶机制，激励企业积极参与扶贫，落实国有企业精准扶贫责任，引导民营企业积极开展产业扶贫、就业扶贫、公益扶贫。组织动员各类志愿服务团队、社会工作专业力量参与脱贫攻坚（牵头单位：区委统战部。责任单位：区科学技术局〈科协〉工业信息化和商务局、民政局、团区委、妇联、扶贫办等，金银滩镇、扁担沟镇、古城镇、上桥镇、胜利镇、金星镇、板桥乡）。

（二十一）充分激发群众内生动力

依托新时代文明实践中心（站、所），加强贫困群众思想、文化、道德、法律、感恩教育。加强政策引导，推行文明积分卡制度，动员贫困群众参与项目实施，防止政策“养懒汉”。做好典型示范，开展文明村镇、文明家庭、“星级文明户”、脱贫先进村、脱贫光荣户等评选表彰活动，对自力更生、主动脱贫人员给予物质奖励和精神激励。发挥村民议事会、红白理事会、村规民约等作用，开展陈规陋习、不赡养老人等不良风俗治理，引导贫困群众养成健康文明生活方式。加强户籍管理，纠正恶意分户造成单老、双老户问题（牵头单位：区委宣传部。责任单位：区发展和改革局〈金融工作局〉公安分局、民政局、扶贫办，各乡镇）。

六、健全脱贫攻坚支撑保障体系

（二十二）深入推进抓党建促脱贫攻坚

持续加强基层组织建设，打造过硬扶贫干部队伍，注重在脱贫攻坚工作中考察识别和提拔使用干部，加强关心关爱。持续整顿软弱涣散村党组织，选优配强贫困村党组织书记，全面实行村党组织书记区委备案管理，及时撤换不胜任、不合格、不尽职的村党组织书记，着力提升农村基层党组织抓党建促脱贫的领导力和组织力。管好用好第一书记和驻村工作队，保持驻村队伍稳定，加强业务培训，落实好定期汇报、联系群众、精准帮扶、考勤考核等制度。发挥好帮扶责任人作用，进一步完善帮扶机制，充实帮扶力量，提高帮扶实效（牵头单位：区委组织部。责任单位：区扶贫办，金银滩镇、扁担沟镇、古城镇、上桥镇、胜利镇、金星镇、板桥乡）。

（二十三）实施扶贫资金绩效评估

积极争取自治区本级财政专项扶贫资金和脱贫攻坚地方债资金，建立和脱贫攻坚任务相适应的扶贫资金保障机制。规范资金使用，加快项目推进、资金拨付和支付进度，落实数据采集、扶贫政策、审计项目等审计检查全覆盖和监督检查常态化，年末结转结余资金数额不超过财政专项扶贫资金总额的5%。规范县级脱贫攻坚项目库建设，加强入库项目审查和实施。严格执行公告公示制度，按照区、乡、村三级对扶贫项目、资金、规划、实施方案等进行公告公示，财政扶贫资金、项目公告公示率达到100%。完善财政扶贫资金动态监控机制，开展财政专项扶贫资金绩效评价和扶贫资产管理，规范收益分配使用，杜绝扶贫资金、项目管理违规、违纪、违法现象（牵头单位：区财政局。责任单位：区审计局、扶贫办，金银滩镇、扁担沟镇、古城镇、上桥镇、胜利镇、金星镇、板桥乡）。

（二十四）精准动态管理建档立卡

充分发挥扶贫数据共享平台作用，规范行业部门扶贫数据录入、更新，加强信息数据比对分析，提高系统数据质量，建档立卡贫困人口退出准确率达到100%。强化建档立卡动态调整机制，完善信息服务功能，做好贫困监测和建档立卡数据衔接，统筹数据应用（牵头单位：区扶贫办。责任单位：区教育局、人力资源和社会保障局、住房城乡建设和交通局、医疗保障局等，各乡镇）。

（二十五）加强作风能力建设

深入推进扶贫领域腐败和作风问题专项治理工作，集中力量解决扶贫领域责任落实不到位、工作措施不精准、资金管理使用不规范、工作作风不扎实以及形式主义、官僚主义、腐败等突出问题，着力巩固“基层减负年”成果。将专项整治漠视侵害群众利益问题与脱贫攻坚、巡视整改、政策落实、作风纪律有机结合，建立健全长效机制，巩固深化专项整治成效，实现标本兼治。开展扶贫干部分级分类培训，着力提高思想认识，提高实际能力，培育懂扶贫、会帮扶、作风硬的扶贫干部队伍。健全完善关怀激励机制，为扶贫干部提供坚强保障（牵头单位：区纪委监委。责任单位：区委办、政府办，区委组织部，区扶贫办，金银滩镇、扁担沟镇、古城镇、上桥镇、胜利镇、金星镇、板桥乡）。

七、加强脱贫攻坚总结和宣传

（二十六）加强脱贫攻坚宣传

开展全区脱贫攻坚奖和先进集体、先进个人评选表彰。充分发挥新闻舆论的引导激励作用，在区内主要媒体和网站开设专题专栏，加大脱贫攻坚成就宣传力度，拍摄好“扶贫印记”，为社会留下脱贫攻坚的样本。总结宣传各乡镇、各部门脱贫攻坚的创新举措、成功经验、典型做法和典型人物，讲好利通脱贫故事，宣传利通脱贫成就（牵头单位：区委宣传部。责任单位：区委网信办，区扶贫办，金银滩镇、扁担沟镇、古城镇、上桥镇、胜利镇、金星镇、板桥乡）。

八、建立解决相对贫困长效机制

（二十七）编制“十四五”巩固脱贫成果规划

巩固脱贫成果，研究建立解决相对贫困的长效机制，推进脱贫攻坚与实施乡村振兴战略有机衔接，为2020年后政策转型提供经验（牵头单位：区委农办。责任单位：区发展和改革局、扶贫办）。

利通区规范有序发展“地摊经济”实施方案

吴利政办发〔2020〕43号

为深入贯彻落实中央文明办关于在文明城市创建中保障民生需求的相关要求，在常态化疫情防控形势下，引导经营户在不影响居民、交通和不扰乱市容环境秩序的情况下摆摊设点，繁荣市场，实现充分就业，结合利通区实际情况，特制定方案如下。

一、总体目标

坚持“科学规划、规范管理、有序有据、应放尽放”原则，以满足民生需求为立足点，在不影响居民、不影响交通和不扰乱市容环境秩序的情况下，明确管理标准、管理责任和管理区域，在市区沿街规划设置临时摊点摊区，激发消费潜力，解决广大经营户复工复产的实际问题，积聚消费人气，营造健康有序的城市发展环境。

二、设置要求

（一）前置条件

依据《吴忠市城乡容貌和环境卫生治理条例》相关规定，规划设置的临时摊点摊区须符合以下要求。

1. 不占用盲道、消防通道，医护急救通道、公共汽车专用通道和其他法律法规不允许占用的场所。

2. 不影响周边商住户的经营、生活秩序，不侵害他人利益。

3. 做好疫情防控各项措施和卫生清洁工作（不污染路面、保持街面干净等），服从管理。

4. 优先安排建档立卡贫困人员、就业困难人员、大龄下岗失业人员、有就业愿望而未就业的残疾人、零就业家庭、退役军人、高校毕业就业困难大学生等特殊群体。

（二）设置类型

1. 临时摊点：在居民居住集中区附近设置临时摊点摊区，施划临时经营区域（具体设置区域见附件1），满足群众实际需求。临时设置的摊点摊区按照经营类型进行统一规范，原则上实行一户一摊位，经营户需具备相关营业资质证件（如：准营证、健康证、备案卡和煤气罐安全检测证等）方可营业。

2. 出店经营：根据群众需求和城市管理实际，在部分街、路分区域施划店外临时经营区域，允许临街商家在门店外整齐摆放经营商品、就餐坐席，商家不得超越施划线框范围经营，并确保路面整洁卫生（具体设置区域见附件2）。

3. 早晚市：规范现有黎明晚市、永昌社区旧货市场、朝阳步行街百货夜市、城中便民早市，新增黎明南街西部建材城早市、北湖花园A区西门口早市、未来城南侧停车场早市3个早晚市，引导经营主体划行入市，分类经营，做到经营秩序规范，垃圾日产日清，限时段错峰经营，保障民生需求。

4. 商业促销：周末及节假日期间，大型商业卖场可利用门前自有区域，设置展台、活动房、拱门、充气装置、花篮等进行商业促销活动。商业促销活动必须向综合执法局提前备案，并确保促销设置合理、安全，严禁噪声、油烟扰民。

三、组织保障

成立利通区规范有序发展“地摊经济”工作领导小组：

组　长：赵彦林　区委常委、政府常务副区长

副组长：赵丽亭　区政府副区长

成　员：马俊平　区委政法委副书记

杜　娟　区教育局局长

马铁斌　区工业信息化和商务局局长

王大为　区公安分局副局长

马英明　区农业农村局局长

焦志敏　区卫生健康局局长

王占军　区综合执法局局长

何伟民　区城乡环境卫生管理中心主任

马洪志　市场监管分局副局长

周立峰　金积镇人民政府镇长

赵小林　高闸镇人民政府镇长

王志武　金银滩镇人民政府镇长

马建云　扁担沟镇人民政府镇长

丁学林　古城镇人民政府镇长

吴建林　上桥镇人民政府镇长

赵建强　胜利镇人民政府镇长

张广军　金星镇人民政府镇长

郝学忠　东塔寺乡人民政府乡长

马学军　板桥乡人民政府乡长

马忠国　马莲渠乡党委书记

尤　韬　郭家桥乡人民政府乡长

领导小组办公室设在区综合执法局，王占军同志兼任办公室主任，具体负责组织协调工作，督促落实领导小组议定的事项，定期汇总、报告阶段性工作情况。

四、责任分工

区综合执法局：1. 协调配合市城市管理局、公安局规范设置临时摊点摊区，开展“围框经营”“见框停车”整治行动。2. 在确定经营区域后，配合乡镇明确摊位界限，划定摊位标识，设置导识标牌。3. 引导辖区内流动商贩定点定时规范经营，帮助商户解决临时经营难题。4. 加强市区规划区内沿街摊点的监管，督促相关管理单位做好摊点的规范化管理工作。5. 规范执法程序，倡导文明执法，推行柔性执法和审慎包容监管，营造和谐的临时经营环境。

公安分局：1. 协调配合市公安局常态化整治机动车道、非机动车道、人行通道等处车辆乱停乱放，清理占用公共道路的车辆，扩宽城市发展空间。2. 协调配合市公安局对停放在公共区域内的“僵尸车”进行清理。

区教育局：1. 加强学生安全教育宣传，引导学生树立健康文明的生活理念 .2. 配合各行业主管部门，落实好疫情防控期间民生保障措施，助力复工复产。

区住建和交通局：1. 协调配合市住建局治理共享汽车乱停乱放。2. 协调配合市住建局加强城市道路路面、人行道、盲道、道牙、沿街踏步台、市政井盖、路灯等市政公共设施的保洁、维护、

维修，做好盲道迁移。

区农业农村局：指导农贸市场经营主体划行入市，强化农产品检验检疫管理，规范市场准入。

区卫健局：1. 协调市直有关部门为符合条件的经营户，依规办理健康证。2. 依据职能职责，做好卫生领域的监督检查，保障经营主体健康有序发展。

市场监管分局：1. 负责督导检查集贸市场环境日常维护工作，杜绝车辆乱停乱放、乱扔垃圾、超越划线区域经营等现象，落实规范设置标准，净化市场环境。2. 负责督促临时占道摊点摊区办理相关经营资质，控制准入标准。

区环卫中心：1. 加大城区清扫保洁力度，确保人行道、公交站台、垃圾箱、临时占道区等干净整洁。2. 加大分类垃圾箱投放，实现垃圾分类投放，日产日清。

各乡镇：组织领导辖区内经营主体规范有序发展“地摊经济”，保障民生需求，推进网格化管理模式，落实属地管理责任。结合辖区实际情况，因地制宜，细化管理措施，推动“地摊经济”规范有序发展。

五、工作要求

（一）提高工作思想认识

当前，推进经营主体复工复产、解决人民群众生产和生活需求，增加人民收入，是保障民生，提振经济发展，落实“六保”任务的重要举措。各单位要进一步提高政治站位，统一思想认识，充分发挥主观能动性，认真履职尽责，牢固树立一盘棋思想，实现工作一张网，上下一条心，以抓铁有痕、踏石留印的担当精神，全力以赴抓好分工任务落实。

（二）压实压紧工作责任

各单位要紧紧围绕职责分工。全面实行单位“一把手”负责制，分管领导抓落实，一级抓一级，层层抓落实，及时协调沟通，解决问题。同时，要积极主动了解经营者需求，精准服务对接，全力为经营者提供宽松、优质的经营环境，在推进疫情常态化防控和统筹经济社会发展中发挥更加积极作用。

（三）加强服务规范管理

各单位要严格履行监督管理责任，加强管理指导，督促经营者在开展经营活动时，必须落实疫情防控、市容秩序和环境卫生保洁措施。规范商户经营行为，对随意占道、不按规定经营的行为，一经发现，立即取消经营资格。实行柔性执法，以督促整改、消除隐患为目的，营造既充满活力、又规范有序的市容环境。

利通区全面推进基层政务公开标准化规范化工作的实施方案

吴利政办发〔2020〕50号

为深入贯彻落实《国务院办公厅关于全面推进基层政务公开标准化规范化工作的指导意见》（国办发〔2019〕54号）、《自治区人民政府办公厅关于全面推进全区基层政务公开标准化规范化工作的实施意见》（宁政办发〔2020〕15号）精神，扎实推进利通区基层政务公开标准化规范化工作，切实提升治理能力，结合利通区实际，提出如下实施方案。

一、基本要求

以习近平新时代中国特色社会主义思想为指导，围绕法治政府和服务型政府建设，全面贯彻党的十九大和十九届二中、三中、四中全会精神，深入落实党中央、国务院有关政务公开决策部署和《中华人民共和国政府信息公开条例》，坚持标准引领、坚持需求导向、坚持依法依规、坚持改革创新，全面推进基层政务决策公开、执行公开、管理公开、服务公开、结果公开，推动基层政务公开全覆盖，让公开成为自觉、透明成为常态，为不断增强政府公信力执行力、深化“放管服”改革、优化营商环境、加快法治政府和服务型政府建设提供重要支撑。

二、任务分工

（一）坚持标准先行，全面执行“五个一”

1. 按要求编制完成政务公开事项标准目录。结合权责清单和公共服务事项清单，对照国家部委编制的国土空间规划等26个试点领域标准指引以及全区统一的试点领域标准指引梳理利通区、乡（镇）两级政务公开标准指引，明确公开事项的名称、内容、依据、时限、主体、方式、渠道、范围、对象等要素，全面梳理细化各领域政务公开事项，制定政务公开事项标准目录。各单位要按照相关工作要求按时编制完成本单位政务公开事项标准目录。

牵头单位：区政府办公室（政务公开办公室）

责任单位：各乡镇人民政府，政府各部门

完成时限：2020年12月30日前

2. 执行统一的政府信息公开申请办理答复规范。按照新修订的《中华人民共和国政府信息公开条例》，进一步修改完善利通区依申请公开办理工作制度，对标全区统一的政府信息公开申请办理答复规范和26种办理答复标准格式文书，完善政府信息公开申请的接收、登记、办理、归档等流程，统一政府信息公开申请的表格、文书、指南、答复等格式，切实规范政府信息公开申请办理工作，依法保障社会公众合理的信息需求。各部门、单位要明确依申请公开受理的科室、人员、电话、传真等，全面做好依申请公开受理答复工作。

牵头单位：区政府办公室（政务公开办公室）、司法局

责任单位：各乡镇人民政府，政府各部门

完成时限：2020年10月30日前

3. 执行统一的政府网站信息发布管理流程。完善政府网站信息发布审核机制、审查记录台账及档案资料留存备查制度，执行全区统一的政府网站信息发布管理流程，严格信息内容的策划、采集、编制和发布程序，落实专人管理维护。严格把关发布内容，严禁涉密信息上网，严禁泄露个人隐私和商业秘密，严禁发布与政府职能无直接关联的信息。加强日常监测和值班读网，聘请第三方监测机构及时发现和纠正错漏信息，确保发布信息权威、准确、及时。

牵头单位：区政府办公室（电子政务中心）

责任单位：各乡镇人民政府，政府各部门

完成时限：2020年10月30日前，并长期坚持

4. 执行统一的政务新媒体管理制度。进一步明确政务新媒体管理职责，强化日常运营管理，完善开设、整合、变更、关停等报备制度。完善政务新媒体考核评价体系，建立常态化监管机制，制定信息审核发布、内容更新、值班值守、安全管理等制度，每月对全区政务新媒体至少开展一次全面检测。全面抓好政务新媒体平台建设、内容发布、监督考核等各环节工作，切实提升政务新媒体工作水平。全力打造以“利通区政府网”区级主账号为引领，各单位“微信公众号”为支撑，反应灵敏、响应迅速的全区政务新媒体矩阵，畅通政民互动交流渠道，确保及时准确发布信息、回应关切、服务群众。

牵头单位：区政府办公室（政务公开办公室）

责任单位：各乡镇人民政府，政府各部门

完成时限：2020年10月30日前，并长期坚持

5. 执行统一的政府开放日制度。积极借鉴中卫市沙坡头区政府开放日制度建设经验，开展“群众走进政府”“评议政务公开”等活动，搭建社会公众了解政府、理解政府、支持政府的互动平台，让市民走进政府、让公众靠近机关，了解政府运行。强化政务公开监督员队伍建设，实时监督政府工作，推动政府开放，促进权力透明。各单位每年开展政府开放日活动不得少于1次。进一步完善利益相关方、群众代表、专家、媒体等列席政府全体（扩大）会议、政府常务会议、专题会议制度，增进人民群众对政府工作的认同和支持。

牵头单位：区政府办公室（政务公开办公室）

责任单位：各乡镇人民政府，政府各部门

完成时限：2020年10月30日前，并长期坚持

（二）推进示范引领，全面落实“五个规范”

1. 规范政务公开工作流程。健全发布、解读、回应有序衔接的政务公开工作格局，优化政府信息管理、信息发布、解读回应、依申请公开、公众参与、监督考核等工作流程，进一步修改完善《政府信息保密审查制度》《利通区政府信息公开工作年度报告制度》等。将政务公开事项标准目录、标准规范嵌入部门业务系统，促进公开工作与其他业务工作融合发展。

牵头单位：区政府办公室（政务公开办公室）

责任单位：各乡镇人民政府，政府各部门

2. 规范公开平台建设。充分发挥政府门户网站信息公开第一平台作用，抢抓时间节点，强化业务培训，组织精干力量，对照近年度全区政务公开工作要点，以应公开尽公开，应上网尽上网为目标，充实完善并及时更新网站信息。充分发挥“多彩利通”微信平台作用，拓宽信息渠道，及时公开发布各类政府信息。各乡镇人民政府、政府各部门要运用好政务新媒体，巩固提升政务公开公示栏作用，按照决策、执行、服务、管理、结果“五公开”板块，将政府信息及时、准确向群众公开。

牵头单位：区委宣传部，区政府办公室（政务公开办公室）

责任单位：区委网信办、融媒体中心，各乡镇人民政府、政府各部门

完成时限：2020年10月30日前，并长期坚持

3. 规范公开专区建设。区政务服务中心、图书馆要做好政府信息查阅室建设和管理，认真学习参考银川市兴庆区政务公开专区建设经验，提供政府信息查询、信息公开申请、办事咨询答复等服务，建设政务公开专区。加强对各镇民生服务大厅及部分村、社区民生服务站政府信息查阅点的管理，及时录入、更新利通区人民政府及人民政府办公室发布的政府公文，配置电子液晶屏、查询机、公告栏、复印打印等设施设备，安排专人做好信息更新及政务公开服务工作。

牵头单位：区政府办公室

责任单位：区审批服务局、文化旅游体育广电局（图书馆），各乡镇

4. 规范决策参与工作。结合职责权限和利通区实际，明确公众参与行政决策的事项范围和方式，并向社会公开。对社会普遍关心的问题要进行解释说明，在政策实施、项目推进中要及时回应公众关切。进一步完善行政决策公众参与机制，对涉及人民群众切身利益、需要社会广泛知晓的公共政策措施、公共建设项目，采取座谈会、听证会、实地走访、向社会公开征求意见、问卷调查、民意调查等多种方式，充分听取公众意见，扩大公众参与度，提高决策透明度。重点对区人大代表议案建议和政协提案的办理全过程对社会公开，增进人民群众对政府工作的认同和支持，全面强化群众参与，引导政民互动。

牵头单位：区政府办公室（政务公开办公室）

配合单位：各乡镇人民政府，政府各部门

完成时限：2020年10月30日前，并长期坚持

5. 规范政策解读工作。围绕26个重点领域，深度了解群众关注热点、关心焦点，完善回应关切工作机制。认真落实政策解读方案、解读材料与政策文件同步组织、同步审签、同步部署工作机制，不断创新政策解读形式，拓展解读发布载体，提升政策解读实效，力促政策解读工作取得新成效。充分运用新闻发布会、媒体吹风会、简明问答、图表图解、案例说明等多种方式，及时解读涉及群众切身利益、影响市场预期等重要政策。针对政策实施和重大项目推进过程中出现的误解疑虑，要及时回应、解疑释惑。健全政府新闻发言人制度，完善工作流程，每年召开新闻发布会不少于4次。

牵头单位：区政府办公室，区委宣传部

配合单位：各乡镇人民政府，政府各部门

完成时限：2020年10月30日前，并长期坚持

（三）提升公开成效，全面实行“三个延伸”

1. 实行办事服务公开向线上延伸。立足服务

群众工作实际，通过线上线下全面准确公开政务服务事项、办事指南、办事流程、办事机构等信息。推行政务服务一次告知、信息主动推送等工作方式，让办事群众对事前准备清晰明了、事中进展实时掌握、事后结果及时获知。优化微信公众号服务功能，义务教育、涉农补贴、扶贫救灾、政务服务等26个领域的责任单位要将政务新媒体转化为“二维码”形式，集中在政务服务中心、乡镇民生服务大厅等公共服务场所、人员密集场所推送，变“群众跑腿”为“信息跑路”。集中对全区各领域办事指南进行汇总，整合群众办事的申请条件、所需材料、办理时限、是否收费等基础要素，注重办事流程各项环节的工作流程梳理，统一汇编成册，并向社会公布。优化便民惠民网上地图。对全区各领域中的公开专项内容，如义务教育公办学校、户籍办理网点、公租房小区、市政服务布点等信息，统一制作便民惠民网上地图，方便公众快速查询和办事。

牵头单位：区审批服务管理局（政务服务中心）

配合单位：各乡镇人民政府，政府各部门

完成时限：2020年10月30日前，并长期坚持

2. 实行政务公开事项向一线延伸。要大力指导村（居）民委员会依法公开政务事项。完善基层政务公开与村（居）务公开协同发展机制，使政务公开与村（居）务公开有效衔接、相同事项的公开内容对应一致。指导村（居）民委员会建立完善公开事项清单，优化村务公开各项制度，通过村（居）民微信群、公众号、信息公示栏、惠民广播等平台，重点公开脱贫攻坚、乡村振兴、村级财务、惠农政策、养老服务、社会救助等方面的内容，做好政务公开“最后一公里”，切实保障群众知情权和监督权，提升群众满意度。

牵头单位：区政府办公室（政务公开办公室）

配合单位：各乡镇人民政府

完成时限：2020年10月30日前，并长期坚持

3. 实行政府信息推送向基层延伸。要对照政务公开事项标准目录，重点筛选征地补偿、拆迁安置、保障性住房、危房改造、扶贫脱贫、涉农补贴等点多、面广、覆盖面大的信息数据，进行筛选、分类，综合采用手机短信、公共电子邮箱、电子邮件等方式定向、精准推送，大力开展政府信息定向精准推送与查询服务。在政府网站专题展示或建设“政策库”集中公布，并采用“二维码”方式精准推送，同时在政务服务中心、乡镇民生服务中心、公示栏或者其他公共场所公布“二维码”，方便公众“扫码”查阅。积极搭建“政策直通车”平台，为市场主体量身定做“政策包”，提供点对点、个性化推送，让市场主体第一时间享受政策红利。

牵头单位：区政府办公室（政务公开办公室），区委网信办

配合单位：各乡镇人民政府，政府各部门

完成时限：2020年10月30日前，并长期坚持

三、工作要求

（一）提高思想认识、压实工作责任

各单位要高度重视基层政务公开标准化规范化工作，按照各自职责任务，加强督促指导，防止形式主义，切实抓好贯彻落实。各单位主要领导要亲自安排部署，分管领导要具体负责落实，安排责任心强、工作能力强的工作人员，具体负责本单位政务公开工作，压实工作责任。各单位要围绕目标任务，结合各自实际，制定具体推进计划，确保如期完成任务。

（二）强化业务培训，夯实队伍建设

区政府办公室（政务公开办）要加强对各单位的培训工作，采取专家授课、外出考察等方式，科学安排政务公开培训科目和内容，分级分层组织实施。各单位要强化政务公开科室建设，积极打造政务公开阵地，确保政务公开工作有专人负责，还要为本单位政务公开专兼职人员创造学习机会，着力提升政务公开队伍的整体政策理论水平和业务工作能力。

（三）加强指导考核，确保工作实效

区政府办公室（政务公开办）要加强跟踪指导，突出对重点任务跟踪督查和效果评估，发现问题限期整改。要在全区范围内开展政务公开标准化规范化示范单位创建，充分调动各部门、单位工作积极性，力促全区政务公开工作整体再上新台阶。工作成效纳入全区政务公开效能目标考核，对工作推进扎实，成效明显的进行通报表扬；对因不作为、慢作为，导致工作滞后、成效不佳的进行通报批评，确保政务公开标准化规范化工作有序推进、取得实效。

（四）强化宣传引导，营造浓厚氛围

鼓励各单位通过制作“基层政务公开标准化规范化纪实片”和动漫科普视频，微信线上答题等形式，普及政务公开概念，扩大工作知晓率。通过电视、网络、电子屏等充分展示利通区政务公开工作成效及先进经验，适时宣传政务公开工作，营造政务公开工作浓厚氛围。

关于利通区黄河流域水环境治理情况的调研报告

区委政策研究室

（2020年6月）

近年，利通区深入贯彻落实黄河流域生态保护和高质量发展战略，紧抓水环境治理，坚持方向不变、力度不减、标准不降，推动黄河流域水环境持续改善，坚决打好新时代黄河保卫战。前期，市委政研室会同区委政研室通过召开座谈会、实地走访等，对利通区水环境治理情况开展了调研。

一、利通区黄河流域生水资源基本情况

利通区水资源总量为0.16亿立方米，取水总量5.02亿立方米，其中，取用黄河水4.58亿立方米，地下水0.41亿立方米，其他0.03亿立方米。全区用水总量4.35亿立方米，水资源消耗总量约为2.02亿立方米。

二、调研情况

（一）治理黄河“四乱”情况

利通区聚焦黄河过境段水环境保护，深入开展“清四乱”“清水畅河净源”“携手清四乱、保护母亲河”“美丽河湖建设”等专项行动，明确责任抓整改，全面排查、整改各级各类反馈问题109件，其中水利部2件、自治区河长办6件；借助乡镇综合执法队司法力量，取缔非法采砂点2处；瞄准黄河及入黄支流、沟道四乱问题，重点整治非法建设、非法围河围湖、非法采砂以及农村河湖脏乱差、非法种植养殖等问题，立案16件，还耕于河、还林于河面积达到16%以上。

（二）河湖长制改革工作开展情况

持续深化河湖长制改革，先后出台河湖长制9项制度和考核方案，进一步压紧压实了河湖长制成员单位职能职责，每季度通报河湖长制工作进展、水质监测等信息，年底开展综合考核，增强成员单位责任意识；建立部门协调机制，全面完成了利通区水域岸线管理范围划界并公示公告，进一步规范并及时更新河湖长制公示牌，确保河湖管理界限分明、责任落实到人；按照自治区全面深化改革要求，依托利通区清水沟流域农村水系综合整治项目、清水沟流域农村生活污水处理项目、清水沟二期治理工程、清水沟流域综合整治清二至清七沟治理工程，在清水沟流域安装水质水量监测设备13套，初步实现了乡镇水质段面移交和用水效率的实时监测，持续打造“水清、河畅、岸绿、景美”的示范河湖。

（三）水利工程建设运营情况

据统计2010年至2020年，利通区相继完成了黄河、苦水河、清水沟、南干沟、沙沟、双吉沟的治理，防洪堤防长度为294.892千米，达标长度为267.392千米，渠系完好率达到了80%以上，中

小河流的有效治理极大地促进了利通区防洪能力，为利通区的灌溉提供了可靠的保障。经过多年治理，全区农田水利建设比较完善，且在深化小型水利工程管理体制改革、农业水价综合改革、建立农田水利基本建设长效管护模式等方面进行了积极的探索，取得了一定成效，2018年开始利通区作为现代化生态灌区建设试点，进行了灌区总面积55.87万亩的相关项目建设，使利通区的水利信息化、现代化水平大幅提高，成为全国现代化灌区的亮点。

（四）农村水价综合改革情况

根据自治区有关要求2004年起利通区组建了农民用水者协会，按照“组建、规范、完善、提高”的八字方针，注册成立了66个农民用水者协会。其中按渠系工程边界组建的8个，按行政边界组建的58个。现有协会工作人员385名，管理支斗渠10992条4552.39公里，支斗沟4801条2425.18公里，涉及91个行政村，参与农户数6.15万户，涉及有效灌溉面积54.16万亩，灌溉管理面积35.27万亩。根据相关文件要求，水管单位按协会用水量的0.0055元/立方米返还给农民用水者协会，返还款的70%用于协会管理人员工资和办公业务经费，30%用于支斗渠维修。农村水价综合改革的深入推进，为农民群众参与灌区管理搭建了平台，基本实现了按方收费、收费到户，水量、水价、水费三公开的改革目标，减轻了农民负担，提高了灌溉管理水平。

（五）水权改革进展情况

完成了现代化生态灌区高效节水灌溉面积1万亩，编制完成吴忠市利通区2020年水资源保障（汉渠灌域现代化生态灌区）建设项目及2020年高效节水灌溉项目初步设计报告，2020年正在报发改局批复；全面实行水资源统一调度和计划用水管理，建立利通区重点监控用水单位名录，对公共供水管网覆盖范围内的自备井依法关停，完成了农业用水计量设施安装，为工业用水户安装检测计量设施6套，提高了取用水计量设施配备率和计量监测能力；按照水资源税改革部署，4家工业用水户进入国家水资源税征收系统，征收水资源税1.2万元。

三、存在的问题

一是供水矛盾突出。近年来利通区持续深化农业供给侧结构性改革，在奶牛养殖、牧草种植、蔬菜、瓜果及工业等产业发展迅速，在一定程度上造成了水资源总量紧缺的局面。农业灌溉时间较短，与种植业用水需求有较大的出入。二是河道治理措施不足。2020年利通区只完成了防洪工程治理措施，在生态治理工程开展方面措施不足，只是在城市段进行了治理，普遍存在水利工程老化的问题，年久失修的工程逐年增多。甚至部分沟道被回填占用，土地盐渍化趋势严重。三是农业面源污染治理难度较大。“两沟”沿线乡镇生活污水集中收集率较低，农村生活垃圾、生活污水处理系统、畜禽养殖废水处理设施建设尚不健全。农民科学用肥用药意识习惯还未形成。四是河湖长制工作力量亟须加强。河湖长制工作对人员专业性要求较高，基层河湖长制专职人员不足且人员流动性大，业务水平参差不齐，现有力量已不能满足实际工作需要。

四、意见建议

（一）建立黄河流域生态保护治理长效机制

系统推进水污染防治、水生态保护，持续整治黄河“四乱”突出问题，抓好河湖“清四乱”常态化规范化，加快推进水资源、水生态、水环境、水灾害“四水同治”，加快高效低毒农药、生物农药等的筛选和推广应用，综合防控农业面源污染，不断改善水生态环境质量，确保利通区入黄水质稳定达标。

（二）持续深化河湖长制改革

全面落实自治区河湖长制“六项制度”，查漏补缺，建立健全利通区制度体系，及时调整因工作变动的河湖长，保证工作不断档、不缺位。健全河湖综合治理机制和追责问责机制，加快示范河湖创建工作，全面开展渠道、河道、沟道巡查工作，逐步实现河长制工作信息化管理，推进清水沟流域水生态综合治理。

（三）深化水价、水权体制机制改革

巩固扩大水权制度改革成果，继续深化不同行业、区域水权交易。继续推动农业水价综合改革，适时执行新的农业水价，强化水资源管理，建立健全节水激励机制，确保全区用水控制在自治区下达计划范围内，持续巩固全面建成小康社会指标完成率。

（四）提升现代化生态灌区建设水平

全面贯彻落实中央、自治区节水行动有关部署，根据“节水优先”的有关要求，按照现代化生态灌区的建设标准，加快推进灌区现代化升级改造，全力补齐水利基础设施短板，推广喷灌、滴灌等农业高效节水先进技术，废水处理再循环利用系统，大力发展农业高效节水灌溉，提高农业灌溉用水效率，深入挖掘现有灌区节水潜力，以农业节水促进其他行业发展。

2020年中共利通区委政策性文件目录

1. 中共利通区委常委会2020年工作要点（吴利党办发〔2020〕2号）

2. 关于印发《利通区2020年美丽乡村建设实施方案》的通知（吴利党办发〔2020〕4号）

3. 利通区委办公室人民政府办公室关于印发《利通区乡村治理体系建设试点工作方案》的通知 （吴利党办发〔2020〕7号）

4. 关于印发《利通区2020年农业产业结构调整实施方案》的通知（吴利党办发〔2020〕8号）

5. 关于印发《利通区2020年脱贫攻坚工作要点》的通知（吴利党办综〔2020〕21号）

6. 关于印发《利通区关于劳务移民后续扶持发展工作实施方案》的通知（吴利党办综〔2020〕24号）

7. 关于印发《吴忠市利通区推进城市安全发展的实施方案》的通知（吴利党办发〔2020〕13号）

8. 关于印发《利通区文联改革试点工作实施方案》的通知（吴利党办发〔2020〕17号）

9. 关于印发《深化利通区融资担保类政府投资基金管理改革实施方案》的通知（吴利党办发〔2020〕18号）

10. 关于印发《利通区国有企业负责人薪酬制度改革方案》的通知（吴利党办发〔2020〕19号）

11. 关于印发《利通区打击治理电信网络违法犯罪宣传防范工作方案》的通知（吴利党办综〔2020〕29号）

12. 关于印发《利通区2020年老旧小区改造实施方案》的通知（吴利党办综〔2020〕31号）

13. 关于印发《利通区2020年农业政策性保险工作实施方案》的通知（吴利党办综〔2020〕32号）

14. 关于印发《利通区牛家坊民俗文化村现代服务业集聚区实施方案》的通知（吴利党办综〔2020〕33号）

15. 关于印发《利通区关于解决“十二五”劳务移民“多人多代”家庭住房困难问题的实施方案》的通知（吴利党办综〔2020〕34号）

16. 关于印发《利通区法治政府建设与责任落实督查工作实施细则》的通知（吴利党办发〔2020〕21号）

17. 关于印发《吴忠市利通区关于进一步规范和加强殡葬管理服务工作的实施意见》的通知（吴利党办发〔2020〕22号）

18. 中共吴忠市利通区委利通区人民政府印发《关于抓好“三农”领域重点工作确保如期实现全面小康的实施方案》的通知（吴利党办发〔2020〕

1号）

19. 关于印发《利通区2020年城乡生活垃圾分类治理工作实施方案》的通知 （吴利党办发〔2020〕23号）

20. 关于印发《利通区2020年创建全国文明城市区容区貌综合整治工作实施方案》的通知（吴利党办综〔2020〕39号）

21. 关于印发《利通区“五级人才”服务“三农”工作实施方案》的通知 （吴利党办发〔2020〕26号）

22. 关于印发《利通区农村人居环境长效管护实施方案》的通知 （吴利党办发〔2020〕27号）

23. 关于印发《利通区进一步加强移风易俗工作实施方案》的通知（吴利党办综〔2020〕41号）

24. 关于印发《利通区深化拓展新时代文明实践中心试点建设工作实施方案》的通知（吴利党办综〔2020〕42号）

25. 关于印发《利通区2020年创建全国文明城市工作实施方案》的通知（吴利党办综〔2020〕46号）

26. 利通区委办公室、人民政府办公室关于印发《吴忠市利通区国家卫生城市复审工作实施方案》的通知（吴利党办综〔2020〕49号）

27. 关于印发《利通区行政审批事项划转实施方案》的通知（吴利党办发〔2020〕32号）

28. 利通区委办公室、人民政府办公室关于印发《利通区推进防灾减灾救灾体制机制改革任务清单》的通知（吴利党办发〔2020〕36号）

29. 关于印发《吴忠市利通区2020年农村卫生厕所改造实施方案》的通知 （吴利党办综〔2020〕56号）

30. 关于印发《吴忠市利通区国有企业退休人员社会化管理工作实施方案》的通知（吴利党办发〔2020〕38号）

31. 利通区委办公室、人民政府办公室关于印发《利通区2020年持续推进“服务业提升年”活动工作方案》的通知（吴利党办发〔2020〕45号）

32. 关于印发《吴忠市利通区推进银川都市圈暨利青一体化建设2020年工作计划》的通知（吴利党办综〔2020〕61号）

33. 关于印发《利通区全面落实“六保”任务实施方案》的通知 （吴利党发〔2020〕21号）

34. 关于印发《利通区学习贯彻落实习近平总书记视察宁夏重要讲话精神促进民族团结进步工作方案》的通知（吴利党办综〔2020〕62号）

35. 关于印发《关于全面落实最高人民检察院“一号检察建议”保障未成年人合法权益的工作方案》的通知（吴利党办发〔2020〕63号）

36. 关于印发《利通区促进区域电子商务发展实施方案》的通知 （吴利党办综〔2020〕70号）

37. 关于印发《吴忠市利通区关于进一步加强新时代基层民政工作实施方案》的通知（吴利党办综〔2020〕72号）

38. 关于印发《利通区乡村治理试点项目工作方案》的通知（吴利党办综〔2020〕74号）

39. 印发《关于深化改革加强食品安全工作的实施方案》的通知 （吴利党办发〔2020〕70号）

40. 关于印发《利通区落实完善社区治理体系提高治理能力“六增六提”行动措施》的通知（吴利党办发〔2020〕71号）

41. 利通区委办公室、人民政府办公室印发《利通区乡村振兴示范区创建实施方案》的通知 （吴利党办发〔2020〕74号）

42. 关于印发《利通区全域创建“食品药品

安全区”实施方案》的通知（吴利党办综〔2020〕91号）

43. 关于印发《吴忠市利通区乡村振兴战略规划（2020—2035）》的通知（吴利党办发〔2020〕92号）

44. 关于印发《新时期利通区产业工人队伍建设改革实施方案（2020—2022年）》的通知（吴利党办发〔2020〕104号）

2020年利通区人民政府政策性文件目录

1. 关于印发《利通区2020年陆生野生动物疫源疫病监测防控应急预案》的通知（吴利政办发〔2020〕4号）

2. 关于印发《吴忠市利通区2020年金融工作方案》的通知（吴利政办发〔2020〕22号）

3. 关于建立《利通区民办教育管理联席会议制度》的通知（吴利政办发〔2020〕23号）

4. 关于印发《〈吴忠市利通区应对新冠肺炎疫情影响促进经济社会健康发展的若干措施〉政策办理服务指南》的通知（吴利政办发〔2020〕27号）

5. 关于印发《利通区2020年农作物秸秆综合利用项目实施方案》的通知（吴利政办发〔2020〕32号）

6. 关于印发《利通区市场监管领域全面推行部分联合“双随机、一公开”监管工作方案》的通知（吴利政办发〔2020〕35号）

7. 关于印发《利通区规范有序发展“地摊经济”实施方案》的通知（吴利政办发〔2020〕43号）

8. 关于印发《利通区2020年农机深松整地作业补助项目实施方案》的通知（吴利政办发〔2020〕48号）

9. 关于印发《健康利通行动实施方案》的通知（吴利政办发〔2020〕49号）

10. 关于印发《利通区全面推进基层政务公开标准化规范化工作的实施方案》的通知（吴利政办发〔2020〕50号）

11. 关于印发《利通区2020年政务公开工作要点》的通知（吴利政办发〔2020〕60号）

12. 关于印发《吴忠市利通区“多规合一”实用性村庄规划编制工作实施方案》的通知（吴利政办发〔2020〕70号）

13. 关于调整利通区灌区农业供水价格的通知（吴利政发〔2020〕77号）